동학 천도교의
통시적 고찰

# 동학 천도교의 통시적 고찰

윤석산 지음

우리 도는 넓으면서도 간략하니 성·경·신 석 자이니라

전 지구적인 기후위기 속에서 근대 문명이 참으로 맹목적이었음을 절감하고 있다. 동학 천도교는 인간이 우주생명 즉 한울님과 연결된 인내천의 존재라는 것과, 우주적 시간 즉 시운(時運)에 의하여 달라지고 있다는 것을 밝히고, 그 시운을 맞이하기 위하여 인간의 도리를 다하고자 하는 종교이다. 이 책이 근원적으로 소개하는 내용은 바로 이 점이다. 그런 점에서 지금 이 시대야말로 이 책의 내용이 새롭게 읽힐 수 있는 시기라고 판단된다. 이러한 점을 고려하여 책의 내용을 첫째, 동학 천도교의 역사적 전개, 둘째, 스승들, 셋째, 성지(聖地), 넷째 경전(經典), 다섯째 대고천하 이후의 천도교의 변천, 여섯째 현대에서의 동학 천도교의 의의 등으로 나누어 기술하였다.

모시는사람들

동학이 천도교이고 천도교가 동학이라는 사실은 이야기 안 해도 잘 알려진 사실이다. 그러나 세상 사람들 생각은 다소 다른 듯하다. 동학과 천도교를 분리하려고 하고, 동학이 천도교로 대고천하(大告天下, 1905)한 이후 변질되었다느니, 달라졌다느니 하는 말들이 횡행한다.

이 책은 이와 같은 상황에 대한 문제의식에서 기획되었다. 동학의 시대와 천도교 시대 모두를 통시적으로 고찰함으로써, 이 동학과 천도교의 알맹이가 결코 다른 것이 아님을 밝히고자 했다.

지난 몇 해 전 한양대학교 출판원에서 간행이 되었던 책의 내용을 새로 다듬고 제목을 고쳐 다시 출간한다. 그 사이에 동학 천도교에 대한 우호적인 태도도 늘어났지만, 오해와 곡해의 흐름도 여전히 수그러들지 않고 세상에 떠돈다. 그러므로 이 책의 내용은 여전히 시대적 가치를 갖는다고 믿는다. 뿐만 아니라, 처음 책을 낼 때에 비하여 우리는 전 세계적인 팬데믹을 겪으며 인간 생존의 조건을 다시금 돌아보게 되었고, 전 지구적인 기후 위기 속에서 근대 문명이 참으로 맹목적이었음을 절감하고 있다. 동학 천도교는 인간이 우주생명 즉 한울님과 연결된 인내천의 존재라는 것과, 우주적 시간 즉 시운(時運)에 의하여 달라지고 있다는 것을 밝히고, 그 시운을 맞이하기 위하여 인간의 도리를 다하고자 하는 종교이다. 이 책이 근원적으로 소개하는 내용은 바로 이 점이다. 그런 점에서 지금 이 시대야말로

이 책의 내용이 새롭게 읽힐 수 있는 시기라고 판단된다.

이러한 점을 고려하여 책의 내용을 첫째, 동학 천도교의 역사적 전개, 둘째, 스승들, 셋째, 성지(聖地), 넷째 경전(經典), 다섯째 대고천하 이후의 천도교의 변천, 여섯째 현대에서의 동학 천도교의 의의 등으로 나누어 기술하였다. 따라서 이 책의 제목은 '동학 천도교의 통시적 고찰'이라고 하였지만, 그 내용은 통시적 고찰과 공시적인 고찰을 아우르고 있다. 특히 올해는 동학 천도교를 창명(創明)한 수운 최제우 선생 출세(1824) 200년이 되는 뜻깊은 해이다. 이 때를 맞아 동학 천도교를 통시적으로 또 공시적으로 살펴본다는 것 또한 의의가 있을 것으로 생각된다. 출판을 맡아주신 도서출판 모시는사람들 관계자들에게 깊이 감사드린다.

이 책을 새로이 다듬는 동안 늘 마음속에서 떠나지 않고 맴돌던 시 한편을 소개하며 글을 마치고자 한다. 동학 천도교를 공부하는 데 더할 나위 없이 필요한, 수련자의 좌우명(座右銘)이 되는 잠언(箴言)과 같은 시이다.

吾道博而約 不用多言義　　別無他道理 誠敬信三字

這裏做工夫 透後方可知　　不怕塵念起 惟恐覺來知

우리 도는 넓으면서도 간략하니 많은 말이 필요치 않노라.

특별히 다른 방법은 없고 성(誠)·경(敬)·신(信) 석 자이니라.

성·경·신 석 자로 공부하여 터득한 뒤에 비로소 알 수 있나니

잡념 일어나는 것 두려워 말고, 오직 두려운 마음속 깨달아 앎에 이르도록 하라. - 수운 선생의 시 「좌잠(座箴)」

2024년 가을 와헌(蝸軒)에서
현암 윤석산 심고

동학·천도교를 공부하며 글을 써 온 지 30년 가까운 시간이 흘렀다. 그간에 써 온 글들 중에 몇 몇을 다시 고쳐 쓰고, 또 새롭게 쓴 글들을 보태 한 권의 책으로 엮는다. 그리고 제목을 '동학·천도교의 어제와 오늘'이라고 붙였다.

얼핏 그 제목만 보면 동학·천도교의 역사에 관한 책인 듯이 보인다. 그러나 이 책은 동학·천도교의 지난 역사를 논의한 책이 아니다. 우리의 지난 역사 속에서 동학·천도교는 어떠한 의미를 지닌 종교였으며, 오늘이라는 현대에 또 어떤 의미를 지니고 있는가 하는 문제를 이야기하고자 했다.

본 책은 '동학·천도교는 어떤 종교인가'라는 문제의 제기와 함께 시작한다. 이어서 동학·천도교의 스승들인 수운 선생을 비롯한 해월 선생, 의암 선생, 춘암 선생 등이 펼친 사상과 활동에 관하여 이야기를 했다. 또한 동학·천도교의 성지인 '용담'(龍潭)을 답사하고 관계 기록을 고찰하여 용담과 수운 선생의 관계를 다시 돌아보았으며, 동학·천도교의 경전인 『동경대전』과 『용담유사』 또는 해월 선생의 법설 등에 관하여 서지적인 측면에서 논의하였다. 이어서 오늘이라는 현대에 동학·천도교가 지닌 종교 사상은 어떠한 의미를 지니고 있는가에 관하여 기술하였다.

책을 준비하기 위하여 새로 글을 쓰고, 또 동학 유적지를 답사하는 과정에서, 우리가 동학·천도교에 관하여 많이 아는 듯하나, 실은 잘못 알고 있다거나 잘 모르고 있는 것이 너무나 많다는 사실 또한 알게 되었다. 가장 가까이로는 동학·천도교의 성지인 '용담'은 과연 무엇을 말하고 있으며, 동학을 일으킨 수운 선생이 결정적인 종교체험을 한 곳은 구체적으로 어디인가의 문제에 이르기까지, 그간 우리는 너무나 피상적으로만 알아왔음을 확인할 수가 있었다. 그러므로 이와 같은 문제 또한 구명하고자 노력했다.

또한 수운 선생, 해월 선생, 의암 선생, 춘암 선생으로 이어지는 동학·천도교의 중심 사상은 어떠한 것이며, 이 중심 사상은 그 시대 별로 어떻게 적용되고 또 펼쳐졌는가의 문제 역시 살펴보았다. 이와 같은 문제 등과 함께, 동학에서 천도교로 그 이름을 바꾸어 활동해온 사실에 관해서도, 이가 지닌 의미는 어떠한 것인가에 관하여 살펴보았다. 그런가 하면, 동학·천도교의 교의나 사상이 오늘이라는 현대에는 어떻게 필요한가를 살폈으며, 특히 오늘 한국문화가 세계로 뻗어가고 있는, 그 전초적 징후인 일컫는바 '한류'(韓流)의 문제와 어떻게 만날 수 있는가의 문제 또한 짚어보았다.

동학·천도교는 이제 불과 150여 년의 그리 길지 않은 역사를 지닌 종교이다. 우리나라에 '종교'라는 용어가 없던 시대부터 서구의 영향과 함께 종교라는 이름이 들어와 쓰이던 시대, 수많은 동서양의 종교가 함께 하는 다종교 사회를 이루고 있는 오늘이라는 현대에 이르기까지, 동학·천도교는 많은 파란과 질곡 속을 헤쳐 왔다. 봉건의 시대를 지나오며 봉건의 억압과 외세의 침탈로부터 우리를 지키려고 노력했던 수운 선생, 해월 선생은 조선조 조정에 의하여 처형을 당하므로, 순도(殉道)의 길을 갔고, 의암 선생은 일제의 강압적인 합병과 식민 통치에 대항하여 3·1독립운동을 일으키고, 이내 옥고를 치르던 중 병환으로 순국(殉國)을 한다는 아픔을 겪기도 하였다. 이와 같은 뼈아픈 시간을 지나오면서 동학·천도교는 우리의 의식 속에 중요한 종교, 또는 사상으로 자리하게 되었다.

그러나 오늘 '천도교'의 모습은 나날이 피폐해져 가고, '동학'이라는 이름은 역사의 한 구석으로 묻혀 가고만 있다. 그래서 오늘 많은 사람들로부터, '동학'은 지난 날 민중과 함께 투쟁의 대열에 서 있던 '과거의 무엇'이며, '천도교'는 다만 한 질곡의 시대를 지나온 우리의 기억으로만 자리하고 있을 뿐이다. 그러므로 오늘의 많은 사람들의 뇌리에서 동학·천도교는 서서히 잊혀져갈 뿐, 다만 지난 역사 속에나 자리하고 있는 '무엇' 정도가 되고 있다.

이러한 지난 기억 속으로 밀려난 동학·천도교를 오늘의 시각에서 다시 읽을 수 있는 계기를 갖고자 하는 희망에서 책은 쓰여 졌다. 그리하여 우리의 관심 속에서 동학·천도교를 다시 살려낼 수 있는 전기가 되기를 바라는 간절한 마음 또한 이 책에는 담겨져 있다.

오랜 동안 동학·천도교에 관하여 공부를 하면서, 동학·천도교를 집약할 수 있는 말은 과연 무엇일까 줄곧 생각을 해 왔다. 이와 같은 결과 동학·천도교를 집약할 수 있는 말은 다름 아닌, '상대에 대한 존중과 배려, 이를 통한 조화와 균형의 삶'이라는 생각에 이르게 되었다. 동학·천도교에서 말하고 있는, 새로운 차원의 삶을 이루고자 하는 '다시개벽' 역시 이와 다른 것이 아니라고 생각한다. '시천주'(侍天主), '사인여천'(事人如天), 삼경(三敬), 이천식천(以天食天), 인내천(人乃天) 등의 동학·천도교 스승들이 펼친 가르침, 이가 바로 이와 같은 생각을 이루는 바탕이라고 생각한다.

우리가 살고 있는 오늘이라는 이 시대는 어떤 의미에서, 동학·천도교가 지닌 '상대에 대한 존중과 배려', 나아가 이를 통한 '조화와 균형의 삶'이 가장 필요하고 또 절실한 때라고 생각한다. 경쟁을 통한 성장만이 미덕인 양 이야기되는 21세기라는 오늘은, 그러므로 경쟁과 조화가 균형을 이루며 어우러지는 삶이 아닌, 경쟁과 경쟁만이 무한대로 펼쳐지는 그러한 시대

이기 때문에, 동학·천도교가 지닌 사상은 더욱 소중한 가르침이 될 수 있을 것으로 생각된다.

동학·천도교가 지닌 가르침을 보다 적극적으로 해석하고, 또 해월 선생의 가르침인 용시용활(用時用活)을 통해 펼치므로, 오늘 우리의 기억 속에서 떠밀려나고 있는, 그래서 이제는 서서히 먼 과거가 되고 있는 동학·천도교를, 오늘이라는 시대가 요구하는, 새로운 무엇으로 되살아날 수 있는, 그러한 계기가 마련되기를 기대해 본다.

이 책이 나오기까지 지원을 아끼지 않은 한양대학교 출판부, 그리고 관계자 여러분께 감사의 말씀을 전한다.

2012년 겨울이 시작되는 11월 어느 날

남양 우거에서 윤석산 삼가 쓰다.

## 제2부 동학·천도교의 성지와 경전

# 동학·천도교는 어떤 종교인가

## 1. 동학·천도교라는 이름

'동학'이라는 이름이 처음 등장하는 곳은 동학 경전인『동경대전』중「논학문」이다. 이 글은 동학의 교조 수운 최제우(水雲 崔濟愚, 1824-1864) 선생이 관의 지목을 피해 전라도 남원에 있는 은적암(隱跡庵)[1]이라는 산속 암자에 숨어 지내면서 쓴 글이다. 수운이 경상도 경주 현곡면의 구미산 계곡에 자리 잡은 용담(龍潭)에서 가르침을 펴기 시작하자(1861.6) 많은 사람들이 찾아왔다. 그런데 수운이 주문(呪文)을 가르치고 영부(靈符)로써 병을 고치는 등의 도를 펴서 많은 제자들을 모으게 되자 이를 시기하는 사람들, 그리고 유학의 가르침과 어긋나는 서학('천주')의 아류라고 의심하고 비방하는 말들이 분분하게 되었다. 급기야 경주관아에서 수운을 잡아들여 치죄(治罪)하는 일까지 벌어졌다.

---

1    '隱跡庵'은 전라북도 남원 외곽에 있는 蛟龍山城 내의 사찰인 善國寺 뒤편에 있는 작은 암자이다. 본래 이 암자 이름은 德密庵이었다. 그러나 수운 선생이 이곳에 기거하며, 자신의 발자취를 숨긴다는 뜻에서 '隱跡庵'이라고 이름 지었다. 지금 암자는 없어지고 터만 남아 있다.

이처럼 관과 유림(儒林)의 동학에 대한 지목과 탄압은 이미 포덕 초기부터 시작되었다. 훗날 경상도 일대 유생(儒生)들이 수운의 가르침이 서학(西學, 天主教)의 말류(末流)라고 비판하며 인근 서원(書院) 간에 동학이 퍼지는 것을 막아야 한다는 통문을 돌리게 되고, 이는 수운이 조선 조정의 주목을 받고 결국 체포되는 결정적인 이유가 된다.[2] 수운은 당분간 경주 용담(龍潭)을 떠나 있기로 결심하고 동학을 펴기 시작한 지 5개월 남짓 지난 신유년(1861)년 11월경에 길을 나서게 되었다. 수운은 경남도 남서부를 거쳐 전라도 남원으로 몸을 피해 은적암에 이르게 된 것이다.

이러한 사정으로 볼 때 은적암에서 쓴 이 「논학문」은 수운이 자신의 가르침이 결코 '서학의 말류가 아니라, 우리의 학문인 동학이다.'라는 생각, 즉 동학의 정체성을 밝힌 글임을 알 수 있다.[3] 특히 수운은 이 글에서, 동학이 서학과 어떻게 다른가를 묻는 제자의 물음에, "도(道)는 비록 (東西의 구분이 없는-필자 주) 천도이나 학(學)은 동학이다."[4]라고 천명(闡明)하여, 자신의 가르침은 천도(天道)를 궁구하는 학문으로서 우리나라(東)에서 태어난 내가 가르치는 학(學)이므로 서학과는 다르다는 것을 강조하였다.

---

2  경상북도 상주(尙州)에 있는 우산서원(愚山書院)에서 계해년(1863) 9월 13일에 같은 지역에 있는 도남서원(道南書院)에 「통문」을 보내 동학을 '서학의 무리'라고 지목하였으며, 동학에 잘못 빠져들어 무지한 백성들이 감염되기 쉬우니 빨리 도모하여 엄하게 죄로 다스려야 한다고 경고하였다. 이러한 「통문」을 받은 도남서원에서는 다시 경상도 인근의 옥성서원(玉成書院) 등 많은 서원으로 「통문」을 돌렸다. 특히 도남서원에서 보낸 「통문」에서는 동학의 무리가 차츰 많아져 그들의 세력이 천하에 넘칠 것을 우려하고 있다. (최승희 편, 『韓國思想史資料選集(조선조 후기 편)』, 아세아문화사, 1986.)

3  「論學文」이라는 글의 제목은 '東學을 論하는 글'이라는 뜻이다. 이 「논학문」은 초기 동학 기록에는 '東學論'이라고도 했다(『도원기서』, "一切賢友之共懷 每憶妻子之相思 强作道修詞 又作東學論勸學歌").

4  『동경대전』 「논학문」, '道雖天道 學則東學.'

수운이 살던 조선 사회는 오늘날 우리가 쓰는 의미로서의 종교, 즉 'religion'의 번역어인 '종교'(宗敎)라는 개념이 없었다.[5] 다만 이에 대응될 수 있던 말로 '도'(道), '학'(學), '교'(敎), '술'(術), '법'(法) 등의 말이 쓰였다. 따라서 수운은 자신의 가르침을 '도(道)로서의 천도'(天道)와 '학(學)으로서의 동학'(東學)으로 각각 표현한 것이다. 여기서 동학은 천도를 궁구하는 학문의 이름이며, '우리나라에서 창제한 학문'의 뜻이다.

다시 말해서 '동학'이라는 이름은 기존의 연구자들이 이야기하는 바와 같이 단순히 서학에 대응한다는 뜻으로 붙인 이름이 아니다. '동학'은 '동방지학'(東方之學)의 준말로서, 우리나라의 오랜 문화적, 학문적, 신앙적인 전통을 바탕으로 창제된 학문을 말한다. 수운이 조선 정부에 체포되어 문초를 받을 때, 심문관에게 "이름을 동학으로 한 것은 동국(東國)이라는 뜻(義)을 취한 것"[6]이라고 직접 진술한 것을 보아도, 이는 분명하다.

그러나 수운의 가르침을 고찰해 보면, 동학은 다만 '학문'에 그치는 것이 아님을 알 수 있다. 재래적 독서인(讀書人), 즉 유생들이 과거를 목표로 하여 사서삼경을 골간으로 하는 동아시아의 고전을 탐독하는 학문이 아니라, 오늘날로 말하면 종교적인 수행(修行)까지도 포함하는 폭넓은 것임을 알 수 있다. 당시 유학자들이 기본으로 지향하던 학문적 정체성, 즉 독서인 또는

---

5    조선시대 이전 문헌에도 '宗敎'라는 말이 나오지만, 이때는 '으뜸의 가르침'의 의미로 불교에서 유교나 도교와 구분하여 불교를 일컫는 말이었다. '종교'(religion)라는 용어가 우리나라에 처음 사용된 것은 1883년 「한성순보」의 외국 뉴스 보도에서이다. 일본에서는 1867~1868년 사이에 사용되었지만, 널리 사용된 것은 1877년 이후이다. 일본이 본격적으로 구미 여러 나라들과 통상조약을 맺으면서 널리 쓰이게 된 것이다. 중국에서는 1890년대부터 쓰이기 시작하여 1900년대부터 널리 사용되었다.

6    『日省錄』, 高宗元年 二月二十九日 庚子, "名之曰東學 取東國之義."

수양인(修養人)을 넘어서는 인간형을 지향한다.[7] 즉 동학은 학문으로서의 독자적이며 독창적인 체계를 갖추고 있을 뿐만 아니라, 종교 신앙의 측면에서 수련(修煉)을 통한 내면적인 깨달음을 추구하고, 나아가 신앙 대상인 한울님을 공경하며, 또 한울님의 마음과 하나 되어 그 가르침과 뜻을 일상의 삶 속에서 실천하며 살고자 한다는, 그 모든 것을 아우르는 명칭이다.

이러한 '동학'이라는 이름이 '천도교'라는 이름으로 바뀐 것은 1905년의 일이다. 동학의 3대 교주인 의암 손병희(義菴 孫秉熙, 1861-1922) 선생은 수운이 「논학문」에서 천명한, "도는 비록 천도이나 학은 곧 동학이다."라는 말을 근본으로 삼아, '도'(道)의 이름인 '천도'를 취하면서 '천도교'라는 '종교'(宗敎)로 세상에 천명한 것이다. 이렇게 해서 '도'로서는 '천도'요 '학'으로는 '동학'이요, '교'로서는 '천도교'라는 삼원적 체제가 전면적으로 드러나게 된다. 즉 종래의 '종교'라는 이름과 개념이 분명하지 않았던 시대에 '천도'를 궁구하는 '학'으로서의 '동학'을 종교의 이름인 '천도교'로 대칭(代稱)하면서 새로운 시대를 연 것이다.

천도교라는 종교의 이름을 취함으로써, 조선 조정으로부터 사도(邪道)로서 탄압받던 동학은 종교로서의 자유를 주장할 수 있게 되었다. 1882년 조미수호조약을 체결한 이후 조선 조정은 세계적인 표준의 공법(公法)에 부응하는 일환으로 종교의 자유를 허여하기 시작하였다. 이와 같은 국가 차원에서의 조치를 기반으로 학문적 신앙공동체로서의 '동학'을 '천도교'라는 종교로 천명함으로써 비공인 집단으로서 숨어서 활동하던 동학이 사회적

---

7  '동학'이라는 이름의 이러한 의미는 『동경대전』 「논학문」 중 수운 선생이 제자들과 문답하는 부분에 잘 드러나고 있다. 서학과의 차이를 이야기할 뿐만 아니라, 동학의 주문에 관하여 설명하고, 성쇠(盛衰)의 운수(運數), 한울님과 인간과의 관계 등 폭넓은 문답을 하고 있음을 볼 수가 있다.

으로 공인되는 천도교로 새롭게 출발하게 된 것이다. 그 결과로 1910년 일제에 강제 병합된 이후, 우리나라의 종교단체를 제외한 모든 단체를 해산시키는 일제의 정책 하에서도, 천도교는 (유사)종교단체로서 해산 조치 대상에서 벗어나 존속할 수 있었다.

의암이 1905년 12월 1일 천도교로 대고천하(大告天下)하면서 언급한 바와 같이 '어제의 동학이 곧 오늘의 천도교'가 된 것이다.


## 2. 동학·천도교의 창도와 초기 역사

동학 창도의 배경과 의의는 그동안 다각적으로 고찰되어 왔다. 이를 크게 구분지어 보면 첫째, 조선 후기 사회의 정치적, 사회적인 부패이다. 즉 19세기 조선 사회에 만연한 부정부패는, 그에 대한 대안으로서 새로운 세상, 세상의 새로워짐을 열망하는 변혁의 필요성과 의지를 확산시키고, 이에 따라 변혁의 사상, 다시개벽의 새 세상을 확신하는 동학이 등장하게 되었다.

둘째, 수운이 재가녀(再嫁女)의 아들이라는 신분 제약으로 인해 재능을 발휘하고 뜻을 펼칠 기회가 없었기 때문이다. 수운은 세거(世居) 양반인 근암(近菴) 최옥(崔鋈)의 아들이지만, 그 어머니가 재가녀[8]이기 때문에 당시의 제도 아래에서는 과거에 응시할 수 없었고, 그러므로 자신이 처한 한계

---

8  수운 선생의 아버지 근암공 최옥은 두 번의 상처(喪妻)로 나이 60이 넘어서까지 혼자 살다가, 인근에 살던 과부인 한씨(韓氏) 부인과 재혼을 한다. 이 둘의 사이에 만득자(晩得子: 나이가 많은 때에 얻는 자식)로 태어난 사람이 수운 선생이다.

를 극복하고자 하는 과정에서 새로운 가르침인 동학을 세상에 내놓았다는 것이다. 다시 말해서 부패가 만연한 사회에서 신분적인 제약으로 인하여, 큰 뜻을 펼칠 수 없게 된 한 젊은 지식인인 수운이 조선 왕조의 사회적 질서의 한계를 절감하고, 이를 극복하고자 내놓은 가르침이 동학이라는 것이다.

이러한 배경 속에서 창도된 동학은 조선 사회를 유지하는 봉건적 신분제도의 모순을 온몸으로 실감하는 가운데 만인이 근본적으로 평등한 존재라는 근거를 보편적으로 내재된 한울님으로부터 찾아내어 선포하고, 나아가 그러한 평등 실현의 외적 조건으로서, 먼저 서세동점의 위기에 처해 있는 이 나라를 구제해야 한다는 '보국안민'(輔國安民)을 주창하게 되었다는 것이다. 이러한 동학 창도의 취지에 따라 이후 동학·천도교는 한편으로 신앙의 자유를 확보하기 위한 교조신원운동을 전개하면서, 척양척왜(斥洋斥倭)의 갑오동학혁명, 개화혁신(開化革新)의 갑진개화운동, 자주독립과 인도정의의 평화세계 실현을 위한 3·1독립운동, 개벽문명의 실현을 통한 이상세계 실현을 위한 신문화운동, 자주독립과 군국주의적 폭압의 파멸을 기도하는 무인멸왜기도(戊寅滅倭祈禱) 등 민족운동, 문화운동, 독립운동, 평화운동을 끊임없이 펼쳐 나갔다는 것이다.

이와 같은 견해는 동학의 창도 및 그 전개를 정치사회적, 혹은 역사적인 입장에서 접근한 것이 된다. 이는 일면으로는 타당한 것이라 할 수 있다. 확실히 동학·천도교의 창도 목적에는 이러한 측면이 중요하게 자리 잡고 있다. 그러나 한국 근현대사의 질곡이 깊은 만큼 그에 대한 동학·천도교의 응전의 역사가 깊고 크다 보니, 동학·천도교 창도의 목적을 그것에만 한정해 버리는 오류가 생겨났다. 위에서 살펴본 두 번째 견해에만 집착할 경우 동학은 그 창도에서 전개까지 종교적이고 신앙적인 추구를 하기보다는 정치적, 사회적, 민족적인 운동으로 일관해 온 것처럼 보인다. 실제로 이러한 이유로 많은 사람들이 동학은 종교이기보다는 사회개혁(개벽)의 사상이자 운동이라고 인식하였다.

그러나 경신년(庚申年, 1860) 4월의 수운의 종교체험과 그 이후의 가르침, 또는 수운이나 그의 제자이자 동학 2대 교주 해월(海月 崔時亨, 1827-1898), 3대 교주 의암(義菴 孫秉熙, 1861-1922) 등의 가르침을 보면, 동학은 단지 사회운동사상만이 아님을 알 수 있다. 즉 종교적인 체계를 갖추고, 종교적 신앙과 수행을 철저히 한 이후 혹은 수행을 해 나가면서 그 바탕 위에서 지속적으로 사회운동을 펼쳐나간, '총체적인 것'임을 알게 된다.

수운은 어지러운 세상을 구할 수 있는 가르침을 얻고자 10여 년간 전국 팔도를 떠돌았다. 이를 주유팔로(周遊八路)라고 한다. 그 과정에서 수운 선생이 목격한 현실은 단순히 지배계층인 양반과 관료층의 부패 무능으로 인하여 피지배계층인 평민과 천민이 고통을 겪는, 이원적(二元的) 대립 구조만이 아니었다. 당시의 시대적 타락상은 양반이나 상민을 막론한 모두에게 나타난 것이었다.

수운은 매관매직(賣官賣職)을 일삼는 권력자나, 돈을 산같이 쌓아 놓은 부자나, 유리걸식(流離乞食)하는 패가자(敗家者), 이런저런 소문을 듣고 이로움을 좇는 사람들까지 모두 자기만 살려고 하고 자기가 가는 길이 옳다고 하는 각자도생(各自圖生), 자시지벽(自是之癖)의 세태가 만연하여,[9] 결국은 세상이 어지러워진다고 진단하고 있다. 수운은 이와 같은 '타락한 이기

---

9  "매관매직 세도가도 일심은 궁궁이요. 전곡 쌓인 부첨지도 일심은 궁궁이요. 유리걸식 패가자도 일심은 궁궁이라. 풍편에 뜨인 자도 혹은 궁궁촌 찾아가고 혹은 만첩산중 들어가서 혹은 서학에 입도해서 각자위심 하는 말이 내 옳고 네 그르지…."(『용담유사』 「몽중노소문답가」) 등의 구절에서 이를 확인할 수 있다.

주의'를 한마디로 각자위심(各自爲心)이라고 하였고, 이것이 세상을 타락시키고 나아가 위기로 몰아가게 되었다고 갈파하였다.

이러한 개인적, 그리고 조선 내재적인 원인에 더하여 수운은 외부로부터 육박해 오는 위기 요인에도 주목하였다. 당시 동아시아로 몰려오고 있던 서양 세력과 서학은 한편으로 내부의 각자위심의 세태를 더욱 부채질하고 다른 한편, 인심을 요란(擾亂)케 하여 기존 질서의 붕괴를 가속화함으로써 인간다운 삶의 가장 근본적인 바탕인 도덕 기반을 와해시킨다고 보았다.

이와 같은 수운의 시대 인식은 한마디로 도덕을 기준으로 하는 종교적 시각이라고 할 수 있다. 따라서 수운은 이러한 시대적 위기를 제도의 변혁이나 정치적 변혁을 통해 개혁하고자 하지 않았다. 그에 앞서 사람들로 하여금 자기 내면의 신성(神性)을 깨닫게 하고, 내 마음을 더 넓고 높고 깊은 경지로 열리게 함으로써만 시대적 위기를 극복할 수 있다고 보았다. 그것이 곧 보국안민(輔國安民)과 광제창생(廣濟蒼生)의 유일한 길이요, 나아가 새로운 차원의 삶으로의 '다시개벽'의 길이라고 하였다.

수운은 이와 같은 견지에서 세상 사람들을 올바르게 가르칠 수 있는 도를 구하고자 전국을 떠돌았고, 마침내 을묘년(1855) 봄에 처가 동네인 울산의 여시바윗골에서 머물 때에, 어느 이인(異人)으로부터 천서(天書)를 받는 신비체험을 하게 된다. 이 체험 사건을 동학·천도교에서는 '을묘천서'(乙卯天書)라고 부른다. 이 을묘천서는 수운이 지금까지 행해 오던 구도(求道) 방향에 획기적인 전환점이 된다. 즉 수운은 10여 년 동안 자기 밖에서 도를 구하고자 노력했다. 그러나 이 을묘천서 이후 기도를 통해 자신의 내면,

또는 절대 존재(天)로부터 도를 구하는(祈天) 방향으로 전환한 것이다.[10] 지금까지 무신론적인 입장에서 도를 구했다면, 을묘천서 이후부터는 종교적으로, 다시 말하면 유신론적인 입장에서 기천(祈天)을 통해 도를 구하게 된 것이다.[11]

을묘천서 이후 수운은 양산 천성산(千聖山)에 있는 내원암(內院庵), 천성산 중턱의 자연 동굴(嚴窟)인 적멸굴(寂滅窟), 또는 고향인 경주 용담(龍潭) 등지에서 기천(祈天)을 통한 수련을 계속해 나갔다. 그 결과 수운은 경신년(1860) 4월 한울님을 만나고 또 한울님과 문답을 주고받는 결정적인 종교체험(religious experience)을 하게 되었다. 그 과정에서 수운은 자신이 문제의식으로 삼았던, '자기 내면의 신성(神性)을 깨닫게 하고, 내 마음을 더 넓고 높고 깊은 경지로 열리게' 하는 일이 곧 한울님의 마음과 일치하는 것(吾心卽汝心, 天心卽人心)임을 확인할 수 있었다.

수운의 종교체험은 궁극의 차원과의 상면(相面)이며 새로운 세계에의 개안(開眼)이다. 수운은 이 종교체험을 통해 한울님이라는 궁극의 존재로부터 가르침을 받았고, 이 가르침을 '동학'이라는 이름으로 세상에 펴게 되었다. 이처럼 동학의 창도는 표면적으로는 조선 후기 사회가 대내외적으로 직면한 역사적, 사회적, 정치적인 상황이 주요 동인(動因)이 되지만, 본원적으로는 수운의 신체험(神體驗), 즉 종교체험 사건이 근본 동인이라고 할 수 있다.

따라서 동학은 단지 사회사상이나 운동만이 아니요, 또한 단순한 종교만이 아닌, 이 양자를 종합하고, 포함하며 통섭하는, 사상이자 운동이며,

---

10  『도원기서』, "其後深探透理 則書有祈禱之敎."
11  윤석산, 『동학교조 수운 최제우』, 모시는사람들, 2004, 89-90쪽.

철학이자 종교임을 알 수 있다.

동학은 교조 수운이 좌도난정(左道亂正)한다 하여 조선 조정에 의해 참형을 당한(1864.3.10.) 이후 고난의 역사를 걷게 된다. 수운으로부터 도통(道統)을 이어받은 해월은 관의 지목을 받으며 36년간이라는 장구한 세월의 대부분 기간을 태백산맥과 소백산맥이 지나가는 경상도, 충청도, 강원도 산간 마을 50여 곳을 전전하며 살아간다.

그러나 해월은 36년간 다만 도피만 한 것이 아니다. 그 기간 동안 해월은 흩어진 동학교도들을 다시 연결하고, 교단을 재조직하고자 피나는 노력을 하였으며, 스승의 가르침을 더 민중적으로 설파하고, 실천하였다. 이러한 노력의 결과 1890년대 초부터는, 교조인 수운 선생의 억울한 죽음을 신원하는 '교조신원운동'(敎祖伸寃運動)을 조선 조정을 향해 전개할 수 있을 정도로 교세가 확장되었다. 해월은 1892년부터 공주, 삼례, 광화문으로 옮겨가며 잇달아 교조신원운동을 전개하였고, 1893년 3월에는 보은에서 교조신원운동과 척왜양창의운동을 결합한 전면적인 민회(民會)로써 국면의 전환을 시도하였다.

이러한 일련의 과정을 거쳐 새로운 운동 방향을 모색하는 기간에, 1894년 고부의 동학접주인 전봉준이 이끄는 봉기를 필두로 제폭구민, 척양척왜, 보국안민의 기치를 내세운 동학혁명이 전개되었다. 동학군은 황토현 전투와 황룡천 전투에서 관군을 크게 격파하고 파죽지세로 전주성까지 함락하였다. 그러나 조선 조정이 청나라에 구원병을 요청하면서 청나라와 일본이 동시에 개입하게 되었고, 동학군은 일본군과 관군에 의하여 무참히 학살당하며 패퇴하여 동학혁명은 실패로 끝나고 말았다. 그로부터 3년 후에는 해월 선생도 체포되어 순도한다. 이 일로 동학교단은 또 한 번 절체절명의 위기에 봉착한다.

그러나 해월 선생으로부터 동학의 도통을 이은 의암은 동학을 천도교라는 종교 체제로 재편하여 일거에 위기를 극복하고, 일제의 강제 병합에 저항하여 기미 3·1독립운동을 준비하여 성사시키는 주역이 되었다. 일제의 무력적 진압으로 인하여 기미 3·1독립운동은 그 당장에는 소기의 목적(독립)을 이루지 못하였지만, 3·1운동의 성과로 해외(중국 상해)에 임시정부가 수립되었고, 이것이 1948년의 대한민국 정부 수립으로까지 이어졌다. 이와 같이 동학·천도교는 한국근대사의 골간이 되는 민족운동, 사회운동을 펼쳐 왔다.

한편, 기미 3·1독립운동 이후, 천도교는 개벽사상으로 의식화된 청년들을 중심으로 신문화운동을 전개하였다. 1920년 이후 『개벽』, 『어린이』, 『혜성』, 『신여성』 등의 많은 잡지를 잇달아 발간하여 당대 세계 사조를 수용하고 재창조하면서 새로운 세계로의 도약을 시도하였다. 이러한 문화운동은 어린이, 학생, 청년, 여성, 농민, 노동자 등의 사회 각 계층별, 부문별 운동과 연계된 것이었다. 대표적으로 천도교청년회, 천도교소년회를 발판으로 전개한 어린이 운동은 수운 선생과 해월 선생의 가르침을 사회적으로 실천하는 일이었다. 어린이날을 제정한 것도 그 일환이었으며, 세계 최초의 '어린이 인권(해방)선언'도 그 과정에서 산출되었다. 신문화운동 및 부문운동 외에도 천도교의 일각에서는 일제에 대한 비타협의 노선을 근간으로 하여 이에 동조하는 여타 사회세력과 연대하면서, 6·10만세운동을 기획하고, 만주사변을 전개하는 일본의 패망을 기원하는 멸왜(滅倭)기도운동을 전개하며, 해외에서 독립당(고려혁명당)을 결성하거나 상해 임정을 지원하는 등 독립에의 의지를 좀 더 직접적으로 펼쳐나갔다.

동학·천도교는 19세 중엽 국내적으로는 정치적 사회적 혼란이 가중되고 전 지구적으로 제국주의적 침략이 만연하는 위기의 시대에 창도되어 한국의 근대사를 주체적으로 이끌어 온 원동력이었다. 교조신원운동을 우리나라 초유의 민회(民會)운동으로 승화시켜 갔는가 하면, 동학혁명을 통하여 개혁 의지와 반외세의 자주 정신을 일깨우고 실천하였다. 기미 3·1독립운동, 신문화운동, 부문운동 등을 통하여 독립과 구국의 기치를 높이 세웠으며, 개벽문화의 구축을 기도했다. 따라서 동학·천도교의 역사는 다만 한 종교교단의 역사만이 아니라, 한국근대사의 중요한 한 부분이며 나아가 그것이 패망이나 분단 또는 저항의 역사만이 아니라, 개혁과 건설, 전망과 희망의 역사라는 점을 재조명하는 근거가 된다.

## 3. 시천주의 '모심'과 사인여천의 '섬김'

경신년 4월 결정적인 종교체험을 통하여 수운 선생은 한울님으로부터 '내 마음이 곧 네 마음'이라는 '오심즉여심'(吾心卽汝心)의 심법을 받는다.[12] 이는 한울님이 세상으로부터 초월해 계신 것이 아니라, 내가 모시고 있으며 동시에 우주에 편만해 있다는 것을 깨달은 것이다. 이로써 수운은 '내가 한울님을 모시고 있다'는 '시천주'(侍天主)를 동학의 핵심 사상으로 삼는다.

동학은 '시천주'의 '모심'(侍)의 철학을 근본으로 하는 가르침이다. 시천주란 곧 '사람과 신과의 관계'에 관한 통찰이다. 선천(先天) 시대에는 '신'(神)이라는 궁극적 존재가 인간 세상과는 다른 초월적인 시공간에 존재하며, 나(세계)와는 분리되어 있으면서 나와 세계를 지배하는 존재라고 인식

---

12  『동경대전』「논학문」, "身多戰寒 外有接靈之氣 內有絳話之敎 視之不見 聽之不聞 心常怪訝 修心正氣而問曰 何爲若然也 曰吾心卽汝心也."

했다. 반면에 시천주 사상은 신(한울님)이 나와 더불어 숨 쉬고 생각하는 존재로서 존재한다고 하여, 나와 신의 관계를 개벽, 즉 새롭게 정립한다.

내가 모시고 있는 신(한울님)은 내 안에 있는 '참나'이며, 동시에 내가 태어난 나의 근본이기도 하다. 그뿐만 아니라 우주만유 또한 한울님을 모시고 있으므로, '나와 만유(萬有)와 우주'는 궁극적으로 하나로 연결되어 있다는 '우주생명공동체'의 근거 또한 시천주 사상이다.

이 시천주를 근간으로 수운은 계속해서 동학의 인간관, 우주관, 신관 등을 수립해 나간다. 이를 정리해 보면 무궁한 존재인 한울님을 내 안에 모셨으므로, '나'는 유한한 존재이면서 동시에 궁극적으로 무궁한 우주와 더불어 '무궁한 나'가 될 수 있다는 것이 '동학의 인간관'이라 할 수 있다. 또한 우주는 곧 모든 생명체와 유기적인 연관을 맺고 있는 하나의 생명체라는 것이 '동학의 우주관'이라 할 수 있으며, 이 우주의 근원적인 섭리가 곧 신의 작용이며 동시에 신이 현현(顯現)된 면모라는 것이 '동학의 신관'이라 할 수 있다.[13]

또한 시천주 사상은 그 자체로 인간은 누구나 본질적으로 평등하다는 만인 평등주의가 된다. 즉 수운은 당시 사회적으로 비천한 사람이나 존귀한 사람, 부자나 가난한 사람 누구를 막론하고, 모두 본원적으로 한울님을 모시고 있으므로, 세상의 모든 사람은 '무궁한 존재'로서 평등하다고 가르친 것이다. 그러므로 시천주 사상은 신분의 차등적 구별이 엄격했던 당시 사회에서 그로 말미암아 고통받던 대다수 민중들에게 크게 호응을 받고, 동학이 급속도로 퍼져나가는 중요한 계기가 되었다.

---

13 '侍天主'에 관해서는 윤석산, 『동학교조 수운 최제우』, 모시는사람들, 2004. 214-227쪽을 참조.

수운의 가르침은 당시 빈천(貧賤)한 가운데 내우외환이 가중되는 상황에서 생존의 위기를 겪고 있는 민중들에게 새로운 희망을 심어주고, 자기의 잠재력에 새롭게 눈을 뜨게 하였다. 나아가 거대한 혼돈과 전환의 기운이 폭력적으로 밀어닥치는 시대적인 위기를 극복하고 나라를 구하는 주체는 부귀(富貴)한 집권층, 기득권 세력만이 아니라, 빈천한 민중 역시 그 주체가 될 수 있다는 사실을 자각하게 했다.

또한 세상 사람이 누구나 한울님을 모시고 있다는 시천주 사상은 '사람을 한울님같이 섬기라'는 '사인여천'(事人如天)의 실천 윤리를 낳게 된다. 사인여천은 해월이 가장 직접적으로 가르친 덕목이다. 해월은 사람을 한울님같이 섬기라고 당부하면서 그 예로 '며느리'와 '어린아이'를 들고 있다. 해월이 충청도 지역을 순회하다가 청주 서택순의 집을 방문하였을 때, 서택순의 며느리가 베 짜는 소리를 듣고 '한울님이 베 짜는 소리'라는 가르침을 편다.[14] 이 이야기에는 서택순이 사회적, 가정적으로는 시아버지이지만 그 며느리를 한울님으로 대해야 한다는 가르침이 담겨 있다. 또한 해월 선생은 집안의 어린아이를 때리는 것은 곧 한울님을 때리는 것이며, 이는 한울님이 싫어하고, 또 한울님 기운을 상하게 하는 일이라고 가르쳤다. 이러한 가르침은 당시 사회 구조에서 최하층에 놓인 채 고통을 받는 여성, 특히 며느리와 어린아이까지도 한울님으로 존중하라는 것으로, 상대적 존중이 아닌 본원적이고 또 전일적인, 따라서 절대적인 평등의 의미를 담고 있는 가르침이다.

사인여천의 가르침은 사람들이 모두 한울님을 모시고 있으므로, 모든 사람이 저마다 우주의 중심이며 또한 무궁한 우주와 연결되어 있는 존재

---

14 『해월신사법설』「대인접물」.

임을 강조한 것이다. 시아버지가 모신 한울님이나 며느리가 모신 한울님이나, 어른이 모신 한울님이나 어린이가 모신 한울님이나 모두 같은 한울님이며, 따라서 어른이나 어린이나, 시아버지나 며느리나, 모두 우주적 존재이며, 서로 같은 기운으로 연결되어 있다(同氣相應)는 것이다. 이러한 가르침은 훗날 천도교의 '여성운동'이나 '어린이 운동'의 중요한 근본정신이 되었다.

사인여천은 '모든 존재가 한울님같이 존귀하다'는 생각을 표명하고 있지만, 실천적으로는 '다른 사람을 한울님같이 섬길 수 있는 태도'가 중요하다는 가르침이 들어 있다. 즉 사인여천의 '섬김'(事)은 내가 한울님 마음과 기운을 회복하고 또 이를 변치 않는 '모심'의 실천적인 측면인 것이다. 여기서 우리는 시(侍)와 사(事)가 동전의 앞뒷면을 이루는 이위일체(二位一體)의 관계임을 알게 된다. 사인여천은 현대 사회에 가장 절실하게 필요한 '타자에 대한 존중과 배려'의 근본 해법을 담고 있다.


## 4. '다시개벽', 천리와 인사의 부합

수운 선생은 경신년(1860) 4월 결정적인 종교체험을 통해 한울님을 만났다. 이는 동학의 신관이 '직접 신관'(直接神觀)임을 말해준다. 그런가 하면, 동학은 '시운'(時運)을 거듭 말하여 '영원회귀의 시간관'을 보여준다. 이 양자는 실상 서로 모순되는 관점이라고 할 수 있다. 직접 신관은 인격신의 존재를 전제로 하는 데 반하여, 영원회귀의 시간관에 따른 신관은 우주 규범이 의인화된 이법신관(理法神觀)이 된다.[15] 여러 종교학자들이 논구한 바와 같이 동학·천도교의 신관은 이렇듯 서로 모순되는 신관이 통섭되어 있다.[16]

동학·천도교 신관의 통섭적 특성은 개벽관(開闢觀)에도 그대로 나타나고 있다. 수운은 『용담유사』에서 "십이제국(十二諸國) 괴질운수(怪疾運數) 다시개벽 아닐런가."라는 구절을 두 번이나 서술하고 있다. 한번은 「몽중노소문답가(夢中老少問答歌)」에서, 다른 한번은 「안심가(安心歌)」에서다. 그러나 여기에는 결정적인 차이가 있으니, 즉 '다시개벽'을 말하는 발화자가 서로 같지 않다. 「안심가」에서는 수운이 발화자로서, 자기의 자질(子姪)이나 제자들에게 말하는 데 반하여, 「몽중노소문답가」에서는 수운으로 상정되는 화자(話者)가 세상을 떠돌다가 금강산 상상봉에 잠깐 앉아 잠이 든 사이에 꿈속에서 신선의 옷을 입은 어느 도사(道師)가 나타나서 한 말이다. 즉 이때의 발화자는 수운 선생이 만난 '도사'이다.

『용담유사』는 각기 다른 여덟 편의 노래를 모아 엮은 가사집이다. 이 중 「안심가」는 수운 선생이 자신의 가솔을 비롯해 제자들에게 이내 머지않아 좋은 세상이 올 것이니 안심하고 기다리라는 내용의 노래이다. 이에 비하여 「몽중노소문답가」는 수운 선생이 을묘년인 1855년 초봄 처가 동네인 울산 유곡동(幽谷洞)에 있는 어느 초당에서 이인(異人)으로부터 천서(天書)를 받는다는, 을묘천서(乙卯天書)의 사건을 비유해서 부른 노래라고 할 수 있다. 「안심가」는 '이제 다시개벽이 될 것이니, 그날이 올 때를 대비하라.'

---

15  윤이흠, 「한국민족종교 개벽관의 종교사적 의의」, 『민족종교의 개벽사상과 한국의 미래』, 한국민족종교협의회, 2004, 452-453쪽.
16  특히 김경재 교수가 수운의 신관에서 이와 같은 성격을 깊이 주목하고 있다.(김경재, 「최수운의 신관」, 『한국사상총서』 IV, 한국사상연구회, 1980)

는, 제자들을 향한 수운 선생 자신의 가르침을 담고 있다면, 「몽중노소문답가」는 수운 선생이 꿈속에서 만난 이인(異人)으로부터 '이제 다시개벽이 될 것이니, 걱정하지 말라.'는 가르침을 받았다는 노래이다. 수운 선생이 꿈속에서 만난 '우의(羽衣; 깃털 옷)를 입은 도사'(道士)는 을묘년 봄 울산 여시바윗골에서 만나 천서(天書)를 받았다는 '이인'을 상정한 비유적 표현이며, 따라서 수운 선생이 종교체험을 통해 만난 신이다.[17]

이와 같은 내용은 『용담유사』의 한편인 「용담가」에도 나온다. 즉 수운 선생이 경신년(1860) 4월 결정적인 종교체험을 할 때 "개벽 후 오만 년에 네가 또한 첨이로다."라는 한울님의 말씀을 들었다고 노래하고 있다.

이러한 사실로 본다면, 한울님은 '다시개벽'이 '십이제국 괴질운수'의 끝에 시운에 의하여 이루어진다는 사실을 알려준 존재이다. 즉 다시개벽은 시운이라는 우주의 변화, 그 운행에 따라서 오는 것이고, 한울님은 이 다시개벽의 때가 다가옴을 알려준 존재이다. 여기서 읽을 수 있는 것은 한울님은 다만 이 사실을 알려주는 존재일 뿐, 다시개벽의 주재자가 아니라는 것이다.

그러나 수운의 동학의 결정적인 반전이 일어난다. 한울님은 우주 변화를 주재하지 않는 듯 보이지만, 실은 우주 변화 그 자체가 한울님이라는 사실이다. 따라서 '주재'라는 개념보다는, 만유와 함께 끊임없는 변화와 생성

---

17　동학 연구자들은 울산여시바윗골에서의 '을묘천서' 사건을 수운 선생이 제세(濟世)의 뜻을 품고 세상을 떠돌며 구도의 길을 걷다가 체험하게 되는 첫 번째 신비체험, 곧 종교체험이라고 말하기도 한다(金光日, 「崔水雲의 宗敎體驗」, 『韓國思想』 12집, 1974, 70쪽). 그런가 하면, 수운 선생이 만났다는 이인(異人)은 자신 안에 있는 '원형(archetype)으로서의 자신'이며, 동시에 융이 말하는 개성화 과정을 통해 자신의 안에 있는 자기, 곧 신을 만나는 종교체험으로 보기도 한다(김병준, 「C. G. Jung의 분석적 입장에서 본 종교체험 이해」, 감리교신학대학교 대학원 석사논문, 1995, 101쪽).

을 지속하는 '우주 변화 그 자체가 한울님'이라는 말이 더욱 정확한 표현이 된다. 이렇듯 동학의 신관은 직접 신관에 의한 인격신과 영원회귀의 시간 관에 의한 우주 규범이 의인화된 신관을 아우르고 있다. 그러므로 한울님 의 무궁한 변화이면서, 동시에 우주의 비밀인 시운(時運)에 의하여 다가올 다시개벽을 한울님이 직접 수운 선생에게 일깨워준 존재라고 하겠다.

수운 선생은 이러한 가르침에 접하고 스스로 1년여에 걸쳐 헤아려보며 그 도법을 다듬어서, '머지않아 시운에 의하여 다시개벽이 될 것이니, 세상 의 사람들은 이를 맞이하기 위하여 준비해야 한다'고 가르치기 시작한다. 즉 다시개벽은 한울님의 일이며 천리이지만, 이러한 다시개벽을 맞이하고 우리 삶 속에 바르게 이룩하기 위해서는 사람들 역시 준비를 해야 한다는 것이 수운 선생의 다시개벽에 대한 지론이다. 천리(天理)와 인사(人事)가 부합(符合)해야만 비로소 이 지상에 올바른 다시개벽이 이루어진다. 이러 한 뜻에서 수운 선생은 「교훈가」에서 "운수야 좋거니와 닦아야 도덕이라." 라고 노래하였으며, 「용담가」에서 한울님 역시 수운 선생에게 "나도 또한 개벽 이후 노이무공(勞而無功) 하다가서 너를 만나 성공하니 나도 성공 너 도 득의(得意)"라고 노래한 것이다.

'좋은 운수'는 바로 시운에 의하여 돌아온 천리이다. 그러나 이 천리에 따라 돌아온 운수에 의하여 올바른 다시개벽이 실현되기 위해서는 반드시 '닦아서 도덕을 이루어야 한다.' 이 '닦아서 도덕을 이루는 것'이 바로 인사 (人事)이다. 그런가 하면, 한울님의 뜻도 '노이무공'(勞而無功), 곧 노력을 해 도 이룩되지 않았던 것은 사람들의 닦음, 즉 인사가 지극하지 못했기 때문 이라는 이야기가 된다. 그러므로 인사에 지극한, 지극한 마음으로 수련에 정진하여 도와 덕을 닦는 데에 이른 수운 선생을 만나 비로소 성공을 하게 되었다고 한울님 스스로 말하고 있는 것이다.

천리와 인사가 부합함으로써 도래하는 다시개벽 세상을 수운 선생은 『용담유사』에서 '춘삼월(春三月) 호시절'(好時節)로 표현하고 있다. 이 춘삼월 호시절을 맞이하기 위해서 가장 필요한 것은 정심수도(正心修道)이다. 동학·천도교에서는 수도의 방법으로 주문 수련을 강조한다. 주문은 『동경대전』「논학문」에서 언급한 바와 같이 '한울님을 지극히 위하는 글'(呪文者何 至爲天主之字)이다. 여기서 한울님을 지극히 위한다는 것은 한울님의 뜻, 곧 천리에 따라 사는 것을 의미한다.

한울님 뜻에 따라 살고자 하는 주문을 염념불망(念念不忘)하는 주문 수련을 통해 도달하는 마음의 경지를 '수심정기'(守心正氣)라고 한다. 일찍이 수운 선생은 『동경대전』에서 다음과 같이 말한 바 있다.

> 인의예지는 선천의 성인이 가르치신 바이요, 수심정기는 내 오직 다시 정한 것이다.[18]

이어서 해월 선생은 "만일 수심정기가 아니면 인의예지(仁義禮智)의 도를 실천하기 어려운 것이니라."[19]라고 하였다. 이른바 사단(四端)인 인의예지를 마음에 회복하고 실천하기 위해서는 필히 수심정기가 되어야 한다는 말이다.

사단은 곧 하늘로부터 품부 받은 인간의 본성이다. 따라서 동학의 입장에서 본다면, 사단은 해월 선생이 시천주의 '시'를 해의한 내유신령(內有神

---

18  『동경대전』「수덕문」, "仁義禮智 先聖之所教 守心正氣 惟我之更定."
19  『해월신사법설』「수심정기」, "若非守心正氣則 仁義禮智之道 難以實踐也."

靈), 곧 '처음 태어난 아이의 마음'[落地初赤子之心][20]이라고 할 수 있다. 그런데 이 적자지심은 자라면서 세상의 이욕에 오염되면서 가려지게 마련이다. 이렇게 쇠미해져서 드러나지 않게 된 인의예지의 사단을 회복하고 지키는 것을 '수심'(守心)이라고 할 수가 있다. 또, 이 인의예지를 바르게 실천하는 것이 곧 '정기'(正氣)이다.

이와 같은 의미에서, '수심정기'란 시천주의 자각을 통해 회복한 한울님 마음(사단)을 지킴으로써 우주적 질서를 내 안에서 회복하는 길이요(守心), 나아가 한울님 기운을 바르게 하여 이를 실천함으로써 우주 운행의 법칙에 매우 주체적으로 참여하는 길(正氣)이다. 즉 주문 수련을 통하여 마음을 새롭게 열고, 열린 마음으로 만유와 교유함으로써 "한울님 마음을 지키고, 한울님 기운을 바르게 하면, 한울님 성품을 거느리게 되고 한울님 가르침을 받아 자연한 가운데 한울님 경지에 이르게 됨"[21]을 말한다. 그러므로 해월 선생은 '수심정기' 네 글자를 "선천 오만 년 동안 하늘과 땅의 끊어졌던 기운을 다시 이어주고 보충하는 것"[22]이라고 말한다.

주문 수련을 통해 이와 같은 수심정기의 경지에 이르면 사람들은 자연스럽게 천리를 따라 살게 되고, 그러므로 인사와 천리가 자연스레 부합하게 된다는 것이 동학·천도교의 가르침이다. 또 그렇게 되면 시운에 의하여 다가오게 되는 새로운 삶인 '다시개벽'을 맞이할 수 있다는 것이다. 즉 '모심'을 통하여 '한울님 마음과 한울님 기운'을 회복하는 수심정기의 경지에 이르게 되고, '섬김'을 통해 상대를 존중하고 배려하며, 나아가 우주 만유에

---

20  『해월신사법설』「영부 주문」, "內有神靈者 落地初赤子之心."
21  『동경대전』「논학문」, "吾道 無爲而化矣 守其心正其氣率其性受其敎 化出於自然之中也."
22  『해월신사법설』「수심정기」, "守心正氣 四字 更補天地隕絶之氣."

의 상생과 조화를 이룩하는 것이 바로 '다시개벽'의 세상이라고 동학·천도교에서는 말하고 있다.

'모심'과 '섬김'은 우주적 질서인 천리와 인간 삶의 바른 도리인 인사가 부합하는 길이며, 동시에 만유를 '살림'의 길로 이끄는 길이다. 이것이 곧 동학·천도교에서 말하는 "새 하늘, 새 땅에 사람과 만물이 또한 새로워지는"[23] 마음 개벽, 사회 개벽, 우주 개벽인 '다시개벽'의 길이다. 동시에 상생과 조화를 통해 새로운 차원의 삶을 이루려는 동귀일체(同歸一體)의 길이기도 하다.


## 5. 수행과 신앙 방법

일반적으로 종교적인 행위는 두 가지가 있다. 하나는 신의 은총을 바라며, 신을 믿고, 신에게 의지함으로써 '신앙'에 치중하는 것이고, 다른 하나는 최상의 종교적 경지에 도달하고자 '수행'에 치중하는 것이다. 대체로 모든 종교가 이 두 가지 종교 행위를 병행하지만, 서양의 종교는 주로 '신앙'에 치중한 것이라면, 동양의 종교는 주로 '수행'에 치중한 것이다.

그러나 동학·천도교는 어느 한 가지에 치중하지 않고 '수행과 신앙' 두 가지를 조화롭게 겸전하고 있다. 동학·천도교는 수운 선생의 심법(心法, 1860.4.5.~1863.8.14)이 해월 선생에게 이어졌고, 또 의암 선생과 춘암 선생(春菴 朴寅浩, 1854-1940)에게 이어지면서 오늘에 이르고 있다. 오늘날 동학·

---

23  『해월신사법설』·「개벽운수」, "此是開闢之運 開闢之理故也 新乎天 新乎地 人與物 亦新乎矣."

천도교에서 가르치고 실행하는 수행과 신앙의 방법은 의암 선생 때에 확립되었다.

의암 선생은 수운과 해월의 가르침을 '수행하고 신앙'하는 제도적 절차로서 오관(五款)을 제정하였다.[24] 오관은 주문(呪文), 청수(清水), 시일(侍日), 성미(誠米), 기도(祈禱)의 다섯 가지로, 동학·천도교인이 실행해야 할 종교적 의식(儀式)과 수행 방법의 요체이다. 주문은 '지기금지 원위대강 시천주 조화정 영세불망 만사지'의 스물한 자 주문을 읽으며 수련하는 것이다. 청수는 모든 천도교 의식에 모시는 '맑은 물'을 의미한다. 기도란 매일 저녁 9시와 아침 5시에 행하는 기도와 일정한 날과 기간을 정하여 하는 특별기도가 있다. 시일은 매 일요일 오전 11시에 교당 등에 모여서 집단적으로 봉행(奉行)하는 종교 집회를 말한다.[25] 성미는 매끼 밥을 지을 때 한 식구 당 한 숟갈씩 쌀을 따로 떼어 모았다가 한 달에 한 번씩 교회에 헌납하는 것이다.

이러한 다섯 가지 종교적인 행위인 오관은 '수행과 신앙'의 방법론이 모두 담겨 있다. 먼저 동학·천도교의 수행 방법은 바르게 앉아서 눈을 감고 주문(呪文)을 반복적으로 읽는 것이다. 동학·천도교의 수행에서 가장 중요한 것이 바로 주문(呪文)이다.

---

24 의암 선생이 五款을 제정한 것은 동학을 천도교로 大告天下한 이후인 1906년이다. 동학 시대부터 행해 오던 呪文, 清水, 祈禱에 서양 종교(기독교)의 의례를 본떠서 侍日과 誠米를 더한 것이다. 서양에서 들어온 천주교나 개신교와 같이 일요일을 侍日이라고 정하고, 교당을 짓고 교당에서 시일예식을 갖게 되었다. 또한 誠米制를 두어 교인들로부터 받는 일정한 성미로서 교단의 재정을 삼았다.

25 시일(侍日)은 '시일식'을 봉행하는 '일요일'을 뜻하기도 하지만, 오관으로서의 '시일'(侍日)은 '시일식' 자체를 의미한다.

수운은 주문의 뜻을 "한울님을 지극히 위하는 글"[26]이라고 설명하였다. 이는 다른 말로 하면 한울님의 뜻에 따라 살아간다는 말이다. 이 주문 수행을 통하여 한울님의 섭리에 따라 살아가는 힘을 기름으로써 하나의 커다란 생명체인 이 우주, 곧 한울님과 합일(合一)을 이루고자 하는 수행이 곧 주문 수련이다. 즉 천인합일(天人合一)을 이루어 한울님의 덕을 체득하고, 바른 마음과 기운을 체험하고, 체행, 즉 실천하고자 하는 것이 동학·천도교의 종교적 수행이다.

주문은 세부적으로 8자로 된 강령주문(降靈呪文), '지기금지 원위대강'(至氣今至願爲大降)과 13자로 된 본주문(本呪文) '시천주 조화정 영세불망 만사지'(侍天主造化定永世不忘萬事知)가 있다. 강령주문이란 한울님의 기운과 내 기운이 서로 융화일체(融化一體)가 되기를 기원하는 주문이고, 본주문은 천인합일의 경지에 이르러 한울님의 무궁한 가르침을 받고, 나아가 한울님의 덕(德)에 이르러 한울사람으로 살아가고자 기원하고 다짐하는 주문이다.

이 강령주문과 본주문을 합하여 통상적으로 '주문'(呪文)이라고 부른다.[27] 또 그 글자 수에 착안하여 '스물한 자(21자) 주문' 또는 '삼칠자 주문'이라고도 한다. 이 21자 주문에 대해서는 수운 선생이 직접 해의한 것이 있다. 그에 따르면 이 21자의 주문 속에는 수운 선생의 가르침, 곧 동학·천도교의 모든 교의(敎義)가 함축적으로 담겨져 있음을 알 수 있다. 다시 말해서 주문 21자는 동학·천도교 교리의 핵심이 되는 것이라고 하겠다. 주문을 반복

---

26  『동경대전』「논학문」, "曰 呪文之意何也 曰 至爲天主之字…."
27  이 주문은 『동경대전』에서 좀 더 상세하게는 '제자주문'에 해당한다. 그 밖에 『동경대전』에는 '선생주문'과 '초학주문'이 실려 있다. 그러나 『동경대전』「논학문」편에서 수운 선생이 직접 해의한 것이 이 '제자주문'이므로, 통상 '주문'이라고 하면 제자주문을 가리킨다.

적으로 읽으며 종교적인 수행을 하는 것을 '수련'(修煉), 즉 '수도(修道) 연성' (煉性)이라고 한다.

다음으로 심고(心告)는 한울님에게 기원(祈願)하고 서원(誓願)하는 '신앙의 방법'이다. 해월 선생의 법설인 「내수도문(內修道文)」에 의하면, 천도교인은 일상의 모든 행동 하나하나를 할 때마다 심고를 드리도록 되어 있다. 잘 때 "잡니다." 하고 마음으로 고(告)하고, 일어날 때 "일어납니다." 하고 마음으로 고하고, 물 길러 간다거나 방아 찧으러 간다거나 하는 모든 일상의 행동을 시작할 때와 끝마쳤을 때에 한울님에게 고해야 한다고 되어 있다.[28] 또 모든 종교적 의식(儀式)이나 행사 때에도 이 심고로써 시작을 하고 끝을 맺는다. 이렇게 함으로써 동학·천도교인은 한울님과 함께 모든 일을 시작하고 끝을 맺는 것이다.

다음으로, 모든 천도교인은 매일 저녁 9시에 청수(淸水)를 받들어 놓고 기도식(祈禱式)을 봉행한다. 이 기도식 역시 경배(敬拜)의 대상인 한울님께 기원(祈願)과 서원(誓願)을 드리는 의식이다. 또 매일 저녁 기도식(청수) 외에 특별한 목적과 서원을 정하고 일정 기간 특별기도를 행하기도 하는데 이를 '특별기도'라고 부른다.

이상에서 주문은 수행의 방법이라면, 기도와 심고는 기원과 서원을 담은 신앙의 방법론라고 하겠다. 동학·천도교는 이와 같이 '수행과 신앙'이라는 두 가지의 종교적 행위를 겸전하고 있다.

한편, 동학·천도교에서는 종교인으로서의 삶의 자세로 정성[誠]·공경[敬]·믿음[信](성경신)을 강조하고 있다. 성·경·신에 관해서는 수운 선생이 경전 곳곳에서 거듭 말씀하지만, 특히 『동경대전』「좌잠(座箴)」에서 이를

---

28  『해월신사법설』「내수도문」.

명기하고 있다.

> 우리 도는 넓고도 간략하나, 많은 말로 그 뜻을 말할 필요가 없다.
> 다른 도리가 있는 것이 아니라 성 경 신 세 글자에 있다.[29]

즉 한울님에 대한 확고한 '믿음'[信]을 견지하는 것과 '정성'[誠]을 다하는
것, 그리고 그 과정을 '공경'[敬]스럽게 이어가는 태도로써 살아가야 한다는
것이다. 이러한 삶이 곧 동학·천도교의 종교적 수행이며 또 신앙이기도 하
다. 성·경·신의 마음가짐과 태도로 생활하며, 주문을 통한 수련(修煉)과 심
고(心告), 기도(祈禱)를 통한 수행과 신앙생활을 해나감으로써 동학·천도교
인은 본래의 한울님 마음을 회복하고 지키는 '수심(守心)의 경지'와 한울님
의 지극한 기운과 융화일체를 이룬 기운을 올바르게 쓰면서 살아가는 '정
기'(正氣)의 경지에 도달하게 된다는 것이다. 이것을 '수심정기'(守心正氣)라
고 한다. 시일은 이러한 신앙과 수행을 함께하는 '동덕'(同德)들이 정기적으
로 모여서 마음과 기운을 상통(相通)하며 각자의 신앙과 수행을 북돋는 공
동 수행의 장이자 심화기화의 시간이라고 할 수 있다. 또한 성미는 정성을
물질화하여 이를 통해 신앙과 수행의 사회적 실천과 포덕(布德)의 기반을
조성하는 제도적 장치라고 할 수 있다.

이와 같이 주문과 심고, 기도를 통하여 생활 속에서 성·경·신을 실천하
고, 잃어버린 본성(本性)의 마음과 기운을 회복한 수심정기의 경지에 도달
함으로써 우주적 본체, 즉 한울님에 합일하고 성미와 시일을 통해 이를 사
회화하는 데에 동학·천도교 '수행과 신앙'의 궁극적인 목적이 있는 것이다.

---

29  『동경대전』「좌잠」, "吾道博而約 不用多言義 別無他道理 誠敬信三字."

제1부

# 동학·천도교의 스승들

# 제1장 동학·천도교의 스승과 종교 사상

## 1. 수운 선생의 사상과 그 특징

역사적인 측면에서 볼 때, 동학·천도교는 조선조 후기의 정치, 경제, 사회적 현실을 배경으로 창도되었다고 말할 수 있다. 그러나 종교적인 측면에서 본다면, 경신년(1860) 4월 5일에 시작된 수운 선생의 신체험(神體驗), 곧 한울님과 만나서 문답을 주고받는다는 종교체험이 결정적 계기가 되었다고 말할 수 있다. 즉 수운 선생은 그 전까지 20년에 걸친 주유팔로(周遊八路)를 통해 실천적으로 현실을 인식하였고, 이를 통해 보국안민(輔國安民)의 절실함을 깨닫게 되었다. 그리고 한울님과의 만남을 통해 보국안민과 광제창생(廣濟蒼生)의 길을 가르치는 무극대도(無極大道)를 받게 된다.

다시 말해서 수운 선생은 당시의 시대적, 문명적 위기를 극복하는 방법으로 보국안민이라는 사회 실천운동과, '광제창생'을 위한 도(道)의 실현, 곧 인간 본성의 회복을 통한 구원의 필요성을 아울러 제기했다. 수운 선생은 19세기 중반 이후 조선의 사회적 모순과 서양의 정치적, 종교적 침공에 직면한 시대적 위기를 현실적, 일상적인 차원에서 인식하고 문제 제기를 하는 한편, 이를 선천(先天)과 후천(後天)이라는 우주적 차원에서 고뇌하고 극복하고자 했다.

먼저 수운 선생은 주유팔로를 통해 시대적 과제에 대한 1차적인 대응 목표를 보국안민(輔國安民)이라는 말로 집약하여 내세우게 된다.[1] 수운 선생이 말하는바 '보국안민'은 단순히 '국가(국왕)를 돕고 백성을 편안하게 한다.'는 의미를 넘어, '외적인 또는 내적인 원인으로 인하여 평상심과 균형을 잃어버린 현실세계, 즉 당대의 조선사회의 균형과 평상심을 회복함으로써 민중의 삶을 평안하게 한다.[2]는 의미이다.

수운 선생은 먼저 조선 사회 자체의 부패와 모순을 다양한 각도에서 통찰하고 비판한다. 또 외적으로는 현실로 임박한 서양의 침공은 물론이고 곧 가시화될 일본의 재침략 역시 예견하면서 경계심을 드러낸다. 그런가 하면, 중국 중심의 세계관에서 벗어나 아국(我國)을 중심으로 사고하는 자주적 국가관을 제기한다.[3] 이러한 인식과 대안의 제시는 수운이 동학을 창도하면서 한울님으로부터 받은 시천주의 깨달음, 즉 모든 사람과 만물이 한울님을 모신 존재라는 것, 그리고 우리나라가 앞서서 다시개벽의 새 운수를 깨닫고 동귀일체의 새 세상을 열어나가게 된다는 계시적 전망에 근거한 것이다.

즉 수운 선생은 현실 세계의 대전환이라는 시대 환경에서 초래된 민중적 삶의 불균형에 대한 문제 제기와 함께, 인간과 우주의 본질적인 면에서 사람과 만물은 모두 한울님 모셨음을 깨닫고, 한울님 성품을 회복하고 한

---

1  『동경대전』「포덕문」, "是故 我國 惡疾滿世 民無四時之安 是亦 傷害之數 西洋 戰勝攻取 無事不成而 天下盡滅 亦不無脣亡之歎 輔國安民 計將安出."
2  외적인 요인은 '서양' 세력이 '서학'이라는 종교적·정신적 잠식과 '식민주의'라는 정치적·군사적 침략 등을 감행한 일컫는다. 또 내적인 요인은 조선 왕조의 봉건주의 체제와 부패하고 타락한 정치 세력, 지도력과 권위를 상실한 기존의 사상, 이로 인한 빈부귀천 등 사회 내 각 세력 간의 갈등, 민심의 이반과 혼란 등을 지칭한다.
3  윤석산, 『용담유사연구』, 모시는사람들, 2006.; cf.『용담유사』「안심가」 "십이제국 다 버리고 아국운수 먼저 하네."

울님의 덕으로 가득 찬 삶을 이 지상 세계에 실현함으로써, 모든 현실 문제를 근원적으로 해소해 나가야 한다는 가르침을 펴 나갔다. 즉 한편으로는 보국안민이라는 구체적인 현실 개벽의 실천의 운동을 준비하는 한편, 다른 한편으로는 광제창생이라는 좀 더 넓고 근원적인 개벽을 위한 시천주 신앙, 삶의 철학을 펼쳐 나갔던 것이다.

그러나 궁극적으로 이 양자는 서로 별개의 것이 아니라, '후천개벽'[4]으로 아우러지고 있다. 즉 수운 선생은 신앙, 철학, 그리고 사회적 실천을 후천 개벽 사상 혹은 후천개벽 운동으로서 아울러 펼쳐 나갔다. 후천개벽은 현실적 실천운동이며 동시에 새로운 차원의 삶을 현실세계에 실현하고자 하는 영성적 실천운동이다. 따라서 수운 선생의 사상적 특징을 이해하기 위해서는 '시천주'(侍天主), '보국안민'(輔國安民), 그리고 '후천개벽'(後天開闢) 등의 핵심 사상을 깊이 탐구해야 할 줄로 믿는다.

### 1) 시천주

시천주란, 무궁한 존재인 한울님을 내 안에 모셨으므로, 현실 세계의 나는 궁극적으로 무한한 우주와 더불어 '무궁한 나'[5]임을 의미한다. 즉 인간은 무궁한 존재인 한울님을 내 안에 모시고 있기(侍天主) 때문에 그 인간 존재 역시 무궁하다는 것이다. 이로써 '무궁성'은 초월성과 보편성 모두를 동

---

4  수운은 '후천개벽'이라는 용어는 사용하지 않았다. 수운은 '다시개벽'이라는 용어를 사용하였으며, '후천개벽'은 해월이 처음 쓴 용어이다. 그러나 이 양자가 같은 의미라고 보고 독자들에게 많이 알려진 '후천개벽'이라는 용어를 쓰고자 한다.

5  『용담유사』「흥비가」, "무궁히 살펴내어 무궁히 알았으니 무궁한 이 울 속에 무궁한 내 아닌가."

시에 겨냥한다.[6]

시천주는 인간을 무궁한 존재로 보는 '동학의 인간관[7]'의 근간이 된다. 나아가 앞장(동학·천도교란 어떤 종교인가)에서 서술한 바와 같이 시천주는 기본적으로 인간은 누구나 본질적으로 평등하다는 평등주의를 그 내면에 함유하고 있다. 즉 세상 모든 사람들이 본원적으로 한울님이라는 무궁한 존재를 모시고 있으므로, 빈부나 귀천의 구분 없이 사람 누구나 평등하다는 '신인간주의'를 표방하는 것이다. 수운 선생은 시천주라는 진리 명제를 통하여, 당시 민중에게 '인간은 누구나 무궁한 존재로서 평등하며, 또 평등해야 한다.'는 자각을 불러일으키는 동시에, 당대의 시대적 위기를 극복할 방안과 능력이 바로 민중 자신에게 있음을 일깨워 준다.

시천주의 가르침은 당시 다각적으로 위기를 겪고 있는 민중들에게 새로운 삶에의 희망을 제공하였으며, 동시에 새로운 시대의 주역이 된다는 믿음을 심어주었다. 다시 말해서, 정치적으로나 윤리적으로 '군불군 신불신 부불부 자부자'(君不君 臣不臣 父不父 子不子)[8]로 묘파한 '효박(淆薄)한 세상'의 타락상을 제거하고 새로운 세상을 맞이하고 또 열어가기 위해서는 민중이 새롭게 눈을 뜨고 자신 안에 잠재한 한울님의 역량을 발휘해 나가야 한다는 것이 바로 수운 선생의 신념이었다. 이는 당대의 시대적 위기를 극복하면서 개인적, 사회적, 국가적으로 새로운 시대를 열어나가기 위해서는 집권층, 양반층, 부유층만이 아니라, 나를 비롯한 빈천한 민중들 역시 주체로서 참여해야 한다는 것이 수운 선생의 깨달음이자 가르침의 요체이다.

---

6   문명숙, 「동학·생명·인간」, 『동학학보』 1집, 2000, 187쪽 참조.
7   侍天主의 人間觀에 관해서는, 졸고, 「용담유사에 나타난 수운의 인간관」(『한국학논집』 5집, 한양대, 1981.) 참조.
8   『용담유사』 「몽중로소문답가」.

이와 같은 시천주의 진리 선언은 민중 지향적 특성과 아울러 구체제인 봉건주의 사회를 개혁하고 새로운 세상을 기약하는 후천개벽의 사상적 근본임을 알 수 있다. 이 시천주의 가르침은 수운 선생을 이은 해월 최시형, 의암 손병희, 춘암 박인호 선생 등으로 맥이 이어지며, 한국 근대사를 중추적으로 이끌어가는 중요한 정신적인 바탕이 되고 후천 세계를 전망하는 바탕이 되었다.

## 2) 보국안민

수운 선생이 동학을 창도한 19세기 중엽 실존적인 삶을 살아가는 개개 인간의 차원에서는 물론이고 국가적, 민족적 차원에서도 전례 없는 위기가 도래하였다. 이 위기는 첫째, 조선 사회 내부의 총체적인 타락, 둘째, 외부로부터의 서양 세력의 침공, 셋째, 내외를 아울러 야기된 문화적인 혼란으로 요약할 수 있다. 수운 선생은 조선 사회의 타락상을 '효박한 세상', '금수(禽獸) 같은 세상 사람',[9] 또는 '악질(惡疾)이 만세(滿世)한'[10] 세상으로 인식한다. 또 당시 동양에 대한 서양의 침략을 '전승공취'(戰勝攻取), '무사불성'(無事不成)[11] 등 강성함으로 묘사한다. 또 서학이라는 이질적 문화의 유입은 당시 시대적 혼란을 가중시키는, '죽어서 저 혼자만 천당에 가게 해달라고 비는 각자위심(各自爲心) 조장'[12]의 요인이 된다고 보았다. 따라서 이와 같

---

9   특히 이와 같은 표현은 『용담유사』 도처에 나오고 있다.
10  『동경대전』「포덕문」, "是故 我國 惡疾滿世 民無四時之安."
11  『동경대전』「포덕문」, "西洋 戰勝攻取 無事不成."
12  『용담유사』「몽중로소문답가」, "賣官賣職 勢道家도 一心은 궁궁이오 錢穀 쌓인 富僉知도 一心은 궁궁이요 遊離乞食 敗家者도 一心은 궁궁이오 風便에 뜨인 자도 혹은 궁궁촌 찾아가고 혹은 萬疊山中 들어가고 혹은 서학에 입도해서….."

은 총체적 위기에 대처하기 위해 보국안민(輔國安民)의 계책을 마련하고자 고심한다.

수운 선생은 당시의 타락한 사회상이나, 서학·서양 세력이 그 내적인 면에서는 민중적 삶을 저해하고 혼란을 야기하는 존재로 인식, 비판하였으며, 외적인 면에서는 국가의 안위(安危)를 해치는 것으로 인식하였다. 따라서 수운 선생은 국가의 건강함을 회복하고 민중이 안심안도할 수 있도록 한다는 보국안민(輔國安民)의 기치를 높이 세웠던 것이다.

다시 말해 수운 선생이 말하는 보국안민의 뜻은 단순히 타락한 관료나 탐관오리를 제거하고, 또 침략적인 서양 세력과 투쟁하는 일차원적인 방식은 아니었다. 인심과 시대 조류의 타락이 초래한 불균형의 삶, 침략과 위협이 야기한 부조화의 삶을 극복하고 조화와 상생의 삶의 세계를 이룩하고자 하는 것이 수운 보국안민의 본의인 것이다.

이러한 수운 선생의 보국안민 정신은 해월 선생에게 계승되어 척양척왜의 교조신원운동, 또는 갑오동학혁명의 사상적 바탕이 되었음은 물론, 의암 선생이 3·1독립운동을 지도하고 지휘하는 중요한 사상적 배경이 된다. 나아가 춘암 선생이 일제 말, 일제의 삼엄한 감시 속에서 무인멸왜기도(戊寅滅倭祈禱)를 지도하는 정신이 되었다. 이와 같이 동학·천도교의 여러 운동은 근본적으로 극단적인 투쟁이기보다는 조화와 상생의 보국안민 정신을 기반으로 한 운동이었다.

### 3) 후천개벽

개벽이란 말은 본래 천지개벽을 의미한다. 즉 우주가 처음 생기고, 우주적인 질서에 의하여 삼라만상(森羅萬象)이 생겨나는 기틀이 마련되는 그때를 '개벽'이라고 부른다. 동양에서는 오래전부터 천지가 개벽되기 그 이전을 선천이라고 했고, 그 이후를 후천이라고 했다. 그런가 하면, 이 선후천의 개념이 인류 문명의 발전 전개에 따라 쓰이기도 하였다.[13] 즉 문명의 발전이나 문화의 전개에 따라 새로운 삶의 질서가 형성되는 새로운 시대를 후천이라고 했다.

수운 선생 역시 처음에는 전통적인 동양적 관념에 따라 '후천개벽'을 생각한 듯하다. 특히 수운 선생은 자신이 살았던 당시를 기점으로 그 이전을 선천이라고 부른다. 수운은 이 선천(先天)을 첫째, 문명 이전인 우부우민(愚夫愚民)의 시기, 둘째, 성인(聖人)들이 등장하여 천도가 밝혀지는 오제(五帝) 이후의 문명시대, 셋째, 세상 사람들이 천리와 천명을 따르지 않으므로 도덕이 무너지고 혼란이 초래되는 막지소향(莫知所向)의 시기 등으로 시기 구분을 한다.[14] 그러므로 선천이 오만 년을 주기로 하며 그 시대를 마감하게 되므로 세상은 필연적으로 새로운 오만 년의 주기, 즉 후천을 맞이하게 된다는 것이다. 즉 사람들이 천리와 천명을 따르지 않는 것도 선천의 마지막이라는 시대적 운상(運相)이고, 이 선천이 마감되고 '다시개벽'이 되어, 새로운 후천이 열리는 것 역시 시운(時運)에 의한 것이라고 보고 있다.

따라서 수운 선생의 후천개벽설의 핵심은 곧 '시운'(時運)[15] 관념이다. 즉

---

13 『干寶周禮』, "伏犧之易小成爲先天 神農之易中成爲中天 黃帝之易大成爲後天."
14 水雲 선생의 선천에 관한 시대 구분은 『東經大全』「布德文」의 첫 부분에 나오고 있는 것으로, 지금까지의 인류 역사를 간략하게 이러한 삼단계로 나누고 있음을 볼 수가 있다. 따라서 이러한 삼단계의 전개와 함께 선천의 시대가 끝이 난다고 보는 것이 수운의 생각이다.
15 이러한 時運에 관하여, 水雲 선생은 『용담유사』의 곳곳에서 '천운'(天運), 또는 '시운'(時運) 등으로 표현하고 있다. 특히 『용담유사』 여덟 편 중에 '시운', '천운' 등의 어휘가 58개나 나오고 있어, 가장 사용 빈도수가 높은 어휘로 지적되고 있기도 한다. 또한 『용담유사』 여덟 편, 전편에 모두 분포되어 있는 유일한 어휘이기도 한다. 그러므로, 이

시운에 의하여 새로운 오만 년의 후천 세상이 전개되는 것이 필연적인 시대 흐름이라고 수운 선생은 믿고 있다. 그러나 세상의 사람들은 이러한 사실을 믿지 못하고 어긋나므로 수운 선생은 답답함과 한탄스러움을 토로한다.

> 애석하구나. 지금 세상 사람들은 시운을 알지 못하여, 나의 이 말을 들으면 들어가서는 마음으로 그르게 여기고, 나와서는 모여서 수군거리며 도와 덕을 따르지 아니하니, 심히 두려운 일이로다.[16]

여기서 수운 선생이 안타깝게 생각하는 것은, 첫째, 세상 사람들이 새로운 후천이 온다는 시운을 알지 못한다는 것이고, 둘째, 도와 덕을 따르지 않는다는 사실이다. 그러므로 '심히 두렵다(甚可畏也).'라고 말한다. 만약 시운에 의하여 새로운 후천이 저절로 오기만 한다면, 세상의 사람이 수운 자신의 말을 믿지 않고 또 도덕을 따르지 않아도 아무런 문제가 되지 않을 것이다.

그러나 수운 선생이 걱정을 하는 이유는 세상 사람들이 도와 덕을 따르지 않으면, 시운이 아무리 새롭게 돌아와도 후천의 세상이 열리지 않기 때문이라고 이해할 수 있다. 즉 시운에 의해 후천개벽이 새롭게 열리는 데 있어서 무엇보다도 필요한 것은 세상 사람들이 천도(天道)를 따르고, 천덕(天

---

'시운'이니 '천운'이니, 하는 어휘가 당시 새로운 개벽을 희구하고 있던 대중들에게 동학을 전파시키는 데에 중요한 역할을 발휘한 어휘로 연구자들에 의하여 평가되고 있다. 睦貞均,「東學運動의 求心力과 遠心作用」(『한국사상』 13집, 1975.)

16 『동경대전』「포덕문」, "惜哉 於今世人 未知時運 聞我斯言則 入則心非出則巷議 不順道德 甚可畏也."

德)을 베푸는 삶을 살아가는 것이다. 다시 말해서 시운은 천도의 법칙이지만, 인간세상에 실현되는 것은 사람들의 주체적인 노력과 삶의 태도에 달려 있다는 말이다. 따라서 후천개벽을 맞이하기 위해서는 사람들이 모두 '한울님 모셨음을 깨닫고, 한울님으로의 삶을 살아야 한다, 곧 시천주의 삶을 살아야 한다.'는 것이다. 수운 선생의 후천개벽은 이렇게 '시천주'와 만나고 있다. 또한 후천개벽의 세상은 조화와 상생을 기본으로 하는 '보국안민 정신'의 구현된 세상이기도 하다. 따라서 후천개벽은 내적으로는 시천주 사상의 구현이며, 외적으로는 보국안민 정신의 발현이라고 말할 수 있다.

　이를 좀 더 자세히 알아보자. 시천주의 삶을 산다는 것은 쇠운에 접어 든 선천이 막을 내리고, 성운에 의하여 후천이 새로 열리기 위해서는 세상 사람들이 모두 '여천지합기덕'(與天地合其德)하는 군자의 덕을 갖추어야 한다는 것이다.[17] 그런가 하면, 세상 사람들은 시천주의 주체로서 '무궁한 나'를 깨달아, 한울사람, 즉 지상신선으로 거듭나야 한다는 것이다. 또한 보국안민을 체행함으로서 천지자연과 사회제도 그리고 인간의 삶이 조화와 균형을 이룬 사회를 이룩해야 한다는 것이다. 이와 같은 상을 수운 선생은 '동귀일체(同歸一體)의 세상'이라고 이름하고 있다.

　일찍이 수운 선생은 유교의 이상적 인간인 군자를 세속화하여 '군자 사람'으로서 일상적이고 현실적이며 주체적인 인간으로 재정립하였으며 도교의 이상적 인간인 신선을 '지상신선'(地上神仙)으로 현실화하였다. 이로써 실제적인 삶과는 거리가 있는 유학의 군자상(君子像), 또는 현실을 떠난 초월적 존재로서의 도교의 신선상(神仙像)에 역동성을 부여한 군자사람, 또는

---

17 『동경대전』「논학문」, "君子之德 氣有正而心有定故 與天地合其德 小人之德 氣不正而 心有移故 與天地違其命 此非盛衰之理耶."

지상신선을 내세우고, 세상 사람의 정신적인 혁신[18]을 시도한 것이다.

이러한 군자사람 또는 지상신선이 살아가는 세상이 곧 후천개벽의 세계이며, 동귀일체(同歸一體)의 세상이다. 여기서 동귀일체란 나 한 사람의 이익과 성공만 생각하며 나를 중심으로 살아가는 각자위심(各自爲心)의 반대가 되는 개념으로, 한울님의 뜻을 자신의 뜻으로 삼아 한울님과 한 마음으로 돌아간다는 의미이다. 또한 지공무사(至公無私)한 한울님의 마음을 회복한 지상신선들의 공동체를 지칭하는 말이 되기도 한다. 그러므로 동귀일체는 사람들로 하여금 '나'라는 개체 중심주의를 넘어, 서로 연결된 존재로서의 '우리'라는 관점에서 나를 새롭게 인식하고, 우리 공동의 삶의 터전으로서 사회(세계)를 바라보게 하는 중요한 개념이 된다. 즉 우주적 차원에서 '이어진 존재로서의 우리라는 정신으로' 지상신선의 네트워크를 형성하는 개념이 동귀일체이다.

이상에서 고찰한 바를 아울러서 보면, 후천개벽은 '시천주의 자각과 실천을 통한 내면적 변혁'과 '보국안민의 조화와 균형을 실현하는 외적인 혁신' 모두가 요구되는, 또 동시에 작용하는 개념이며, 나아가 동학·천도교가 지향하는 이상적인 세상을 향해가는 삶의 과정이라고 하겠다. 따라서 수운 최제우 선생의 가르침을 이은 해월 최시형, 의암 손병희, 춘암 박인호 선생 등 그 계승자들은 시천주와 보국안민, 그리고 후천개벽과 동귀일체의 삶과 세상을 이룩하기 위하여, 험난한 한국 근대 160년의 시간을 헤쳐나갔던 것이다.

---

18  문명숙, 앞의 논문, 154쪽.

## 2. 해월 선생의 사상과 실천

해월 최시형 선생(海月 崔時亨, 1827~1898)은 1863년 8월 14일에 수운 선생으로부터 도를 물려받은 이후, 수운 선생의 참형(1864.3.10. 음)과 함께 시작된 관의 추적을 피해 36년간이라는 장구한 세월을 강원도, 충청도, 경상도에 걸쳐 있는 태백산맥과 소백산맥의 험난한 지역 50여 곳을 전전하며 살아갔다.

그러나 해월 선생의 삶은 다만 피신하기에 급급한 삶이 아니었다. 비록 몸은 쫓기는 신세이지만, 한시도 쉬지 않고 동학교단의 재건을 위하여 노력했으며, 수운 선생으로부터 물려받은 가르침을 적극적으로, 성공적으로 펼쳐나갔다. 특히 해월 선생은 그 스스로의 존재를 민중적 삶의 현실에 깊이 뿌리 내리고 현장에서 살아 숨 쉬는 가르침을 펼쳐나갔다.

해월 선생은 피신해 가는 곳에서 만난 수많은 사람들과 어우러지고, 산간 오지의 그 평범한 사람들의 삶으로부터, 일상적 삶의 우주성, 즉 고결함을 발견하게 된다. 해월은 그 평범한 일상 속에 스승인 수운 선생의 가르침을 펼쳐놓고 자신의 목소리에 담아 펴나가게 된다. 따라서 해월 선생의 법설은 대부분 현실적인 생활 속에 그 뿌리를 내린 것들이며, 동시에 현실적 삶과 매우 밀접한 연관을 맺고 있는 가르침들이 된다. 그러면서도 해월은 언제나 그 가르침이 수운 선생으로부터 비롯된 것임을 강조하곤 했다.

해월 선생은 「대인접물(待人接物)」, 「삼경(三敬)」 등의 법설을 통해 사인여천(事人如天), 접물여천(接物如天)의 실천윤리를 강조하였다. 나아가 「부화부순(夫和婦順)」, 「내칙(內則)」, 「내수도문(內修道文)」, 「향아설위(向我設位)」, 「이천식천(以天食天)」 등의 법설로서 우리 안에 살아 있는 한울님을 우리 삶 현장에 자리매김하여 나갔다. 다시 말해 비 일상의 차원에 놓여 있던 도를 현실의 삶 속에 살아있는 도로서 가르쳐 주었다. 그러므로 해월에 의해 '도의 생활화'가 본격화되었다.

해월 선생은 도의 생활화를 통해 일상의 삶을 성화(聖化)함으로써 천지 인이 조화와 균형을 이룬 삶의 세계를 구현하고자 했다. 즉 한울과 사람의 조화, 사람과 사람과의 조화, 사람과 자연과의 조화와 균형을 후천 운수의 차원에서 회복하여, 후천의 새로운 삶과 세상을 이룩하고자 가르침을 펼 치고, 평범한 사람들과 더불어 살아가며, 36년간 계속되었던 고난마저 이 겨나간 것이다.

해월 선생은 동학교단이 어려움에 처할 때마다 49일간의 특별기도 수행 을 감행하여 수운 선생 참형 이후 흩어졌던 동학교도들을 다시 모으고, 또 교단을 정비하고 또 결속해 나갔다. 그렇게 해서 해월 주변으로 모여든 동 학도들을 가르치며 교단의 재건을 이끌었다. 즉 해월은 법설을 통한 교의 적 가르침과 수련이라는 신앙적 수행을 번갈아 진행하며, 괴멸되었던 동 학교단을 다시 일으켰던 것이다.

수운 선생이 조선 정부에 체포되어 참형으로 순도한 후, 동학 교인들은 관의 추적으로 인하여 지하로 잠복하고, 교단은 풍비박산이 났다. 동학교 도들은 길에서 만나도 서로 모르는 척 외면을 하고 지나가야 했다.[19] 동학 교도를 만나고도 관에 고변하지 않은 것이 알려지면 큰 봉변을 당할 만큼 당시의 지목은 삼엄했다. 이런 상황에서 교도들을 모으고 또 다시금 교단 을 결속한다는 것은 생각하기도 어려웠다. 그러나 그 어려운 일을 해월 은 온몸으로 감당해 나갔고, 결국 수운 순도 이후 사반세기가 지난 1890년

---

19 『도원기서』, "自甲子以後 所謂道人者 或死或存 或棄閉無相通 永爲絕跡 而彼此相見 如見仇讐 自不能相從也."

대에 이르면, 동학은 전국적으로 확장되어 분포했을 뿐만 아니라, 동학교인들은 몇십만 명에 이르게 되었다.

해월 선생은 이렇게 확장된 교세를 배경으로, 30년 동안 단 한순간도 잊은 적이 없던, 억울하게 조선 정부로부터 참형을 당한 스승 수운 선생의 신원(伸冤: 억울한 원한 풂)을 위하여 전후 네 차례에 걸쳐 교조신원운동(敎祖伸冤運動)을 전개하였다. 동학이 혹세무민(惑世誣民)의 사도(邪道)가 아니며, 한울님의 가르침을 펴는 천도임을 세상에 밝히고자 한 것이다. 이후 해월은 갑오동학혁명을 영도하여 외세의 침입으로 인하여 근저에서부터 흔들리는 나라의 기틀을 바로세우고 도탄에 빠진 민중을 구제함으로써 하늘과 땅과 사람이 두루 조화와 균형을 이루는 세상을 이룩하고자, 즉 보국안민과 광제창생을 위하여 온몸을 내던지게 된다.

즉 해월 선생은 36년간이라는 장구한 시간을 지목과 추적을 피하며 고난의 삶을 살아가면서, 스승인 수운 선생의 가르침을 삶의 현장에서 펼치고 또 실천하였다. 그렇게 하여 재건한 교단을 기반으로 다시금 당대의 시대적 요구와 민의를 집결시켜 민중운동을 전개하면서 후천개벽운동을 계속해 나갔다.

### 1) 사상의 대전환, 도의 생활화

해월 선생은 수운 선생의 '시천주'를 '우주만유가 모두 한울님을 모셨다.'는 '사사천(事事天) 물물천'(物物天)[20]으로 확장한다. 여기에서 한울님과 사람만이 아니라 사물도 역시 한울님처럼 공경해야 한다는 '경천(敬天), 경인

---

20 『해월신사법설』「대인접물」.

(敬人), 경물'(敬物)의 삼경사상[21]이 자연스레 도출된다. 한 걸음 더 나아가 이 삼경의 정신과 원리 속에서 일상의 삶과 사회적 실천을 해 나가는 '대인 접물'(待人接物)의 가르침을 펼친다.

이와 같은 해월 선생의 법설은 일상의 일들이 단순한 일상이 아니라, 한 울님을 대하고 접하는 성스러운 일임을 강조한 것이다. 해월 선생은 어린 아이를 대할 때도 한울님으로 대해야한다고 가르치는가 하면,[22] 부녀자를 대할 때 역시 한울님으로 대해야 한다고 강조하고 있다.[23] 그뿐만 아니라, 집에서 기르는 가축을 비롯한 유정체는 물론이고, 무정한 사물 하나하나 역시 한울님으로서 대접해야 한다고 강조하고 있다.[24]

이와 같이 해월 선생은 시천주의 가르침을 일상생활에서 적용하고 일상 의 삶 속에서 실천하도록 함으로써 '도의 생활화'를 지속적으로 설파하였 다. 도의 생활화는 궁극적으로 삶의 신성성(神聖性)을 회복하고, 생활의 성 화(聖化)를 이룩함으로써, 후천의 새로운 차원의 세계를 이 지상에 열어 가 고자[25] 했던 것이다.

또한 해월 선생은 선천 시대의 '향벽설위'(向壁設位) 제례를 '향아설위'(向 我設位)로 전환할 것을 선언한다. 조상의 혼이, 또는 한울님이 나와 분리 된 채 저쪽(벽쪽)에 모셔진 위패를 통해 강림하는 것이 아니라, 지금 제사 를 모시는 나, 사람, 민중 안에, 달리 말하면 노동 주체이자 생명 주체인 이

---

21 『해월신사법설』「삼경」.
22 『해월신사법설』「대인접물」, "道家婦人 輕勿打兒 打兒卽打天矣."
23 『해월신사법설』「대인접물」, "余過淸州 徐타淳家 聞其子婦織布之聲 問徐君曰 彼誰之 織布聲耶 徐君對曰 生之子婦織布也. 又問曰 君之子婦織布 眞是君之子婦織布耶."
24 『해월신사법설』「내수도문」.
25 졸고, 「동학사상의 어제와 오늘」, 『동학학보』 10권 2호, 동학학회, 2006. 12.

쪽에, 내 속에 살아 있음[26]을 웅변한 것이 바로 이 '향아설위'이다. 해월 선생은 내 안에, 우리 안에 살아 있는 한울님을 우리의 일상의 삶의 현장에서 발견함으로 해서 도의 생활화를 안팎으로 자기 완결적인 것으로 자리매김한 것이다. 또한 해월 선생은 일상에서 인간이 고단하게 매일매일 행하는 '일'에서 '도'(道)로서의 신성성(神聖性)을 발견함으로써 사람들이 '일의 가치'를 혁명적으로 재인식하게 했다. 인간의 일상에 가장 밀착되고 일반적인 행위인 일(노동)마저도 신성시하게 된 것은 일반적인 귀(貴)와 천(賤), 그리고 속(俗)과 성(聖)의 개념을 전혀 다른 차원에서 해석하고 또 바꾸어 놓는 일이었다.

이로 보아, 해월 선생의 가르침은 지금까지 인류가 당연시하던 질서 체계를 새롭게 하는 사상의 일대 전환임을 알 수 있다. 즉 해월 선생은 사람들에게 노동의 가치를 재발견시켜 주었고 그 노동의 현장이자 과정인 일상의 삶이 얼마나 중요하고 또 성스러운 것인가를 깨닫게 했다.

이와 같은 해월 선생의 「대인접물」, 「삼경」, 「부화부순」, 「내칙」, 「내수도문」, 「향아설위」 등의 가르침은 도의 차원을 일상으로 끌어내린 것만이 아니라, 선천 오만 년 동안 '도와 사물 사이를 가로막았던 벽',[27] 나아가 '도와 생활 사이를 가로막았던 벽'을 허물어 버림으로 해서, 후천이라는 새로운 차원의 삶을 열어갈 사상의 일대 전환이기도 하다.

26  김지하, 『밥』, 분도출판사, 1984, 58쪽.
27  오문환, 「해월의 사물 이해」, 『동학의 정치철학』, 모시는사람들, 2003, 82쪽.

## 2) 이천식천, 우주적 조화와 균형

해월 선생이 내다본 세계는 지배와 억압이 아닌 상생과 조화의 세계이다. 이는 물론 수운 선생의 후천개벽, 동귀일체 사상을 이은 것이다. 그러나 해월 선생은 이러한 세계를 지향하는 구체적인 방법론과 철학을 제시하고 있다. 그중 대표적인 것이 '한울이 한울을 먹는다.'는 「이천식천(以天食天)」 법설이다.

> 내 항상 말하기를 "물건마다 한울이요 일마다 한울"이라고 하였다. 만약 이 이치를 옳다고 인정한다면 모든 물건이 다 한울로서 한울을 먹는 것 아님이 없을지니, 한울로서 한울을 먹는 것은 어찌 생각하면 이치에 서로 맞지 않는 것 같으나, 그러나 이것은 인심(人心)의 편견에 치우쳐서 보는 말이요, 만일 한울 전체로 본다면 한울이 한울 전체를 키우기 위하여 동질(同質)이 된 자는 서로 도움으로써 서로 기화(氣化)를 이루게 하고, 이질(異質)이 된 자는 한울로서 한울을 먹는 것으로써 서로 기화(氣化)를 통하게 하는 것이니, 그러므로 한울은 한쪽 편에서 동질적 기화로 종속을 기르게 하고, 다른 한쪽 편에서 이질적 기화로써 종족과 종족의 서로 연결된 성장 발전을 도모하는 것이다. 합하여 말하면 한울로서 한울을 먹는다는 것(以天食天)은 곧 한울의 기화작용으로 볼 수가 있는 것이다.[28]

'먹고 먹힘'이란 현상만을 놓고 보면, 지구상의 생명 유지 체계에서 필연적인 먹이사슬 관계는 상생과 조화와는 거리가 먼 것으로 보인다. 그러나

---

28 『해월신사법설』「이천식천」.

우주 전체로 인식을 확장하면, 전혀 새로운 차원이 열린다. 「이천식천」은 해월 선생의 우주적 차원의 사유를 구체적으로 실감할 수 있는 법설이다. 「이천식천」 법설에서 해월 선생은 이 우주를 하나의 생명체로 보고 있음을 보여준다. 우주의 삼라만상은 서로 기화작용을 하며 태어나고 그러므로 서로 연결되어 성장발전을 도모하고, 또 그 속에서 (개체로서는) 죽음을 맞이한다고 설파한다. 이때 동질, 즉 동종(同種)의 존재는 서로 의지하고 돕는 것으로써 상생과 조화를 도모한다. 이것이 동질적 기화이다. 그러나 이질, 즉 이종(異種)의 존재들은 서로 먹고 먹히는 것으로써 상생과 조화를 도모한다. 이것이 이질적 기화이다. 어느 쪽이든 서로 연결된 관계 속에서 각자의 성장 발전은 물론이고, 우주 전체의 성장 발전을 도모한다는 점에서는 마찬가지이다. 해월은 동질적 기화와 이질적 기화가 모두 '한울의 기화작용'이라고 말한다. 한울의 기화작용의 측면에서 보면, 햇살과 비와 바람 등 자연계의 모든 작용이 기화작용 아님이 없다. 이 또한 '이질적 기화작용'이라고 할 수 있다. 이러한 자연계의 이질적 기화작용이 상생과 조화를 이루는 것은 동양사상의 오행, 즉 금목수화토(金木水火土)가 상생과 상극으로서 세상만물을 존재하고 살아가게 한다는 설명 방식을 생각하면 더 쉽게 이해할 수 있다.

따라서 기화작용의 차원에서 볼 때, 동식물이 먹이를 위하여 다른 동식물을 잡아먹는(거름으로 삼는) 것은 약육강식에 의한 살육과 다툼이 아니라, 한울이 한울을 먹음으로써 서로 살리고 서로 보듬는 기화작용(氣化作用), 곧 하늘에서 비가 내리고 햇살이 비침으로 해서 지구상의 만유가 살아가게 되는 그러한 작용과 동일한 것이다. 이렇듯 해월 선생은 선천 사회에서 생명이 약육강식에 따른 살육에 의해 생존한다고 인식한 데 대해, 기화작용이라는 새로운 인식을 제시함으로써 인간사회와 지구상의 존재의 관계를 '상생과 조화'로 바라보는 관점으로 바꾸어 놓았던 것이다.

이천식천의 기화 철학은 수운 선생의 '불연기연'(不然其然)의 사유를 이은 것이다. 불연기연은 동학·천도교 특유의 사유 체계로서, 원인에 대한 경험적 추론이 '기연'(其然)이라면 궁극적인 원인에 대한 철학적 논구가 곧 '불연'(不然)이다. 즉 어떠한 현상에 대하여 경험을 바탕으로 하여 추론해 보면, 이 우주는 모두 제각각의 개체로 이루어져 있다고 볼 수 있다.[29] 나의 아버지가 너의 아버지와 다르니 우리는 서로 다른 사람이라는 인식을 강화한다. 이를 확장하면 우리의 삶과 우주 질서를 '너와 나', '여성과 남성', '인간과 자연', '삶과 죽음' 등 이원적으로 파악하게 되는 것이다.

그러나 인식의 차원을 달리해서 현상계의 만유는 궁극적으로는 우주적 생명 본체로부터 생겨나온 것이라고 본다면, 이들 만유는 개체이면서 동시에 개체가 아닌 것이다. 따라서 만유는 서로 다투고 싸울 것이 아니라, 서로 주고받는 관계 속에서 살아야 하는 당위성을 깨닫게 되는 것이다.

이와 같이 동학·천도교의 가르침은 물질과 정신, 전체와 개체, 인간과 자연, 신과 인간을 비롯한 모든 존재의 이원적인 대립과 모순을 극복하고, 존중과 배려를 통한 상생과 조화의 원리에 따르는 새로운 세계를 실현하는 데에 그 핵심이 있는 것이다. 특히 해월 선생은 「이천식천」의 법설을 통해 이질적 기화와 동질적 기화로써 드러나는 '우주적 상생과 조화'의 체제가 곧 '우주적 삶의 본질'임을 설파하고 있으며, 이를 통해 새로운 차원의 삶을 열어가고자 했던 것이다.

---

29  윤석산, 「불연기연 연구 서설」, 『동학학보』 1집, 동학학회, 2000.

## 3) 해월 선생의 실천적 개벽운동

동학은 교조 수운 최제우 선생이 혹세무민, 좌도난정의 죄목으로 참형당하고, 이필제의 난인 영해작변[30] 등으로 인하여 지속적인 관의 지목과 탄압의 대상이 되어 왔다. 당시 동학교도들에게 가해지는 현실적인 고통은 상상을 초월하는 것이었다. 그런가 하면, 세상을 새롭게 개벽해야 한다는 사명을 지닌 동학이 세상으로부터 지목을 받고, 숨어 지내야 한다는 사실은 또한 크나큰 모순이 아닐 수 없었다.

또한 해월 선생이 동학의 교단을 이끌며 가르침을 펴던 19세기 후반 우리나라는 내외적으로 매우 어려운 처지에 놓여 있었다. 부패와 무능이 극에 달한 정치 사회 현실, 현실적이고 직접적인 위협으로 다가온 외세의 침략은 민중들의 삶을 극도로 불안하게 만들었고, 일상에서의 상생과 조화가 깨진 지는 이미 오래되었다.

그러므로 새로운 변혁과 현실적 보국안민의 대책이 어느 때보다도 절실하게 요구되고 있었다. 이러한 시대 상황 속에서 동학교당의 일부 지도자들은 억울하게 참형을 당한 교조 수운 선생의 신원(伸冤)을 함으로써 동학이 당당하게 그 가르침을 펼쳐 나가는 것은 물론, 본격적인 후천개벽운동을 전개해 나갈 것을 주장하게 된다. 이러한 요구는 어떤 식으로든 탄압을 면하고자 하는 동학도인과, 새로운 세상을 희구하는 민의를 반영한 것이기도 하였기에 실제 운동으로 현실화되었다. 이것이 바로 교조신원운동

---

30  寧海 李弼濟의 亂에 관해서는 최초의 教祖伸冤運動으로 보는 시각도 있다. 그러나 海月 선생이 구체적으로 이 난에 가담을 했어도, 이 난의 실질적인 성격 등으로 보아, 좀 더 정확하게는 이필제가 꾸민 변란이라고 본다. 따라서 이 글에서는 '이필제의 난'이라고 표기를 했다.

(教祖伸寃運動)이며, 갑오동학혁명이다.

우리나라 역사에서 최초의 근대적 민회(民會)[31]로 평가받는 교조신원운동은, 공주교조신원운동을 시작으로 회를 거듭하면서 운동의 지향이 사회화하면서, 결국 척왜양창의(斥倭洋倡義)의 기치를 내세우게 되었다. 교조신원운동은 이처럼 신앙의 차원을 넘어 현실의 문제로 나아갔지만, 운동 방식은 매우 평화적인 민중 집회였었다. 공주와 삼례에서의 집회는 지역 관리들의 탐학과 교조인 수운 선생의 억울한 누명을 벗겨달라는 지방관을 향한 동학의 각 지역 대표자 중심의 집회였다. 그 이후 해월 선생은 집회의 성격을 한 차원 고양시켜 조선의 왕궁 경복궁의 정문인 광화문 앞에 엎드려 유생들이 하듯이 임금에게 직접 상소문을 올리는 복합상소(伏閤上訴) 운동으로 진행하였다. 이것은 동학이 당시 조선의 전통적인 정치체제의 양상과 같다는 사실을 과시하기 위한 것이라고 하겠다. 그런가 하면, 광화문 복소가 전개되던 바로 그 시간에 다른 한편으로는 조선조의 정치를 좌지우지하던 외국 세력에 대한 경고문을 도처에 붙임으로써 동학의 관심이 다만 교조신원이라는 교단 내적인 면에 그치지 않음을 천명하기도 했다. 즉 이 단계에서 동학의 운동은 당시 시대적 요구를 집결시키는 것으로 성장했음을 볼 수 있다.

잇따른 교조신원운동과 광화문복합상소로 인하여 동학의 활동상이 대내외적으로 알려지게 되자, 당시 변혁 지향의 의지를 지닌 사람들이 차츰 동학에 집결하게 되었다. 그러므로 마침내 보은집회에 이르러서는 그 운

---

31 특히 보은취회 때에 어윤중이 양호도호사로 임명이 되어 동학의 지도부를 방문했을 때, 동학의 한 지도자가 스스로 '보은집회는 서양의 민회와 닮은 바 있다'는 점을 설파하였다는 기록이 있다.(「聚語」)

동의 내용이 교조신원과 함께 척왜양의 반침략을 외치는 정치운동으로 확장되었다.[32] 또한 해월을 중심으로 한 대도소와 각 지역별 지도부만이 아니라 일반 교도들까지 광범위하게 참여하는 운동으로 발전되었다. 1880년대 이후 잇달은 49일 기도를 통해 내적 영성을 심화시켜 온 동학교단은 교조신원운동과 척왜양창의운동을 계기로 정치운동으로 그 운동성을 확장하게 되었다. 즉 해월 선생은 내적인 영성의 심화를 통해 길러진 동학도인의 역량, 그리고 그것을 결집한 동학교단의 역량을 바탕으로 당시 시대적 요구를 반영한 평화적인 정치사회운동을 펼쳐 나갔던 것이다.

갑오동학혁명 당시 처음에 전봉준이 고부(古阜)에서 그 도화선을 당겼을 때, 해월 선생은 무장 봉기에 대해서는 동조하지 않았던 것으로 되어 있고,[33] 이를 마치 해월 선생의 북접과 전봉준 등의 남접이 서로 대치를 이룬 것으로 보려는 시각이 있다. 그러나 관군에 의하여 동학도가 무참하게 학살을 당하는 경우를 당하게 되자 해월 선생 역시 전국 동학교도들에게 기포령을 내리게 된다.(1894.9.18.) 즉 해월 선생의 기본 노선은 비폭력이었으며, 부조화, 불균형의 세상을 상생과 조화, 균형의 새 세상으로 이끌어 가

---

32 '보은취회'가 지닌 성격에 관하여 다른 견해를 지닌 역사학계의 의견도 있다. 예를 들어 '보은취회'와 같은 시기에 열린 '금구취회'는 척양척왜의 성격이 강한 취회였고, 이 금구취회에 모여 있던 사람들이 보은취회를 지원함으로써 척양척왜의 기치가 세워지게 되었다는 견해가 있다(정창렬, 「갑오농민전쟁연구」, 연세대학교 대학원 박사학위 논문, 1991.6.). 그러나 이러한 견해에 대하여 연구자의 사료에 대한 오독임을 지적하며 보은취회는 주체적, 자발적으로 척양척왜의 기치를 내세웠던 집회였음을 강조한 견해도 있다.(장영민, 『동학의 정치사회 운동』, 경인문화사, 2004.)

33 『천도교회사 초고』「지통」, "父의 讐를 報코져 할진애 맛당히 孝할지오 民의 困을 極코져 할진대 맛당히 仁할지라 …(중략)… 玄機를 不露하고 心急치 말라 하엿나니 是는 先師의 遺訓이시라 運이 아즉 未開하고 時이 또한 未至하엿나니 妄動치 말고 眞理를 益究하야 天命을 勿違하라."

는 데에 있었음은 부인할 수가 없을 것이다.

이와 같이 해월 선생은 19세기라는 위기와 불안이 팽배한 험난한 시대에, 시천주의 삶과 보국안민 정신의 실현을 통해 동귀일체의 삶을 이 지상에 이룩하고자, 안으로는 영성의 고양을 도모하고, 밖으로 교조신원운동과 척왜양창의 운동, 갑오동학혁명 등 사회적 실천 운동을 전개해 나갔던 것이다. 이것이 곧 해월 선생의 후천개벽운동이라고 할 수가 있을 것이다.


## 3. 의암 선생의 사상과 개화·독립운동

의암 손병희 선생(義菴 孫秉熙, 1861~1922) 역시 스승인 해월 선생과 마찬가지로 여전히 관의 지목을 피해 다녀야 하는 상황 속에서 해월 선생으로부터 대도(大道)의 도통을 선수(選授) 받아 동학교단을 이끌어갈 3대 대도주(大道主)가 된다.

의암 선생이 동학·천도교를 이끌던 시대는 좀 더 구체적으로 일본을 비롯한 서구 열강의 침략으로 우리나라가 위협을 받고 있던 때이다. 그러므로 의암 선생은 그 어느 시기보다 어려운 내외 상황 속에서, 보국안민의 계책을 구체적으로 펼쳐나가게 된다.

의암 선생은 외국 세력의 침탈을 극복하고 국가적 위기를 벗어나는 길은 스스로의 힘을 기르는 데에 있다고 생각했다. 그리고 이를 위해 서구 열강과 같이 문명개화를 해야 한다고 생각했다. 그 방안을 모색하기, 즉 "세계를 두루두루 돌아다녀 보며 세계의 풍물 또는 근대의 문명을 흡수하기 위하여" 의암 선생은 문명개화의 상징으로 여겨진 미국으로 가기 위한 준비를 한다. "집의 안방이나 산간 바위틈으로 쫓겨 다니면서 포덕천하 광제창생 보국안민을 할 수 없으며, 스승들의 유지를 후손만대에 전하고 대도를 만방에 펼 수가 없다."[34]는 판단 아래 문명개화가 우리보다 먼저 된 세계 각국을 주유할 생각을 한 것이다. 그러나 1900년에 조선을 떠나기는 하였으나 여러 사정에 의해 미국으로 가지 못하고 변성명을 하고는 이미 세계와 활발하게 교류하고 있던 일본에 머물며 그 뜻을 펼치게 된다.

일본에 머무는 동안 의암 선생은 당시 일본에 망명해 와 있는 많은 인사들과 교류하며 국가의 장래를 모색하고, 한편으로는 국내의 동학도들과 연락을 취하며 교단 정비를 지휘하였다. 또한 의암 선생은 세계의 대세를 살피는 한편 '근대'로 호칭되는 새로운 시대 변화를 주도하는 서구 문명을 접하게 된다. 의암은 새로운 문명과 학문을 배우는 것이 곧 국가와 민족을 구할 수 있는 길임을 절감하고, 교인 자제를 중심으로 2차에 걸쳐 64명의 청년을 선발하여 일본에 유학하도록 했다.

그런가 하면 의암 선생은 1905년 12월 1일을 기하여, 동학을 천도교라는 근대적 종교 체제로 개편하여 대내외에 선포함으로써 그때까지도 조선조 정부로부터 탄압을 받던 동학을 세상에 드러내고 자유롭게 활동할 수 있는 기틀을 마련하였다. 또 이 과정에서 의암 선생은 내적으로는 신앙의 결속을 위해 제도와 의례를 새롭게 제정하는 한편, 오랫동안 내려온 동학의 종교적 수련 체제를 구체화하므로 교단으로서의 면모를 공고히 하였다. 새롭게 체제를 갖춘 천도교단을 중심으로 의암 선생은 시대적 과제를 헤쳐 나가기 위하여, 개화개혁운동 및 독립운동을 펼쳐나갔던 것이다.

---

34  의암손병희선생기념사업회, 『의암손병희선생전기』, 기념사업회, 1967.

## 1) 의암 선생의 문명개화론

의암 선생이 일본에 머물면서 일본을 통해 서구의 문명을 배웠지만, 이는 서구 문명의 답습이나, 동도서기론(東道西器論) 같은 개화론자의 견해와는 다른 것이었다. 즉 의암 선생은 수운 선생과 해월 선생 이래 일관된 동학의 다시개벽의 정신에 의한 '문명개화론'을 전개하였다. 다시 말해 서구적 근대성이 바탕으로 삼은 '차이를 통한 지배와 침략'이 아닌, 시천주에 근거한 '상생과 조화를 근간으로 하는 문명개화론'을 펼치게 된다.

의암 선생은 당시의 세계정세를 오수부동(五獸不動), 곧 닭, 개, 사자, 범, 고양이가 한 우리 안에서 서로 견제를 해야 하는 형국이라고 진단하였다.[35] 따라서 제각기 보유한 강성하게 발달된 무기로서 싸운다는 것은 결국 서로가 공멸하는 결과로 이어지고, 나아가 인도(人道)가 끊어져 천리(天理)를 어기게 된다고 보는 것이다. 그러므로 세계가 공존하고 천리를 순수(順隨)하는 후천의 세상을 이루기 위해서는 '도전'(道戰), '재전'(財戰), '언전'(言戰)의 삼전이 필요함을 강조한다. 여기서 재전이나 언전은 서구 문명의 영향을 반영한 것이다. 그러나 의암 선생은 근본적으로 도전을 강조함으로써 도의적 사회 바탕 위에 재전과 언전이 전개되어야 함을 설파하였다. 이와 같은 의암 선생의 삼전론(三戰論)에는 상쟁(相爭)을 바탕으로 하는 서구적 문명개화가 아닌 '상생(相生)의 인내천'을 바탕으로 하는 '동학적 문명개화론'이 담겨 있는 것이다. 또한 〈명리전(明理傳)〉이라는 글을 통하여, 일의 형편과 때에 따라 도를 써서 진정한 부국강병을 이루어야 한다는 근대

---

35 『의암성사법설』「삼전론」, "擧世竝强 雖欲接兵 同手相敵 戰功無益 此所謂五獸不動也."

적이며 동학적인 '수신제가치국평천하론'을 펼치기도 하였다.[36]

이와 같이 의암 선생은 상생과 조화의 동학적 문명개화론이 담긴 「삼전론」과 「명리전」을 통해, 사람살이의 모든 것은 바른 도에 따라야 하는데, 이 '도'는 다른 데에 있는 것이 아니라, 바로 우리가 발 딛고 있는 현실적 삶에 놓여 있음을 강조하였다. 이는 곧 한울님과 사람이 둘이 아니며, 물질과 마음이 둘이 아니며, 사회적 제도나 현실적 삶이 우주의 도와 둘이 아니라는 동학적인 사유에 근거한 것이기도 하다. 다시 말해 의암 선생의 천도교 문명개화론은 스승인 수운 선생의 시천주(侍天主), 해월 선생의 인시천(人是天), 삼경(三敬) 등의 사상을 근간으로 한 것이라고 할 수 있다.

이러한 면에서 본다면, 결국 의암 선생이 펼친 문명개화론은 우주적 삶에 합치할 수 있는 새로운 삶의 질서에 대한 인식을 바탕으로, 상생과 조화와 균형의 삶을 이룩하고자 하는 개벽 정신의 시대적 표현이었던 것이다.

## 2) '천도교'로서의 대고천하(大告天下)

의암 선생은 당시 압도적인 위력을 떨치며 동진해 오는 근대에 대응할 수 있도록 교단의 면모를 혁신하고자 노력하였다. 특히 일본에 체류하는 동안 의암 선생은 문명개화를 통한 근대화와 자강(自强)의 필요성을 절감하고, 진보회(進步會)라는 민회를 결성한다. 또한 '동학'을 '천도교'라는 종교의 이름으로 개명한다.

그러나 서구적 종교의 모습을 받아들여 그 외양을 바꾸었어도, 내면적인 종교 수행 및 의식은 동학 시대의 것을 그대로 지키고자 했다. 이것은

---

36 『의암성사법설』「명리전」.

무엇보다 동학의 자력 신앙의 면모를 유지하기 위한 것으로 보인다. 다시 말해 동학을 천도교로 개명하면서 당시 외형상 가장 많은 영향을 받았던[37] 기독교의 타력(他力) 신앙은 배제하고, 동학 전통의 자력(自力) 신앙의 특징을 보존하고 계승하였다.

그러므로 의암 선생은 "육신 관념을 성령으로 바꾼다"는 '이신환성'(以身換性)의, 자력적 신앙에 기초한 수도법을 강조하였다. 즉 "사람의 일시적인 객체인 신(身)을 중심으로 삼은 관념을 사람의 영원한 주체인 성(性)을 중심으로 삼는 관념"[38]으로 바꾸라고 가르침으로써, 후천의 새로운 삶을 열어갈 수 있는 새로운 사람으로 거듭날 것을 강조한 것이다.

의암 선생이 동학을 천도교라는 근대적 종교체제로 대고천하하여 종교화하면서도, 내면적으로 인내천(人乃天)의 종지를 중심으로 자력적 신앙의 근간은 그대로 지키면서 나간 것은 훗날 일제의 식민지가 되었던 국가와 굴종에 처한 민족을 구제하는 독립운동의 중요한 정신적인 바탕이 되었다. 즉 의암 선생은 천도교로 개명을 하면서 종교의 자유를 얻고, 다른 한편으로는 천도교인들을 성품공부, 마음공부, 몸공부를 통해 신앙으로 결속시켜서 독립운동을 준비하고 전개해 나갔던 것이다. 또 이는 궁극적으로 자주적인 독립을 통해 동귀일체하는 후천개벽의 새 세상을 열어가는 운동이었다.

의암 선생이 1905년 12월 1일 대고천하를 통해 동학을 천도교로 세상에

---

37 외적으로 기독교의 영향을 받았다는 것은 기독교가 일요일에 교회당에 모여 예배를 보는 것을 본따 천도교도 교당을 짓고 일요일을 '시일'이라고 명명하여 종교집회를 가진 사실을 말한다. 시일예식의 내적 형식도 설교, 천덕송합창, 경전봉독 등 기독교의 종교 의례 형태를 거의 그대로 따르고 있다.
38 『의암성사법설』「이신환성설 1」, "性은 卽人의 永年主體요 身은 卽人의 一時客體니라."

선포한 근원적인 이유는 바로 이와 같은 데에 있었다.

### 3) 의암 선생의 개화 및 독립운동 양상

#### (1) 갑진개화운동

이상의 총론을 기반으로 이제 의암 선생이 전개한 다시개벽에 의한 일원론적 문명개화론에 입각한 구체적인 운동의 양상을 세세하게 고찰하고자 한다. 그 첫 번째는 갑진개화운동(甲辰開化運動)이다.

아직 일본에 머물고 있던 1904년경, 의암 선생은 직접적인 문명개화운동을 위해 먼저 동학도들을 중심으로 진보회를 결성하게 하였고, 이를 통해 인내천 문명개화론 운동을 구체적으로 펼쳐 나간다. 즉 '뚜렷한 국가관의 확립을 통한 국가의 안녕과 질서 보존', '정부의 부정, 비리를 제거하여 평화와 공조의 역사 창조', '군사와 재정을 정리하여 국민 삶의 항구적 안정기반 마련', '러일전쟁 등으로 위협받고 있는 국민의 생명과 재산 보호를 위한 정치' 등을 촉구하며 개혁운동을 단행하기에 이른다.[39] 이것이 갑진년, 즉 1904년에 전개되었으므로 '갑진개화운동'이라고 부른다.

갑진개화운동은 창도 이후 한결같이 견지해 온 동학·천도교의 다시개벽정신을 바탕으로 한 운동이었다. 그러므로 우선 동학도인들은 개혁의 구체적인 실천과 그 의지를 드러내고자 10만 명 이상의 도인들이 일제히 흑의단발(黑衣斷髮)을 단행하였다. 상투를 자르고 검게 물들인 옷을 입는 흑의단발은 많은 의미를 내포하고 있다. 이는 곧 '흰옷 등을 고수해 온 조선

---

39 이현희, 「갑진개화운동의 역사적 의의」, 『해월최시형의 사상과 갑진개화운동』, 모시는사람들, 2003, 19-20쪽.

의 오래된 습속을 벗어던지고 문명개화에 참여하는 동학도인의 의지를 드러낼 뿐만 아니라, 검정 두루마기에 모자를 쓰면 위생에 좋을뿐더러 일하기에도 편하다.[40]는 실생활에 입각한 취지에서부터, '변혁을 위한 동학도인들의 결속을 공고히 하기 위하여',[41] 나아가 '국정 개혁을 위한 간절한 마음의 표현'[42]까지 복합적인 의미를 담고 있다.

또한 단발흑의는 '반상(班常)의 신분 차별과 노소(老少)의 연륜 차별, 남녀(男女)의 성별 차별 등을 일체 철폐'한다는 시천주 정신에 의거한 동학 고유의 평등 정신을 구현하는 것이며, 민중이 주체로서 떨쳐 일어서, 민의(民意)에 의한 민생의 실현을 추구한다는 의지가 표명된 것이다.

즉 갑진개화운동은 다만 서구적 문명을 답습하고 모방하는 개화운동이 아니고, 동학 창도 이후 지속적으로 추구해 온 '새로운 삶의 질서'를 이룩하고자 하는 후천개벽 운동의 시대적 실천 운동이며, 동시에 보국안민 운동의 현재적인 구현이었던 것이다.[43]

그러나 원대한 뜻을 품은 갑진개혁운동은 이용구 일파의 배신으로 그 추진 방향이 변질되고, 동학교도에 대한 관의 지목은 여전히 계속되었다. 이에 의암 선생은 1905년 동학을 천도교로 대고천하(大告天下)함으로써 종교적 정체성을 확보하여 조선 정부가 탄압을 계속할 명분을 제거하는 한편, 좀 더 근본적이고 본격적인 차원의 보국안민 운동을 전개해나갔다. 특히 천도교 대고천하 이후 5년 만에, 우리나라는 일제의 강압에 의하여 통

---

40 『본교역사』.
41 『천도교회사 초고』.
42 『천도교창건사』.
43 이에 관해서는, 윤석산, 「천도교 정신사적 맥락에서 본 갑진개화운동」, 『동학연구』 제 18집, 한국동학학회, 2005에서 상론하고 있다.

치를 받는 식민지의 질곡으로 떨어지게 되었으므로 의암 선생은 보국안민을 위해, 그리고 후천개벽운동의 자립, 자주, 자생적인 기반을 마련하기 위해 독립운동을 기획하게 되었다.

### (2) 3·1운동

3·1운동은 의암 선생이 펼친 대표적인 독립운동이다. 의암 선생은 1910년 일본이 조선을 강제 병합한 직후부터 구상에 착수하여, 먼저 목숨이 위태로운 상황을 감내할 수 있는 정신적 바탕을 마련하고자 했다. 즉 종교적 신념 위에서 독립운동에 앞장설 때 현실적 억압을 견딜 수 있는 것이요, 나아가 비폭력 정신에 근거한 평화적인 독립운동을 전개해 나갈 수 있다고 의암 선생은 판단을 했다. 그러므로 의암 선생은 1912년 우이동에 봉황각(鳳凰閣)이라는 수도원을 짓고, 이곳에 모두 7차에 걸쳐 483명의 천도교 지도자를 집결시켜, 49일간의 집중적인 수련을 시켰다. 이 특별기도에 참가한 천도교 지도자들은 훗날 3·1독립운동의 현장에서 굳건한 신앙심을 바탕으로 불굴의 독립운동에 매진하였다. 또한 3·1독립운동의 거사를 앞두고 기미년(1919) 1월 5일부터 2월 22일까지 49일간 전국의 천도교인들이 일제히 조국의 광복을 기원하는 특별기도를 행하게 하였다.

이러한 배경 하에서 천도교가 주도한 3·1독립운동은 신앙적 수양을 바탕으로 하는 비폭력 운동이 될 수 있었다. 또한 이런 맥락에서 의암 선생은 당시 3·1독립운동을 종교 단체인 기독교, 불교 등과 연합하여 추진한다. 따라서 3·1운동은 한 종단만이 아닌, 당시 국내의 유수한 종단 모두가 연합하여 일으킨 거족적인 독립운동으로, 그리고 비폭력 평화운동으로 승화되었던 것이다.

이와 같은 3·1독립운동의 성격과 전개 양상은 동학·천도교의 '상생과 조화, 그리고 균형의 정신'을 담아낸 것이라고 하겠다. 전국 각지에서 기미년 (1919) 3월 1일 동시에 일어나면서, 일본군의 무력 진압에 대한 방위적 행위를 제외하면 매우 평화적인 만세운동이었다는 점, 어느 한 종파나 정치 조직만이 참여한 것이 아니라, 기독교계의 대표 인물 남강 이승훈을 필두로 감리교와 장로교 모두가 참가하게 하였고, 또한 만해 한용운 등 불교 교단까지 참여시킨 것이 가장 단적인 증거라고 하겠다.

　인류 역사상 종교 간의 불화와 갈등으로 인한 전쟁이나 살육은 그 수를 헤아릴 수 없이 많았다. 특히 서양의 역사는 이 종교 간의 갈등에 의한 전쟁의 역사라고 해도 과언이 아닐 정도이다. 그런데 이민족의 억압 통치를 받는 식민치하에서 천도교가 독립운동을 위해 다른 종파를 아울러서 연대했던 사례는 세계 역사 어디에서도 유례를 찾아 볼 수 없는 일이다. 의암 선생의 이러한 영도력은 다름 아닌 수운 선생, 해월 선생으로부터 물려받은 '상생과 조화'의 정신에서 나온 것이라 할 수 있다. 그러므로 3·1운동은 일시적인 좌절을 겪었지만, 천도교가 새로운 방향을 설정하며 1920, 30년대의 민족운동을 주도적으로 이끌어가게 했던 중요한 계기가 되기도 했다.

　3·1독립운동은 의암 선생이 주도한 자주적 독립운동이며 동시에 동학·천도교가 지향하는 '이 지상에 새로운 삶의 질서인 동귀일체의 삶'을 이룩하고자 하는 후천개벽운동의 사회적 시대적 실천운동이며, 동시에 보국안민의 구체적인 구현이었다고 할 수가 있다.

## 4. 춘암 선생의 종교적 의지와 그 실천

　춘암 선생(春菴 朴寅浩, 1855-1940)은 동학·천도교의 4세 대도주이다. 나이 29세가 되던 1883년에 동학에 입도하여, 해월 선생의 지도를 받아 수련에 정진했다. 특히 해월 선생의 인솔 아래 공주 가섭사(迦葉寺)에 들어가 49일 기도를 하는 등 용맹 수련을 통해, 동학의 중요한 지도자로 성장하게 된다. 동학혁명 당시에는 덕의대접주(德義大接主)로 충청도 일대의 동학군을 통솔하여 홍주성 전투 등에 참가했다.

1907년 12월 10일 천도교의 차도주(次道主)가 되었다가, 처음 의암 선생으로부터 대도주를 승계받은 구암(龜菴) 김연국(金演局, 1857-1944)이 당시 친일 세력을 등에 업고 성장한 시천교(侍天敎)로 옮겨가자, 1908년 1월 18일 대도주(大道主)의 종통(宗統)을 선수 받아 천도교의 4세 대도주가 되었다.

춘암 선생은 대도주가 된 이후 천도교중앙총부의 지도 체제를 새롭게 갖추고, 교세 확장에 온 힘을 기울였다. 그러나 1910년, 우리나라는 일제로부터 강제 병합을 당하게 되었고, 춘암 선생은 훗날의 자주 독립을 기약하며 일제의 억압과 감시 속에서도 의암 선생의 뜻을 받들어 교단의 종교적 지도 교화와 더불어 출판문화와 교육활동에 주력하게 된다.

특히 중앙총부 부설로 당시로서는 최신형 기계를 갖춘 인쇄소를 설치하여, 천도교가 문화운동을 주도해 갈 수 있는 바탕을 마련했다. 또한 보성학교와 동덕여학교 등을 인수하여 경영하는가 하면, 남녀 청년 및 일반인의 교양 및 신앙 교육의 일환으로, 전국에 800여 개의 교리강습소를 설치 운영을 하여 민족교육에 앞장섰다.

3·1독립운동 당시에는 교단 수호를 담당하기 위하여 민족대표에서는 빠졌지만, 의암 선생을 보필하는 등의 일로 말미암아 48인[44]의 한 사람으

___

44 '민족대표 48인'이라고도 한다. 민족대표 33인 중 해외로 미리 망명한 김병조, 옥중에

로 일경(日警)에 체포되어 옥고를 치렀다. 1922년 의암 선생이 환원하자 천도교단의 중심이 되었다. 즉 춘암 선생은 동학·천도교의 4대 스승의 한 사람이며, 마지막 교주이다. 춘암 선생 사후 천도교는 중의제에 의해 최고 지도자인 교령(敎領)을 선출하는 체제로 바뀌었기 때문이다.

춘암 선생은 동학에 입도한 이후 10여 년 동안 수련에 맹진하였다. 특히 잘 때에도 깊이 잠들지 않기 위하여 낫자루를 베고 자는 등 각고의 정성을 다하여, 높은 수행 경지에 올랐다. 춘암 선생은 일용행사에서 추호도 흔들림 없는 바른 삶, 정직한 삶을 늘 강조했다. 이를 대표하는 핵심 교훈이 바로 "거짓말 하지 말라. 거짓에 죽고 참에 사느니라." "천하 사람을 다 속여도 제 한울은 못 속이느니라."는 등의 가르침이다.

또한 "한울님은 정성이 지극한 사람과 친하니라." "유형한 사람을 섬기지 못하는 사람이 어찌 무형한 한울을 섬기랴." 등의 법설을 펼쳐, 수운 선생의 시천주, 해월 선생의 대인접물, 사인여천의 가르침을 어김없이 체행하는 것으로 모든 교인의 귀감이 되었다.

춘암 선생은 이와 같이 확호불발(確乎不拔)의 신앙적인 신념을 지키고 실천하는 삶을 살았고, 그러한 자세로 교단을 이끌었으며, 나아가 사회적인 실천을 전개함으로써 일제의 간교한 획책에도 조금도 흔들림이 없었으며, 칼날이 머리 위에서 내려질 듯한 엄혹한 일제 말기의 시대상황 속에도 굳건히 스승들의 가르침을 실천하여 자주독립을 회복하고, 우리 민족이 다시금 상생과 조화와 균형 속에 살아갈 수 있도록 노력했던 것이다. 춘암 선생은 일제 말기의 엄혹한 정세 하에서도 끝까지 비타협 노선을 견지하며,

---

서 순국한 양한묵을 제외한 31인과 박인호 등 16인을 더하여, 3·1운동의 핵심 주모자로 재판을 받은 인사들이다.

무인멸왜기도(戊寅滅倭祈禱)를 통해 진정한 신앙인의 모습이 무엇인가를 세상에 보여주기도 하였다. 아래에서는 이러한 춘암 선생의 삶과 실천을, 선생이 지도하고 주도한 중요 운동을 통해 살펴보고자 한다.

### 1) 춘암 선생의 비타협 정신과 독립운동

3·1독립운동 이후 천도교는 그 여파로 말미암아 심각한 타격을 입게 된다. 교단의 원로, 중진들이 대거 투옥되고, 또 일제의 고문에 의하여 환원(還元)[45]하면서 지도력에 큰 공백이 발생하게 된 것이다. 특히 의암 선생마저도 옥고로 인해 얻은 병으로 1922년 5월 19일 환원하고 마는 아픔과 어려움을 겪게 된다. 그러므로 3·1독립운동 이후, 천도교는 자연 신진 세력이 교단 운영의 중심에 자리 잡게 되었다.

한편 3·1독립운동과 같은 민족독립운동을 원천적으로 봉쇄하기 위하여, 일제는 민족 세력 분열 획책 정책에 따라 천도교 교단을 신구(新舊) 양파로 분열시키는 활동을 비밀리에 진행하였다. 이로써 천도교단은 3·1독립운동 이후 원로 중진 지도자를 상실하고, 일제의 획책에 의하여 내적 분열에 시달리는 이중의 아픔을 겪게 된 것이다.

이와 같은 천도교단의 신구파 대립은 대체로 세 가지 측면에서 검토할 수 있다. 첫째, 교단 내적인 문제로서의 교권 다툼, 둘째, 일제의 통치 및 지배에 대한 대응 양상의 차이, 셋째, 1920년대 이후의 시대 상황에 대처하는 지도 이념의 차이가 그것이다. 이 세 측면은 서로의 밀접한 연관을 지으

---

45 '還元'은 '본래의 자리로 돌아간다.'는 뜻으로, 동학 · 천도교에서 '죽음'을 뜻하는 용어이다.

며, 매 국면에서 신구 분열과 갈등을 심화시키는 중요한 계기가 되었다.

특히 교단 외적인 문제인 정치·사회적인 면에서 구파와 신파의 대립은 매우 심각하게 나타난다. 즉 일제에 대하여 신파는 타협 노선을 취하며 실력양성론을 펼친 반면, 구파는 비타협 노선을 주장하며 지속적인 저항운동을 벌이게 된다. 그러므로 신파 계열은 문화계몽 운동 및 실력양성 운동을 주로 추진하였고, 구파 계열은 신간회(新幹會) 운동, 6·10 만세운동 등을 통해 일제에 항거하는 민족운동을 펼쳐 나갔다.

## 2) 6·10 만세운동과 신간회 운동

6·10 만세운동은 3·1독립운동으로부터 6년 후인 1926년, 천도교 구파 계열 지도자들이 화요회(火曜會) 주도의 조선공산당과 제휴하고, 천도교청년동맹이 전위가 되어 추진한 독립만세운동이다. 춘암 선생의 지도를 받던 당시 천도교 구파 세력 전위단체인 천도교청년동맹(天道敎靑年同盟)의 박래홍(朴來弘), 박래원(朴來源), 손재기(孫在基) 등이 조선공산당과 연합하여 조선조의 마지막 임금 순종의 인산일(因山日, 국왕 등의 장례일)인 1926년 6월 10일을 기하여, 3·1독립운동과 같은 전 민족적인 시위운동을 전개할 계획을 세운 것이다.

천도교 측에서는 전국의 개벽사 지사와 농민단체, 노동단체, 청년단체, 천도교 지방교구 등을 중심으로 6월 10일에 일제히 봉기할 수 있도록 계획을 수립하는 한편, 10만 장의 인쇄물을 준비하여 손재기의 집에 숨겨 두었다. 그리고 교주인 춘암 선생은 '대한민국임시정부인'(大韓民國臨時政府印)

을 자신의 집에 보관하여 두었다.[46]

그러나 거사 직전에 일본 경찰에 탐지되어 박래홍을 비롯한 천도교 측의 주동자는 물론 중앙총부의 간부 대부분이 연행되었고, 지방의 요시찰 대상자들도 예비 검속을 당함으로써, 이 계획은 좌절되고 말았다.

이때 전국 각지를 통하여 사전 검속된 사람은 2천여 명에 달한다. 그중 형을 받은 사람은 50여 명이고, 고문 치사자 1명, 옥사 1명 등의 큰 희생자가 발생했다. 거사 당일에 사용될 인쇄물은 「대한독립만세」 등 다섯 종으로, 대한민국의 독립과 이를 위한 민족의 단결을 촉구하는 내용이었다.

일부 학생들이 순종의 인산 행렬이 지나는 종로 등 거리에서 만세 시위를 감행한 것을 제외하고, 6·10 만세운동은 비록 실패로 끝났지만, 당시 사회주의 세력과 춘암 선생을 필두로 하는 천도교의 비타협적 민족주의 세력이 최초로 연합을 시도한 운동이며, 3·1독립운동 이후 독립운동사에 있어 가장 큰 영향을 끼친 운동의 하나라는 점에서 중요한 의의가 있다.

무엇보다 6·10 만세운동은 새로운 독립운동을 위한 '민족단일당' 결성의 계기가 되었다. 즉 6·10 만세운동 이후 지속적으로 일제에 대한 비타협 노선을 고수해 오던 춘암 선생의 지시에 의하여[47] 천도교의 권동진, 이종린, 박래홍, 박완, 이병헌 등이 '민족단일당'인 「신간회」 운동에 적극 참여하게 된다.

몇 번의 준비 회합을 거쳐, 1927년 2월 15일 민족협동전선으로서 민족주의를 표방하는 〈신간회〉를 창립하게 된다. 즉 조선 독립에 뜻을 같이하는 민족주의자와 사회주의자가 제휴하여 민족운동의 대표단체라고 할 수 있

---

46  조규태, 『천도교의 민족운동 연구』, 선인, 2006, 232쪽.
47  李炳憲, 「新幹會運動」, 『신동아』, 1969년 8월호, 194쪽.

는 〈신간회〉가 발족된 것이다. 이때 〈신간회〉에 참여한 각 파는 조선일보 계의 신석우파, 천도교 구파 계열, 사회주의 계열, 민흥회(民興會) 및 종교 계 인사 등이다.

〈신간회〉는 민족협동전선으로서 우리 민족의 정치적, 경제적 각성과 민 족의 단결을 굳건히 함으로써 일제로부터 독립을 확보하겠다는 취지로 출 범하였다. 〈신간회〉는 이후 1931년 해산하기까지 비타협주의의 기치를 고 수하며, 우리 민족을 억압하는 일제의 행위에 대해 다양한 방식으로 항거 하였다. 그러나 일제의 조직적인 탄압과 함께 운동 방향의 수정에 대한 내 부 논란이 끊이지 않았고, 마침내 '신간회 해체론'이 제기되어 창립 4년 만 에 〈신간회〉는 해소되고 말았다. 이러한 〈신간회〉 운동에 천도교 측에서 는 약 120명에 달하는 경향 각지의 교인들이 참여하여 적극적으로 활동하 였다.

### 3) 무인멸왜기도

1930년대 후반에 접어들며 조선에 대한 일제의 핍박이 날로 고조되어 갔다. 세계적인 경제 불황의 여파로 일본 제국주의가 군국주의로 치달아 가면서 식민지에 대한 수탈과 사회적 통제의 필요성이 높아졌기 때문이 다. 일제는 토지제도의 근대화라는 미명 아래 전국 도처에서 토지를 빼앗 았고, 이른바 황국신민화시책(皇國臣民化施策)을 내세워 조선어 교육을 없 애고, 조선 역사를 왜곡하는가 하면, 창씨개명을 통해 조선인의 정체성마 저 말살하고자 획책하는 등 강압적인 식민 정책을 강화해 나갔다.

이 시기에 춘암 선생은 구파 계열의 천도교인을 중심으로 비밀리에 '일 제의 패망과 조선의 독립을 기원하는 기도(祈禱)의 밀령'을 내리게 된다.

이것이 바로 '무인멸왜기도'(戊寅滅倭祈禱)이다. 춘암 선생은 1936년 8월 14일, 해월 선생의 승통기념일(지일기념)을 맞아 기념식을 마친 후 교내의 주요 간부들을 불러 민족정신의 회복과 조국의 독립을 위하여 일제의 패망을 기원하는 기도운동을 전개하도록 지령을 내린다. 춘암 선생은 간부들에게 일제의 패망이 가까워져 온다는 사실을 말하면서, 『용담유사』의 가르침을 인용하여, "무궁한 내 조화로 개 같은 왜적 놈을 일야간(一夜間)에 멸하고서 한(汗)의 원수까지 갚겠습니다."라는 내용으로 아침과 저녁으로 정성껏 심고하고 기도하라고 밀령을 내린다.

이리하여 전국 각지에서 일제의 패망을 기원하는 기도운동이 진행되는 것과 아울러, 유사시에 대비한 운동자금으로 쓸 특별성금 모금이 비밀리에 진행되었다. 즉 중일전쟁이 일어난 때에 즈음하여, 이 전쟁으로 인하여 일본이 패망하거나 국력을 소진하게 되면 주권을 회복할 기회가 포착될 것으로 믿고, 그 경우 필요한 자금을 확보하기 위하여 전국을 네 개 구역으로 나누어 모금운동을 전개해 왔던 것이다.

그러던 중 무인년(1938) 2월 17일에 이 사실이 황해도 신천경찰서에 적발되어 전국적으로 천도교 교역자 검거 선풍이 일어났다. 황해도 연원대표 홍순의에 이어 장로 최준모를 비롯하여 간부급 교역자들이 수백 명이 체포되어 투옥을 당하였다. 춘암 선생은 노환으로 병상 심문에 그쳤으나, 춘암상사 댁은 일본경찰의 군홧발에 침탈당하였으며 투옥된 많은 교역자들은 혹독한 고문을 당하였다. 이때 심한 고문으로 인하여 감옥에서 나오자마자 순국한 천도교 인사들은 장흥의 김재계, 논산의 손필규, 해남의 이강우, 신천의 김정삼 등 4명이나 되었고, 그 밖의 여러 사람들이 악형으로 인하여 고질병을 얻거나 그 후유증으로 죽음에 이르게 되었다.

당시 일제 당국의 통제하에 기사를 내보내던 신문들은 '사변 하에 지하

활동', '극비의 불온계획', '조선독립을 몽상', '천도교의 대음모', '특별희사금도 모금' 등의 제목으로 이 사건을 보도하였다. 그러나 이 보도마저 사건 당시가 아니라 체포 구금과 심문 등을 마쳐서, 사회정세에 미칠 파장을 최소화할 수 있는 시기에 이루어졌다.

1938년 당시는 우리나라의 모든 유력인사나 단체들이 엄혹한 전시체제 (만주사변) 하의 강압에 의하여 일제에 협력을 하지 않으면 안 되던 때였다. 천도교도 표면적으로는 그러한 흐름에 휩쓸려 들어가고 있었다. 그러나 춘암 선생이 지도하던 천도교 구파 계열에서는 무인멸왜기도의 대사건을 기획해 실행에 옮겼고, 그 사건이 일제에 의하여 발각이 되고, 도하 신문 언론에 보도가 되자, 당시 절망 속에 빠져 있던 우리나라 사람들은 천도교만은 그 정신이 살아 일제에 항거하고 있다는 확신과, 그러므로 언젠가는 독립을 이룰 수 있다는 희망을 갖게 된다. 즉 무인멸왜기도운동으로 말미암아 많은 교인들이 검거되어 순도순국하거나 수난을 당했지만, 이는 당시 일제의 강압적인 정책 하에 절망에 빠져 있던 조선의 민중들에게 희망을 주었던 사건이며, 동시에 천도교단의 근본정신이 결코 일제에 굴복하지 않는다는 점을 만천하에 다시금 알리는 매우 중요한 사건이었다.

한편, 이 무인멸왜기도운동은 '기도'라는 종교적이고 또 평화적인 방법이 채택된 독립운동으로, 수운 선생, 해월 선생, 의암 선생 등의 정신이 그대로 전승되고 또 나타난 독립운동의 모습이었다는 점에서도 중요하다 할 수 있다.

지금까지 살펴본 바와 같이 동학·천도교 창도 이래 오늘날까지의 역사에서 전반기에 해당하는 80여 년(1860~1940)의 역사는 수운 선생의 가르침인 '시천주'와 '보국안민'을 중심으로 전개되어 왔다고 말할 수 있다. 동학·천도교의 중심 사상인 시천주와 사회실천 운동의 바탕이 되었던 보국안민이 후천개벽사상 또는 후천개벽운동으로 종합되며, 역사적 현실과 부딪치며 전개되어 왔던 것이다.

이러한 동학·천도교의 전반기 역사는 자주적 근대화를 기본 과제로 하여 전개되어 온 한국 근대사의 중심을 이룬다고 할 수 있다. 이는 사상 면에서나 또 종교 면에서, 나아가 정치·사회의 측면에서 두루 적용될 수 있다. 동학·천도교는 수운 선생에 의하여 창도되고 또 전개되었던 '시천주', '보국안민' 사상의 바탕 위에서 끊임없이 '후천개벽'이라는 새로운 삶을 향한 '운동'을 전개해 왔기 때문이다. 특히 이 운동은 단순한 종교적, 신앙적 차원에 머물지 않고 시대적 정신에 부응하고, 시대적 요구를 집결하여 한국의 근대를 새롭게 열어갈 수 있는 계기를 부여해 주었던 것이다.

무엇보다, 시천주와 보국안민에 근거한 동학·천도교의 후천개벽운동은 미래지향적인 것으로, '후천'이라는 새로운 차원의 삶이 인류의 삶 속에서 이룩될 때까지 지속적으로 전개될 것이다. 그러므로 이는 지난 100여 년에 국한되는 것이 아니라, 후천 오만 년 동안 이어질 운동이기도 하다. 인간은, 인류는, 나아가 이 우주의 만유(萬有)는 그 본원적인 면에서 오늘과 같은 '투쟁과 갈등'이 아닌, '상생과 조화'의 삶을 갈망하고 또 추구하기 때문이다.

동학·천도교의 100여 년, 그동안 동학·천도교의 스승들이 펼친 사상과 운동의 크나큰 족적은 한국의 근대를 결국은 세계사에 유례가 없는 성공으로 나아가게 한 근본 동력이었으며, 바로 그런 이유로 오늘 공멸의 위기에 처해 있는 지구생명공동체와 인류의 내일을 새롭게 열어가는 매우 중요한 바탕이 될 것으로 기대된다.

# 제2장 해월 최시형의 신앙운동

## 1. 서론

동학의 2세 교주인 해월 최시형은 한미한 집안의 출신으로, 어려서는 남의 집 머슴도 살았고, 청년시절에는 제지소의 용인으로 일하며 어려운 가운데 살아가던 사람이다. 그런가 하면, 성년이 되어 가정을 이룬 뒤에도 화전을 일구어 고단하게 살아야 했던, 당시의 전형적인 빈민 계층의 사람이다. 그러나 경주 근향 현곡 가정리 용담에서 수운 선생이 새로운 도를 편다는 소문을 접하고는, 직접 용담으로 수운 선생을 찾아뵙고 동학에 입도하여, 뒷날 동학의 핵심적인 지도자로 자리매김한 인물이다. 즉 해월 선생은 경제적으로나 사회적으로 최하층의 삶을 살던 빈민 계층 사람이었으면서도, 한 종교의 지도자 또는 위대한 사상의 실천자로 그 자신을 변혁한 인물이다.

종교 지도자나 사상가로서의 삶도 평탄했던 것은 아니다. 스승인 수운 선생이 관에 체포되어 대구 장대에서 참형을 당한 이후, 해월 선생은 관의 추적을 피해 산간 오지로 숨어 다녀야 했다. 그런 가운데서도 흩어진 동학 교도들을 모으고, 위기에 처해 있는 동학교단을 다시 일으켰으며, 수운 선생의 유훈에 따라 동학의 중요 경전을 간행하여 보급하고, 억울하게 참형 당한 스승의 신원을 위한 운동을 대대적으로 벌인, 동학 역사상 가장 중요한 활동을 전개한 사람이다. 또한 해월 선생은 동학교도들을 이끌고 갑오 동학혁명을 주도하며, 당시 민중을 착취하며 사지로 몰아가는 폐정의 개혁을 요구하고, 거대한 외세와 맞서 싸웠다. 동학과 한국 근대사의 측면에서나 세계 사상사의 흐름 속에서나 위대한 족적을 남긴 해월 선생은 끝내 관에 체포되어 처형을 당해 그 목숨을 잃었으나, 우리 근대사에서 결코 지워질 수 없으며, 오히려 오늘날 위기에 처한 지구와 인류의 미래를 향하여 열려 있는 인물이다.

그러나 한편으로 해월 선생의 여러 행적은, 동학 제2세 교주로서 동학 교단의 재건과 그 가르침을 세상에 펴기 위한 것이기 때문에, 결국 하나의 '신앙운동'(信仰運動)이라고 말할 수 있다. 즉 해월 선생의 종교적 일생은 이 세상에 새로운 삶의 질서를 실현하기 위해 펼친 '후천개벽의 신앙운동'이라는 이름으로 부를 수 있을 것이다.

이 장에서는 먼저 해월 선생의 여러 주요 행적을 찾는 데에 주력할 것이다. 나아가 이 행적들의 의미를 기술하고, 그것이 해월이라는 종교 지도자의 신앙과는 어떻게 연관되는지, 이러한 신앙운동을 통하여 해월 선생은 어떠한 새로운 삶과 새로운 세상을 이룩하려고 했는지 등을 밝히고자 한다.

## 2. 해월 선생의 삶과 신앙운동

해월 선생(海月 崔時亨, 1827~1898)이 태어나 성장한 19세기 중반 조선조 말엽은, 삼정(三政; 田政, 軍政, 還政)의 문란으로 민중들의 삶이 극도로 어려운 시기였다. 해월 선생은 그중에서도 빈한한 가정에서 태어나 조실부모하고 일정한 교육도 받지 못한 채, 빈민 계층의 한 사람으로 살아가며 성장하였다. 그러한 해월 선생의 삶이 근본적인 전환을 맞이한 것은 동학과 인연을 맺게 되면서였다. 동학은 당시 지배 이념인 유학으로는 이룰 수 없는 자아의 재발견, 새로운 세상의 꿈을 가르쳐 주었기 때문이다. 해월 선생은 동학과의 첫 만남, 곧 동학을 창도한 수운 선생과의 첫 만남과 그 가르침을 다음과 같이 술회하고 있다.

> 내가 어린 시절 스스로 '옛 성인은 그 뜻이 특별히 다르고 또 그 품격(標) 역시 다른 사람'이라고 생각했는데, 한번 대선생님을 뵙고 마음공부를 한 이후, 성인(聖人)이 특별하게 다른 사람이 아니고 다만 마음을 정(定)하고 정하지 않는 데에 있음을 비로소 알게 되었다.[1]

당시 지배적 이념이던 유교적 인간관에 따르면 성인은 태어날 때 이미 그 자질을 타고나는 것이다. 또한 신분과 문벌에 의하여 귀인(貴人)과 천인(賤人)이 정해지는 것이다. 그러나 수운 선생은 사람의 귀하고 천함의 차이가 신분이나 문벌에 따라 미리 정해지는 것이 아니라, 그 사람이 어떤 마음을 쓰는지, 또 한 번 정해진 바른 마음을 자기의 일상 마음으로 정하느냐 못 정하느냐에 달려 있다고 가르쳐 주었으며, 해월 선생 자신도 마음공부를 통해서 그것을 체득했다는 말씀이다. 즉 해월 선생과 같이 빈한한 가문에서 태어나 극도로 가난한 삶을 사는 사람도 마음을 어떻게 정하느냐에 따라서 성인도 될 수가 있고 또 존귀한 존재도 될 수가 있다는 말이다.

---

1 『해월신사법설』「독공」, '余少時自思 上古聖人 意有別樣異標矣 一見大先生主 心學以後 始知非別異人也 只在心之定不定矣.'

이와 같은 가르침에 감복하여 동학에 입도를 한 해월 선생은 스승의 가르침에 따라 성실히 수행에 정진할 뿐만 아니라 동학의 가르침을 자신의 생활 속에서 실천하였고, 그로 말미암아 쌓아진 도력으로 많은 사람들을 동학에 입도시켰다. 특히 수운 선생이 참형당한 이후 뒤쫓는 관의 추적을 피해 태백산맥과 소백산맥을 따라 산간 오지를 전전하며 민중 속에 섞여 살면서, 무심히 자라는 한 포기의 풀과 한 그루의 나무, 한 떼기의 땅까지도 모두 한울님의 덕화를 공유한 존재라는 것을 몸소 깨닫고 일상생활에서 실천해 나간다. 해월 선생은 관의 추적을 피해 내일 떠나야 할 곳에서도 한 그루의 나무를 정성을 들여 심었고, 밟고 다니는 땅이라고 하여도 함부로 뛰지 말 것을 당부하며,[2] 더러운 것을 함부로 땅에 버리지 말라고[3] 가르쳤다.

이와 같은 해월 선생의 가르침과 실천은 뒷날 그의 종교사상이 다만 한울님을 공경하는 경천에 머물지 않고, 사람을 공경하는 경인으로 이어지고, 또한 만물을 아끼고 공경하는 경물 사상[4]으로까지 이어진다. 이러한 해월 선생의 가르침에 의하면, 사람이 하는 일 자체에 귀천(貴賤)이 구분되어 있는 것이 아니라, 그 일을 얼마만큼 정성되고 공경스럽게 행하느냐에 따라 결정된다. 해월 선생이 몸소 행했던 여러 일들, 예를 들어 화전을 일구어 농사를 짓는다거나, 새끼를 꼰다거나 하는 일상적인 일이라고 하여도, 그 일에 임하는 마음에 따라 이는 곧 귀한 일이 되는 것이며, 신성시될 수 있는 것이다. 이는 사물마다 한울님 아님이 없고, 일마다 한울님이 아님

---

2 『해월신사법설』「성경신」, '宇宙間 充滿者 都是渾元之一氣也 余閑居時 一小兒着屐而趨前 其聲鳴地 驚起撫胸日 其兒屐聲 我胸痛矣.'
3 『해월신사법설』「내수도문」.
4 『해월신사법설』「삼경」.

이 없다[5]는 말로도 뒷받침된다. 그러므로 해월 선생은 '도'(道)라는 것이 지극히 멀고 높은 곳에 있는 것이 아니라, 일용행사, 즉 일상생활에서 하는 일 모두가 '도' 닦는 것이며 '도'를 행하는 것이라고 역설하기에 이른다.[6]

해월 선생이 화전을 일구고 또 농사를 짓는 노동은 결국 도를 행하는 것이며, 새끼를 꼬는 일도 곧 도를 행하는 일이라는 말이다. 이는 귀(貴)-천(賤)과 성(聖)-속(俗)의 개념을 전혀 다른 차원에서 해석한 사상의 일대 전환이기도 하다. 이러한 사상 전환을 통하여, 사람들에게 노동의 신성함을 일깨워 주고, 인간 삶의 현장의 중요성을 인식하게 하여 근대 시민사회를 열어갈 수 있는 기초를 마련한 위업이었다.[7]

이와 같은 도(道)에 대한 새로운 인식과 실천이 해월 선생을 한 종교의 지도자, 위대한 사상의 실천자로 자리매김하는 원동력이 되었다. 또 19세기 중반 이후 동학과 그 자신을 우리 근세사의 주역으로 자리매김하는 기반이 되었다. 해월 선생의 삶은 오롯이 도를 위한 삶이었고, 그 생애의 한순간 한순간이 모두 도의 시간이었다.

그러나 다른 한편 해월 선생의 삶은 다만 도 가운데에 안주하며 살아간 것이 아니라 뚜렷한 지향점과 목표를 지닌 삶이었다. 즉 해월 선생은 하나의 끊이지 않는 운동성을 지니고 삶을 영위해 갔다. 필자는 이와 같은 해월 선생의 삶의 궤적을 '신앙운동'이라고 이름 할 수 있다고 보았다.

해월 선생의 삶의 지향점은 곧 스승의 가르침을 잇고, 드높이고 널리 펴서(高飛遠走) 새로운 세상을 이룩하는 것이라고 할 수 있다. 즉 세상 만물

---

5  『해월신사법설』「이천식천」, "내 恒常 말할 때에 物物天이요 事事天이라 하였나니…."
6  『해월신사법설』「대인접물」, "日用行事 莫非道也."
7  신일철, 「최해월의 범천주의 세계관」, 『한국사상』 제24집, 한국사상연구회, 1998, 40쪽.

의 생존이 모두 한울님의 덕화로 말미암은 것임을 깨닫고, 세상 사람들이 경천, 경인, 경물을 실천함으로써 상하(上下)와 주종(主從)의 질서가 아닌, 만물 동등의 새 윤리를 따라 살아가는 세상을 이룩하는 것이 곧 해월 선생의 지향점이었다. 해월 선생은 이와 같은 목표를 위하여 양반과 상민이라는 봉건적인 신분 계층 문제만이 아니라, 어른과 어린이,[8] 남편과 부인,[9] 나아가 시아버지와 며느리[10] 등 일상적인 인간관계 모두를 '한울님같이 섬긴다.'는 사인여천(事人如天)의 새로운 윤리에 따라 재편하기 위해 노력한 것이다. 이와 같은 삶의 지향점이 해월 선생의 삶 한가운데에 자리하고 있었으므로, 평생을 관의 추적을 받으면서도 오히려 굳건했고, 빈한하고 고통스러운 가운데서도, 오늘 인류의 역사 위에 우뚝한 스승으로 자리하게 된 것이다.

이와 같은 해월 선생의 삶을 이 글에서는 '해월 선생의 신앙운동'이라고 이름하고, 이 신앙운동을 다시 몇 개의 커다란 줄기로 나누어 그 면면을 살피고 그 의미를 찾아가고자 한다.


## 3. 신앙운동의 제 국면

해월 선생의 신앙운동은 대체로 수운 선생이 참형을 당하기 이전과 이후로 나눠서 살펴볼 수 있다. 수운 선생이 참형을 당하기 직전까지, 해월

---

8  『해월신사법설』 「내수도문」, "어린 자식을 치지 말고 울리지 마옵소서. 어린아이도 한울님을 모셨으니 아이를 치는 것이 곧 한울님을 치는 것이니…."
9  『해월신사법설』 「부화부순」, "婦人 一家之主也."
10 『해월신사법설』 「대인접물」.

선생은 스승의 지도를 받으며 신앙생활을 하며 운동을 전개하였다. 입도 3년차 1863년에는 스승으로부터 도통을 전수받아 북도중주인(北道中主人)이 되었지만, 수운 선생이 살아 계시던 시기에는 독자적으로 운동을 펼치기는 어려웠을 것으로 생각된다. 그러나 수운 선생이 참형을 당하고 도의 모든 책임을 짊어지게 되자, 해월 선생은 도에 관한 제반사를 독자적으로 계획하고 결정하며 이끌고 나아가야만 했다. 따라서 해월 선생 특유의 창의성과 독자성이 돋보이는 신앙운동은 수운 선생 참형 이후에 본격적으로 펼쳐졌다고 할 수 있다.

따라서 이 글에서는 수운 선생 참형 이후에 해월 선생이 독자적으로 신앙운동을 전개한 부분에 한정하여 살펴보고자 한다.

### 1) 교단 재정비 운동

수운 선생의 참형과 많은 동학의 지도급 인사들의 옥사(獄死), 유배,[11] 또는 관의 추적 등은 창명된 지 불과 4년 정도 되어, 겨우 그 기반을 스스로 갖추려고 하는 동학의 교세를 더할 수 없이 피폐하게 만들었다. 특히 경주를 중심으로 한 관의 탄압으로 경상도 남부 지역의 동학 기반은 전반적으로 궤멸되었다. 따라서 자연히 지목과 피해가 상대적으로 적은 경주 이북 지역으로 동학 활동의 중심이 옮겨가게 된다. 다시 말해 해월 선생이 일찍

---

11  수운 선생이 참형을 당할 때, 같이 잡혀 있던 사람들로 朴明汝과 성명 미상의 朴生 등이 獄死하였고, 白士吉, 姜元甫, 李乃兼, 崔秉哲, 李景華, 成一龜, 趙常彬 형제, 朴明仲 叔侄, 성명 미상의 丁生 등이 遠地로 定配되었다. 이들 대부분은 당시 동학의 지도급 인사들이었다.(『도원기서』, 참조)

부터 활동의 기반으로 삼았고 또 많은 포덕(布德)을 일으킨[12] 경주 이북의 지역으로 삼게 된 것이다.

수운 선생 순도 이후 스승의 유훈(高飛遠走)에 따라 관의 지목을 피하여 산악 지역으로 들어간 해월 선생은 1865년 겨울을 평해(平海)에 있는 황주일(黃周一)의 집에서 보내고 다음 해 1866년에는 가솔을 대동하고 울진(蔚珍) 죽병리로 이거하게 된다. 이때는 수운 선생이 형(刑)을 받은 지 얼마 되지 않고 관의 지목이 삼엄할 때였다. 그래서 교도들은 각기 뿔뿔이 흩어져 있었고, 어쩌다 길을 가다가 얼굴을 아는 교도들끼리 만나게 되면 서로 원수 대하듯이 피하곤 했던 때이기도 하다. 이와 같은 때에 해월 선생은 은밀히 안전하게 숨어 지낼 곳을 찾아다니며 흩어진 교도들을 다시 모아들이기 시작하였다.

이렇듯 교단 조직의 재건을 내밀히 기도하던 해월 선생은 같은 그해 (1866) 6월 영양(英陽) 일월산(日月山) 밑에 있는 용화동(龍化洞)으로 이거하여 은거해 있으면서, 비밀리에 교도들을 각처로 보내어 신앙심을 고취시키는 작업을 하게 된다. 다시 동학의 가르침을 세상에 널리 펴기 위한 준비를 이곳 영양 용화동에서 시작한 것이다.

용화동에서 해월 선생은 평범한 농부의 모습으로 지내면서 한편으로 수련에 전념하며 도의 기운을 회복하고, 한편으로 각처로 사람을 보내 흩어진 교도를 수습하며 동학교단 재건을 추진해 나간다. 얼마 지나지 않아 각처로 흩어졌던 교도들이 다시 수소문이 되고, 특히 경주 북쪽 지역의 교도들이 해월을 찾아오거나 또 소식을 전해오게 된다.

한편 수운 선생의 수형(受刑) 이후 관의 집중적인 지목 대상이 되었던 수

---

12 박맹수, 「崔時亨 硏究」, 한국학대학원 박사학위논문, 1995, 51쪽 참조.

운 선생의 유족들은 단양, 정선, 상주 등에서 지내다가 해월 선생이 있는 영양 용화동으로 이주하여 합류하게 된다. 수운 선생의 유족들이 합류하게 되자, 교도들은 스승의 부인과 유족을 만나기 위해서라도 이곳으로 찾아오게 되면서, 용화동은 더욱더 동학 재건의 중심이 되어 갔다. 이 시기에 해월 선생은 강수(姜洙) 등의 지도급 인사들과 다시 만나면서 지도 중심을 강화하였고, 이어서 스승인 수운 선생이 남겨준 『동경대전』의 내용을 영(靈)으로써 구송(口誦)하여 글을 아는 제자에게 필사하게 하여 보급을 늘려 간다.[13] 다만 이 시기에는 경전을 목판 등으로 간행했다는 기록은 없다.

해월 선생은 용화동으로 찾아온 수운 선생의 유족과 함께 수운 선생의 탄신일인 10월 28일과 수형일인 3월 10일, 그리고 한울님으로부터 도를 받은 4월 5일을 기념하는 제사를 주관하게 된다. 그러므로 이 탄신제일(誕辰祭日)과 순도제일(殉道祭日), 그리고 승통일(承統日) 등에는 더 많은 사람들이 모이게 되고, 스승을 추모하며 교단의 진로를 논의하는 장이 되었다. 그런가 하면 이러한 향례일에 모인 사람들을 대상으로 해월 선생은 설법과 강론을 하며 교화 체제도 복원시켜 나갔다.[14] 이처럼 수운 선생 순도 이후 큰 위기에 빠졌던 동학교단은 수운 선생 향례를 중심으로 정기적인 모임을 갖게 되고, 교세가 점차 회복되어 갔다.

이러한 해월 선생의 포덕과 교단 회복의 노력은 곧 수운 선생 참형 이후 관의 추적과 탄압 속에서 궤멸 위기에 처해져 있던 동학교단의 새로운 시대를 열어나가는 기반을 마련한 원동력이 되었다. 즉 해월 선생의 최초의

---

13 『천도교회사』「지통」.
14 포덕 6년 대신사 탄신 향례를 마친 이후 "사람은 한울이라 평등이요, 차별이 없나니라." 등의 설법과 포덕 8년 수형일 향례를 마친 뒤에도 〈양천주(養天主)〉에 대한 설법을 했다는 기록이 있다. 『천도교창건사』.

본격적인 신앙운동은 흩어진 교도들을 다시 모아들이고, 이들을 결속시키며, 교단을 재정비하며 장래를 준비하는 운동이었다.

## 2) 종교적인 수련과 제도의 정비

교단을 정비하며 교세를 회복해 가던 해월 선생에게 또 하나의 커다란 시련이 찾아온다. 즉 1871년 일어나 이필제(李弼濟)의 난과의 연루로 인하여, 해월 선생은 다시 관의 집중적인 추적을 받는 신세가 되고, 경상도 북부인 영양을 떠나 더 북쪽인 영월, 단양, 정선 등 강원도-충청도 접경의 깊숙한 산골로 숨어들게 된다.

해월 선생은 정선 접주 유시헌(劉時憲, 劉寅常의 개명한 이름)의 집에 숨어 지내며, 다시금 와해 위기에 처한 교단의 위기를 헤쳐 나가기 위하여 새로운 계획을 세우게 되는데, 이 중 가장 주목해야 할 것이 곧 교단 지도자들의 종교적인 수련이다. 해월 선생은 교단의 재건을 위해서는 무엇보다도 종교적인 수련이 필요함을 깊이 깨닫고 여기에 심혈을 기울인다.

해월 선생은 이필제의 난이 실패로 돌아간 후 추격해 오는 관군을 피하여 태백산 깊은 산중에 숨어들게 되었고, 산간에서 기아와 추위로 거의 생사를 넘나드는 고초를 당하기도 했다.[15] 이와 같은 어려운 시기에 해월 선생이 종교적인 수련을 위기 극복의 방법으로 삼은 것에는 실로 많은 의미가 담겨 있다. 즉 종교적인 수련은 현실의 어려움을 이겨내게 하는 힘을 길러주는 동시에, 궁극적인 삶의 의미를 깨닫게 함으로써 눈앞의 현실 너머

---

15 『도원기서』, '鹽一掬而盡矣 醬數匙而空也 風蕭蕭而吹衣 露赤身而將何解在樹 而氣肅 令人懷之高秋 憑念無到'

의 이상향을 지향하는 의지를 갖게 하며, 나아가 인간의 궁극적인 문제를 근본적으로 해결하는 지혜를 길러주는 종교적인 행위[16]이기 때문이다.

해월 선생은 강시원(姜時元, 강수의 개명한 이름), 전성문(全聖文) 등 당시 동학의 지도급 인사를 대동하고 함백산에 있는 갈래사(葛來寺, 현 정암사) 적조암(寂照庵)으로 들어가 49일 기도를 시행한다.[17]

해월 선생이 49일 기도를 하기 위해 적조암에 들어간 것은 1872년[18] 이제 막 겨울로 들어서는 음력 10월 16일이다. 이즈음 해월 선생은 영월에서 정선 무은담에 있는 유시헌의 집으로 거처를 옮겼다. 해월 선생은 그 직전에 영월의 박용걸의 집에 임시 거처하고 있었으며, 그곳에서 멀지 않은 소밀원에는 수운 선생의 부인을 비롯한 유족들이 있었다. 그러나 이필제의 난 이후 지목이 다시금 강화되어 해월 선생을 비롯한 모든 사람들은 거처를 옮겨야 할 처지에 이르게 된 것이다. 이에 정선 접주 유시헌이 건의하여, 사가(師家)의 식구들은 소밀원을 떠나 정선 무은담으로 오게 된 것이다. 이

16  岸本英夫,『宗教學』, (김영사, 1986, 朴仁載 譯) 82쪽 참조.
17  『도원기서』, '主人與洙 將有入山 四十九日之計 使海成澤鎭 入葛來山寂照庵'
18  해월 선생 일행이 적조암에서 기도를 한 해가 천도교 대부분의 기록, 즉 『天道敎會史』나 『天道敎創建史』나, 시천교 측의 『侍天敎歷史』 등에는 1873년으로 되어 있다. 그런데, 최초의 동학 역사서 『道源記書』에는 정확한 연대 표기 없이 다만 적조암에 들어간 사실만 기록되어 있다. 그러나 『道源記書』의 전후 기록을 면밀히 살펴보면, 해월 선생을 비롯한 일행이 적조암에 들어간 해는 1872년이 된다. 해월신사는 적조암에서 49일 기도가 끝난 12월 5일 다시 유인상(유시헌의 처음 이름)의 집으로 내려오게 되는데, 그곳에서 과세(過歲)를 하기가 어려워, 강수와 영월로 돌아가서 과세한다. 또한 1873년 12월 10일 수운 선생의 부인이 병환으로 죽는다. 만약에 적조암에서 기도를 하고 내려온 해가 1873년 12월 5일이라면, 수운 선생 부인의 죽음 기록과 해월 선생이 과세하기 위하여 영월로 가는 기록이 같이 나와야 하고, 해월 선생이 과세하기 위하여 영월로 간다고 간단하게 기록되지는 않을 것으로 생각된다. 따라서 적조암에 들어가 49일의 수련을 한 해는 1872년이고, 수운 선생의 부인이 환원한 해는 1873년이 된다.

날 이후 정선에 머물며 해월 선생은 동학교당의 위기를 수습하고 나아가 재건하기 위한 새로운 돌파구를 모색하던 중 유시헌 등과의 내밀한 의논 끝에 적조암에서의 49일 기도를 기획하게 된 것이다.

49일 기도는 수운 선생 당시부터 도의 기운을 높이고 또 교도들을 정신적으로, 종교적으로 고양시키기 위해 시행한 동학 수행의 핵심 의례 중 하나이다. 특히 수운 선생이 득도 이전에 경상도 양산 천성산(千聖山) 내원암(內院庵)이나 자연 동굴인 적멸굴(寂滅窟) 등지에서 실행한[19] 수행 방법이라는 상징적인 의미도 있다. 따라서 해월 선생은 바로 49일 기도를 통하여 위기를 극복하고 교단을 재정비하고자 했던 것이다.

해월 선생을 비롯한 다섯 사람이 적조암에 자리 잡고 주문 송주 수행을 할 때, 하루에 거의 2~3만 독(讀) 씩을 읽었다고 한다. 이러한 회수는 잠자는 시간을 제외하고는 거의 주문 송주에만 전념하였다는 이야기가 된다. 또 주문을 읽는 동안 간간이 영부(靈符)를 그렸다고 하는바,[20] 이는 끊임없이 한울님과의 영적 대화를 하며 수련에 임하였다는 이야기가 된다.

해월 선생은 교단 정비의 웅지를 품고, 적조암에서 49일간의 기도를 마치고, 본격적으로 동학교당 정비를 진행한다. 적조암에서 내려온 일 년 후, 수운 선생의 부인 장례를 치르고, 이어서 2년 뒤인 1875년에 들어서는 그간 이필제의 난으로 소홀히 되었던 치제(致祭) 등을 본격적으로 재개하게 된다. 특히 10월 28일 수운 선생 51회 탄신 향례식을 거행한 후 그 자리에 참석한 교도들에게, '용시용활'(用時用活)의 설법을 하였다. 그 뜻이란, 한울님의 가르침인 천도는 항상 시대 상황에 부합하도록 적절히 활용될 수 있

---

19 『천도교회사』「천통」.
20 『천도교회사』「지통」.

어야만 살아있는 활활발발한 천도임을 강조하는 것이다.[21]

한편 그보다 두 달 앞서서 1875년 8월에 정선 지역 교도들을 모아 치제(祭)를 지내는데, 제자들이 특별히 황육(黃肉), 곧 소고기를 제수로 올리려고 할 때, 해월 선생은 강화(降話)의 가르침을 받고는 고기 등의 제물을 놓지 않고 오직 청수(淸水) 한 그릇만 놓고는 제사를 지낼 때가 올 것이라는 설법을 한다.[22] 이는 동학의 새로운 제사법, 곧 훗날 이천 앵산동에서 펼친 향아설위(向我設位) 제사법의 바탕을 마련한 것이라고 하겠다. 특히 새로운 치제법의 운영을 통하여 교단을 더욱 '동학화'하면서 강화 정비시키는 모습을 찾아 볼 수 있다.

이것은 전통으로부터 새로운 방향으로 나아가는 '전환'의 양상으로 전개되지만 궁극적으로 스승인 수운 선생의 가르침을 계승하면서 다시금 그리로 돌아가고자 하는 것이다. 즉 한울님이 지금 여기의 현실과는 다른 시공간에 존재하는 것이 아니라, 모든 사람(만물)의 몸(현재, 현존)에 주체적으로 모셔져 있다는 '시천주' 원리를 적용하는 의례의 변혁이다. 다시 말해 지금까지 벽을 향하여 제사를 지내오던 향벽설위(向壁設位)를 철폐하고 나를 위패(位牌)로 삼는, 즉 제사를 드리는 지금 여기의 나에게 조상의 성령이 강림한다는 시천주 원리에 따른 의례인 향아설위(向我設位) 법의 바탕을 마련한 것이다. 이와 같은 의례의 새로운 정형화는 궁극적으로 인간의 삶에 새로운 질서를 부여하는 것[23]으로 교단을 정비하고 결속력과 후천개벽을 향한 추동력을 강화하는 중요한 계기가 된다.

---

21 『천도교회사』 「지통」.
22 이와 같은 기록은 『도원기서』, 『천도교창건사』, 『천도교서』 등에 공통적으로 나오고 있다.
23 岸本英夫, 앞의 책. 68쪽 참조.

또한 유족을 중심으로 지내던 수운 선생의 탄신 기념 제사나, 수형일인 기제사, 대도승통일인 4월 5일의 치제 등을 해월 선생이 직접 주관하게 되었고,[24] 이러한 향례나 치제 외에도 설법제(說法祭), 구성제(九星祭), 인등제(引燈祭) 등의 의례를 창설하여 거행함으로써 교도들을 결속하고 교단을 정비하는 일을 지속적으로 행하여 나갔던 것이다.

교단 정비 작업이 성과를 보이자 1878년 7월 25일에 이르러 해월 선생은 개접(開接)을 한다. 이때 개접은 유시헌의 집에서 시행하는데, 여기에 당시 교단의 지도급 인사들이 대부분 참석하였다. 이 자리에서 해월 선생은 개접의 의미를, "하늘에서 개(開)하고 하늘에 접(接)하는 것으로, 하늘의 이치를 받고 또 하늘의 명을 받는 것"[25]이라고 정의하였다. 즉 개접은 한울님의 천도의 운(運)에 따라 한울님의 명(命)을 받은 수운 선생의 가르침을 이어, 새롭게 접(接)을 여는 것을 의미한다. 또한 해월 선생의 개접(開接)은 일찍이 수운 선생이 1863년에 행하였던 개접(開接)과 파접(罷接)을 다시금 잇는 것으로 해월의 교단에서의 위상을 보여주고, 이러한 전통을 재현할 만큼 안정되고 강성해진 교단의 위상을 보여주는 것으로도 의미가 있다.

이처럼 적조암에서의 49일 기도는 해월 선생의 교단 정비 과정의 중요한 분기점이 되었다. 특히 적조암 49일 기도 이후, 해월 선생은 49일 기도를 동학의 중요한 수행 의례로 설정하고, 지속적으로 실행한다.[26] 즉 수련과 제도의 정비를 통하여 신앙운동을 지속적으로 해나간 것이다.

---

24 『도원기서』, "自乙亥世淸之死後 先生忌誕兩節之祭 主人行之云"
25 『도원기서』, "是以 開於天而接於天 則受運於天 受命於天 開接之理 是豈不宜哉"
26 49일의 기도는 1870년대 초반부터 1880년대까지, 단양, 정선, 익산 사자암(獅子庵), 공주 가섭사(迦葉寺) 등지에서 여덟 차례에 걸쳐 해월 선생의 지도로 행하여지게 된다. 이때에 참가한 동학의 인사들은 뒷날 동학을 이끄는 매우 중요한 지도급 인사들로 성장하게 된다.

해월 선생은 적조암에서 기도를 마치고 한편의 강시(降詩)를 지었다. 음력 12월 5일, 온 천지가 하얀 눈으로 덮인 함백산 산중에서 49일 기도를 마치고, 문득 문을 열고 세상을 내려다보니, 적조암 앞으로 보이는 거봉들인 백운산이며, 두위봉 등은 모두 흰눈을 뒤집어 쓴 채, 그 장관의 모습이 눈 안 가득 들어왔을 것이다. 49일간의 독공(篤工)을 하며, 해월 선생 스스로 마음에 새긴 새로운 결심이, 곧 교단의 정비를 위한 마음가짐, 그 벅찬 희망이 마치 펼쳐진 겨울 산의 장관과도 같이 온 천지에 펼쳐지고 있음을 해월 선생은 느꼈을 것이다. 그러므로 다음과 같은 시를 짓게 된다.

> 태백산중에 들어 49일의 기도를 드리니
> 한울님께서 여덟 마리 봉황을 주어 각기 주인을 정해주셨네
> 천의봉 위에 핀 눈꽃은 하늘로 이어지고
> 오늘 비로소 마음을 닦아 오현금을 울리는구나
> 적멸궁에 들어 세상의 티끌 털어내니
> 뜻있게 마치었구나, 49일간의 기도를[27]

기도는 곧 마음을 닦는 수련이다. 그러므로 오현금을 울리듯이 마음이 맑아지고, 샘물이 다시 차오르듯이 새로운 기운을 해월 선생은 스스로 맛보게 되었다. 그런가 하면, 봉황을 가슴에 받아 각기 주인을 정해주듯이 함께하는 여러 제자들과 더불어 새로운 웅비의 뜻을 해월 선생은 마음속 깊이 키워 갔던 것이다. 이 적조암 49일 기도는 교단적으로나 해월 자신에게

---

27 『해월신사법설』 「강시」, "太白山中四十九 受我鳳八各主定 天宜峯上開花天 今日琢磨 五絃琴 寂滅宮殿脫塵世 善終祈禱七七期."

나 뜻있는 수련이었고, 그러므로 '진정 뜻이 있는 기도를 마치게 되었다'[善終祈禱七七期]고 해월 선생은 스스로 술회하고 있는 것이다.

미래로 향한 날개를 펼칠 봉황을 품고, 태백의 정상보다도 더 높은 내일에의 희망을 안고, 해월 선생은 태백산맥 적조암에서 광활한 세상을 향하여, 새 걸음을 힘 있게 내딛는 것이다.

### 3) 경전과 도적 간행

교단 정비를 어느 정도 이룬 뒤, 해월 선생은 도적(道跡)의 편찬과 경전(經典) 간행을 결행한다. 기록에 의하면 1879년 10월 28일(음) 수운 선생 탄신기도를 동학교도 홍석범의 집에서 행하고, 11월 12일 치성제를 행한 후, 동학교도 방시학(房時學)의 집에 도적간행소(道跡刊行所)를 설치하고 도적을 편찬하게 되었다.[28] 이것이 곧 『도원기서(道源記書)』이다. 이 책은 수운 선생의 탄생에서부터 득도, 해월 선생의 승통, 그리고 그 이후 15년간의 동학교당사를 기록한, 동학 최초의 역사서를 편찬한 것이다.

그러나 이 『도원기서』 초고는 완성되자마자 이내 견봉날인(堅封捺印)되어 유시헌에게 맡겨진다. 해월 선생은 이 책이 다른 사람의 눈에 띄지 않게 깊이 감추라고 당부하였다.[29] 이는 이 책에 해월 선생을 비롯한 여러 동학교도들이 이필제의 난에 깊이 연루된 사실이 기록되어 있기 때문으로 추정된다.

---

28 『천도교회사』「지통」;『천도교회사』 등 천도교 측의 기록에 의하면 『도원기서』는 1879년에 간행이 되었다고 되어 있다. 그러나 실제로 『도원기서』에는 1880년의 기사도 실려 있는 것으로 보아, 이는 1880년에 간행된 것으로 보아야 한다.

29 『천도교회사』「지통」.

이후 1880년 6월에 이르러, 강원도 인제(麟蹄) 갑둔리(甲遁里) 김현수(金顯洙)라는 교도의 집에 간행소를 설치하고는 『동경대전』을 간행한다.

『도원기서』의 본래 이름은 '최선생문집 도원기서'(崔先生文集道源記書)이다. 그런데 현재 전해지는 이 책의 내용은 단지 도의 연원(淵源)에 관한 것이기 때문에, '문집'(文集), 즉 수운이 쓴 글은 찾을 수가 없다. 그럼에도 '문집'이라는 이름이 포함된 것은 처음에는 수운 선생의 문집에 해당되는 글, 즉 『동경대전』(1880, 강원도 인제), 『용담유사』(1881, 단양 남면)를 포함한 책으로 기획되었기 때문이 아닌가 추정된다.

이상에서 살펴본 바와 같이 해월 선생은 수운의 순도(1864)와 이필제의 난(1871) 등 두 번의 대대적인 관의 지목을 피해 오지를 전전하면서도 각지로 흩어진 교도들을 다시 모으고, 각종 향례를 통하여 교단의 힘을 집결시켰으며, 정례적인 수도를 통해 마음을 새롭게 하고 나아가 도적을 편찬하고 또 경전을 간행하여, 명실공히 다시금 동학교당을 부흥시키기에 이르렀다.

수운 선생의 순도 이후 남겨진 제자들 중에는 해월 선생의 도통 계승을 부인하고, 자신이 수운 선생의 정통을 이었다고 하는 사람들이 없지 않아 있었다. 이들은 때때로 수운 선생의 부인이나 아들들에게 접근하여, 자신의 정통성을 인정받으려 했다.[30] 이것은 곧 도의 연원을 어지럽히는 일이며, 대도를 후대에 전하는 데에 지대한 방해가 되는 난법난도(亂法亂道)라

---

30  수운 선생의 유족을 중심으로 자칭 수운 선생의 가르침을 직접 받은 사람이라고 자처하는 사람들이 나타나 때로는 수운 선생의 가족들을 미혹에 빠트리려고 했던 일들이 있었다. 『道源記書』의 다음과 같은 기록이 이러함을 나타내고 있다고 하겠다(願主人詳敎法次如何 主人曰 是自淵源誰也 吾不知淵源也 而所謂孔生者偶來…庚午十月孔生者 誘言世貞曰 方今襄陽道人 願倍大家 移遷寧越 則出入相從 惟且好矣).

고 해월 선생은 판단하게 된다.

특히 수운 선생의 유족이 모두 죽은 이후, 해월 선생의 승통 사실과 도의 연원을 입증해 줄 사람이 없어지게 된다. 이런 상황에서 도의 정통을 수호하고 또 성덕(聖德)을 후대에 올바르게 전하기 위해서는 또 다른 객관적인 장치가 필요했을 것으로 생각된다. 그러므로 해월 선생은 『도원기서』를 편찬하고, 스승의 가르침이 한 자(字)라도 잘못 전해지지 않도록, 어려운 여건 속에서도 경전 간행에 힘을 기울이게 된 것이다. 도적 편찬이나 경전 간행이 수운 선생 유족들이 모두 죽고 난 이후 서둘러 진행된 것은 이와 같은 연유가 있었던 것으로 볼 수 있다.

무엇보다 경전 간행은 수운 선생의 유훈이기도 하다.[31] 즉 수운 선생 생전에 경전을 간행하라는 말씀이 있었다고 한다. 따라서 해월 선생은 교단의 면모를 굳건히 하고, 나아가 바른 가르침을 세우기 위하여 경전 발간을 서두르게 된 것이다.

> 무릇 '경'(經)은 신성(神聖)의 말씀이다. 경(經)이 전해지지 않으면, 신성(神聖)이 인멸(湮滅)되는 것이다. 예전에 대신사(大神師)께서 한 경(經)을 지어 후세에 내렸는데, 당시 문제(門弟)가 회자(膾炙)하는 것을 듣는 데로 따라 끌어 써서, 혹 다르고 같은 것이 잘못된 것이 없지 않아, 우리 해월선사(海月先師)께서 심히 오래되고 더욱 진리를 잃으실 것을 두려워하여, 이에 기궐(剞劂)을 명하셨다.[32]

---

31  『동경대전』「발문」, "於戱 先生布德當世 恐其聖德之有誤 及于癸亥 親與時亨 常有鋟梓之敎."

32  『동경대전』(천도교중앙총부, 1907)「跋」, "夫經者神聖之言 經而不傳 旣湮滅神聖也 昔大神師著一經 以詔後世 當時門弟之親炙者 隨聞剖記 或不無異同錯謬 惟我海月先師

즉 간행된 경전이 없으면, 그저 떠도는 이야기나 입에서 입으로 전하는 말로 경전의 내용을 듣게 되고, 이렇게 되면 잘못 전하게 될 가능성이 매우 높기 때문에, 경서(經書)로 간행해야 한다는 말이다.

종교의 교파는 대부분 그 경전에 대한 해석의 차이로부터 연유되고, 또 파생되는 것이 보통이다. 반대로 새로운 경전을 갖게 된다는 것은 비로소 교단이 성립된다는 의미가 된다. 그러므로 해월 선생이 경전을 간행하고 자 마음을 먹게 된 것은 한편으로는 올바른 경전을 후세에 전수하고 가르침의 정통을 세우기 위한 것이었으며, 한편으로는 동학교단의 중심을 굳건히 함으로써 분파를 막고 신앙공동체, 즉 교단의 체제를 수립하는 것이라 하겠다. 이런 점에서 경전 간행과 도적 편찬은 해월 선생의 신앙운동골격을 이루는 것이라고 하겠다.

### 4) 교조신원과 반외세 운동

해월 선생이 지도하는 동학의 교조, 즉 수운 최제우 선생의 신원운동은 1892년 10월부터 이듬해인 1893년 2월까지 충청도 공주, 전라도 삼례, 서울 광화문 앞, 충청도 보은 등에서 네 차례에 걸쳐 전개되었다. 1864년 동학 교조 수운 선생이 좌도난정(左道亂正)의 죄목을 쓰고 대구 장대에서 참형당한 이후, 동학교도들은 끝없이 관의 추적과 탄압을 받아 왔다. 당시 동학교도들은 단지 동학을 한다는 이유만으로 관에 체포되어 처형되거나 먼 곳으로 유배되었고, 어쩔 수 없이 살던 곳을 떠나 유리걸식(流離乞食)하는 교도가 날로 늘어나게 되었다. 결국 동학 신앙공동체의 특유한 살림살이

懼夫愈久而愈失眞也 乃命剞劂."

인 유무상통(有無相通)에 의해 이들을 돌보는 것도 한계에 봉착하게 되고, 이는 곧 이들의 생존 문제로까지 비화되었다.[33] 이러한 문제를 근본적으로 해결하기 위해서는 동학을 금압(禁壓)하는 근본적인 빌미가 되는 교조 수운 최제우 선생의 죄명을 신원할 필요가 있었다. 따라서 1892년 7월 서인주, 서병학 등의 제안을 수용하면서, 해월 선생의 지도 아래 신원운동을 전개하게 된 것이다. 먼저 1892년 10월 20일 공주에 의송소(議送所)를 설치하고 해월의 입의통문(立義通文)에 따라 각 지역의 동학 지도자들이 모여, 충청감사 조병식에게 의송단자(議送單子)를 올렸다. 여기서 일정한 성공을 거둔 이후 여세를 몰아 그해 11월에 전라감사를 상대로 하는 교조신원운동을 추진하는데, 이것이 곧 삼례 교조신원운동이다.

두 번의 교조신원운동에 대하여 두 감사는 전향적인 감결(甘結)과 제음(題音)을 내렸으나, 동학교도들이 해산하자 그 내용은 식언(食言)이 되어 버리고, 관과 토호들의 탄압은 더욱더 기승을 부리게 되었다.[34] 따라서 11월 19일 한양으로 올라가 임금에게 직접 상소를 올릴 것을 계획하고, 각처에 경통(敬通)을 보낸다. 해월 선생은 1893년 1월 충북 청원군 송산리 손천민의 집에 봉소도소(奉疏都所)를 설치하고 상소를 준비하게 한다. 그해 2월 11일 아침에 봉소인(奉疏人) 아홉 사람이 소장(疏狀)을 받들고 광화문 앞에 나아가 복소(伏疏)를 시작했다.[35] 그러나 이 역시 임금의 미온적이고 기만적인 대응으로 귀결되고 교조 신원을 실현하지는 못했다.

해월 선생은 교조신원운동을 통해 한편으로는 억울한 죄목을 쓰고 순도

---

33  삼암, 「교조신원운동」, 『한국사상』 제24집, 한국사상연구회, 1998, 159쪽 참조.
34  『海月先生文集』, "完伯李耕植 又得發關之題 仍爲解散 自此之後 各處指目 比前尤甚."
35  삼암, 앞의 글, 194~197쪽 참조.

하신 스승을 신원하여 관의 탄압으로부터 벗어나고, 다른 한편으로는 동학의 가르침이 결코 혹세무민하는 좌도(左道)나 난정(亂正)이 아님을 밝히고자 하였다. 이것은 또한 본격적이고 정정당당한 포교 활동을 통해, 민중들에게 삶의 희망을 제시하고, 나아가 당시의 세기말적이고 문명사적인 위기를 극복하고 새로운 세상을 이루려는 신앙운동이었다.

해월 선생은 「입의통문(立義通文)」, 「의송단자(議送單子)」, 「경통(敬通)」, 「상소문(上疏文)」 등을 통하여, 대의를 잊고 오직 자신의 이득만을 따지고 있는 세태를 통렬하게 비판하고,[36] 서학이 성행하고 외세의 침략이 시시각각 나라와 백성의 안전을 위협하는 위기를 극복하는 보국안민의 계책을 논하고,[37] 나아가 스승인 수운 선생의 가르침이 결코 서학이 아니라 세상을 바르게 하고, 사람이 한울을 공경하며 사람(한울)답게 살게 하는 가르침임을 누누이 강조하였다.[38]

이처럼 해월 선생이 전개한 교조신원운동은 동학교단과 동학도인의 안위만을 위한 일시적인 방편이 아니라 수운 선생의 가르침의 핵심 맥락을 시대 상황에 따라 펼쳐나간 것이었다. 수운 선생이 동학을 창도하고 사람들을 가르친 목적과 내용은 당대의 각자위심(各自爲心)의 세태를 극복하고 동귀일체(同歸一體)의 세상을 이룩하며,[39] 내우외환의 위기 속에서 민중

---

36 『海月先生文集』「立義通文」, "嗟吾道儒 全忘大義 只趨利欲 所望者肥己潤産 所祝者宿病自效."

37 "於是遏防 異腹之學 造端邪怪之說 …(중략)… 至於倭國之商通於各港 貿遷之利 被敢自專 錢穀湯渴 民難支保"(公州 敎祖伸冤運動 때 준비된 議送單子)

38 "西洋之學 日新月盛 惑世誣民 故先生慨然乎 大道之剝蝕將盡 不可獨善其身 故有志於繼往 開來之業 使門人弟子 肆筵講道者 爲其秉彝守眞 少無愧怍也 東西之間 便是氷炭 但以至誠敬天之 故先生反以西道被誣."(參禮 敎祖伸冤運動 때에 작성한 議送單子)

39 『동경대전』「포덕문」, "又此挽近以來 一世之人 各自爲心 不順天理 不顧天命 心常悚然 莫知所向矣."

들이 스스로 보국안민을 해야 한다는 가르침인 것이다.[40] 해월 선생의 교조신원운동은 이러한 수운 선생의 가르침을 온몸으로 실행하여 아국(我國, 조선)과 조선인의 위기를 극복하고 이를 통해, 혹은 이를 위하여 전 지구적 차원의 문명사적 전환, 즉 개벽을 통해 새로운 세상을 이룩하고자 한 신앙 운동이다.

광화문 앞에 엎드려 임금에게 간곡하게 호소한 「상소문」 내용을 통하여, 해월 선생의 뜻을 잘 헤아려볼 수 있다.

저희들(東學-필자 주)을 서학으로 여겨 배척하는 것도 부당한 일이요, 또한 동학으로 물리치는 것도 부당한 것인데, 감영과 고을에서 속박하고 형벌로 죽이고 귀양 보내어 어찌해 볼 바 없게 하니, 통원하지 않겠습니까? 무릇 수심정기(修心正氣)하고 경천(敬天) 순인(順仁)하며, 그 바탕이 되는 도리를 따르면 성자(聖者)는 성인(聖人)이 되고 현자(賢者)는 현인(賢人)이 될 것인 즉 부자(夫子, 공자)의 도 또한 여기서 벗어나지 않을 것입니다. 어찌 조금은 다르다 하여 이단으로 지목합니까? 대저 이 도는 심화(心和)로 근본을 삼으니, 마음이 화(和)해지면 기운이 화해지고, 기운이 화해지면 형체가 화해지고, 형체가 화해지면 천심이 바르게 되고 인도가 설 것입니다. 진실로 스승인 신 제우(濟愚)는 이와 같이 선성들이 밝히지 못했던 대도를 창시하여, 우부우부로 하여금 모두 천리의 근본을 알게 했으니, 어찌하여 다만 편벽되게 동학이라고 이를 이름 합니까? 실로 천하의 무극대도입니다.[41]

---

40 『동경대전』「포덕문」, "西洋 戰勝攻取 無事不成而天下盡滅 亦不無脣亡之歎 輔國安民 計將安出."

41 "爾則不當 斥之以西學 亦不當擠之以東學 而以營以邑 束縛之誅竄之 靡所容借 豈不痛 冤乎 夫修心正氣 敬天順仁 各隨其質 聖者聖 賢者賢 則夫子之道 亦不外乎 此而已 豈

동학의 본의는 곧 모든 세상의 사람들, 즉 한울님을 깨닫지 못한 우부우부(愚夫愚婦)들로 하여금 바르게 그 근본을 깨우쳐 알게 하고, 나아가 심화기화(心和氣和)를 통하여 천심을 바르게 하고 인도를 세우는 가르침에 있는 것이라고 「상소문」을 통하여 말하고 있다. 즉 교조신원운동의 참뜻은 다만 탄압과 지목이라는 현실적인 고통을 벗어나 자유롭게 동학을 펴는 데에만 있는 것이 아니라, 바르게 동학의 가르침을 펴서, 천심을 회복하고 인도를 세워 시대의 위기를 극복하고, 새로운 세상을 이룩하는 데에 있는 것이다. 다시 말해 해월 선생은 교조신원운동을 전후로 하여 동학교당과 관련된 문제를 대내적인 차원에서 대외적인 차원으로 확장해 나갔다는 점이 중요한 점이라고 할 수 있다.

그러나 감사에게 호소하는 공주와 삼례의 신원 운동에 이어 임금에게 직접 호소하는 복합상소가 정부의 기만적 대응 속에서 실효를 거두지 못했을 뿐만 아니라 관의 탄압이 오히려 가중되자, 동학 지도부는 대응의 규모를 강화하면서 그 방향을 전환하는 쪽으로 합의하게 된다. 즉 교조신원운동과 아울러 척양척왜(斥洋斥倭) 운동을 벌이기로 단안을 내리게 된 것이다.[42] 해월 선생이 있는 대도소에서는 각처에 「통유문(通諭文)」을 돌리고, 한편으로는 동학창의유생(東學倡義儒生)의 이름으로 「격문(檄文)」을 보은(報恩) 삼문 밖에 붙여서 정부와 지방관에게 요구하는 바를 민중들에게 공개하는 방식으로 대응 수위를 높여 나갔다. 해월 선생의 「통유문」에 응하여 전국 각지의 대접주들은 관내의 동학교도들을 인솔하고 해월 선생을

以小異之稱 目以異端哉 大抵此道 心和爲本 而心和則氣和 氣和則形和 形和則天心正 而人道立矣 苟如是 則先師臣濟愚 始創前聖未發之大道 使愚夫愚婦 咸知天理之根本 而今旦偏以東學而名之 實天下無極大道也.”
42 『天道敎會史』「地統」.

정점으로 하는 동학 본부인 대도소(大都所)가 있는 보은으로 모여들었다. 이것은 그간의 교조신원운동의 최종적인 귀결점이자 다음 단계로의 도약을 위한 종점이자 정점이라고 할 수 있다. 이것을 일러 '보은취회'라고 한다. 이 보은취회에는 조직적으로 참여한 각 지역 동학교도나, 탄압을 피해 유리걸식하던 동학교도들이 모두 모여들어 최소 2~3만 명에서 최대 7만 명까지의 동학교도들이 운집하였다. 그럼에도 이 취회는 보름 넘게 계속되면서 조그마한 일탈행위나 불상사도 일어나지 않는 모범적인 '민회'(民會)로서 실행되었다. 이 보은취회에 즈음하여 해월 선생은 그때까지 대접주의 이름으로 불리던 포(包, 예, '손병희포' '김덕명포' 등)에 비로소 각 포(包) 고유의 이름을 부여하였다. 동학교도들은 정해진 일정에 따라 시위를 하거나 주문을 합송(合誦)하거나 절제된 방식으로 취사기거(炊事起居) 등을 함으로써 군자들의 신앙공동체의 일원이라는 의식을 다져 나갈 수 있었다. 또한 각지의 사정을 교환함으로써 전국적인 범위에서 동학도인으로서의 일체감을 형성하는 계기를 마련하였다. 이것은 훗날 동학혁명의 전국화에 결정적인 기여를 한 셈이다.

한편, 이때에 나온 「통유문」과 「격문」을 보게 되면, 동학지도부의 입장이 강하게 반외세를 지향하는 데로 기울어 있음을 발견할 수 있다.[43] 특히 「격문」에서는 강력하게 척양척왜(斥洋斥倭)와 보국안민을 전면에 내세운 것을 볼 수 있다.[44] 이것은 공주에서 시작한 교조신원운동이 삼례와 한양(광화문전)을 거치면서 지속적으로 대외적인 문제로 확장되었던 것의 최종

---

43 『東學道宗繹史』「通論文」, "內而修攘之政未擧 外而侵軼之勢."
44 『東學亂記錄』「聚語」, "今倭洋之賊 入於心腹 大亂極矣 誠觀今日之國都 竟是夷狄之巢穴."

적인 귀결점이었다.

침략적인 외세에 대하여 국권을 수호하고 우리나라 사람들의 안심안도를 도모하는 보국안민은 수운 선생이 동학을 창도하게 된 핵심 이유 중 하나이다. 특히 수운 선생은 당시 서양 세력의 침공을 받는 중국과 우리와의 관계를 순망(脣亡)의 관계[45]라고 비유하면서 머지않아 서양이 우리나라까지 침공할 것이라고 경고하였고, 서학의 폭력적인 동진(東進)이 당시 시대적인 혼란의 요인인 각자위심을 조장하는 또 다른 요인이라고 설파하고 있다.[46] 그런가 하면 수운 선생 당시에는 아직 일본이 구체적으로 정한론(征韓論)을 펴기도 전인데도, 수운 선생은 일본이 미구에 침략해 올 것을 경계하였다.[47]

이러한 맥락에서 해월 선생은 수운 선생을 신원하고, 나아가 동학을 정당하게 세상에 펴는 것이 곧 보국안민하는 길이며, 또한 보국안민 운동을 통해 우리의 국권을 자주적으로 운용하는 토대를 마련하지 않으면 동학의 자유를 획득하는 것이 무용지물에 불과하게 된다는 점에서 반외세를 전면에 내세우기에 이른 것이다. 또 그것이 동학에서 추구하는 동귀일체의 새로운 삶인 지상천국을 열어가는 길이라고 판단했던 것이다. 그러므로 자연스럽게 교조신원운동은 반외세의 척양척왜로 전이되었고, 이는 곧 동학

---

45 『동경대전』「포덕문」, "天下盡滅 亦不無脣亡之歎."
46 『용담유사』「권학가」, "무단히 한울님께 晝宵間 비는 말이 三十三天 玉京臺에 나 죽거든 가게 하소 …(중략)… 허무한 너희 풍속 듣고 나니 절창이오 보고나니 개탄일세." 이에 관해서는 윤석산, 『용담유사 연구』(동학학술총서408), 모시는사람들, 2006 참조.
47 『용담유사』「안심가」, "개같은 왜적놈아 너희 신명 돌아보라 너희 역시 下陸해서 무슨 은덕 있었던고 前歲 壬辰 그때라도 오성한음 없었으면 玉璽 보전 누가 할까 我國名賢 다시없다."

혁명으로 이어지는 중요한 계기를 마련하게 된 것이라고 하겠다. 따라서 해월 선생이 보은취회에서 전면에 내세운 척양척왜의 기치는 곧 새로운 세상을 열어가고자 하는 동학 신앙운동이었다.


## 4. 결론

신앙운동이란 신앙을 주체로 하고, 또 신앙적인 목표를 향해 끊임없이 나아가는 노력과 힘을 뜻한다. 해월 선생이 수많은 어려움을 헤쳐 가며 수행한 모든 일은 궁극적으로 수운 선생이 천명(闡明)한 시천주(侍天主) 신앙의 실천 운동이었다.

'시천주'란 다만 사람들이 모두 한울님을 모시고 있다는 사실을 지시하는 의미가 아니다. 이는 인간이 한울님을 모신 존재임을 깨달음으로 해서, 잃어버린 한울님 본성을 회복하고, 한울님으로서의 삶을 영위하며 살아가는 것, 그러한 사람들이 살아가는 세상을 실현하는 것을 의미하는 것이다. 즉 동학의 시천주 신앙운동이란 다름 아니라, 모든 세상 사람들이 각자 위심의 무지하고 속된 태도에서 벗어나 한울님으로서의 삶을 사는 세상을 이룩하는 데에 있는 것이다.

해월 선생의 전 생애에 걸친 신앙운동은 궁극적으로 이러한 시천주의 삶을 향한 것이었으며, 이를 막아서는 세태와의 싸움의 과정이었다. 수운 선생이 창도한 1864년부터, 1898년 관에 체포되어 순도하기까지 35년 동안, 해월 선생은 동학이 천명하는 시천주의 신앙적 신념으로 동귀일체의 새로운 세상을 이룩하기 위하여, 단계적으로 또 조직적으로 끊이지 않는 신앙운동을 펼친 것이다.

또한 해월 선생은 이와 같은 신앙운동을 통하여, 전형적인 빈민 계층 민중의 한 사람에서 위대한 사상의 실천자로, 또 문명사적 대전환기에 결정적인 획을 그은, 즉 후천개벽의 새 장을 연 사람으로 변모할 수 있었던 것이다. 해월 선생의 신앙운동은 그의 제자인 의암 손병희 선생에 의하여 계승 발전되어, 민족의 개화기와 암흑기에 문명의 새 장을 펼치고, 구국과 겨레를 위한 수많은 문명 개벽 운동과 민족 독립운동의 중요한 원천이 되어, 한국의 근·현대사로 맥이 이어져 간 것이다.

# 제3장 의암 손병희 선생의 승통의 의의와 종교적 의미

## 1. 종교가로서의 의암 손병희

일반적으로 의암 손병희 선생(義菴 孫秉熙, 1861~1922)은 3·1독립운동을 이끈 독립운동가, 민족이 일제 치하의 암흑기에 어려움을 당할 때에 민족적인 희망의 계기를 만들어 나간 민족지도자, 그리고 새로운 문화와 문명을 적극적으로 수용하여 문화운동, 사회운동을 전개하도록 지도한 천도교의 교주 등으로 인식되고 있다.

그중에서 의암 선생이 종교 지도자이며, 특히 천도교의 3세 교주였다는 사실은 일반에게는 알려지지 않았거나 무심히 지나치고 마는 사실이다. 의암 선생이 3·1운동을 이끌고, 민족 독립을 위한 지사적 삶을 살았고, 또 새로운 문화와 문명을 적극적으로 전개한 것은 천도교 3세 교주라는, 종교 지도자로서의 의지와 역량이 무엇보다도 중요하게 작용했음에도 대부분의 사람들은 잘 인지하지 못하고 있다는 것이다.

그 원인들을 찾아보면 대략 다음과 같다. 첫째로, 의암 선생의 민족운동사의 행보(行步)가 너무나 컸기 때문이다. 즉 위대한 민족사적 견지에서 업적이 너무나 크고 뚜렷하기 때문에, 오히려 그 이면에서, 그 업적의 근본적인 토대가 되는 의암 선생의 종교적인 삶이나 종교 지도자로서의 면모가

상대적으로 잘 드러나지 않은 것이다.[1]

둘째로 근대 이후 한국 사회의 종교 지형의 변천 과정과 관련해서, 각 종파(宗派) 사이의 배타적이고 자파 종단 중심주의의 발로가 또한 중요한 원인이 되었다고 생각된다. 각 종파가 고유의 교리로 자기 영역에서 자기 교리의 우수성을 주장하고 이를 교도들에게 설파하는 것은 문제가 아니라고 할 수 있다. 그러나 의암 선생은 거국적이고 거족적인 독립운동을 위하여 당시 기독교·불교 등과 연합하여 3·1독립운동을 일으켰는데, 그 이후 연구자 내지는 종교인들이 이러한 거국적 운동의 성과마저 자파 종단 중심주의에 빠져 스스로를 독립운동의 주체로 부각시키고자, 의도적으로 의암 선생을 폄하하거나 의암 선생 또는 천도교단의 역할을 축소하는 경향을 보이기도 하였다. 이에서 한 걸음 더 나아가 의암 선생과 천도교의 관계를 매우 피상적으로 연계하고 있음을 볼 수 있다.

셋째로 해방 이후 한국 사회의 종교 지형에서 서구 세력의 지원을 밑바탕으로 삼은 기독교 세력의 득세가 두드러지고, 거기에 남북 분단 등의 조건이 더해지며 천도교의 교세가 현저히 위축되었기 때문이다. 이에 따라 천도교 스스로는 현대 사회의 변화에 효과적으로 대응하기 위한 자기 계발(교리 교사 연구 등)과 사회적인 역할을 충분히 하지 못했다. 그러므로 동학과 천도교의 역사와 사상에 대한 연구가 천도교 연구자에 의하여 진행되기보다 '객관성'을 표방하는 일반 연구자에 의하여 진행되어 왔다. 그러나 그 객관성이란, 외부자의 시선으로서 피상적인 현상에 즉하여 연구를

---

1   의암 선생에 관한 지금까지의 연구논문은 대부분 3·1독립운동과 연결되어 논의되어 있으며, 의암 선생의 전기적 성격을 띤 대부분의 전기, 평전들도 독립과 구국에 그 초점이 맞추어져 있다.

실행함으로써, 교단 내적으로 비전(秘傳)되는 현상 이면의 실상을 반영하지 못하였고, 한 사건의 전후 사정을 종합적으로 그리고 폭넓게 살피지 못하는 데서 억견(臆見)과 단견(短見)이 상호 교차하며 실속 없고, 편향된 연구 성과가 악순환의 고리를 형성하며 확대 재생산의 길을 걸어온 것이다. 의암 선생의 종교 지도자로서의 면모에 대한 이해도 그런 배경 하에서 폄하되고 홀대 받는 주제로 점철되어 온 것이다. 결과적으로 의암 선생의 생애와 사상이 궁극적으로는 수운 선생과 해월 선생의 가르침에 따르며 이를 계승 발전시키는 것으로 일관되었다는 사실은 대부분의 연구의 성과에서 간과(看過)되었었다. 특히 이것은 천도교의 종교적 종통(宗統)에 대한 고찰이 배제되는 결과를 낳았고, 나아가 의암 선생의 종교적인 면모에 대한 이해와 평가가 소홀히 되는 결과로 이어졌다.

넷째로 대부분 일반인이나 연구자의 관심이 본질적인 면보다는 드러난 현상을 우선하는 태도 때문이라 생각된다. 즉 의암 선생의 업적이 본질적으로 동학의 교리, 사상 위에서 이룩되었음에도 불구하고, 많은 논자들이 사회적인 현상만 주목하고 있었기 때문이다.

이 글은 이러한 문제의식 하에서, 의암 선생의 종교적 생애의 핵심적인 변곡점이라고 할 수 있는 동학(천도교)의 교주로서의 삶의 시기에 초점을 맞추면서, 동학을 천도교로 개명하는 과정에 놓여 있는 종교적 의미를 조명하는 데에 집중하고자 한다. 지금까지 간과되었던 의암 손병희 선생의 도통 계승의 의의와 종교적인 의미를 밝히는 데에 주안점을 둔다. 이를 통해서 의암 선생은 스승인 수운 최제우, 해월 최시형 선생의 가르침과 정신을 어떻게 이어가고 있는지, 이것이 의암 선생이 펼친 사회운동, 독립운동, 문화운동과 어떻게 연계되고 있는지를 밝히며, 이를 토대로 최종적으로는 의암 선생의 민족 지도자로서의 생애는 천도교 3세 교주라는 종교적인 생애와 어떻게 이어지고 있는지를 구명하고자 한다.


## 2. 의암 손병희의 종교적 역할

인류의 역사상 위대한 모든 성취는 대부분 굳건한 정신적 토대 위에서 비롯되었다. 위대한 업적을 낳은 정신적 역량의 단련과 구축을 위한 방법 중 가장 두드러지는 것은 다름 아닌 종교적인 수련이다. 인류 역사상 진선미(眞善美)한 성취를 위해 목숨마저도 내던진 사례들은 거의 대부분 종교적 신념이 그 바탕이 되었던 것이다.

동학·천도교는 창도 당시부터 보국안민(輔國安民), 포덕천하(布德天下), 광제창생(廣濟蒼生)을 통해 이 지상에 새로운 세계를 구현하는 것을 중요한 종교적인 목표로 내세웠다. 수운 선생의 창도 정신은 당시 기존 질서를 떠받치는 철학, 종교가 한계에 봉착하여 경제적, 정치적, 문화적으로 위기를 겪고 있는 시대 상황과, 특히 서학을 앞세운 제국주의적인 외세의 침략이라는 민족적이면서도 문명사적인 위기의식에서 비롯된 것이다. 여기서 수운 선생은 다만 제도를 바꾸거나 지배세력을 교체하여 그 위기를 벗어나고자 한 것이 아니라, 인간의 본성에 대한 근본적인 물음을 다시 묻고, '한울님'이라는 내재적 본성의 회복을 통하여 새로운 세상을 열어가고자 하였다.[2]

이 모든 과정에 대한 근거와 방법은 수운 선생이 천명하는 시천주(侍天

---

2    졸고, 「용담유사에 나타난 낙원사상 연구」, 『한국학논집』 8집, 한양대 한국학연구소, 1987.

主)라는 말로 집약할 수 있다. 즉 시천주는 단지 인간이 한울님 그 내면에 모셨다는 것을 자각하는 것만이 아니라, 그 깨달음의 과정에서 새롭게 한 마음을 변치 않으며, 한울님으로부터 부여받은 천명을 알고, 이를 실천하는 것까지를 의미한다.[3] 이를 성언(聲言)한 말이 바로 포덕천하, 보국안민, 광제창생이다.

이와 같은 수운 선생의 가르침과 정신은 해월 선생에게 이어졌고, 또 해월 선생을 통해 의암 선생에게 이어졌다. 해월 선생은 수운 선생 순도 이후 끊임없이 닥쳐오는 만난(萬難)을 도에 대한 믿음과 종교적인 신념으로 이겨내고, 민중적인 삶의 현실에 깊숙이 뿌리 내리게 하였고, 이를 의암 선생에게 이어 주었다.

또한 의암 선생 역시 교단을 새로운 제도와 문화로써 혁신하면서도, 근본적으로 교단의 어려움을 이겨나가고 수운 선생이나 해월 선생의 가르침을 펴고 새 세상을 이루는 길은 사람이 그 본성, 즉 한울님의 마음을 회복함으로써 현실 세계에서의 병든 마음을 고치는 데에 있음을 누누이 역설하였다.

의암 선생이 일본에 체류 중이던 1905년 12월 1일에, 동학을 '천도교'(天道教)라는 새 이름으로 대내외에 선포하고, 그로부터 1개월여가 지난 1906년 1월 5일 일본에서 영구히 귀국하게 되자, 국내에 있던 천도교중앙총부 교역자들이 마중을 나갔다. 이때에 교역자들은 의암 선생이 천도교라는

---

3   '侍天主'는 평면적인 해석에 의하면, '한울님을 모셨다.'는 뜻이지만, 이 '侍'에 관하여 수운 선생 스스로 『동경대전』 「논학문」을 통하여 해설한 바에 의하면, "侍者 內有神靈 外有氣化 一世之人 各知不移"라고 되어 있다. 이때의 '各知不移'는 옮기지 아니함을 각기 깨닫는다는 의미로, 한울님 모심을 깨닫고 그 깨달은 마음을 조금도 변하지 않고 이를 바르게 실천하는 '覺天主', '行天主'의 의미까지를 포함하는 것이라고 하겠다.

새로운 체제를 선포하였을 뿐 아니라, 마침내 귀국을 결행한 것은 교단의 어려움, 당시의 국내외적 난관을 극복할 비장의 계책을 마련하였을 것으로 알고, 교단과 국가 모두의 현실적인 어려움을 타개할 방책을 물었다. 그런데 의암 선생은 한마디로 "별수 없겠습니다. 하늘을 다시 뜯어고치는 수밖에 없다고 생각하였소."라고 대답했다 그 본의를 모르는 교역자들이 다시 물어보니, 대답하기를, "사람이 곧 한울님이라(人乃天). 사람의 마음이 곧 한울님의 마음이니, 지금 이 세상이 이와 같이 혼란한 것은 사람의 마음이 혼란한 연고라. 먼저 사람의 마음을 고치어 안정시켜야 된다는 말이오."라고 말했다고 한다.[4]

이렇듯 의암 선생은 동학(東學)이라는 전대적 체제에서 천도교라는 근대적 종교 체제를 이행하는 중요한 분기점에서 수운 선생, 해월 선생의 가르침에 따라 여일(如一)하게 정신개벽을 통한 세상 개벽을 피력했다. 이러한 맥락에서 후일 국권이 일제에 의해 피탈(1910.8.29.)된 이후, 의암 선생은 즉각적으로 분개하여 봉기하거나 항의하는 대신에, 삼각산 아래 우이동 깊은 골짜기에 '봉황각'(鳳凰閣)이라는 학숙(學塾)을 짓고, 천도교의 지도자들을 모아들여 집중 수련을 진행한다.[5] 이는 자주 독립을 포함하여 새로운 시대를 열어가는 길은 곧 정신개벽으로부터 시작된다는, 수운 선생의 뜻을 이은 종교적인 결단이었다

즉 의암 선생은 모든 사회운동, 독립운동, 문화운동 역시 그 근본에 있어서는 수련을 통한 한울님 마음의 회복과 각성이라는 종교적 단련을 통해서만이 힘 있게 추구될 수 있다는 점을 분명히 한 것이다. 나아가 이 근본

---

4    의암손병희선생기념사업회, 『의암손병희선생전기』, 1967, 205쪽.
5    『천도교교회사』「인통」.

[本]이 되는 종교적인 신념을 중심으로 지엽[末]이 되는 사회운동, 독립운동, 문화운동 등을 전개해야만 올바르고 당당한 운동이 될 수 있다는 뜻을 피력한 것이다.

의암 선생의 활발하고 다양한 사회운동, 독립운동, 문화운동은 이처럼 스승들로부터 받은 종교적 가르침의 사회적, 국가적, 민족적인 실천이며, 동시에 동학 정신의 구체적인 실현 운동이다. 해월 선생의 '도(道)의 용시용활(用時用活)'을 통한 실행이 없으면, 이는 곧 죽은 도'라는 가르침[6]을 의암 선생이 어기지 않고 궁행(躬行)한 것이라고 하겠다.


## 3. 의암 손병희의 동학 입문과 성장

의암 선생 전기[7]에 전하는 일화를 보면, 의암 선생은 어려서부터 의협심이 강한 사람이었다. 이러한 천성에 더하여 동학에 입도한 후 철저한 인내심을 단련하며 독공 수련을 하고, 해월 선생을 만난 이후 스승으로부터 남다른 단련[8]을 거치며, 종교적인 심지를 굳건히 다져 나갔다. 이렇게 하여 의암 선생은 암흑의 식민지 시기에 독립운동을 비롯한 수많은 사회운동, 문화운동을 펼칠 수 있었다. 의암 선생의 종교적 수련에 관한 대표적인 일화들을 열거하면 대략 다음과 같다.

의암 선생이 동학에 입도한 것은 현실적인 이익이나 복락을 누리기 위

---

6　『해월신사법설』「용시용활」.
7　앞의『의암손병희선생전기』.
8　해월 선생은 의암으로 하여금 아홉 번이나 솥을 다시 걸도록 하였다.

한 것이 아니었다. 먼저 동학에 입도한 조카 송암(松菴) 손천민(孫天民)으로 부터 여러 번 입도의 권유를 받았으나 번번이 거절하였다. 그 이유는 손천 민이 "동학에 입도하면 삼재팔난(三災八難)을 면할 수 있다"며 입도를 권유한 데 있었다. 의암 선생은 이에 대해 오히려 "나는 삼재팔난이 있기를 바라는 사람"이라며 거절한 것이다. 그러나 인근에 살던 지인이자 접주인 서우순(徐虞淳)으로부터 "동학은 보국안민과 광제창생을 목적으로 하는 도"라는 말을 듣고는 비로소 입도를 결심하게 되었다.[9] 즉 한 개인의 복락을 구하는 종교는 옳은 도가 아니라고 판단하였다가, 동학의 진면목을 알게 된 후에는 즉시 입도할 결심을 한 것이다.

청년 시절 호방한 성격으로 거친 생활을 하던 의암 선생은 한 번 동학에 입도한 이후로 그때까지의 삶의 태도를 일거에 청산하고, 전도인으로부터 받은 21자 동학 주문을 매일 3만 독(讀)씩 외우는 독공(篤工)에 정진하였다.[10] 21자 주문 105독을 하는 데에 대략 3분 정도 걸린다. 그러니 3만 독을 하기 위해서는 대략 900분, 즉 15시간이 소요된다. 하루에 자는 시간 밥 먹는 시간 등을 제외하고는 온종일을 주문 독공(讀工)에 전념했다는 얘기다. 이와 같이 주문을 외며 의암 선생은 매일 짚신 두 켤레씩을 삼았으며, 이 짚신을 오일장인 청주장에 나가 팔았다. 그리고 이와 같은 수련 생활을 3년간이나 계속하였다.[11]

의암 선생은 동학에 입도하여 지극한 정성으로 주문 공부를 하면서도,

---

9　앞의 『의암손병희선생전기』, 70쪽. 서우순의 다른 이름은 서택순(徐宅淳)으로, 훗날 해월 선생이 "베 짜는 며느리가 한울님"이라는 설법을 하게 되는 그 서택순이다.
10　『천도교회사』「인통」.
11　『천도교회사』「인통」.

초기에는 당시의 동학 교주인 해월 선생을 만나려고 하지 않았다. 대부분 입도하자마자 선생님을 뵙고 지도를 받고자 하는데도 불구하고, 의암 선생은 주위 사람들의 권유에도 아랑곳하지 않고 오로지 공부에만 전념하다가, 입도한 지 만 2년이 지난 뒤에야 비로소 해월 선생을 찾아뵙고 인사를 드렸다.

1884년 10월 5일 해월 선생은 여러 도인들의 말을 듣고는 의암 선생을 만나고자 경주에서 의암 선생의 주거지인 청주 대주리(大周里)까지 친히 찾아왔다. 처음 의암을 만난 해월 선생은 매우 기뻐하며, "내 도에 드는 사람이 많으나 도를 알고 통할 만한 사람이 적은 것을 한탄하였는데, 그대는 열심히 공부하여 대도의 일꾼이 되기를 스스로 결심하라." 하는 말씀을 했다고 한다.[12]

이후 의암 선생은 해월 선생을 따라 공주 가섭사(伽葉寺)에 들어가 49일의 기도를 하였다.[13] 이때 해월 선생은 이제 도에 막 들어온 청년 교도들을 중심으로 수련을 진행했다. 이는 대도의 미래가 신진 도인들에게 달려 있음을 염두에 둔 것이다.

의암 선생은 가섭사 수련 이후 주로 해월 선생을 수행하며 수도하고 설법을 들었다. 또 1888년에는 풍천 용문사에 들어가 독공에 전념하였다. 이와 같이 의암 선생은 끊이지 않고 해월 선생의 지도를 받아 충실히 신앙의 길에 정진해 나갔다.

---

12  앞의, 『의암손병희선생전기』.
13  이돈화, 『천도교창건사』.

## 4. 의암의 도통 승계와 천도교 선포

동학의 창도 이후 한 세대(30년)의 역사가 지난(至難)했음은, 잘 알고 있는 일이다. 1세 교조 수운 선생이 동학을 창도하고 그 도를 펴다가 좌도난정(左道亂正), 혹세무민(惑世誣民)의 죄명으로 참형(1864.3.10., 음)을 당했는가 하면, 수운 선생으로부터 도를 이어받아 2세 교조가 된 해월 선생은 경상도, 강원도, 충청도의 오지로 숨어 다니면서 간난신고 끝에 동학교단을 재건하고 동학혁명을 영도하였으나, 끝내는 관에 체포되어 교형(絞刑)으로 순도(1898.6.2., 음)하기에 이르렀다.

이와 같이 초기 동학 시대는 후천의 새로운 가르침을 인지하지 못한 선천 사람들에 의한 지목과 탄압이 연속되는 암울한 시대였다. 이러한 처지에 있는 동학임에도 의암 선생은 동학이 표방하는 이상에 몸과 마음을 맡겨 입도를 결심하고 스승인 해월 선생을 모시고, 수도연성에 전념하였다. 그날 이후 의암 선생은 해월 선생을 모시고 온갖 고초를 헤쳐 나왔으며, 동학혁명의 실패 이후 교단이 멸문 당할지도 모를 벼랑 끝 위기 속에서 동학의 도통을 잇게 된다. 즉 의암 선생의 승통(承統)은 스승인 해월 선생과 마찬가지로 위기 속에서 고난을 짊어지고 헤쳐 나가야 하는 천명(天命)에의 투신이었던 것이다.

그러나 의암 선생은 사즉생의 각오와 궁즉통의 노력으로 현도(顯道)의 시대를 열어나간다. 바로 여기서 의암 선생 승통의 의의를 찾을 수 있다. 수운 선생은 선천 오만 년의 구습(舊習)을 깨고, 노이무공(勞而無功) 해 온 한울님의 도[14]를 세상에 밝힌 창도(唱道)의 주인이 된다. 해월 선생은 스승

---

14 『동경대전』「포덕문」, "日余亦無功故 生汝世間 教人此法 勿疑勿疑."

수운이 오만 년 만에 다시 받은 천도가 시대적 몰이해와 탄압 속에서 궤멸의 위기를 겪던 때에, 필생의 의지로 다시금 도를 회생시키고 또 민중들의 마음속 깊이 뿌리 내리게 했던 장본인이다. 이러한 두 스승에 이어 의암 선생은 반세기 가까이 이어져 온 동학의 어려움을 현도(顯道)라는 대전환을 통해 새로운 차원으로 도약시킨 스승이다.

이처럼 의암 선생 승통의 의의는 곧 수운 선생의 창도(唱道)와 해월 선생의 도(道), 법(法)의 확립에 이은 도의 사회적인 실천, 곧 교(敎)에 있다고 하겠다. 그러므로 의암 선생은 사회적인 실천을 위하여, 종교적인 규범과 수도(修道)의 절차를 확립하고 통일하였으며, 수많은 교서를 간행하고 강습소를 설치하여 법설(法說)을 교도들에게 펴고, 교리는 물론 시대적 삶을 위한 다양한 교양 교육을 실시하였다. 이러한 내공 다지기를 바탕으로 시대의 운을 회복하고 바로 잡기 위한 사회운동, 문화운동, 독립운동 등을 펼쳤던 것이다.

의암 선생은 1897년 12월 24일 여주 전거론 이교리의 집에서 해월 선생으로부터 대도(大道)의 중임을 받았다. 이에 앞서 이해 8월 13일에 의암 외에 송암(松菴 孫天民, ?~1900)과 구암(龜菴 金演局, 1857~1944)으로 하여금 3인이 합심하여 교단을 이끌기를 당부하시고, 이날 그중 의암 선생에게 도통을 전수한 것이다. 이듬해인 포덕 1898년 4월 5일 해월 선생이 관에 체포되어 그해 6월 2일 순도하였다. 이날 이후 많은 제자들이 길을 달리하는 가운데서도 의암 선생은 도의 명운을 짊어지고 위기를 전환할 계책을 마련하기 위하여 고심 끝에 일본 망명을 결행하게 된다.[15]

교단 차원에서 잇달아 겪어야 했던 아픔과 위기를 의암 선생은 적극적

---

15 『천도교회사』「인통」.

인 전환의 계기로 삼았다. 그 최종 완결판이 '동학'을 '천도교'라는 '종교'(宗敎) 체제로 바꾸는 일이었다. 동학을 둘러싼 당대의 다양한 난제들을 새로운 사조(思潮)인 종교 체제 문제로 전환시키며, 첨예하게 부딪칠 수 있는 이념의 문제를 비켜 간 것이다. 이것은 단순히 종교를 표방하기 위한 것만이 아니라, 천도의 '도'(道), 동학의 '학'(學)에 이은 '교'(敎)를 내세움으로써, 삼원적 일체성을 완성한다는 의미 또한 부여할 수 있다.

'천도교' 선포 이후 의암 선생은 '교'에 걸맞은 종교적인 규범과 법규를 제정해 나간다. 즉 시일(侍日), 청수(淸水), 기도(祈禱), 주문(呪文), 성미(誠米) 등의 오관(五款)을 종교 의례의 기본 골격으로 정립하는 한편, 제반 의식(儀式) 곧 시일 예식의 방법, 기도의 의식, 성미(재정)의 제정 등을 법규화한다. 그런가 하면, 수련의 절차 등 수행의 절차를 정비하여 규모일치를 도모하는 한편, 교단 체제를 정비하여 중앙의 총부와 각 지역의 교구로 기관을 정리하여 행정 기능을 일원화하였다. 이와 같은 의암 선생의 역사(役事)는 후천의 새로운 세상을 향한 교인과 교단의 운동적 역량을 제고하는 체제의 현대화를 위한 노력이라고 하겠다.


## 5. 의암 손병희의 종교적 위상과 의미

어떠한 일을 창업한다는 것은 쉬운 일이 아니다. 하고 싶다고 되는 일도 아니다. 공통적인 사실 하나는 창업을 한 사람들은 카리스마가 있었다는 점이다. 카리스마는 "추종자들이 지도자가 갖추고 있다고 믿는 경이로운 속성이나 마력적인 힘, 또는 사람들을 강력하게 끌어당기는 인격적인 특성"이다. 즉 사람들을 강력하게 끌어당기는 인격과 함께 마력적인 힘을 지닌 사람이 새로운 일을 도모할 수 있다는 의미이다. 특히 새로운 종교는 이와 같은 인물에 의하여 창도됨이 일반이다.

동학을 창도한 수운 선생은 바로 이와 같이 카리스마가 있었던 인물이었다. 1861년 6월 용담(龍潭)의 문을 열고 동학을 세상 사람들에게 펼 때, 수많은 사람들이 경주 용담을 찾아왔다.[16] 사람들이 새로운 가르침을 펴는 사람에게 모여드는 것은, 첫째 그 가르침에 그들이 구하는 삶의 과제나 의문에 대한 해답이 있는 경우이다. 이때 삶은 개인적인 차원과 사회적(가족, 사회, 국가, 세계) 차원을 아우르는 것이다. 둘째로는 그 가르침을 펴는 사람에게 끌리는 바가 있는 경우이다. 아무리 훌륭한 사상이나 신념을 가르친다고 해도, 그 가르침을 펴는 사람이 누구냐 그리고 어떠한 언행을 하느냐에 따라 사람들의 반응은 천양지차로 갈라진다.

『동경대전』과 『용담유사』 등의 여러 기록들을 보면, 수운 선생이 도를 펴던 그 시절 용담을 찾아와 가르침을 받은 사람들 중에는 수운 선생보다 나이가 많은 사람들은 물론, 사회적인 신분이 높은 사람들도 많았다. 그러나 이들은 모두 수운 선생을 스승으로 모시고 '동학'을 공부하며 필생의 신념으로 받아들였다. 이것을 달리 말하자면, 수운 선생의 카리스마가 사람들을 그의 주위로 모아들였다고 할 수 있다.

수운 선생을 계승한 해월 선생의 카리스마는 이와는 결을 달리한다. 흔히 1대는 창업(創業)이고, 2대는 수성(守成)이라고 한다. 바로 1대, 즉 창업자가 성취한 바를 지켜 나간다는 의미이다. 여기에는 무엇보다 '성실함'과 함께 '창업자의 가르침'에 대한 최고 체행자로서의 권위가 필요해진다. 해

---

16  『용담유사』「도수사」, "구미용담 좋은 풍경 안빈낙도 하다가서 불과 일년 지낸 후에 원처근처 어진 선비 풍운 같이 모아드니 낙중우락 아닐런가."

월 선생은 학식, 즉 유교적 소양도 수운은 물론 당대의 유수한 제자들에 비하여 높다고 말할 수 없고, 재산적 배경이나 가문적 배경 또한 가장 앞선 제자가 아니었다. 다만 수운 선생으로부터 받은 가르침을 조금도 흐트러짐 없이 그대로 행하는 데 있어서는 어느 누구에게도 뒤지지 않는 사람이었다. 수시로(아마 당시의 사회적 생활 주기가 5일 장을 중심으로 이루어진 것으로 보아, 5일 들이로) 자신이 사는 검곡(劍谷)에서 70리가 넘는 길을 걸어 용담으로 찾아와 스승으로부터 가르침을 받고 다시 70여 리의 길을 걸어 돌아가, 용담에서 배운 그대로를 실천하며 마음공부를 했던 성실한 제자였다.

『논어』를 보면, 칭찬에 인색한 공자가 칭찬을 아끼지 않은 제자가 있다. 바로 안회(顔回)이다. 안회의 어떤 면이 공자로 하여금 칭찬을 아끼지 않게 하였는가. 다름 아닌 안회가 지닌 성실성이다. 공자가 어느 날 안회를 살펴보니, 배울 때는 마치 바보처럼 아무 말도 하지 않고 앉아 있다가, 배움이 끝난 뒤에 집으로 돌아가 그 행하는 모습을 보니, 공자 자신으로부터 배운 바를 하나도 바꾸지 않고 그대로 행하고 있었다고 한다.[17] 그러므로 공자 스스로 '어질구나 안회여'라고 찬탄했다. 그러나 안회는 불행하게도 공자보다 먼저 죽는다. 그때 공자는 "하늘이 나를 버리는구나!"라는 탄식을 내뱉을 만큼 상심하였다. 그가 자신의 도를 더 크게 이어 더 널리 알릴 인재라는 마음이 컸기 때문이었다. 이러한 안회였기에 흔히 세상 사람들은 안회를 공자의 다음가는 성인으로 받든다. 그래서 안자(顔子, '안회 선생님')라고 부른다.

바로 해월 선생은 동학에서 안회와도 같은 사람이었다. 비록 학벌이나 집안이 한미하였지만 수운 선생은 해월 선생에게 대도(大道)의 중임을 맡

---

17 『논어』「위정」, '子曰 吾與回言終日 不違如愚 退而省其私 亦足以發 回也不愚'

긴 것이다. 이 성실함과 스승의 가르침을 체행함으로써 신뢰와 권위의 토대를 구축하고, 이를 민중들에게 적합한 언어로 해설하여 설법할 수 있는 탁월함이 해월 선생의 카리스마의 원천이 되었던 것이다. 이러한 카리스마를 바탕으로 해월 선생은 수운 선생 순도 이후, 괴멸의 위기에 직면한 동학교당을 다시 일으켰으며, 그 제자들은 경상도를 넘어 강원도, 충청도, 전라도와 경기도 황해도까지 널리 퍼지기에 이르렀다.

그러면 1세와 2세를 이은 3세의 인물은 어떠한 카리스마가 요구되는가. 흔히 3세 경영자의 과업을 창업과 수성에 이어 '경장'(更張)이라고 한다. 즉 시대에 맞게 새롭게 바꾸어 다시 크게 확장을 한다는 의미이다. 경장의 카리스마는 1세 창업자와 2세 계승자에게 요구되는 카리스마 모두를 겸전한 새로운 시대에 대한 안목과 경험 등이 더해져야만 한다는 것을 짐작할 수 있다.

대개 1세에서 2세까지는 시간적으로 그리 오래지 않다. 그러나 3세 정도에 이르면 수많은 우여곡절과 장애물들이 나타났다가 사라지고, 창업 이후 지금에 이르기까지의 과정에 상채기를 남긴 이후이다. 무엇보다 창업과 수성 시기와는 사회적인 여건이 판이하게 달라진 경우이기 십상이다. 그런 점에서 3세의 주된 과업은 '경장'이 되고 여기에는 그에 걸맞은 카리스마를 갖춘 인물이 필요하게 된다. 이런 점에서 의암 선생은 전형적인 '경장'의 시기를 감당한 지도자였다. 더욱이 동학 창도기와 수성기를 거쳐 의암 선생이 동학교당을 이끌어가야 하는 시기는 인류 역사상 그 변화의 폭이 가장 컸던 반세기 중의 한 시기이다. 그러므로 바뀐 시대상에 맞게 그 가르침이나 제도를 개선해 나가는 것은 선택이 아닌 필수조건이었다.

수운 선생의 시대와 비교할 때 의암 선생의 시대는 많은 면에서 변화가 있었다. 수운 선생이 '전문'(傳聞)에 주로 의존하면서 종교적 혜안으로써 그 문명사적인 의의를 통찰하고 제시한 반면에, 의암 선생 시기에 서양의 문물과 정치, 경제, 군사적인 외압은 우리나라에 들어와 직접적으로 그 영향력을 과시하고 있었고, 이로 인하여 사회적으로 새로운 변화의 물결이 격동하던 시대이다. 의암 선생은 경장의 지도자로서의 카리스마를 발휘하여 '동학'을 '천도교'로 대고천하(大告天下)하고, 제도를 개선하며, 서양과 일본마저도 용활(用活)하는 개혁적 조치를 추구해 나갔다. 그러므로 '오관'(五款: 呪文, 淸水, 侍日, 誠米, 祈禱)을 제정하여 종교적인 제도를 확립하는가 하면, 시대에 발맞추어 단발흑의(斷髮黑衣)를 실천하기도 한다.[18] 이 과정에서 수구(守舊)를 주장하는 일부 동학 세력이 이탈하거나 교문을 별립하기까지 하였으나, 결국 의암 선생의 경장(更張)의 카리스마는 여타 동학 분파들을 압도할 만큼 강력하였다. 이렇듯 동학을 경장하여 새롭게 등장한 천도교는 20세기 초, 당시 시대적 조류인 자주적인 근대 문명개화의 선두에 서서 독립운동과 문화운동을 펼치며 우리나라를 이끌어나가는 종단이 되었던 것이다.

의암 선생은 그 인물됨이 크고, 또 1세의 창업가로서의 카리스마와 2세의 계승과 체행자로서의 카리스마를 겸전하며 다시 한 걸음을 더 나아가는 경장의 카리스마를 발휘함으로써, 동학을 천도교로 대고천하하여 제도를 근대적인 면모로 바꾸면서 변화에 따르는 부담과 저항을 극복하고 스승들의 권위를 결국 온전히 계승할 수 있었다.

이러한 일들이 '인간적인 카리스마'에 의해서만 이루어진 것은 결코 아

---

18　1904년 의암 선생의 주도로 갑진개화운동을 펼쳤다. 이때에 전국 각지에서 일제히 단발흑의(斷髮黑衣)로써 죽음을 무릅쓰고 정부 개혁과 국정의 쇄신을 부르짖었다. 당시 상투를 자른 사람이 하루 사이에 만 명을 넘었고, 며칠 사이에 근 20만 명이 참가하여 전국 방방곡곡에 진보회의 깃발이 휘날리게 되었다.

니다. 수운 선생과 해월 선생은 물론이려니와 의암 선생 또한 종교에 있어 무엇보다도 필요한 것은 종교적 수행임을 깊이 깨달아, 스스로 수행의 화신으로서 일관하였거니와, 동학을 천도교로 혁신한 이후에도 수련의 절차 등 종교 수행을 위한 제반 절차 제도화하여 규모를 일치 속에 수도 전통을 정착시켰다. 그런가 하면, 천도교 수련의 의미를 철학적으로 체계화하는 많은 법설을 내놓았다. 이러한 전통의 창조적 계승 노력이 의암 선생의 경장의 카리스마를 강화하는 중요한 요소가 된 것이다.

또 하나 중요한 것은 의암 선생은 새로운 인재를 아끼고 인재를 영입하여 교단의 역량을 강화하고 경장의 동력으로 삼았다는 사실이다. 그 자신이 스승인 해월 선생의 중요한 '젊은 인재'로서 수성시기(守成時期)의 후반기를 감당해 오면서 느꼈던 바대로, 천지인 삼재의 모든 일은 결국 사람이 하는 것이라는 가장 기본적인, 그러므로 근본적인 진리를 깊이 통찰하고 체찰한 의암 선생은 훌륭한 인물을 만나고 이들과 허심하고 회통하여 이들이 천도교단 안에서 자신의 역량을 최대한으로 발휘할 수 있도록 거의 전권을 위임해 주었다. 훗날 교단의 역사적 전개에서 중추적인 역할을 한 이종일, 권동진, 오세창, 최린, 이종린 등의 인재가 바로 그들이다. 또한 의암 선생이 일본에 망명해 있을 때 우리나라의 뜻있는 젊은이들 64명을 2차에 걸쳐 일본에 오게 하여 유학을 시킨 것도 이와 같은 맥락이었다. 즉 한편으로는 기성의 인재들을 교화하여 포덕하고, 다른 한편으로는 기성 교인의 자재들을 교육시켜 그다음 시대를 감당할 인재로 양성하는 양면의 전략을 취한 것이다. 이러한 사람들과 함께 일을 도모하고 추진하였으니, 당시 천도교가 번성하지 않을 수 없었다.

의암 선생 카리스마의 또 하나의 원천은 그 용단력이다. 진보회를 이끌고 있던 이용구가 친일파인 송병준이 이끌고 있던 일진회와 통합한 이후 친일 행보를 가속화하자, 의암 선생은 처음에는 이들이 올바른 노선으로 돌아오도록 효유하였으나, 끝내 훈계에 따르지 않자 교단 내에서 이들 모두를 축출하는 용단을 내린다. 당시 이들은 현실적인 측면에서는 모두 의암 선생에게 필요한 인물들이었다. 이들을 모두 출교(黜敎)하는 일은 자칫 의암 선생 자신은 물론 교단마저도 되려 위태롭게 할 수 있는 것이었다. 그러나 의암 선생은 구차한 생존보다는 의로운 죽음을 택하고, 죽음 이후의 출세(出世)를 확신하였다. 썩은 상처를 도려내야 새살이 돋아나듯이, 이들을 그대로 두면 궁극적으로 동학교단 모두가 썩어 버릴 것이라는 판단 아래 이들 모두를 축출하는 용단을 내렸던 것이다. 이러한 의암 선생의 용단이 바로 위기를 극복하고 새로운 길을 열어가는 힘이 되었다. 경장(更張)의 카리스마란 이처럼 빛만을 따라가는 길이 아니라, 형극의 가시밭길을 헤쳐 나가고 백척간두 진일보의 용단을 감행하는 것까지를 포함하는 것이다.

# 제4장 동학·천도교 사상의 전개 양상

## ―도의 학문화, 생활화, 종교화

## 1. 서론

수운 선생이 한울님으로부터 무극대도를 받아 동학을 창도하고, 해월 선생이 그 도통을 이어 민중 속으로 더 깊이, 더 넓게 나아갔다. 또 의암 선생이 다시 도통을 계승하여 동학을 천도교로 대고천하하고, 의암 선생은 다시 춘암(春菴 朴寅浩, 1855~1940) 선생에게 그 도통을 물려주었다. 이렇듯 동학·천도교는 동학 시대에는 물론, 천도교 시대에 들어서서도 단전밀부(單傳密符)로 도통을 전수해 왔다.[1]

동학·천도교는 이들 스승들의 종교적 영성과 지도력에 의하여 발전하고, 한국 근대의 근본적인 방향을 결정할 수 있었다. 특히 이들은 동학의 도(道), 즉 '무극대도'(無極大道)를 체계화하고, 생활화하였으며, 종교적으로 승화시켰다.

수운 선생은 오랜 구도의 생활 끝에 결정적인 종교체험을 통해 동학을

---

[1]  춘암 선생 이후로는 중의제(衆議制)에 따라, 선거로써 교단의 최고 수장(首長)인 '교령'(教領)을 선출하고 있다. 그러므로 단전밀부에 의한 '스승'의 시대는 춘암 선생으로 완결되었다.

창도하였다. 언어도단(言語道斷)의 경지[2]인 종교체험 이후 수운 선생은 일 년 가까운 시간을 수련[修以煉之]을 계속하였다. 즉 수련을 통해 자신이 받은 무극대도를 궁구하고 또 세상 사람들에게 말과 글로써 가르칠 수 있도록 체계를 세워나갔다. 그런가 하면 이 시기에 자신의 종교적 가르침을 펴게 되는 배경과 경위를 밝히는 글인 「포덕문」, 「용담가」 등을 지었다. 「포덕문」(布德文)은 한문으로 된 것으로 훗날 『동경대전』에 포함이 되었고, 「용담가」는 한글 가사로 된 것으로, 훗날 『용담유사』에 수록되었다.

즉 수운 선생은 종교체험 이후 자신이 받은 도를 체계화하여 '논리적이고 합리적인 방식'으로 이를 가르치고자 하는 의도를 분명히 함으로써, 무극대도의 학문적 정체성과 그 기초를 공고히 하였다. 사실 종교체험이라는 특별한 경험(그러므로 이러한 유의 종교체험을 '神秘體驗'(신비체험)이라고도 한다)을 통해 깨달은 '도'는 논리적이기보다는 직관적인 것이고, 그러므로 주관적이고 또 추상적이었을 것이 분명하다. 그렇다면 이러한 '신비함'을 전면에 내세운 대중화(布德)도 생각해 봄직한 방향이었다. 그러나 수운 선생은 이 직관적이고 주관적인 '무극대도'를 객관적 체계화와 학문적 논리화라는, 지난(至難)하였음에 분명한 경로를 취하였다. 바로 학문화의 길이다.

그런가 하면, 해월 선생은 수운 선생으로부터 이어받은 무극대도를 자신이 발 딛고 있는 현실의 차원에서 해석하고, 또 생활 속에서 실천하는 데에 주력했다. 그중에서도 해월은 당대 생활세계의 저변을 이루는 대다수 민중들의 삶에서 도가 실현되는 것이, 이 세상에 도래하는 새 운수를 성공적으로 맞이하는 길이라는 데에 중점을 두었다. 그러므로 도의 언어 역시

---

2 수운 선생은 종교 체험의 경지에서 "글로 어찌 기록(記錄)하며 말로 어찌 성언(成言)할까?"(『동경대전』, 「용담가」)라고 하였다. 즉 글이나 말로 표현할 수 없었다는 말이다.

생활 속의 민중들의 지혜를 불러일으키는 것으로 일관하였다. 이와 같은 해월 선생의 노력은 결국 '도의 생활화'를 꾀하는 결과를 가져왔다.

해월 선생으로부터 도통을 이어받은 의암 선생은 시대의 요청에 응하여 동학을 새로운 모습으로 바꾸어 나갔다. 즉 종교(Religion) 체제를 받아들이고, 교리의 심화와 근대적 체계화를 도모하는 등 '도의 종교화'를 꾀하게 된다.

## 2. 수운: 도의 학문화

수운 선생은 경신년(1860) 4월 5일 결정적인 종교체험을 통해 한울님으로부터 도를 받았다. 그러나 수운 선생은 그 즉시 세상을 향해 자신의 가르침을 펴는 것을 유보하고, 거의 일 년 가까이 수련과 함께 도법(道法)의 체계[次第]를 계속 연마하였다. 이 기간의 일을 수운 선생은 『동경대전』 중에 "거의 일 년 동안 닦고 또 이를 헤아렸다"[幾至一歲 修而度之]는 말로 표현하고 있다. 즉 한편으로는 '수련을 통해 마음을 닦고'[修], 다른 한편으로는 '그 이치를 헤아리며'[度] 보낸 시간이 1년 가까이 되었다는 말이다. 결국 수운 선생은 종교체험을 통해 한울님으로부터 받은 '도'를 분명하게 밝히고 체계화하기 위하여 수련을 통해 마음의 경지를 깊고 또 높게 하면서 그 이치를 살피고 헤아려가며 정리했던 것이다.

수운 선생은 처음 한울님으로부터 무극대도를 받은 후, 이 '도'가 어떠한 것인지 몰라 당황하였다. 그러므로 처음에는 한울님께 "서도(西道)로써 세상 사람들을 가르칠까요?"³라고 묻기도 한다. 또 도를 받은 처음에는 가르침의 본지가 무엇인지 알 수 없어 당혹스러웠던 심정을 『용담유사』 「교훈가」에 술회하였다; "문의지심(問議之心) 있지마는 어디 가서 문의하며, 편언척자(片言隻字) 없는 법을 어디 가서 본(本)을 볼꼬." 심지어 처음에는 이 도가 정말로 세상을 구할 수 있는 올바른 가르침인지 의심하기까지 하였다.⁴ 그러므로 도의 실체를 궁구하기 위하여 수운 선생은 수련을 계속하였고, 무엇보다 세상 사람들이 이해할 수 있는 언어로 정리하는 데에 1년 가까운 시간 동안 공을 들인 것이다. 「수덕문(修德文)」을 보면 이러한 정황을 암시하는 부분들이 또한 있다.

처자를 거느리고 용담으로 돌아온 날은 기미년 10월이요, 운수를 타고 도를 받은 때는 경신년 4월이라. 이 또한 꿈같은 일이요 형상하기 어려운 말이로다. 주역괘(周易卦)의 대정수(大定數)를 살펴보고, 삼대(三代) 시절 경천(敬天)했던 이치를 자세히 읽어보니, 이에 오직 옛날 선비들이 천명(天命)에 순종한 것을 알겠으며, 후학들이 잊어버린 것을 스스로 탄식할 뿐이로다. 닦고 단련하니 자연한 이치 아님이 없더라. 부자(夫子)의 도를 생각하면 한 이치로 된 것이요, 오직 우리 도로 말하면 대체는 같으나 그 세밀한 부분에서는 다른 것이니라. 의심을 버리게 되면 사리가 떳떳해지고, 예와 지금을

---

3    『동경대전』 「논학문」, "曰余亦無功故 生汝世間 敎人此法 勿疑勿疑 曰然則 西道以敎人乎."
4    한울님의 가르침에는 일종의 시험도 포함되어 있었기 때문이다. 즉 한울님은 "백의재상(白衣宰相)을 제수하겠다"거나 "조화를 내려주겠다"거나 하는 말씀과 술수를 보여주었다. 수운 선생은 이런 모든 것을 물리치고 한동안 한울님의 가르침을 멀리하기도 하였다. (윤석산 주해, 『도원기서』, 모시는사람들, 2020(3쇄), 25-26쪽.

살피면 인사의 할 바니라.[5]

경신년 4월, 말로는 형언하기 어려운, 꿈같은 상태에서 받은 도를 분명하게 이해하고, 또 다른 사람들에게 설명하여 가르칠 수 있도록 수운 선생은 궁리를 거듭하며 도법의 차제를 정리한다. 주역도 다시 살펴보고, 또 하·은·주(夏殷周) 삼대의 성현들이 하늘을 공경했던 이치도 살펴본다. 그 텍스트, 즉 유교 경전들은 이미 수없이 보았던 것들이지만 한울님으로부터 받은 무극대도에 비추어 다시 봄으로써 새로운 이해, 그것을 넘어서는 천도(天道)의 본질을 새삼스럽게 각득하여 간 것이다. 이렇듯 일 년 가까운 시간을 도를 헤아리고 살피는, 수이탁지(修而度之)의 노력을 한 결과, 수운 선생은 한울님으로부터 받은 도를 우주 자연의 법칙[6]으로서 확지(確知)하고 확신(確信)하여 확고(確固)하게 정립할 수 있었고, 이 자연 법칙에 의하여 다함이 없이 순환하는, 우주만상이 생명 순환의 고리로 이어진 무왕불복(無往不復)의 이치[7]에 의한 것임을 말할 수 있게 되었다.

또한 선천의 성인이신 공자의 도 역시 천도였음을 알게 된다. 그러나 천도를 궁구하는 방법, 즉 '학'(學)에 있어서 동방에서 태어나 동방에서 펼치게 되는 수운 선생 자신의 관점으로 체계를 잡아 나간다. 그러므로 자신이

---

5　『동경대전』「수덕문」, "率妻子還捿之日 己未之十月 乘其運道受之節 庚申之四月 是亦夢寐之事 難狀之言 察其易卦大定之數 審誦三代敬天之理 於是乎 惟知先儒之從命 自歎後学之忘却 修而煉之 莫非自然 覺來夫子之道則 一理之所定 論其惟我之道則 大同而小異也 去其疑訝則 事理之常然 察其古今則 人事之所爲."

6　『동경대전』「논학문」, "吾亦幾至一歲 修而度之則 亦不無自然之理."

7　『동경대전』「논학문」, "轉至辛酉 四方賢士 進我而問曰 今天靈 降臨先生 何爲其然也 曰受其無往不復之理."

받은 도와 공자의 도가 '대동이소이'(大同而小異)하다고 말하며,[8] 나아가 유도도 불도도 아니요,[9] 또 서학도 아닌, '동학'이라고 부르게 된다.

여기서 한 가지 알 수 있는 것은 수운 선생은 본래 자신이 받은 '도'(道)와 이 도를 공부하고 가르치는 '학'(學)을 나누어서 생각하였다는 사실이다. 그러므로 제자들이 선생이 가르치고자 하는 동학이 서학과는 어떻게 다른가를 묻자 "도는 비록 (서도와 마찬가지로-필자 주) 천도이지만, 학은 곧 동학이다."[10]라고 대답한다. 서학이 천명한 도도 역시 천도이지만, 서학은 서학의 방법으로써, 나는 나 스스로 체득한 동방의 학문적 방법으로써 천도를 공부하고 가르치기 때문에[11] '나의 학은 동학이다.'라고 대답했던 것이다.

그렇다면 동학의 학문적 체제는 어떠한가. 먼저 수운 선생은 경신년 4월 체득한 오심즉여심(吾心卽汝心)의 심법을 바탕으로 수이연지(修以煉之)하고 수이탁지(修以度之)한 결과 한울님이 이 세상과 별계(別界)에 초월해 계신 것이 아니라, 우리 마음(몸)에 모셔져 있음을 깨닫게 된다. 그러므로 '내 몸에 모셔져 있다.'는 의미의 '시천주'(侍天主)를 중심 사상으로 삼게 되었다.

수운 선생은 우선 민중들에게 시천주의 자각을 불러일으킨다. 이는 체제 혁명을 기도하는 것이 아니라, 자기 존재의 무궁한 가치와 잠재적 역량을 무시하고 무지한 채 살아오던 민중들이 자기 자신이 한울님을 모신 존

---

8   『동경대전』「논학문」, "覺來夫子之道則 一理之所定也 論其惟我之道則 大同而小異也."
9   『용담유사』「교훈가」, "유도불도 누천년에 운이 역시 다 했던가. 윤회같이 둘린 운수 내가 어찌 받았으며…."
10  『동경대전』「논학문」, "道雖天道 學則東學."
11  특히 수운은 이 대목에서 '내가 동방에서 태어났고, 또 동방에서 도를 받았으니(生於東 受於東) 어찌 서학이라고 부르겠느냐'고 답한다. 이는 곧 동방에서 태어나고 동방에서 받았으니 동방의 학문적 방법으로 도를 궁구한다는 의미라고 하겠다.

재임을 자각하고 새로운 차원의 세상과 삶을 지향하는 '삶의 개벽'을 가리키고 있다. 이는 수운 선생 자신이 경신년 4월 결정적인 종교체험을 통해 바라보았던 우주적 비밀인 '시운'(時運)[12]을 읽고 이를 현실화함으로써 새로운 차원의 세계를 열어가고자 하는, 후천개벽사상의 실천이기도 하다.

수운 선생은 한울님과 만남을 통해 이 우주의 만사는, 그러므로 인간 세계의 흐름은 성운(盛運)과 쇠운(衰運)이 순환한다는 것과, 당대는 쇠운이 지극하지만, 또한 쇠운이 지극하므로 곧 성운의 시대가 올 것을 예견(豫見)하였고, 확신하게 된다. 당시 대부분의 세상 사람들은 새로운 성운이 돌아올 것이라는 사실을 모르기 때문에, 즉 '미지시운'(未知時運)하기 때문에 절망의 시대를 절망으로만 여겨서 괴로움에 몸부림칠 뿐 아니라, 도리어 수운 선생의 말을 비웃고 헐뜯는다.[13] 이러한 세태를 두고 수운 선생은 안타까움을 넘어 '매우 두렵다'[甚可畏也]라고 한탄한다.

수운 선생은 간절한 심정으로 세상 사람들에게 성운의 시대가 올 것이니 정심수도(正心修道)할 것을 촉구한다.[14] 즉 후천의 새 운이 오는 것은 분명하지만, 이를 제대로 맞이하기 위해서는 세상 사람 모두 '천지와 더불어 한울님의 덕에 부합하는 삶'[與天地合其德]을 살아가야 한다는 것이다. 즉 후천개벽이란 세상 사람들이 기운을 바르게 하고 마음을 정하여[守心正氣],

---

12  수운 선생이 당시 세상 사람들에게 제기했던 '시운', '천운' 등을 신비적이고 주술적인 요소로 보는 견해도 있다.(박명규, 「동학사상의 종교적 전승과 사회운동」, 『한국의 종교와 사회변동』, 문학과 지성사, 1987, 58쪽.

13  『동경대전』「포덕문」, "惜哉 於今世人 未知時運 聞我斯言則 入則心非 出則巷議 不順道德 甚可畏也."

14  특히 수운 선생은 『용담유사』를 통해 동학교도와 세상 사람들에게 "正心修道 하여내어 春三月 好時節에 또 다시 만나보자."라고 노래하고 있다. 이때의 춘삼월 호시절은 새로운 차원의 삶의 세계인 후천개벽의 세상을 의미한다.

군자의 덕을 회복함으로써 비로소 맞이할 수 있는 성운(盛運)의 세상[15]이기 때문이다.

수운 선생은 세상 사람들의 수심정기와 천지합덕의 마음을 닦는 정심수도를 위해 도의 요체가 담긴 '주문'(呪文)을 짓는다.[16] 이 '주문'은 곧 '도에 이르는 길이요, 동시에 자신의 도를 체계적으로 설명한' 핵심적인 글이기도 하다. 그러므로 "차제도법(次第道法)이 오직 이 주문 스물한 자일 뿐"[17]이라고 단언하였다.

또한 수운 선생은 바른 마음의 회복과 그 실천을 위한 수도법으로 '수심정기(守心正氣)의 수도법'을 내놓았다. 즉 "인의예지(仁義禮智)는 앞선 성인의 가르침이지만, 수심정기는 내가 오직 다시 정한 것이다."[18]라고 하여 본래 하늘이 사람에게 품부한 덕목인 인의예지를 우리 삶 속에서 올바르게 실현하고, 또 사회적으로 실천하기 위해서는 수심정기 수도를 해야 한다는 것이다. 본래 한울님으로부터 품부 받은 '한울님 마음'을 회복하고, 이 마음 지키는 것이 '수심'(守心)이라면, 그 마음에 따라 올바르게 세상살이를 하는 것이 곧 '정기'(正氣)이다.

이와 같이 수운 선생은 경신년(1860)의 결정적인 종교체험을 통해 한울

---

15 『동경대전』「논학문」, "君子之德 氣有正而心有定故 與天地合其德 小人之德 氣不正而心有移故 與天地違其命 此非盛衰之理耶."

16 '呪文'은 처음 「포덕문」에서는 한울님으로부터 받았다고 수운은 말한다(受我呪文 教人爲我則 汝亦長生 布德天下矣). 그러나 「논학문」에서는 '呪文'을 수운이 직접 지었다고 말한다(一以作呪文 一以作降靈之法 一以作不忘之詞). 그러므로 혼선을 빚고 있다. 이는 곧 수운이 결정적인 종교체험을 통해 한울님으로부터 주문을 받고, 이를 일 년 가까이 修而度之하며 다듬고, 또 그 의미를 궁구하여 다듬어 체계화한 것으로 풀이할 수 있다.

17 『동경대전』「논학문」, "次第道法 猶爲二十一字而已."

18 『동경대전』「수덕문」, "仁義禮智 先聖之所教 守心正氣 惟我之更定."

님으로부터 천도인 무극대도를 받은 이후, 일 년 가까운 시간을 수이탁지(修而度之)하며, 그 도를 세상 사람들에게 전할 수 있도록 체계화하는 과정을 거쳤다. '시천주'를 중심 사상으로 삼고, '후천개벽'을 이야기하고, 이에 이르는 '주문'을 지어 가르쳤다. 주문을 통해 자각한 바를 증험하는 경로로서 한울님 마음을 회복하고 실천하는 수도법인 '수심정기'의 법을 정하여 가르침을 폈다. 수운 선생이 지은 글을 모은 『동경대전』과 『용담유사』 곳곳의 많은 '동학'의 교리들은 이러한 중심 사상과 체계의 부연이자 그 세부 덕목이라고 할 수 있다. 이렇게 수운 선생은 자신이 받은 도를 학문으로 정립하였다.

수운 선생의 이와 같은 '도의 학문화'는 궁극적으로, 선천이라는 낡고 타락한 삶에서 벗어나, 후천이라는 새로운 삶의 세계를 열어가고자 하는 또 하나의 구도 여정이었다.


## 3. 해월: 도의 생활화

조선 조정은 혹세무민한다는 구실로 수운 선생을 체포하여 대구(大邱) 장대에서 좌도난정(左道亂正)의 죄목으로 처형을 한 이후, 남은 동학의 지도자와 교도를 색출, 검거하기 위한 체포령을 내린다.[19] 해월 선생은 이와 같은 관의 지목과 추적을 피해 36년간이라는 장구한 시간을, 산간 오지 마

---

19　『日省錄』, 高宗元年 甲子 二月 二十九日, "崔家最親 密稱首弟子者 卽崔自元 姜元甫 白源洙 崔愼五 崔景五等云" 이들 기록에 나오고 있는 崔自(子)元과 姜元甫는 이미 잡혔고, 이 중 '崔景五'가 곧 海月 선생, 崔慶翔이다. 해월의 字가 '敬悟'인데, 이를 잘못 표기하여 '景五'로 한 것으로 추정된다.

을 50여 곳을 전전하며 살아갔다.[20]

그러나 해월 선생은 단순한 도망자가 아니었다. 관의 추적에 쫓기면서도 한시도 잊지 않고 수련에 임하였고, 흩어진 동학교도들을 모으고 조직하여, 30년 후인 1893년 보은취회(報恩聚會)에서는 3만여 명의 교도가 모여 교조신원운동(敎祖伸寃運動)을 벌일 정도로 그 교세를 넓히고, 교단의 조직을 공고히 했다.

동학에 입도(1861)하던 당시 해월 선생은 학식도 많지 않고, 또 재산도 없으며, 신분도 미천한 한 중년(34세)의 사내일 뿐이었다. 그러나 수많은 교도들이 관에 체포될 위험을 감수하면서도 해월 선생을 따랐던 것은 해월 선생이 수운 선생으로부터 도통을 이어받은 사람이며, 수운 선생의 가르침을 계승하면서도 또한 세상을 구할 새로운 가르침을 펴던 실질적인 후계자이며 지도자였기 때문이다.

해월 선생이 산간 오지를 숨어 다니며 교도들에게 펼친 가르침은 수운 선생으로부터 받은 가르침을 선생 자신의 삶 속에서 실제 체험하고서 이를 생활인으로서의 민중들에게 적합한 언어로 설명한 것들이다. 즉 해월 선생은 학문적으로 체계화된 수운 선생의 가르침을 일상 속에서 매일같이 먹는 '밥'[21]에서부터, 하늘에 떠 있는 '해와 달'[22] 그리고 숲속에서 우는 '새소리'[23]까지, 자신이 만나고 경험한 일상의 사사물물(事事物物)에 빗대어 풀어서 가르쳐 주었다. 즉 해월 선생은 사람이 하루하루 생활 속에 행하는 일 그 자체가 바로 한울님(事事天)이요, 사람이 생활 속에서 매일같이 만나고

---

20  윤석산, 『일하는 한울님 - 해월 최시형의 삶과 사상』. 모시는사람들, 2014, 참조.
21  『해월신사법설』「천지부모」, "天依人 人依食 萬事知 食一碗."
22  『해월신사법설』「천지부모」, "何獨人衣人食 日亦衣衣 月亦食食."
23  『해월신사법설』「영부 주문」, "天地萬物皆莫非侍天主也 彼鳥聲 亦是侍天主之聲也."

또 사용하는 사물이 곧 한울님(物物天)이라는 진리를 설파함으로써, 도를 일상의 차원에서 해석하고, 또 설명하고 있다.

수련하기를 권할 때도 "도에 대한 간절한 생각을 배 주릴 때에 밥 생각하듯이, 추울 때 옷 생각하듯이, 목마를 때에 물 생각하듯이 하라."[24]고 말하여, 자신이 뼈저리게 체험했던 '배고픔과 추위와 목마름'이라는 인간적인 고통의 절대적 순간을 원용하고 있다. "도는 고원난행(高遠難行)한 곳에 있는 것이 아니라, 일용행사(日用行事) 모두가 도 아님이 없다."[25]는 해월 선생의 생각은 궁극적으로 '도의 생활화'라는 말로 개념화할 수 있다.

해월 선생의 생활 속의 도의 철학은 부부의 문제, 가정사의 주인으로서의 부인의 문제, 조상에 대한 제사를 치르고 아이를 가르치는 문제, 매일같이 먹고 사는 문제에까지 매우 다양하고 또 폭넓게 적용되고 있다.

해월 선생은 먼저 가정사에 대한 가르침으로 「내수도문(內修道文)」,「내칙(內則)」,「부인수도(婦人修道)」,「부화부순(夫和婦順)」 등을 제시하고 있다. 「내수도문」은 내수도(內修道)인 부인이 가정살림을 하면서 지켜야 할 일곱 개 조항의 덕목을 해월 선생이 직접 적은 글이다. 첫째 조목의 전반부 "부모님께 효도하고, 남편을 극진히 공경하오며, 내 자식과 며느리를 극진히 사랑하오며…"는 유교적 가사 덕목을 열거한 것이다. 그러나 후반부 "하인을 내 자식과 같이 여기며, 육축이라도 다 아끼며, 나무라도 생순을 꺾지 말며…"에 이르면, 동학의 사사천(事事天), 물물천(物物天)의 사상이 여지없이 드러난다.

또 둘째 조목의 "가래침을 뱉지 말며, 코를 멀리 풀지 말며, 침과 코가 땅

---

24  『해월신사법설』「독공」, "道之一念 如飢思食 如寒思衣 如渴思水."
25  『해월신사법설』「기타」.

에 떨어지거든 닦아 없이 하고…" 등은 선구적인 위생관념 정도로 이해되지만, "이는 곧 천지부모님 얼굴에 뱉는 것이니 부디 그리 아시고 조심하옵소서."에 이르게 되면, 곧 "땅을 어머니의 살"²⁶이라는 가르침을 편 해월 선생의 경물(敬物) 사상이 가정생활에 그대로 적용되는 것임을 알 수 있다. 도의 일상화요 생활화이며, 당대의 민중들로 하여금 일상에서의 일거수일투족을 삼감으로써, 군자사람으로 살아갈 수 있는 길을 제시한 것으로 볼 수 있다.

「내칙」은 포태한 부인이 지켜야 할 덕목을 제시한 것이다. 즉 "낙지초(落地初) 한울님으로부터 받은 적자(赤子)의 마음과 포태할 때에 한울님의 이치기운(理致氣運)이 부모님 육신을 받아 이루어진 유형의 생명"²⁷인, 태중(胎中)의 태아가 한울님 마음과 기운을 잃지 않고 온전한 생명으로 이 세상에 태어나도록, 포태한 부인은 나쁜 기운이 있는 음식도 먹지 말며, 몸가짐을 바르게 하며, 바른 마음을 가지라는 가르침이 담겨 있다.

「부인수도」는 제자들이 '어떤 연유에서 (해월 선생은) 부인들에게 수도하기를 장려하는가?'를 묻는 물음에 답한 글로서, 부인은 비단 가정 안에서뿐만 아니라, "사람 모두가 어머니의 포태 중에 나고 또 성장한 것과 같이"²⁸ 부인, 곧 여성은 바로 우주의 태어나고 자라나는 모든 일을 주관하는 주인임을 적시하였다. 또 「부화부순」이라는 글에서는 인간 세상 일상의 출발점으로 간주되는 '부부(夫婦) 사이의 문제'에서도 해월 선생은 "도를 통하고 통하지 못하는 것이 바로 내외, 즉 부부가 화순(和順)하느냐, 화순하지 못

---

26 『해월신사법설』「성·경·신」, "惜地 如母之肌膚."
27 『해월신사법설』「영부 주문」, "內有神靈者 落地初 赤子之心 外有氣化者 胞胎時 理氣應質而成體也."
28 『해월신사법설』「婦人道通」, "活人者 亦多矣 此人皆是 母之胞胎中 生長者如也."

하느냐."[29]에 달려 있다고 말한다. 나아가 부부가 화순하지 못하면 천지가 막히고 부부가 화순하면 천지가 크게 화하니, "부부가 곧 천지"[30]라고 선포한다.

이와 같이 해월 선생은 「내수도문」, 「내칙」, 「부인수도」, 「부화부순」 등의 법설을 통해 부인과 가정에서의 일들, 또 포태한 부인의 몸가짐이나 마음가짐 등의 행동거지에서 부부 사이의 일에까지 천도의 이치가 미치고 있음을 말해주고 있다. 그러므로 이 부인이 주관하는 가정사, 즉 아이를 낳고 키우며, 또 부모를 봉양하는 문제, 또는 부부 사이의 화순(和順) 등이 곧 신성하고 거대한 차원의 우주적인 일임을 강조하고 있다.

여기서 해월 선생은 '도'(道)를 하향적으로 비근한 가정사로 끌어내린 것이 아니라, 우리의 일상을 고양하여 천지자연의 일로 성화(聖化)하였음을 알 수 있다. 해월 선생은 '일상의 성화'를 통해 이 지상에 새로운 후천의 삶을 열려고 했던 것이다.

또한 해월 선생의 도의 생활화 정신은 선천 오만 년 동안 가장 보수적으로 견지되어 왔던 '제례'(祭禮)의 개벽에까지 미치고 있다. 제례는 인간 인생 여정을 관통하는 관혼상제(冠婚喪祭) 중의 하나로서 '삶과 죽음'을 바라보는 세계관이 반영된다. 또한 제례는 가장 일상적이면서도 초일상적인 것으로, 무엇보다 가장 전통 고수에 치중하는 의식이다. 그럼에도 해월 선생은 제례 의식에서 근간이라고 할 제물을 폐하고 '청수일기'(淸水一器)만을 설하라는 파격적인 제례법을 제시하였다. 이는 곧 제례에 있어 비록 청

---

29 『해월신사법설』「부화부순」, "道之通不通 都是在 內外和不和."
30 『해월신사법설』「부화부순」, "夫婦卽天地." 여기서 부부의 다른 이름이 곧, 자녀의 관점에서는 '부모'가 되므로, 이는 '天地父母' 설과도 통한다고 보겠다.

수 한 그릇이라도 그 '정성'이 중요하다는, 실용적인 면을 강조한 것이다. 그런가 하면, 해월 선생은 선천 시대의 제례법인 '향벽설위'(向壁設位)를 과감하게 '향아설위'(向我設位)로 전환할 것을 제시했다. 당시로서는 가장 종교적인 영역인 제례 의식에서 내 안에, 우리 안에 살아 있는 한울님이라는 시천주 정신을 반영함으로 해서 도의 생활화에서의 세속을 추수(追隨)하는 것이 아니라, 동학적 생활화를 실천했던 것이다.

해월 선생의 '도의 생활화' 철학은 사람살이의 전부라고 할, 사람을 대하고, 또 사물을 접하는 태도와 마음 자세에 관한 원리와 윤리를 밝힌 「대인접물」, 그리고 그중 대표적인 10가지 덕목을 제시한 「십무천(十毋天)」에 집약되어 제시되고 있다. 「대인접물」은 사람을 대하고 사물을 접하는 생활 속 일동일정(一動一靜)에서 도(道)가 어떻게 행해져야 하는가를 도파한 설법이다. 대표적인 것이 바로 '사인여천'(事人如天)이다. 사람을 한울님 섬기듯이 대하라는 것이다. 지언(至言)이 아닐 수 없다. 그런가 하면, "만물이 시천주 아님이 없다."(萬物 莫非侍天主)고 함으로써 '접물여천'(接物如天)[31]의 설법도 하고 있다. 즉 대인접물의 기본적인 자세는 경천(敬天), 경인(敬人), 경물(敬物)의 삼경사상(三敬思想)으로 이어지고 있다.

해월 선생은 우리가 사물과 접하고 사람을 대하는 '일상의 일'이 곧 도를 행하는 것이라고 말하고 있다. 해월 선생이 관군에 쫓기면서도 한시도 일감을 손에서 놓지 않자, 제자들이 왜 그렇듯 일을 하시느냐고 물으니, "언제 한울님이 잠시라도 쉬는 것을 본 적이 있느냐?'고 반문했다고 한다. 해월 선생은 바로 이렇듯 일상의 '일'에 신성성(神聖性)을 부여함으로써, 도의 생활화를, 궁극적으로는 생활의 성화를 이룩하고 있다.

---

31  白仁玉, 「人乃天解」, 『천도교회월보』, 제2권 제6호, 1911.

일상이 어떻게 도가 되는지는 「십무천(十毋天)」 법설에서 더욱 극적으로 제시된다.

자신과 세상을 속이므로 결국 한울님을 속이는 것을 경계하는 '무기천'(毋欺天), 타인을 거만하게 대하면 결국 한울님을 거만하게 대하게 됨을 경계하는 '무만천'(毋慢天), 내 몸을 상하게 하는 것은 결국 한울님을 상하게 됨을 경계하는 '무상천'(毋傷天), 내 마음을 어지럽게 하는 것은 곧 한울님을 어지럽게 함을 경계하는 '무난천'(毋亂天), 내 삶을 욕되게 하는 것은 궁극적으로 한울님을 욕되게 만듦을 경계하는 '무굴천'(毋屈天) 등[32]은 궁극적으로 나란 존재와 나의 삶이 한울님과 일분의 간극도 없다는 종교적 진리를 바탕으로 한 것이다. 결국 한울님의 도 역시 나의 삶과 일분의 간격도 없이 우리의 삶 속에서 실천되어야 한다는 것이, 바로 해월 선생이 가르치는 '도와 생활과의 관계'라고 하겠다.

해월 선생은 수운 선생의 참형 이후 36년간 산간 오지를 전전하며, 수많은 사람을 만나게 된다. 이와 같은 만남을 통해 시천주의 가르침을 일상생활에 적용하고 해석함으로써 '도의 생활화'를 이룩하게 된다. 그러므로 민중들에게 좀 더 가까이 다가갈 수 있었고, 나아가 '생활의 성화'(聖化)를 설파할 수 있게 된다. 즉 도의 생활화를 통해 삶의 신성성을 회복하고, 이를 통해 생활의 성화를 이룩함으로써 후천이라는 새로운 차원의 세계를 열어갈 수 있다고, 해월 선생은 굳게 믿고 또 실천해 나갔던 것이다.

---

32 『해월신사법설』「십무천」, "1. 毋欺天, 2. 毋慢天, 3. 毋傷天, 4. 毋亂天, 5. 毋厭天, 6. 毋汚天, 7. 毋餒天, 8. 毋壞天, 9. 毋厭天, 10. 毋屈天."

## 4. 의암: 도의 종교화

의암 선생은 그 성격이 호방하여, 젊은 시절 매우 호탕한 생활을 하였다.[33] 그러나 동학이 보국안민(輔國安民)과 새로운 세상인 지상천국을 건설하는 목적을 지향하는 도라는 말을 듣고는 동학에 입도하게 된다. 입도한 이후 의암 선생은 그때까지의 생활을 일시에 청산하고, 주문 스물한 자를 매일 삼만 독(讀)씩 하며, 지극한 수련으로 일관된 생활을 3년간이나 지속해 나간다. 이후 의암 선생은 해월 선생을 모시고 공주 가섭사(伽葉寺), 익산 사자암(獅子庵), 그리고 풍천 용문사 등에 들어가 독공(篤工) 수련을 하였다. 이와 같은 지극한 수행은 훗날 그가 많은 업적을 이룰 수 있는 원동력이 되었다.

동학혁명 당시에 의암 선생은 통령(統領)으로 북접 동학군을 이끌고 전봉준 휘하의 동학군과 합류하여 공주전투를 비롯한 일련의 전투를 벌였다. 임실까지 후퇴한 이후 해월 선생을 모시고 다시 북상한 끝에 동학군을 해산시키고, 관의 추적을 피해 원주(原州), 여주(驪州) 등지를 전전하게 된다. 동학혁명으로 말미암아 교단이 다시 한번 절멸의 위기에 처한 상황에서 의암 선생은 해월 선생으로부터 도통(道統)을 이어받고 천도교의 3세 교주가 된다.

해월 선생 순도 이후, 더욱 어려워진 교단을 의암 선생은 뛰어난 지도력으로 재정비하는 한편, 당시 새로운 기운으로 들어오는 근대에 대한 열망과 함께 교단의 면모를 혁신하고자 노력한다. 특히 일본에 체류하는 동안 문명개화를 통한 근대화와 자강(自强)의 필요성을 절감하고 진보회(進步

---

33   의암손병희선생기념사업회, 『의암손병희선생전기』, 1967.

會)라는 민회를 결성하여, 정치 개혁 활동을 전개하였다.[34] 그러나 일진회 (一進會)와 통합한 후 이용구 등의 배반으로, 그 본질이 퇴색하게 되자 의암 선생은 동학을 천도교로 대고천하고, 과감히 이들 친일 세력을 축출하는 결단을 내림으로써 교단을 일신하는 계기로 삼는다.

결정적으로 의암 선생은 천도교라는 이름을 전면에 내세우면서 근대가 요구하는 종교로 교단 체제를 개편하였다. 즉 '도의 종교화'를 도모한 것이다. 예컨대, 일주일을 단위로 하는 서양력을 쓰는 것과 아울러 서구 근대 종교, 즉 기독교의 의례를 참조하여 '시일'(侍日)이라고 명명을 한 집단 의례를 매 일요일마다 시행하게 되었다. 근대식 건물로 교당을 신축하고, 대교구 및 교구, 전교실 등을 설치하여 중앙집권적인 일원화된 교단 조직을 마련하였다.

이와 같은 형식은 대체로 서구 종교의 모습을 본 딴 것이다. 그러나 그러한 틀 속에는 동학시대부터 시행해 오던 '주문'(呪文), '청수'(淸水), '기도'(祈禱)[35] 등의 종교적 수행 및 의식은 그대로 살려 놓았다. 특히 '성미'(誠米) 제도를 두어 기독교의 십일조나 연보와 같이 교단의 재정을 뒷받침하고 있다. 그러나 한편으로 이 성미 제도는 집에서 아침저녁으로 밥을 지을 때, 가족 한 사람 한 사람을 생각하며 정성스럽게 한 수저씩 덜어낸 쌀을 한 달 동

---

34   당시 진보회의 강령은 '황실 존중으로 독립을 견고히 할 것, 인민의 생명과 재산을 보호할 것. 정부를 개선할 것. 군정과 재정을 정리할 것.'(『천도교회사 초고』「인통」) 등을 강령으로 삼았다. 이로 보아 의암은 進步會를 통해 정치 개혁, 사회 개혁 등을 꾀하였다고 보겠다.

35   천도교단은 개인 신앙을 위한 '五款' 제도를 마련하는데, '다섯 가지 정성'이란 곧 '呪文, 淸水, 祈禱, 侍日, 誠米'이다. 이 중 '呪文, 淸水, 祈禱'는 동학시대부터 전해 오던 것이고, '侍日'은 새로이 서구적 종교 제도를 본 따서 제정한 것이다. '誠米'는 서구적인 것과 전통적인 것이 혼용된 것이다.

안 모아 교회에 바치는 것으로, 이는 외지에 출타 중인 가족을 위해 조석(朝夕)을 떠서 모서 두던 우리의 민간 신앙 전통을 되살려 제도화한 것이다.

또한 교단 조직에서도, 총부-교구의 교단 행정 조직 이면에 동학시대부터 시행되어 온 '연원제'(淵源制)를 그대로 유지함으로써 이원적인 조직체를 구성하였다. 그러므로 총부 산하의 교구는 지역별로 관할하는 속지제(屬地制)를 채택하지만, 연원제도는 동학시대의 전통 그대로 속인제(屬人制)를 그대로 유지한 것이다. 이처럼 의암 선생이 동학을 천도교로 개편하여 도의 종교화를 꾀하면서, 그 외양으로는 서구에서 유래하는 종교의 제도와 체제 등을 받아들이고 있지만, 내적으로는 동학의 전통을 온전히 계승하고 있었다.

'도의 종교화'를 위한 제도 정비에 이어 교리 체계화 작업을 진행하였다. 제도와 조직 체제 마련이라는 종교적 외형 구축에 못지않게 중요한 것이 교리, 수행 등의 교화 체제를 마련하는 일이었다.

천도교로 대고천하(大告天下)한 이듬해인 1906년에 들어 의암 선생은 『천도교전(天道敎典)』, 『천도교지(天道敎志)』, 『교우자성(交友自省)』, 『천도태원경(天道太元經)』 등을 차례로 발간하였다. 이어 1907년에는 천도교의 기본 경전인 『동경대전(東經大全)』과 이를 주해한 『동경연의(東經演義)』를 간행하였다. 그동안 필사(筆寫)나 목판(木版, 木活字)으로 간행하던 경전을 활자(活字)로 인쇄하여 보급하게 된 것이다. 계속해서 교리를 철학적으로 해석한 『성훈연의(聖訓演義)』, 『삼수요지(三壽要旨)』, 『대종정의(大宗正義)』, 『관감록(觀感錄)』, 『천도교문(天道敎門)』, 『현기문답(玄機問答)』, 『천약종정(天約宗正)』 등을 발간하였다. 1912년에는 『도경(道經)』, 『무체법경(无體法

經)』, 『후경(後經)』 등을 발간하였다.[36]

　이 교리서들은 수운 선생·해월 선생의 가르침을 근간으로 하여, 이를 신앙의 측면이나 철학사상의 측면에서 해석하고 부연한 것이다. 특히 1907년 발간된 『대종정의(大宗正義)』는 오늘날 천도교가 종지(宗旨)로 삼는 '인내천'(人乃天)이라는 용어가 처음으로 천도교의 핵심 사상으로 선포되고 있어 주목을 요한다.[37] 인내천은 수운 선생의 시천주, 해월 선생의 심즉천(心卽天), 인시천(人是天) 등을 계승하여, 동학을 근대적인 종교로 탈바꿈하면서 내세운 대표적인 표어이며,[38] 천도교의 종지가 되는 용어이다.

　수운 선생은 '한울님을 모셨다'는 시천주(侍天主)로 가르침의 요체를 삼았다. 이 시천주를 해월 선생은 인시천(人是天), 또는 인즉천(人則天)으로 해석을 하였고, 의암 선생은 이 모든 담론을 종합하면서 '사람이 한울님을 모시고 있으니, 이에 사람이 한울님'이라는 '인내천'을 내놓게 된 것이다.[39] 따라서 인내천은 갑자기 등장한 용어가 아니며, 많은 연구자들이 제기하고 있는 바와 같이 '천주'(天主)에서 '주'(主)를 배제함으로써 한울님의 의지적인 성격을 제거하려는 것도 아니다.[40]

---

36　이에 대한 자료는 최기영·박맹수 편, 『韓末 天道敎 資料集』, 국학자료원, 1997을 참고한 것임.
37　『大宗正義』, "大神師는 吾敎의 元祖라. 其思想이 博으로 從하여 約히 倫理的 要點에 臻하니 其要旨는 人乃天이라. 人乃天으로 敎의 客體를 成하며 人乃天으로 認하는 心이 其 主體의 位를 占하야…."
38　김용휘, 「侍天主 思想의 變遷을 통해 본 東學 연구」, 고려대학교 대학원 박사학위논문, 2004.12, 113-115쪽.
39　『해월신사법설』 「기타」 편에는 "余 夢寐의 間인들 어찌 先生의 遺訓을 忘却하리오. 先生이 人乃天의 本義를 說하시되 曰 事人如天하라 하셨나니라."라고 하여 '인내천'이 수운 선생 이래의 가르침의 요지임을 밝히고 있다.
40　이에 관해서는, 윤석산, 「교단사적 입장에서 본 천도교 100년」, 『동학학보』 제10권 1호, 동학학회, 2006.6, 293-294쪽에서 상론하고 있다.

‘인내천’은 수운 선생의 ‘시천주’를 바탕으로 하고, 해월 선생의 ‘인시천’을 이어서, 이를 더 직접적이고 적극적으로 표방한 용어라고 하겠다. 따라서 인내천(人乃天)은 ‘사람이 한울님’이 아니라, ‘사람이 이에 [乃] 한울님’이라는, 유한 존재인 사람이 내 안에 모신 무궁한 한울님을 깨달아 우주적 무한 존재임을 체득하여 살아가는 경지를 의미한다. 의암 선생이 이와 같은 인내천을 가장 핵심적인 교의로 채택한 것은 당시 ‘종교’라는 근대적 형식을 수용하면서도 기독교 신앙의 타력주의(他力主義)를 배제하고, 동학 본래의 자력적(自力的)인 신앙을 강조하기 위함[41]이라고 하겠다.

　의암 선생은 인내천에 이르는 수도법으로 ‘이신환성’(以身換性)을 강조하였다. 이는 “사람의 일시적인 객체인 신(身)을 사람의 영원한 주체인 성(性)”[42]으로 바꾸자는 것으로, 이 이치를 깨닫는 사람은 누구나 수운 선생(大神師)과 같은 성인이 될 수 있다고 하였다.[43] 이때 ‘육신 관념을 성령(관념)으로 바꾼다.’는 ‘이신환성’은 자력적 신앙에 의거하는, 또 이를 완성하는 수도법으로, ‘사람이 이에 한울님’이라는 인내천의 경지에 이르기 위한 수도법이기도 하다.

　또한 의암 선생은 『무체법경(無體法經)』에서 인간을 성(性), 심(心), 신(身)의 삼단(三端)의 합일체로 설명하면서 수련의 이론적 기초를 마련한다. 성과 심과 신의 관계에서 “성품이 있고라야 몸이 있고, 몸이 있고라야 마음이

<hr>

41　김용휘, 위의 논문, 122쪽.
42　『의암성사법설』「이신환성설 1」, “性은 卽人의 永年主體요 身은 卽人의 一時客體니라.”
43　『의암성사법설』「이신환성설 2」, “사람은 누구나 各自 本來의 性品을 깨달으면 血覺性의 善惡强柔에 있어서 千萬年前人이나 千萬年後人이나 現代人이 同一한 것을 知할지니 此를 覺한 者 大神師요 此를 不覺한 者 凡人이니라.”

있다."[44]라고 말하고 또 "몸이 없으면 성품이 어디에 의지해서 있고 없는 것을 말하며, 마음이 없으면 성품을 보려는 생각이 어디에서 생길 것인가. 무릇 마음은 몸에 속한 것이니라. 마음은 바로 성품으로써 몸으로 나타날 때 생기어 형상이 없이 성품과 몸 둘 사이에 있어 만리만사를 소개하는 요긴한 중추가 된다."[45]라고 설파하였다. 천도교의 무극대도(無極大道)란 성·심·신 중 어느 하나라도 결여되면 온전하게 도달할 수 없다는 점을 강조한 것이다. 이는 동학이 처음부터 천명하던, 무극대도로서의 동학이 유불선(儒佛仙)의 모든 진리를 아우르는 가르침[46]임을 드러내기 위한 것이다. 따라서 천도교가 지향하는 무극대도를 통전적으로 깨닫기 위해서는 마음공부, 성품공부, 몸공부를 겸전해야 한다는 수도법을 『무체법경』을 통해 제시하고 있는 것이다.

이와 같은 수도법에 의하여 주문 수련을 지극히 해 나가는 과정에서 그 수행의 정도에 따라 유형한 '나'와 무형한 '한울님'의 관계가 다양한 위상으로 드러나며, 또 마음과 성품과 사물의 관계도 그때마다 달라진다. 그 단계를 의암 선생은 「십삼관법(十三觀法)」[47]을 통해 설명하고 있다.

「십삼관법」의 첫 번째 단계는 '주문을 생각하고 한울님의 감화를 보는 것'[念呪觀 感化觀]이다. 주문을 열심히 읽고 한울님의 감응을 통해 변화를 경험하면, 두 번째 단계인 '나는 없다고 보고, 한울님만 있다고 보는'[我無觀 天有觀] 단계, 즉 유형천(有形天)을 위주로 하는 단계로 나아간다. 여기서 한

---

44  『의암성사법설』「성심신 삼단」, "有性有身 有身有心."
45  『의암성사법설』「성심신삼단」, "無身 性依何而論有無 無心 見性之念 起於何處 夫心身之屬也 心是生於 以性見身之時 無形立於 性身兩間而 爲紹介萬里萬事之要樞."
46  앞의 『도원기서』, 49쪽, "此道 以儒佛仙三道兼出也."
47  『의암성사법설』「십삼관법」.

걸음 더 나아가면 세 번째 '나는 있고 한울님은 없다고 보는'[我有觀 天無觀] 단계, 즉 무형천(無形天)의 지경으로 나아간다. 이어서 네 번째, '성품은 없고 마음만 있다고 보는'[性無觀 心有觀], 즉 마음공부에 치중하는 단계로 나아가고, 그 다음 다섯 번째 단계로 '마음은 없고 성품만 있다고 보는'[心無觀 性有觀], 즉 성품공부의 단계로 나아간다. 그러나 여기에 머물지 않고 나아가면 다시 여섯 번째 '성품도 있고, 마음도 있다고 보는'[性有觀 心有觀] 단계, 즉 마음과 성품 모두 새롭게 인식되는 공부 단계로 나아가게 되고, 이에 이어서 일곱 번째 '나를 먼저 보고 한울님을 뒤에 보는'[我先觀 天後觀], 비로소 나의 본연이 곧 한울님이라는, 나는 한울님 모신 존재임을 자각하는 단계에 이르게 된다. 여기에서 수행을 계속하면 이어서 여덟 번째 '나도 있고 한울님도 있다고 보는'[我有觀 天有觀], 자천자각(自天自覺)의 단계에 이른다. 이어 아홉 번째 '나도 있고 사물도 있다고 보는'[我有觀 物有觀], 사사천(事事天) 물물천(物物天)의 단계로 나아간다. 이를 지나 수행을 거듭하면 열 번째 '자유를 보고 자용을 보는'[自由觀 自用觀], 나와 사물 등, 모든 구애(拘碍)로부터 벗어나 모든 것이 자유자재의 상태에 이르는 자유심(自由心) 단계로 들어간다. 이후에 무상(無上)의 경지라고 할 수 있는 열한 번째 '중생을 보고 복록을 보는'[衆生觀 福祿觀] 단계, 열두 번째 '세계를 보고 극락을 보는'[極樂觀 世界觀] 단계인, 우주의 근원과 만유를 체득하는 지어지성(至於至聖) 경지에서 살아가게 되는 것이다.

이와 같은 수도법과 수련의 단계는 자력적 종교에서 중시되는, 도를 깨닫고 또 최고의 경지에 이르기 위한 종교적 수행의 과정이다. 즉 의암 선생이 이러한 수도법을 마련하고 자력적 종교로서 길을 택한 것은, '도의 종교화'를 단지 형식적인 측면에서 도입한 것이 아니라, 시대적 요청에 따르면서도 수운 선생과 해월 선생이 꿈꾸던 후천의 새로운 세상을 이루는 최적의 경로를 찾아가는 노력의 과정이었다.

의암 선생은 외형적으로는 서양의 근대적인 종교의 체제를 수용하여 '도의 종교화'를 꾀하였지만, 내적으로는 수운 선생과 해월 선생이 지켜온 동학의 본성과 본질을 그대로 이어서 '인내천'의 종지(宗旨)를 세우고, 자력적 종교로서의 천도교를 만들어 가고자 하였다. 그러므로 수련과 수도를 통해 마음공부, 성품공부, 몸공부를 겸전하여 새로운 차원의 후천을 열어가고자, '도의 종교화'를 감행하였던 것이다.

## 5. 결론

동학·천도교는 교조인 수운 선생이 탄생(出世)한 지 200년, 새로운 도로서 동학을 창도한 지 165년이 되는, 그 역사가 그리 오래되지 않은 종교이다. 그럼에도 불구하고, 근대 150년이라는 격변의 시대 속에서 숱한 역경을 이겨내며 오늘에 이르렀다. 수운 선생과 해월 선생 시대 내내 나라에서 금하는 가르침이었고, 그로 말미암아 두 분 교조는 참형과 교형으로 순도하기까지 하였다. 근대화 시기 이후에는 일제의 탄압으로 인하여 고난과 아픔의 시간을 견디며 시대의 어두움을 헤쳐 나왔다.

동학·천도교의 교조 수운 선생은 절망과 고난이 팽배하던 조선 말기, 결정적인 종교체험을 통해 한울님으로부터 무극대도를 받았다. 수운 선생은 그로부터 거의 일 년 가까이 수이탁지(修而度之)를 거듭하면서, 직관적이고 또 추상적인 깨달음의 내용을 객관화하고 또 체계화하였다. 이 글에서는 이와 같은 수운 선생의 노력을 '도의 학문화'라고 명명하였다. 즉 수운 선생은 분명하게 '도'와 '학'을 구분하였고, '도는 천도'이지만, '학의 이름은 동학'이라고 천명하였다. 이어서 '시천주'를 중심 사상으로 삼고, 그 실천적인 측면으로 '후천(다시)개벽사상'을 내놓는다. 아울러 수도법인 '수심정기'와 도의 요체를 집약한 '주문'을 가르친다. 즉 수운 선생은 새로운 후천을 열어갈 도를 밝히고, 또 이 도를 학문적으로 체계화함으로써 동학의 근본적인 틀을 마련했던 것이다.

동학의 2세 교주가 된 해월 선생은, 산간 오지를 떠돌며 만났던 많은 사람들과 그들의 질박한 삶 속에서 도의 실체를 발견해 나가면서 '도의 생활화'를 꾀하게 된다. 일상 속에서 우리가 매일같이 먹는 '밥'에서부터, 하늘에 떠 있는 '해와 달', 그리고 숲속에서 우는 '새소리'까지, 자신이 만나고 경험한 일상의 모든 것들을 자신의 도를 펴고 설명하는 대상으로 삼았다. 또한 한 가정의 며느리, 어린아이, 또 부부 등이 일상적으로 담당하는 제사나 사람을 대하고 물건을 쓰는 일 등에 비추어 도를 설명해 나간다.

「내수도문」, 「내칙」, 「부인수도」, 「부화부순」, 「향아설위」 등 설법들이 그러한 과정과 내용을 담고 있고, 그 실천을 위한 덕목으로 「대인접물」, 「십무천」 등의 설법을 펴기도 한다. 이처럼 해월 선생은 '도'를 일상적 삶의 깊은 곳까지 끌어드리므로 '도의 생활화'를 꾀한다.

해월 선생이 꾀하였던 '도의 생활화'는 세속을 있는 그대로 용인하는 것이라기보다는 속된 일상을 성화(聖化)하는 데에 그 본의가 있다. 즉 해월 선생은 '일상의 성화'를 통해 우리의 삶 자체를 성화하고 새로운 삶의 체제를 이 지상에 이루고자 한 것이다.

동학의 3세 교조가 된 의암 선생은 천도교 시대를 새롭게 열어 나갔다. 의암 선생은 서구적 종교 체제를 수용하여 교단의 제도를 정비하고, 또 교리를 체계화하여 '도의 종교화'를 꾀하게 된다, '도의 종교화'는 외양상 서구 전래의 종교 체제를 도입하는 것이지만, 내면적으로는 수운 선생과 해월 선생이 견지해 오던 자력적 신앙의 근본을 보존하고 있었다.

이런 맥락에서 의암 선생은 '인내천'을 천도교의 종지로 표방하였다. '인내천'은 수운 선생의 '시천주'를 바탕으로 하였고, 해월 선생의 '인시천'을 포괄하면서 이를 직접적이고 적극적으로 표현한 용어이다. 또한 인내천은 유한 존재인 사람이 무궁한 한울님을 깨달아서 무한자로서의 자기 인식을 개벽하는 경지를 의미한다. 따라서 인내천은 서구 전래의 기독교의 타력적(他力的) 신앙에 대비되는 동학 본래의 자력적(自力的)인 신앙을 잘 대변해 주는 것이다.

의암 선생은 인내천에 이르는 수도법으로 '이신환성'(以身換性)을 강조하고, 또 『무체법경』, 「십삼관법」 등을 통해 수련의 단계별 특징과 과제를 보여준다. 특히 천도교의 수도는 마음공부, 성품공부, 몸 공부를 겸전해야 함을 강조하고, 이로써 문명사적 위기를 극복하고 새로운 삶의 세계를 열어가고자 했던 것이다.

일찍이 해월 선생은 "도란 때와 짝해 나가지 못하면, 사물(死物)과 다름이 없는 것"이라는 '용시용활'(用時用活)의 도법을 펼친 바 있다. 동학의 스승들이 펼친, '도의 학문화', '도의 생활화', '도의 종교화'는 동학사상이 시대에 따라 변천하는 것을 지시하는 것만이 아니라 시대의 운을 타고 오르는 능동적인 개벽의 전형적인 모습이라고 할 수 있다. 따라서 오늘과 같이 전 지구적 차원의 위기의식이 팽배한 이 시대에, 동학을 이은 오늘의 천도교는 스승들이 펼친 용시용활의 도법을 깊이 절감하고, 시대와 짝해 나갈 가르침을 마련하고 천도교 본연의 종교적인 노력에 박차를 가해야 할 것이다.

# 제5장 동학·천도교의 성지 '용담'에 관하여

## 1. 들어가는 말

용담(龍潭)은 경상북도 경주시 현곡면의 구미산에 있는 동학·천도교의 발상지로서 동학·천도교 제일의 성지로 꼽히는 곳이다. 수운 선생이 경신년(1860) 4월 5일에 결정적인 종교체험을 통하여 한울님으로부터 무극대도를 받은 곳이며, 그 가르침을 처음 편 곳이다. 그런가 하면, 조선 조정에서 파견한 선전관(宣傳官)에 의하여 수운 선생이 체포된 곳이기도 하다. 이와 같이 '용담'은 수운 선생의 종교적 온 생애가 자리했고, 또 오늘까지 그 정신과 가르침이 역력히 살아 있는 성지이다.

그런데 '용담'에 관하여, 그 정확한 이름이나 위치 또는 지명 등에 대한 분분한 설이 설왕설래하고 있다. '용담'이 어디를 일컫는지, 또 그 의미가 무엇인지 의견이 분분하다. 용담정이 있는 계곡의 어느 담(潭) 이름이라고도 하고, 용담정이 있는 그 계곡 일대를 지칭한다고 하기도 한다. 그러나 '용담'의 '담'(潭)이 어디냐고 물으면, 그 정확한 위치를 아는 사람은 아무도 없다. 그런가 하면, 오늘의 용담정이 있는 곳이 수운 선생의 할아버지가 중(僧)인 복령(福齡)으로부터 사들인 원적암(圓寂庵) 자리 바로 그곳인지, 또 이 원적암을 다시 지어 '와룡암'(臥龍庵)이라고 했던 곳은 어디인지 정확한 관계를 말하지 못하는 경우가 많다.

또한 오늘 '용담정'이라고 현판을 붙인 것에 관해서도 이견이 많다. 수운 선생의 아버지인 근암공이 처음 이곳에 집을 짓고는 '용담서사'(龍潭書社)라고 이름을 지었는데, 어찌하여 오늘 '용담정'(龍潭亭)이라는 이름으로 불리게 되었는가에 관하여 여러 의견이 서로 엇갈리고 있을 뿐, 정확한 답을 내리지 못하고 있다. 가장 중요한 것은 수운 선생이 어느 곳에서 동학을 창도하는 결정적인 종교체험을 했는가 하는 점이다.

따라서 이 글에서는 이 문제에 집중하여, 첫째, '용담'이라는 이름의 의미, 둘째, 용담서사와 와룡암의 관계, 셋째, 용담서사와 용담정의 관계 등을 풀어나가고자 한다. 이를 통해 동학·천도교 제일의 성지인 용담 위치와 명칭의 내력을 분명히 밝히고자 한다. 이것이 곧 성지를 아끼고 성지의 의미를 정립하는 길이라고 생각한다.

이러한 제반 문제를 풀어가기 위하여 필자는 수차례 용담정 일대를 답사하고, 또 수운 선생의 후손들과 인터뷰를 진행했으며, 동학·천도교의 역사 기록과 『동경대전』, 『용담유사』 등은 물론 수운 선생의 아버지인 근암공(近菴公)이 남긴 『근암집』의 기록들을 면밀히 검토하였다.


## 2. '용담'(龍潭)이라는 이름에 관하여

'용담'은 오늘 용담정이 있는 계곡 일대를 일컫는다. 본래 이 계곡 일대를 인근 사람들은 '용치골'이라고 불렀다. '용추계곡'(龍湫溪谷)을 이곳 방언으로 이렇게 부른 듯하다. 수운 선생도 『동경대전』「수덕문」에서 '용추계곡'(龍湫溪谷)을 말씀한 부분이 있다.

구미산의 기이한 봉우리와 괴이한 바위들은 월성 금오산의 북쪽이요. 용추의 맑은 담과 보석 같이 흐르는 계곡은[龍湫之淸潭寶溪] 옛 마을 마룡의 서쪽이다. 정원에 있는 복숭아꽃은 어부의 배가 알까 두렵고, 집 앞으로 흐르는 물결은 그 뜻이 태공이 낚시를 드리운 데에 있다. 난간에 임하여 있는 연못은 염계의 뜻을 어김이 없고, 정자의 이름을 용담이라고 한 것은 어찌 제갈량을 사모하는 마음이 아니겠는가.[1]

이 문장은 점강법(漸降法)의 구도로 되어 있다. 구미산 전경(全景)에서 구미산 내에 있는 용추계곡으로, 또 용추계곡 안에 있는 용담정 일원의 정원으로, 정원에서 용담정 앞을 흐르는 계곡의 물로, 계곡 물에서 그것을 바라볼 수 있는 용담정에 있는 누대의 난간으로, 마지막으로 용담정의 이름으로, 이렇듯 점점 그 범위를 좁혀 가며 기술하고 있다. 이러한 점강(漸降)의 구도는 '용담정'을 강조하기 위한 표현이다. 도표로 그리면 아래와 같다.

이로 보아 「수덕문」 龍湫之淸潭寶溪(용추지청담보계)의 '용추'(龍湫)는 오늘 사람들이 일반적으로 알고 있는 바와 같이 용담정 위쪽 골짜기의 작은 폭포를 말하는 것이 아니라, 용담정이 있는 계곡 일원을 일컫는 이름이다. 즉 이 지역 사람들이 '용치골'로 불러온 계곡 전체가 용추계곡이다. 그 용치골, 곧 용추계곡의 정경을 수운 선생이 '맑은 담(淸潭)과 보석같이 맑게 흐르는 계곡'(寶溪)이라고 노래한 것이다.

수운 선생의 부친 근암공이 '용치골', '용추계곡'이라고 불리던 계곡에 '용

---

1    『동경대전』「수덕문」, "龜尾之奇峯怪石 月城金鰲之北 龍湫之淸潭寶溪 古都馬龍之西 園中桃花 恐知漁子之舟 屋前滄波 意在太公之釣 檻臨池塘 無違廉溪之志 亭號龍潭 豈非慕葛之心."

담서사'(龍潭書社)를 마련하게 되었고, 그때부터는 이 계곡을 '용담'이라고
불렀던 것으로 생각된다. 그렇다면 '용치골', '용추계곡', '용담' 등은 모두
같은 지역을 일컫는 말이 된다.

'용담'이라고 이름 붙여진 '서사'(書社)가 이 계곡에 자리하게 된 내력이
다음과 같이 『근암집』에 전한다.

> 지난 무술년(1778)에 중 복령(福齡)이 처음으로 이 못 북쪽 벼랑 위에 암자를
> 세우고 그 이름을 원적(圓寂)이라 하였는데, 얼마 지나지 않아서 중이 흩어
> 지고 암자가 폐지된지라 우리 선친(宗夏, 1670~1791)께서 그 집과 산전 수백
> 평을 사들이고 소자에게 명하여 말씀하시기를 "너희들이 글을 읽고 학업을
> 익힐만한 곳이 된다." 하셨다. 나의 스승인 기와공(畸窩公)께서 와룡암(臥龍
> 庵)이라 이름 지었다. …(중략)… 지금 골자기에 사는 농민들의 농장이 되었
> 는데, 바람을 맞아 들보가 꺾이는 아픔이 있었다. 매번 작은 집이라도 얽어
> 지어 아버님과 스승님 남기신 뜻을 따르고 싶었다. …(중략)… 비로소 담(潭)
> 위쪽에 건물을 얽어서 집을 지었는데 모두 다섯 칸이다. 스님을 모아 지키
> 게 하고 북쪽을 개척하여 서사(書社)를 지었는데 모두 네 칸이다. 주인 늙은
> 이가 거처하는 곳이다. 지은 것이 심히 소박하고 누추하나 무릎을 용납하
> 기에 족하다. 어찌 반드시 사치하고 화려한 것만 마땅하다고 하겠는가. 이
> 에 옛 현판 이름에 의할 것이로되, 최익지(崔翊之)가 천룡산 밑에 암자를 짓
> 고 또한 와룡암이라 이름하였으니, 명칭을 중첩하여 붙일 수 없어, 그런 까
> 닭에 고쳐서 용담서사(龍潭書社)라고 한 것이다.[2]

2    『近菴集』「龍潭二十六詠 小序」, "奧在 戊戌年 山之僧福齡 刱庵於是潭之北厓 名圓寂
     未幾 僧散庵廢 我先君 買屋子若山田數畝 命予小子曰 爲若輩讀書肆業地 吾師畸窩公

수운 선생 할아버지(崔宗夏)가 원적암이라는 절과 그 일대를 사들여 공부할 수 있는 암자를 삼았고, 근암공의 스승인 기와공(李象遠)이 그 집을 '와룡암'(臥龍庵)이라고 편액을 했다. 기와공이 '와룡암'이라고 이름을 붙인 것은 이 계곡에 '와룡'이라는 이름의 담(潭)이 있었기 때문이다. 다음의 기록이 이를 반증한다.

> 작은 담(潭)의 위쪽에 오래 된 바위가 마치 용이 꿈틀거리며 누워있는 듯하다. 그래서 와룡담(臥龍潭)이라 부르게 되었다.[3]

이후 수운 선생 아버지(최옥)가 다시 다섯 칸 되는 집을 짓고, 그 북쪽에 네 칸 되는 서사(書社)를 지었다. 옛 이름인 와룡암이라는 편액을 걸고자 하였으나, 이 이름을 최익지(崔翊之)라는 사람이 천룡산 아래 지은 암자에 쓰고 있기 때문에, '용담서사'(龍潭書社)라고 이름을 바꾸어 편액을 하였다고 한다. 이와 같은 경로를 거쳐 '용담'이라는 이름의 서사가 들어서게 되었고, 그 이름을 따서 그 일대를 '용담'(龍潭)이라고 부르게 되었다고 생각된다.

이렇게 보면, 실은 '용담'이라는 이름을 지닌 '담'(潭)은 없다고 할 수 있다. '용담'은 다만 이 계곡 일대를 일컫는 이름일 뿐이다. 그래서 근암공도 이 일대의 풍광을 시로 쓸 때에 '용담이십육영'(龍潭二十六詠)이라고, 이 계

---

命名臥龍庵 …(중략)… 至今 爲峽民農庄 自遭風木梁摧之痛 每擬縛得一小庵 以邃父師遺志 …(중략)… 始結搆於潭上 爲屋凡五間 募數衲守之 斥其北 爲書社四間 主人翁所居也 制甚樸陋 容膝足矣 何必侈麗爲宜 仍舊扁號 而翊之作庵於天龍山下 亦名臥龍庵 不可以疊稱 故改以龍潭書社云."
3  『近菴集』「龍潭二十六詠 并序」, "小潭 潭上老石蜿蜒臥 此其爲臥龍潭也."

곡 일대를 '용담'이라고 지칭한 제목을 붙인 것으로 생각된다.

그런데 이 「용담이십육영」(龍潭二十六詠) 안에 '용담수석'(龍潭水石)이라는 제목의 시가 있다. 이 시에 "빽빽이 서 있는 바위와 돌 사이에 작은 담이 있어…"[4]라고 노래하여 '용담'이라는 '작은 담'(小潭)이 있는 것으로 노래하고 있다. 그러나 이 또한 스물여섯의 경치를 차례로 노래한 작품을 순서대로 따라가 보면, 이 소담(小潭)은 와룡담을 지칭하는 것이라고 판단된다. 와룡담을 노래하면서 '와룡담수석' 대신 '용담수석'이라고 제목을 붙인 것이다. 이것은 다른 모든 시의 제목이 '넉 자'로 되어 있기 때문에 통일을 기하기 위한 것으로 생각된다. 따라서 와룡담을 혹 '용담'이라고 부르기도 했는지는 알 수 없어도, '용담'이라는 이름은 '용담서사'가 이 계곡에 자리하게 된 이후에 사람들이 부르게 된 이 계곡 일대에 대한 이름임이 분명하다.

다만 여기서 가장 중요한 것은, '용담서사'가 자리하게 되어서 이 계곡 일대를 '용담'이라고 부른 것은 분명하지만, 이 용담서사, 곧 오늘의 용담정에서 수운 선생이 수련을 했고, 또 한울님으로부터 도를 받았으며, 세상을 향해 가르침을 폈기 때문에 '용담'이라는 이름이 인구에 회자되었고, 그러므로 이 계곡 일대를 '용담'이라고 부르게 되었다는 사실이다. 따라서 '용담 선생'이라고 하면 이 호칭은 용담서사를 지은 근암공보다는 수운 선생을 일컫는 말이 된다.

---

4    『近菴集』「龍潭二十六詠」, '巖石叢中有小潭'

## 3. 용담서사와 와룡암

　앞에 인용한 「소서(小序)」의 기록과 같이, '와룡암'이라는 이름은 복령이라는 중이 지었던 원적암을 고쳐 살게 되면서 붙인 것이다. 지난 무술년 (1778) 복령이라는 스님이 '담'(潭)의 북쪽 벼랑 위에 암자를 짓고 '원적암' (圓寂庵)이라고 이름을 지었다고 한다. 이 글에 나오는 '담'(潭)은 '와룡담'을 일컫는 것이다. 이 와룡담이 어디인지는 정확하게 알 수는 없지만 대강은 추정할 수가 있다. 「용담이십육영 병서」(龍潭二十六詠 幷序)에 다음과 같은 기록이 보인다.

　　너럭바위들이 층층으로 있고, 물결소리 떠들썩하다. 이것이 연단암(鍊丹巖) 과 운영담(雲影潭)이다. 여기서 얼마 안 되는 곳으로 내려오면 병풍 같은 바 위가 양쪽 기슭에 걸쳐 둘러져 있다. 그 바위를 불로암(不老巖)이라 부르고, 폭포를 비류폭포(飛流瀑布)라고 부른다. 바위를 의지해서 내려다보면, 눈앞 이 핑 돌고 어지러워 오래 있을 수 없다. 오른쪽으로 돌아 내려가면 아득히 오래된 옛 바위가 있고 나무들이 빽빽이 들어섰고 맑은 시냇물이 조용히 흐 르고 주먹만 한 돌들이 많이 널려 있다. 바로 여기가 백석뢰(白石瀨)이다. … (중략)… 백석뢰로부터 구불구불 내려와 여기까지 이르면 층층이 날려 떨어 지는 물은 소리소리 운치를 이루고, 날리는 서리와 뿜는 눈, 구슬 같은 물방 울과 옥 같은 물거품은 날리고 날리어 사람의 낯에 뿌리고, 그 소리는 우레 소리 같고, 북소리 같으므로 북쪽은 뇌암(雷巖)이라 하고, 남쪽은 고루(鼓樓) 라고 한다. 동북쪽 모퉁이에 큰 돌이 사람 같이 섰고, 그 아래 반석이 평평 하게 깔려 있고 물이 빙빙 돌아 흐르면서 한 적은 못이 되었는데 못 위에는 오래된 돌이 꿈틀거리는 듯 누워 있으니, 이로써 와룡담(臥龍潭)이라 하였

다.[5]


이 기록의 '불로암'(不老巖)과 '비류폭포'(飛流瀑布)는 오늘 용담정 바로 앞에 있는 절벽과 그 절벽에서 떨어지는 폭포를 지칭한 것으로 생각된다. '너럭바위', 곧 '반석'(盤石)을 이룬 곳은 오늘의 용담정 바로 위에 있는 계곡의 바위를 지칭한 듯하다. 용추계곡을 위에서부터 타고 내려오며 만날 수 있는 너럭바위(盤石)는 이것이 유일하기 때문이다.

이곳에서 얼마 되지 않는 곳에 '병풍 같은 바위가 양쪽 기슭에 걸쳐 둘러져 있고, 이 바위에서 폭포가 떨어지고 있다.'고 하였다. 병풍같이 양쪽 기슭에 걸쳐 둘러져 있는 큰 바위와 내려다보면 현기증이 나는 높은 폭포를 이루고 있는 곳은 용추계곡 일대에서는 용담정 바로 옆에 있는 폭포와 바위뿐이다. 또한 바위에 의지해서 폭포의 아래를 내려다 볼 수 있는 곳도 바로 용담정 옆에 있는 폭포뿐이다. 이 바위를 '불로암'(不老巖)이라고 불렀고, 이 폭포를 '비류폭포'(飛流瀑布)라고 불렀음을 알 수가 있다. 또 이로 보아 '와룡담'은 불로암으로 불렸던 병풍바위와 또 비류폭포로 불렸던 폭포의 아래쪽에 자리하고 있는 담(潭)임을 알 수가 있다.

복령 스님이 처음 원적암을 세운 곳은 이 담, 곧 와룡담의 북쪽 벼랑 위(刱庵於是潭之北厓)라고 되어 있다. 그러니 와룡담의 북쪽 벼랑은 오늘 용담정이 자리하고 있는 곳이 아니라, 용담교를 건너기 전, 계곡을 중심으로 이

---

5    『近菴集』「龍潭二十六詠 幷序」, "盤石層立 波聲喧豗 丹鍊巖 雲影潭也 步武地 屛巖環
    列兩岸 巖曰不老 瀑曰飛流 靠巖頻睨 轉眩不能久 右轉有蒼古巖 樹木蒙密 淸溪穩流
    拳石齒齒 卽白石瀨也 …(중략)… 自自石瀨 逶迤來至是 層層飛落 淙淙成韻 飛霜噴雪
    瓊洮玉沫 飄飄灑人面 其聲轟轟然 鞠鞠然 故北曰雷巖 南曰鼓樓 東北隅 巨石立如人 其
    下盤石平鋪 洄爲一小潭 潭上老石蜿蜒臥 此其爲臥龍潭也."

야기를 한다면, 용담정이 서 있는 반대편 기슭이 된다. 그러니 원적암 자리와 현재의 용담정의 위치는 서로 다른 곳임을 알 수가 있다.

또한 근암공이 '용담서사'를 지을 때에는 기존에 있던 건물을 근거로 해서 짓거나, 기존의 건축물이 있던 자리에 지은 것이 아니라, 새로 지을 부지를 마련하여 지었다고 기록하고 있다. 다음의 기록에서 이와 같은 사실을 알 수가 있다.

> 와룡담은 삼면이 다 바위요, 그 동쪽 땅은 비어 있으나 좁아서 집을 지을 수 없으므로, 뒤 산기슭을 쪼개 무니우고 돌을 쌓아 터를 만들고 한 적은 암자를 구성하고 편액을 용담서사라고 하였다.[6]

이 기록으로 보아 '용담서사'를 지은 곳은 본래 집을 지을 수 없는 좁은 터였으나, 산기슭을 무너뜨리고 돌을 쌓아 만든 터임을 알 수가 있다. 즉 와룡암이 있던 터와는 다른 장소였다. 또한 오늘의 용담정이 있는 자리가 바로 근암공이 용담서사를 짓기 위하여 '뒤 산기슭을 쪼개 무니우고 돌을 쌓아 터를 만든', 터라고 볼 수 있다. 또한 「소서」에도 이와 같은 부분이 나온다.

> 비로소 담 위쪽에 얽어매어서 지었는데 집이 모두 다섯 칸이다. 스님을 모아 지키게 하고, 안쪽을 개척하여 서사(書社)를 지었는데 모두 네 칸이다.

---

6    『近菴集』「龍潭二十六詠 幷序」, "此潭三面皆岩 虛其東地 狹不可屋 遂劈破後麓 累石 爲基 構成一小庵 扁曰龍潭書社."

주인 늙은이가 거처하는 곳이다.[7]

'담(潭) 위쪽에 얽어매어서 지은 다섯 칸의 집은 스님들에게 지키게 하고, 이 집에서 안쪽을 다시 개척하여 서사 네 칸을 지었다.'라는 구절은 앞에서 인용한 「용담이십육영 병서」(龍潭二十六詠 幷序)에 나오는 "그 동쪽 땅이 비어 있으나 좁아서 집을 지을 수 없으므로, 뒤 산기슭을 쪼개 무너우고 돌을 쌓아 터를 만들고 한 적은 암자를 구성하고 편액을 용담서사라고 하였다."[其東地 狹不可屋 遂劈破後麓 累石爲基 構成一小庵 扁日龍潭書社]라는 구절과 일치한다. 즉 용담서사는 새로 개간을 하여 지은 집이며, 따라서 먼저 있던 와룡암을 복원하거나 수리한 것이 아님을 알 수가 있다.

와룡암은 근암공이 다시 복원하고자 할 때에는 농민들의 농막(農幕)으로 사용이 되고 있었다. 다음의 구절이 이를 반증한다. "지금 골짜기에 사는 농민들의 농장이 되었는데, 바람을 맞아 들보가 꺾이는 아픔이 있었다."(至今 爲峽民農庄 自遭風木梁摧之痛) 그래서 "매번 이 자리에 작은 암자를 지어 아버님과 스승님이 남기신 뜻을 따르고 싶어 했다."(每擬縛得一小庵 以遂父師遺志)

이와 같은 여러 기록들을 참고해 보면, 근암공이 아버님과 스승님이 남긴 뜻을 따라 와룡암 자리를 다시 보수하거나 짓고, 그 와룡암에서 떨어진 안쪽[8]에 새로 터를 닦아 '용담서사'를 지은 것임을 알 수가 있다. 이 용담서사가 오늘의 용담정이다. 또한 「소서」의 기록과 같이 '안쪽을 재간하여 지

---

7    『近菴集』「龍潭二十六詠 小序」, "始結搆於潭上 爲屋凡五間 募數衲守之 斥其北 爲書社四間 主人翁所居也."

8    기록에는 '척기북'(斥其北)이라고 되어 있는데, 여기에서 '북'(北)은 방위이기보다는 '산의 안쪽'을 의미하고 있다.

은 네 칸의 서사(書社)는 주인 늙은이가 사는 곳이다.'라는 기록으로 보아, 용담서사는 근암공이 거처하는 곳임을 알 수가 있다. 근암공이 용담서사를 짓고, 이곳에 들어와 거처했음은 『근암집』 여타의 기록에도 나온다.

> 내가 사는 남쪽 물가에 와룡이라 부르는 담이 있습니다. 자못 산림의 경관이 뛰어납니다. 근래에 수 칸 집을 지었고, 용담서사라고 이름하였습니다. 지금까지 나는 세간에서 백 가지를 계획하여도 그 가운데 하나도 이루지 못했습니다. 그런데 이 서사 짓는 일만은 하루아침에 이루어 내었습니다. 이제 이렇듯 살아가면서 나의 천석(泉石)만을 생각하겠습니다. 뒷산의 신령이 뒷날 더럽혔다는 비난이나 없게 하고자, 저를 장차 이 산골짜기에서 늙어가게 하신 것이 아닐까요. 그렇지 않으면 하늘이 저에게 한가한 처소를 열어주셔서 제가 책을 읽는 데만 마음을 써서 노년의 공덕을 좀 더 쌓게 하신 것이 아닐까요.[9]

근암공은 구미산중에 용담서사를 지어놓고, 이곳에서 글을 읽으며 노년의 공덕이나 쌓으려고 했음을 알 수가 있다. 다음의 편지글에서도 역시 같은 뜻을 엿볼 수 있다.

> 근년에 작은 집을 깊은 산 바위 사이에 지었습니다. 이는 감히 망령되게 옛 분들의 높은 발자취를 흉내나 내고자 함이 아닙니다. 장차 만년에 살아갈

---

9    『近菴集』「與南尙鄭進士丈東弼」, "陋居南畔 有所謂臥龍潭者 頗有園林之勝 近構得數
     間屋子 名以龍潭書社 曾於世間 謀爲百 無一成 惟是役也 一朝告功 居然 爲我泉石意者
     北山之靈 知其無後瀆之譏 而其將老我於邱壑耶 仰天放開界 而使之專意讀書 以補桑楡
     之功耶."

것을 헤아린 것입니다.[10]

　이 편지에서도 역시 만년(晩年)에 살아갈 길(책 읽기)로 이곳 깊은 산간에 작은 집을 지었다고 되어 있다. 그러나 이 용담서사는 근암공이 모든 생활을 하는 집은 아닌 것으로 생각이 된다. 다음과 같은 편지글에서 이를 확인할 수 있다.

　　나이 60에 이르렀습니다. 머리는 희끗희끗해지고 눈은 어두워, 남은 책들을 헤아리는 일도 이제는 다하기 어렵습니다. 그런데 또 어느 결에 학문의 깊은 근원과 심오한 성리(性理)를 탐구하겠습니까. 한 걸음 더 나아가기 어려운 지경입니다. 그래서 사는 집 가까이에 별장을 마련해 여기서 만년을 마칠 계획입니다. 이후부터는 산 밖으로 한 발자국도 나가지 않으려고 합니다. 그러니 하물며 천리 밖의 서울을 가히 바라보겠습니까.[11]

　구미산에 지은 용담서사는 근암공의 표현과 같이 산서(山墅), 곧 별장임을 알 수 있다. 이 별장에 들어가 세상에 나가지 않고 여생을 마치겠다는 생각이었던 것이다.
　이상에서 살펴본 바와 같이 근암공은 당신 아버님(宗夏)이 원적암을 다시 와룡암이라고 하여 새로 짓고 현판을 붙인 이후, 오랜 동안 과장(科場)

---

10　『近菴集』「與鄭理御台攝」, "近構一小屋 於萬山巖竇間 非敢妄擬 於昔人高踏 將以爲暮年 棲息之計."
11　『近菴集』「與洪參議時濟」, "到六十境界 而髮星星 而視茫茫 料理殘書 尙不可得 又奚暇於深淵源頤性理 以爲竿頭進步地也 近方措置山墅 以爲終老計 自此矢不出山外 一步武 況可望千里長安乎."

에 출입했던 관계로 버려두었다가, 나이 50이 넘어 부친과 스승의 뜻에 따라 와룡암을 복원하고, 산 뒤쪽 골짜기 안 터를 새로 닦아 기와집을 지었다. 이것이 바로 용담서사이고, 이곳에서 근암공은 만년을 글이나 읽으며 보내려는 계획을 세웠던 것이다. 이 용담서사는 현재의 용담정이 있는 곳에 있었다.

다만, 무슨 이유에서 와룡암을 복원하고는 스님들에게 지키라고 했는지는 현재로서는 알 수 없다. 새로 지은 용담서사는 근암공에게는 별서(別墅)이지, 살림을 하는 집은 아니었고, 글을 읽으며 학문을 탐구하는 곳이었다.


## 4. 용담서사(龍潭書社)와 용담정(龍潭亭)

앞에서 논의한 바와 같이 '용담정'의 처음 이름은 '용담서사'(龍潭書社)이었다. 『근암집』에 의하면, 수운 선생의 부친인 근암공이 다시 짓고 그 이름을 '용담서사'라고 했다. 그런데, 언제부터 왜 '용담정'으로 부르게 되었는지 알 수가 없다.

표영삼 선생은 "용담서사를 용담정으로 착각하게 만든 것은 시천교 사람들이었다. 1911년에 용담서사 자리 뒤쪽 바위에 용담정이라 새겨 이를 본 이들이 무심코 용담정으로 받아들이게 되었던 것이다."[12]라고 기술하여, 용담정이라는 이름은 시천교에서 수운 선생 묘역을 수찬하면서 용담서사 자리 옆에 서 있는 바위벽에 새겨놓은 '龍潭亭'(용담정)이라는 글자 때

---

12  표영삼, 「와룡암과 용담서사 이야기」, 『신인간』, 2003년 11월호, 25쪽.(표영삼, 『표영삼의 동학이야기』, 모시는사람들, 2021(3쇄), 138쪽)

문에 생겨난 오해라고 말하고 있다.

표영삼 선생이 "시천교 사람들이 1911년에 용담서사 자리 뒤쪽 바위에 용담정이라 새겨 넣었다."라고 고증한 것은 김기전 선생의 증언을 토대로 한 것이다. 김기전 선생이 용담을 탐방했을 때 "정(亭)의 남쪽 석벽 벽라(碧蘿) 속에서 '용담정' 석 자 새긴 것을 보았다. 스승님 당년의 새김이나 대한 듯 얽힌 돌옷넉줄을 헤치고 보니 이는 지난 신해년간(근 30년 전) 스승님의 묘소를 고쳐 영조할 때에 새긴 것이다."[13]라는 글을 근거로 이렇듯 증언한 것이다. 실제로 시천교단에서 발간한 『시천교조유적도지(侍天敎祖遺蹟圖志)』에 의하면, '龍潭亭'이라는 글자는 1911년 5월 시천교도인 이정구가 쓰고, 박형채가 각자를 한 것이다.

그러나 이들이 '용담정'이라고 새겨 놓기 훨씬 전에 수운 선생이 『동경대전』과 『용담유사』에 '정자'(亭子)를 의미하는 '정'(亭)이라는 말로 이 집을 지칭하고 있다. 『동경대전』이나 『용담유사』에 쓰인 '정자'(亭子)의 의미를 지닌 '정'(亭)이라는 부분을 찾아보면 다음과 같다.

> 구미용담 일정각에 불출산외 하는 뜻은…. (『용담유사』「교훈가」)

여기서는 용담서사를 한(一) '정각'(亭閣)이라고 부르고 있다. 구미산 용담에 있는 한 정각(亭閣)에서 수운 선생이 불출산외(不出山外)를 맹세하고 수련에 임하였던 사실에 관해서 한울님이 수운 선생에게 상기시키는 부분이다.

---

13  김기전, 「성지로부터 성지로, 용담정에서」, 『신인간』, 1942년 11월호, 53쪽. 이 '龍潭亭'이라는 글자는 오늘날에도 확인할 수 있다.

가련하다 우리 부친 구미산정(龜尾山亭) 지을 때에….(『용담유사』「안심가」)

여기서는 용담서사를 '산정'(山亭)이라고 부르고 있다. 수운 선생이 1859
년 10월 용담으로 돌아와서, 이곳 용담서사에 들러 회상하시기를 '아버님
께서 이 구미산에 있는 정자를 지은 것은 결국 나에게 주기 위한 것'이라고
술회하고 있다.

구미산하 일정각(一亭閣)을 용담이라 이름하고…. (『용담유사』「용담가」)

여기서는 수운 선생 부친인 근암공이 구미산 아래 있는 한 정각(亭閣)을
'용담'이라고 불렀다고, 수운 선생이 아버지를 회고하며 말하고 있다. 이
역시 '정각'이라고 표현했다.

亭號龍潭 豈非慕葛之心 (『동경대전』「수덕문」)

여기서는 수운 선생이 아버지를 회상하면서 '정자의 이름을 용담이라
고 한 것은 제갈량을 사모하는 마음이 아니겠는가.'라고 말하고 있다. 역시
'정자를 용담이라 이름했다.'라고 표현하고 있다.

이와 같이 수운 선생이 『동경대전』이나 『용담유사』에서 '용담서사'를 회
상하는 부분은 '정각'(亭閣), '산정'(山亭), '정'(亭) 등으로, 모두 '(용담)정'을 의
미하는 용어로 지칭하였다.

그러나 이와 같은 수운 선생의 표현에 대하여서도, 표영삼 선생은 "「수
덕문」에 '정호용담'(亭號龍潭)이라 하였고, 「용담가」에 '구미산하 일정각을
용담이라.' 했다는 글을 보고 그리(용담서사=용담정: 필자 주) 아는 것 같다.

하지만 '정호용담'이나 '일정각을 용담이라 이름'했다는 것은 용담서사를 생략한 것에 지나지 않는다. 제대로 표현하자면 '정호는 용담서사'라 해야 한다. 용담정이라는 호칭은 잘못된 표현이며 비약이다."[14]라고 기술하고 있다.

표영삼 선생의 견해는 '용담서사'라는 이름을 가진 '서사'(書社)를 '정'(亭)이나 '정각'(亭閣)으로 약칭했다는 것이다. 그러므로 "제대로 표현하자면 정호는 용담서사라고 해야 한다."라고 덧붙여 말했다. 이 언급은 수운 선생이 『동경대전』이나 『용담유사』에 '제대로 표현하지 않았다.'는 말이기도 하다. 정말 수운 선생이 『동경대전』이나 『용담유사』에서 용담서사를 생략하여 '정'(亭)이나, '정각'(亭閣)으로 표기했고, 제대로 표현을 하지 않은 것인가.

근암공이 담(潭)의 동쪽을 개간하여 '서사'(書社)를 지었다고 하고, 또 그 편액을 '용담서사'(龍潭書社)라고 했으며, "장차 이곳에서 마을 수재와 같이 이치를 탐구하고자"(將與村秀才 尋數) 한다고 했다. 이로 보아 '용담서사'는 근암공이 공부하고 또 마을의 수재들을 가르치기 위한 곳으로, 근암공이 지은 집이다.

'용담서사'의 '서사'(書社)라는 이름은 본래 중국 주나라 때에 서류나 장부를 보관하는 장소의 이름으로 쓰였다. 선비들이 모여 공부를 하는 곳은 일반적으로 '서사'(書舍)라고 표기했다. 그런데 '용담서사'에서 일반적인 표기인 '서사'(書舍)를 쓰지 않고, '서사'(書社)라고 한 것에 대해서는 상고할 바가 없다. 추정컨대 글을 읽고 가르치는 데에 그치지 않고, 서로 깊은 토론도

---

14    표영삼, 「와룡암과 용담서사 이야기」, 『신인간』, 2003년 11월호, 25쪽.(앞의 책, 138쪽)

하며 같은 뜻을 지닌 사람들끼리 '학문적인 결사'(結社)를 이루고자 했기 때문이 아닌가 한다. 이렇듯 모여 글을 읽고 또 토론을 하며 학문적인 수양을 높이던 모임에서 근암공이 선생님으로 자리하고 있었기 때문에, 수운 선생이 "용담고사(龍潭古舍)는 가엄지장석(家嚴之丈席)이요."라고 노래한 것으로 생각된다.

그러나 근암공이 돌아가고, 수운 선생이 주유팔로로 세상을 떠돌다 10여 년 만인 기미년(1959) 10월에 다시 용담으로 돌아왔을 때에는 와룡암 터의 집도 용담서사도 모두 낡고 허물어진 상태였다. 그러나 수운 선생이 와룡암 터의 집을 수리하여 살림집으로 삼고, 용담서사를 다시 고쳐 그곳에서 구도 수련과 공부를 했던 것으로 추정된다. 그러므로 「안심가」에서 "가련하다 우리 부친 구미산정(龜尾山亭) 지을 때에 날 주려고 지었던가."라고 노래하였으며, 또 '구미용담 일정각에 들어가 불출산외를 맹세하고' 수련을 했다고 표현한 것이다.

수운 선생이 와룡암 터 집에 자리를 잡고 용담서사에서 수련에 임할 때에는 '용담서사'라는 현판이 있었는지 알 수 없고, 또 '서사'(書社)로서의 기능이 없어진 때이다. 그래서 사람들이 다만 구미산에 있는 한 정각(亭閣)이라고 생각하고 '용담정'이라고 불렀을 가능성이 매우 높다. 이와 같이 수운 선생 당시 이미 '용담정'이라고 불렀을 가능성이 있는 근거로, 소춘 김기전 선생이 수운 선생의 수양딸과 진행한 인터뷰 기사를 들 수 있다. 수운 선생의 수양딸이 김기전 선생과 인터뷰를 할 때가 1927년이고, 그때 나이는 81세였다. 이 수양딸은 세 살 때에 입양이 되어 울산에서도 같이 살았으며, 수운 선생이 도를 받던 경신년(1860)에는 열네 살이었다. 또 수운 선생이 조선조 조정에서 파견된 선전관에게 체포될 때에는 열일곱 살이었다. 그러니 수운 선생이 도를 받던 당시 이후의 일은 대체로 기억할 수 있는 나이이다. 김기전 선생과 인터뷰를 하면서 수운 선생을 찾아온 많은 제자들에 관한 이야기를 하는 가운데, "그때 용담정 집은 개와(기와)집에 안방이 네 칸…."[15]이라고 증언하고 있다. 이때 수양딸이 거론한 집은 물론 용담서사가 아니라, 수운 선생이 살던 와룡암 터의 집이다. 그러나 수양딸은 '용담정집'이라고 증언하고 있다. 즉 '용담정에 있던 집'이라는 의미의 구어체 문장임이 분명하다. 이로 보아, 이 수양딸이 용담에 살던 때에 이미 용담서사를 '용담정'이라고 불렀음을 알 수가 있다. 그래서 수운 선생의 수양딸은 어려서부터 부르던 '용담정'이라는 이름을 그대로 말한 것이라고 생각된다.

또한 시천교인들이 '용담정'이라고 바위에 새기기 이전인 해월 선생 당대에 이미 '용담정'이라고 불렀음을 증명하는 자료도 있다. 해월 선생의 명을 받아 차도주인 강시원(姜時元, 처음 이름 姜洙) 등이 기록하여 1880년에 간행한 『도원기서(道源記書)』에도 '용담정'이라는 명칭이 나오고 있다.[16] 이로 보아 이미 해월 선생 당년에도 용담정이라고 불렀음을 알 수가 있다.

이와 같은 여러 자료로 보아 처음 근암공이 용담서사를 짓고 그 현판에는 '용담서사'라고 하였지만, 그 이후 그 인근의 사람들이 '용담서사'라는 이름보다는 '용담정'이라고 불렀을 것으로 추정할 수 있다. 이에 따라서 수운 선생도 용담서사를 '정각', '산정', '정호'(亭號) 등으로 호칭함으로써 '용담정'이라는 이름이 정착한 것으로 생각이 된다.

용담서사의 '서사'(書社)는 '서사'(書舍)와 유사하다. 모여서 공부를 하는 곳이라는 면에서 그러하다. 그러나 앞에서 이야기한 바와 같이 서사(書舍)는 단지 서당과 같은 의미라면, 서사(書社)는 모여서 글을 읽고 이치를 탐

---

15  소춘, 「大神師 修養女인 八十老人과의 問答」, 『신인간』, 1927년 9월호, 17쪽.
16  윤석산 역주, 『道源記書』, 모시는사람들, 2020(3쇄), 65쪽. "嗚呼 龍潭亭兮 果爲平地."

구하면서 학문적인 지향을 같이하는 사람들의 결사라는 의미가 더 강조된 것이라고 하겠다. 그러나 우리나라의 서사(書舍)는 결사(結社)의 역할을 하는 경우가 많았다. 결국 서사(書社)와 서사(書舍)는 같은 의미라고 볼 수 있다.

'정'(亭)은 '정자 정'으로, 고려의 문신 이규보의 「사륜정기」(四輪亭記)에 표현한 바와 같이, '사방이 툭 트이고 텅 비고 높다랗게 만든 것'(作轄然虛敞者謂亭)을 말한다. 그 용도는 풍류나 관망, 휴식을 위한 것이 대부분이다. 그러나 모든 '정'이 '사방이 툭 트이고 텅 비고 높다랗게 지어진 것'은 아니다. 또 용도면에서도 추모나 기념의 목적으로 건립되거나, 주거 또는 강학(講學)의 목적으로 건립되는 경우도 많았다. 경기도 이천에 있는 '육괴정'(六槐亭)은 중종 때 기묘사화(己卯士禍)로 인하여 많은 선비들이 죽임을 당하자, 이를 피해 내려온 엄용순(嚴用順)이 건립하였고, 김안국(金安國)을 비롯한 강은(姜隱), 오경(吳慶), 임내신, 성담령(成聃齡) 등 신진사류 여섯이 모여 도의강론(道義講論)을 이어가던 곳이다. 그 집 모양도 일반적인 정자의 모습이 아니라, 팔작지붕에 골기와를 얹은 본 건물에는 방과 마루가 있고, 이를 둘러싼 담장, 그리고 대문이 있다. 그러나 이를 '육괴정'이라고 부른다. 여섯 선비가 그 주변에 여섯 그루의 느티나무, 즉 괴목(槐木)을 심었기 때문에 얻은 이름이다.

경상북도 봉화에는 와선정(臥仙亭)이 있다. 병자호란 당시 우리나라가 청나라에 굴욕적으로 항복하자, 대명절의(對明節義)를 지키고자 태백오현(太白五賢)이라고 일컫는 강이(姜怡), 홍우정(洪宇定), 심장세(沈長世), 정양(鄭瀁), 홍석(洪錫) 등이 서로 교유하며 학문을 토론하던 곳이다. 이 역시 팔작지붕으로 되어 있고, 건물 내부에는 방이 있고, 이를 둘러싼 담장과 대문이 있다. 그럼에도 이를 '와선정'이라고 부른다.

경주시 강동면에 있는 양동마을은 월성 손씨와 여강 이씨의 양대 가문이 이어 내려온 동족 마을로, 경주에서 형산강 줄기를 따라 동북 방면인 포항 쪽으로 40리 정도 들어간 곳에 자리 잡고 있다. 2010년에 유네스코세계문화유산으로 등재되어 화재를 모았다. 이곳에는 많은 정자가 있다. 이 정자들의 기능은 크게 두 가지이다. 하나는 자연의 경관을 즐기는 관망대로서의 기능이고, 다른 하나는 가문의 대소사를 협의하는 장소로서의 기능이다. 이 두 기능은 분리된 것이 아니라, 하나의 건물 안에 융합되어 있다. 경관을 감상하는 기능을 위해서 전망이 좋은 산 위나 골짜기에 지었고, 모임을 위해서 온돌방을 갖추었다. 양동마을에는 수운정(水雲亭), 이향정(二香亭), 관가정(觀稼亭), 내곡정(內谷亭), 안락정(安樂亭) 등이 있는데, 이 중 안락정은 손씨 일가가 자손들을 교육하는 서당으로 사용하던 건물이었다. 그럼에도 이름을 '안락정'이라고 하였다.

　　서사(書社)와 정(亭)은 본래 그 기능이나 용도가 다르지만, 위에서 본 예와 같이 서로 혼용하는 경우도 많았다. 공통적인 것은 정자는 경치가 뛰어난 강이나 계곡, 또는 연못을 앞이나 뒤에 두고 세워진다는 점이다. 서사는 일반적으로 정자와는 달리 사람들이 쉽게 접근할 수 있는 곳에 건립된다. 그러나 부득이하게 풍광이 좋은 계곡 등에 서사를 세우는 경우 정자와 같은 기능이 더해지고, 경우에 따라 '정'(亭)이라는 이름을 붙인 것으로 사료된다. 이렇게 볼 때, 용담서사는 서사이면서도 풍광이 수려한 구미산 계곡에 자리하고 있으므로, 정자로서의 기능도 잘 수행한 것으로 생각된다. 그러므로 편액은 '용담서사'라고 되어 있었지만, 근암공 당시에도 '용담정'이라고 불렸을 가능성도 있다. 특히 근암공 사후 서사로서의 기능이 사라지자 그 지역 사람들은 대중적으로 익숙한 '용담정'이라고 불렸던 것으로 생각된다.

## 5. 수운 선생이 결정적인 종교체험을 한 장소

수운 선생은 기미년(己未年, 1859) 10월 울산에서 용담으로 돌아와 와룡 암 자리에 있는 집에 살면서, 계곡의 건너에 있는 용담정에서 불출산외를 굳게 맹세하고 수련에 임하였다.

이러한 나날을 보내며 추운 겨울을 지나 새봄을 맞았다. 1860년 경신년 4월 5일은 장조카 맹륜(孟倫)의 생일이라, 초대를 받아 갔다가 그 자리에서 신비한 일을 겪는다. 장조카 맹륜의 집은 지동(芝洞)에 있었다.[17] '지동'은 지금의 천도교용담교구가 있는 지역(경주시 현곡면 가정 3리)이다. 수운 선 생은 곧 용담의 집으로 돌아왔는데, 그때부터 한울님의 말씀을 듣게 되고 문답을 주고 받는다. 종교체험을 통해 한울님으로부터 무극대도를 받고 동학을 창도하게 된 것이다. 이러한 종교체험 이후 수운 선생은 일 년 가까 운 시간을 수련을 하며 한울님으로부터 받은 가르침을 헤아려 보았다.

다시 말해서 와룡암 자리에 있던 집은 수운 선생이 살던 곳이고, 용담정 은 수운 선생이 종교적인 수련을 하던 곳이며, 지동의 맹륜의 집은 경신년 4월 5일 처음 신비체험이 시작되는 곳이다. 현재 동학 창도 과정에서 용담 정만을 주목하는 것이 일반적이다. 그러나 동학·천도교의 여러 자료를 읽 어보거나, 『용담유사』, 『동경대전』 등의 경전을 읽어보면, 장조카 맹륜의 집, 와룡암 자리인 수운 선생이 살던 집, 그리고 용담정 등 세 장소가 모두 관련이 있는 것으로 생각할 수 있다.

『동경대전』에는 종교체험의 장면이 「포덕문」과 「논학문」에 각각 1회씩 나온다. 그러나 이들 「포덕문」과 「논학문」에는 종교체험이 어디에서 진행

---

17  이돈화, 『천도교창건사』 「대각」.

되는지 구체적으로 명기되어 있지 않다. 다만 한울님과 대화를 나누고, 또 가르침을 받았으며, 영부와 주문을 받았고, 또 무궁무궁의 도를 받았다고만 되어 있다.

『도원기서』와 『천도교서』 『천도교창건사』 등에는 좀 더 구체적으로 장소가 기록되어 있다. 『도원기서』에는 조카 맹륜의 집에 있을 때 "몸이 떨리고 추운 기운이 있고, 마음이 안정되지 않"은 증상이 나타났다[18]고 되어 있다. 또한 『천도교창건사』에는 좀 더 구체적으로 "포덕 1년(1860) 경신년 4월 5일에 조카 맹륜이 거마(車馬)를 보내어 대신사를 청하니 그날이 바로 맹륜의 생일이다. 대신사가 그 뜻을 막기 어려워 지동(芝洞) 맹륜의 집에 이르렀더니 문득 마음에 감격한 바 있고 또한 심신이 편안치 못하였다."[19]라고 되어 있다. 『천도교서』나 『천도교회사초고』에는 수운 선생이 조카 집에 갔다는 기록이 없다. 이와 같이 일부 동학·천도교의 역사서에 경신년 4월 5일이 장조카인 맹륜의 생일이고, 수운 선생이 조카의 생일잔치에 갔다가 처음 신비한 일을 겪었다고 되어 있다.

수운 선생의 장조카 맹륜은 동학·천도교 역사서에 여러 번 등장한다. 맹륜은 자(字)이고 이름은 세조(世祚)이다. 최세조는 근암공이 일찍이 양자로 들인 동생 '제환'의 아들이다. 제환은 수운 선생의 가형(家兄)이므로, 수운 선생이 맹륜의 숙부가 된다. 그러나 수운 선생이 근암공의 만득자인 까닭에 맹륜이 수운 선생보다 12살이나 위이다.

수운 선생이 득도한 후 한울님의 명을 받고 친묘(親墓)를 하러 갈 때, 하

---

18    앞의 『도원기서』, 174쪽, "庚申四月初五日 卽長侄孟倫之生辰也 送其冠服請來 先生不負其情 强參會中也 未幾身有戰寒之氣 未得安心."
19    이돈화, 『천도교창건사』 「대각」.

루 종일 비가 내렸다. 그러나 수운 선생은 물론, 같이 갔던 인마(人馬)가 한 방울도 비를 맞지 않았다. 이와 같은 신비한 일을 보고는 맹륜이 도에 들기를 원하므로 도를 전하였다. 그러니 맹륜은 수운 선생 부인 이후 두 번째로 동학에 입도한 인물이다.

또 가정리 일대는 수운 선생 친척들이 살던 곳인데, 수운 선생이 울산으로부터 돌아와 칩거하다가 무극대도를 받았다며 포덕을 하자 대부분 친척들이 비난하였다. 『용담유사』「교훈가」에 "향중풍속 다 던지고 이내 문운(門運) 가련하다. 알도 못한 흉언괴설 남보다가 배나 하며, 육친(肉親)이 무삼 일고 원수같이 대접하며, 살부지수 있었던고 어찌 그리 원수런고."라고 한탄하는 대목에서 그 정황을 알 수 있다. 이때도 유일하게 수운 선생의 가르침에 따랐고, 훗날까지 사제지의(師弟之義)를 지켰던 사람이 맹륜이다.

경주 최씨 세보를 확인한 결과 생일이 (음)4월 5일로 되어 있다. 그러니 '장조카 맹륜이 생일이라 초대를 해서 생일에 갔다가, 갑자기 몸이 떨리고 추운 기운이 있고 마음이 안정되지 않아 집으로 돌아왔는데, 정신이 혼미하고 여광여취(如狂如醉)하며, 엎어지고, 넘어지고, 몸이 저절로 뛰어오르'는 증상이 있었다는 기록은 매우 신빙성이 있다. 즉 맹륜의 집에서 처음 종교체험의 징후가 있었음을 알 수가 있다.

그러나 맹륜의 집에서는 징후만 느꼈고, 마음이 안정되지 않아 이내 집으로 돌아왔다고 했다. 이는 『도원기서』나 『천도교창건사』 모두 공통적이다. 『도원기서』에는, "경신년 4월 5일은 곧 장조카 맹륜(孟倫)의 생일이다. 의관을 보내어 오시기를 청하니, 선생께서 그 청을 이기지 못해 억지로 참석하였다. 얼마 있지 않아서 몸이 떨리고 추운 기운이 있고, 마음이 안정되지 않아, 이내 일어나 돌아왔다."[20]라고 되어 있다. 또한 『천도교창건사』에는 구체적으로 "'집으로' 돌아왔다."라고 되어 있다. 즉 지동에 있는 맹륜의 집에서 이상한 징후가 있어 와룡암 자리에 있던 수운 선생 집으로 돌아왔다는 이야기이다.

『도원기서』에 따르면, 이렇게 해서 집으로 돌아온 이후, 다음과 같이 본격적인 종교체험이 진행된다.

> 정신이 혼미하고 미친 것 같기도 하고, 술에 취한 것 같기도 하여, 엎어지고 넘어지고, 마루에 오르니 몸이 저절로 뛰어오르고 기(氣)가 뛰놀아 병의 증상을 알 수 없으며, 말로 형용하기도 어려울 즈음에, 공중으로부터 완연한 소리가 있어 자주 귓가에 들려오는데, 그 단서를 알 수가 없었다. 공중을 향해 묻기를,
> "공중에서 들리는 소리는 누구입니까?"
> 하니, 상제(上帝)께서 말씀하시기를,
> "나는 바로 상제이다. 너는 상제를 모르느냐? 너는 곧 백지(白紙)를 펴고 나의 부도(符圖)를 받아라."
> 하므로, 곧 백지를 펴니, 종이 위에 완연하게 비추어 실려 있었다. 선생께서 아들을 불러 이를 보이니, 아들이 말하기를,
> "저는 그 모양이 보이지를 않습니다."
> 하니, 상제 말씀하기를,
> "우매한 인생이다. 너는 붓으로 이를 써서 깨끗한 그릇에 담아 태워서 냉수로 마시도록 하라."

---

20  앞의 『도원기서』, 22-23쪽, "未幾身有戰寒之氣 未得安心 仍爲起來."

선생께서 즉시 한 장을 그려서 이를 태워 마시니, 처음 시도할 때에는 소리도 없고 냄새도 없는 것이 바로 그 특징이었다.

"너는 나의 아들이다. 나를 아버지라고 부르도록 해라."

선생께서 공경스럽게 가르침을 받아 아버지라고 불렀다. 상제 말씀하시기를,

"너의 정성이 가히 아름답구나. 부(符)는 곧 삼신산(三神山) 불사약(不死藥)이다. 네가 이것을 어찌 알겠느냐?"[21]

또한 『천도교창건사』에도, "집으로 돌아온즉 때는 이미 사시(巳時, 오전 11시)가 되었는데, 청에 오르자, 문득 몸과 마음이 한가지로 떨리며 병이라 하여도 집중하기 어렵고, 말로도 형상키 어려울 황홀한 지경에 문득 공중으로부터 외치는 소리가 있어서 서로 문답을 하고 '영부와 주문'을 받았다."고 되어 있다.[22]

이와 같은 기록으로 보아 조카인 맹륜의 집에서는 다만 징후만 느꼈고, 이후 집으로 돌아와서 본격적으로 한울님과 대화를 하며 '영부와 주문'을 받았음을 알 수가 있다. 이러한 내용이 『용담유사』에도 나온다.

무정세월 여류파라. 칠팔삭 지내나니 사월이라 초오일에 꿈일런가 잠일런

---

21    앞의 『도원기서』, 23-24쪽, (원문 174-175쪽) "精神渾迷 如狂如醉 顚沛倒之抵 至廳上 則身踴氣就 疾不得執症 言不得難狀之際 自空中完如有聲 頻聞耳邊 莫知其端 向空而 問日 聞空之聲誰也 上帝日 予是上帝 汝不知上帝耶 汝又卷白紙 而受我符圖也 卽卷白 紙 則完然昭載於紙上 先生招子視之 子日 吾不見其形 上帝日 愚昧人生 汝以筆之 燒 置精器 冷水呑服 先生卽寫一張 燒以呑服 則初試之際 無聲無臭特甚也 上帝又日 汝吾 子 爲我呼父也 先生敬教 呼父則上帝日 汝誠是可佳 符則三神山不死藥 汝何知之."

22    이돈화, 『천도교창건사』 「대각」.

가 천지가 아득해서 정신수습 못할러라. 공중에서 외는 소리 천지가 진동할 때 집안사람 거동보소. 경황실색 하는 말이 "애고애고 내 팔자야 무삼 일로 이러한고 애고애고 사람들아 약도사 못해 볼까 침침칠야 저문 밤에 눌로 대해 이 말 할꼬." 경황실색 우는 자식 구석마다 끼어 있고 댁의 거동 볼작시면 자방머리 행주치마 엎어지며 자빠지며 종종걸음 한창 할 때 공중에서 외는 소리 "물구물공 하였어라 호천금궐 상제님을 네가 어찌 알까 보냐." 초야에 묻힌 인생 이리 될 줄 알았던가. 개벽시 국초일에 만지장서 나리시고 십이제국 다 버리고 아국운수 먼저 하네. 그럭저럭 창황실색 정신수습 되었더라. 그럭저럭 장등달야 백지 펴라 분부하네. 창황실색 할 길 없어 백지 펴고 붓을 드니 생전 못 본 물형부가 종이 위에 완연터라. 내 역시 정신없어 처자 불러 묻는 말이 "이 웬 일고 이 웬 일고 저런 부 더러 본가." 자식의 하는 말이 "아버님 이 웬 일고. 정신수습 하옵소서. 백지 펴고 붓을 드니 물형부 있단 말씀 그도 또한 혼미로다. 애고 애고 어머님아 우리 신명이 웬 일고 아버님 거동 보소 저런 말씀 어디 있노." 모자가 마주 앉아 수파통곡 한창 할 때 한울님 하신 말씀 "지각없는 안생들아 삼신산 불사약을 사람마다 볼까 보냐. 미련한 이 인생아, 네가 다시 그려내서 그릇 안에 살라두고 냉수 일 배 떠다가서 일장탄복 하였어라." (『용담유사』 「안심가」)

여기서는 수운 선생이 와룡암 자리인 집에서 본격적으로 한울님과의 문답을 통해 영부와 가르침을 받은 사실을 매우 구체적으로 기록하고 있다. 수운 선생이 한울님과 대화를 하는 모습을 보고 "애고애고 내 팔자야 무삼 일로 이러한고. 애고애고 사람들아 약도사 못해볼까. 침침칠야 저문 밤에 눌로 대해 이 말할꼬."라고 부인이 걱정하는 장면도 고스란히 묘사되고 있다. 또 수운 선생의 모습을 보고 아들과 부인 모두 놀라 허둥대는 모습은

"경황실색 우는 자식 구석마다 끼어 있고 댁(부인)의 거동 볼작시면 자방머리 행주치마 엎어지며 자빠지며 종종걸음 한창 할 때"라고 묘사하였다. 수운 선생이 영부를 받는 모습을 보고 자식과 부인이 낙담하는 장면은 "자식의 하는 말이 '아버님 이 웬 일고 정신수습 하옵소서. 백지 펴고 붓을 드니 물형부 있단 말씀 그도 또한 혼미로다. 애고애고 어머님아 우리 신명 이 웬 일고. 아버님 거동 보소 저런 말씀 어디 있노.' 모자가 마주 앉아 수파통곡 한창 할 때"와 같이 생생하게 묘사하고 있다.

이러한 「안심가」의 내용은 다름 아닌 수운 선생이 맹륜의 집에서 돌아온 이후, 와룡암 터에 있는 자신의 집에서 이와 같은 일을 겪었다는 그 증거가 된다. 부인과 아들이 다 함께 있는 집에서의 일임이 분명하다.

즉 수운 선생이 맹륜의 집에서 이상(異常)한 증상을 느끼고, 집으로 돌아온 이후, 집에서 본격적으로 한울님과 문답을 하고, 또 영부 등을 받는 종교체험을 했다. 그러므로 결정적인 종교체험을 한 장소는 오늘의 용담정이 아니라, 와룡암 자리에 있던 수운 선생의 집이다.


## 6. 종교체험 이후 수련에 임한 장소

경신년 4월 5일의 결정적인 종교체험 이후에 수운 선생은 일 년 가까운 시간을 수련을 하며 한울님으로부터 받은 가르침을 헤아려 보았다. 이와 같은 기록이 『동경대전』「논학문」에 나온다.

내 또한 거의 한 해를 닦고 헤아려 본즉, 또한 자연의 이치 아님이 없다. 그런 까닭에 한편으로는 주문을 짓고 한편으로는 강령의 법을 짓고 한편으로

는 잊지 않는 글을 지으니, 절차와 도법이 오직 이십일 자뿐이었다.[23]

또한 『도원기서』에도 같은 기록이 나온다.

선생이 비로소 수백 장을 그려 연이어 탄복(吞服)하니, 일고여덟 달이 지난
후에 몸이 부드러워지며 윤택해졌고, 용모가 아주 좋은 모양으로 바뀌었
다.[24]

또한 『천도교회사초고』와 『천도교창건사』에도 이 내용이 기록되어 있
다.

大神師(대신사) 修煉(수련)한 지 一歲(일세)에 自然(자연)의 理(리) 없지 아님
(않음)으로 遂(수)히 敎訓歌(교훈가), 安心歌(안심가), 龍潭歌(용담가)를 作(작)
하시고 呪文(주문) 二度(이도)를 作(작)하야 一(일)은 自誦(자송)하시고 一(일)
은 徒弟(도제)에 授(수)하시고 降靈呪文(강령주문), 劍訣(검결), 懺悔文(참회문)
을 作(작)하시다.[25]

天師問答(천사문답)은 庚申年(경신년) 四月五日(4월 5일)부터 仝年(동년) 九月
二十日(9월 20일)까지의 일이니 그 사이 여러 問答(문답)이 많이 잇는 중에

___

23  『동경대전』「논학문」, '吾亦幾至一歲 修而度之 則亦不無自然之理 故一以作呪文 一以
    作降靈之法 一以作不忘之詞 次第道法 猶爲二十一字而已.'
24  앞의 『도원기서』, 24쪽, (원문 175쪽) "先生 遂寫數百張 連爲吞服 過去七八朔後 纖身
    潤富 容貌幻態."
25  『천도교회사 초고』「천통」.

…(중략)… 大神師(대신사) 修煉(수련)의 結果(결과)로 人乃天(인내천)의 宗旨(종지)를 大覺(대각)하시고 이에 布德(포덕)코저 하야 呪文(주문)과 懺悔文(참회문)을 지으시다.[26]

이와 같이 『동경대전』과 역사서의 기록들은 수운 선생이 경신년 4월 5일 종교체험 이후 거의 1년 가까이 수련을 지속했고, 이 기간 동안 한울님으로부터 시험을 받았으며, 또한 '주문' 등을 지었다고 되어 있다.

『동경대전』과 『천도교회사 초고』에는 각기 '일 년 가까운 시간을 수련을 하며 보냈다.'라고 되어 있고, 『도원기서』에는 '일고여덟 달이 지난 후 몸이 윤택해지고, 또 시를 짓고 시험 등을 받았다.'라고 되어 있다. 이에 비하여 『천도교창건사』에는 '경신년 4월 5일부터 9월 20일까지 천사문답을 하며 가르침을 받았다.'고 되어 있다.

그러면 수운 선생이 이와 같이 1년 가까운 시간을 수련하며 한울님으로부터 가르침을 받은 곳은 어디인가. 이곳은 수운 선생이 기미년 10월 용담으로 돌아와서 수련을 시작했던, 오늘의 용담정이라고 생각된다. 먼저 「안심가」에서 수운 선생이 "가련하다 우리 부친 구미산정(龜尾山亭) 지을 때에 날 주려고 지었는가."라고 노래하였다. 이때 근암공이 지었다는 '구미산정'(龜尾山亭)은 용담정을 가리킨다고 생각된다. 또 「교훈가」 중에 한울님이 수운 선생에게 "구미용담 일정각에 불출산외 하는 뜻은 알다가도 모를러라."라고 하는 구절 중 수운 선생이 불출산외를 맹세하고 수련에 임했던 '구미용담 일정각' 역시 용담서사, 곧 오늘의 용담정을 말씀한 것이라고 생각된다. 이는 곧 「용담가」 중에서 수운 선생이 아버지 근암공을 회상하는

26  이돈화, 『천도교창건사』 「대각」.

장면에서, "구미산하 일정각(一亭閣)을 용담이라 이름하고 산림처사 일포의로 후세에 전탄말가."라는 구절이나, 「수덕문」 중 "정자의 이름을 용담이라고 한 것은 제갈량을 사모하는 마음이 아니겠는가."(亭號龍潭 豈非慕葛之心)라는 구절 등을 보아 알 수가 있다.

또한 『도원기서』의 수운 선생이 기미년 10월 용담으로 돌아왔다는 기사에, "이해 10월 용담으로 돌아오게 되니, 용담은 바로 산림공이 거처하며 글을 가르치던 서재이다. 이곳으로 온 이후 의관을 벗어던지고 문밖으로 나가지 아니할 것을 깊이 맹세하였다."[27]라고 되어 있다. 즉 수운 선생이 기미년 10월 용담으로 돌아와 근암공이 거처하며 제자들을 가르쳤던 용담서사, 곧 오늘의 용담정에서 수련했음을 알 수 있는 기록이다. 또한 『도원기서』에 수운 선생이 한울님으로부터 가르침을 받는 부분에, 한울님이 수운 선생에게 이르는 말씀 중 "네가 이 정자에 들어앉아 자호를 고치고 산밖으로 나가지 아니하며"[28]라는 부분이 있다. 이는 곧 수운 선생이 '이 정자[此亭]에 들어왔다고 분명하게 말씀한 부분이라고 하겠다.

즉 수운 선생은 기미년(1859) 10월 가족과 함께 용담으로 돌아와서, 와룡암을 개축하여 새로 지은 집에 살면서, 계곡 건너편에 있는 용담서사, 곧 오늘의 용담정에서 수련에 임하였고, 또 경신년 4월 5일에 결정적인 종교체험(집)을 한 이후, 이곳 용담정에서 거의 1년의 가까운 시간을 수이탁지(修而度之)한 것으로 생각이 된다.

용담에 있던 용담정과 와룡암 자리에 지은 수운 선생이 살던 집, 그리고

---

27  앞의 『도원기서』, 22쪽, (원문174쪽)"十月還施龍潭 龍潭卽山林公講習之書齋也 自是由來 罷脫衣冠 心盟不出.'
28  앞의 『도원기서』, 28쪽, (원문176쪽)"汝入此亭 改字號 不出山外."

수운 선생의 장조카인 맹륜의 집, 이 세 장소는 모두 수운 선생이 경신년 4월 결정적인 종교체험을 한 사실과 관계가 깊은 장소이다. 그 의미를 정리하면, 첫째, 장조카 최세조(맹륜)의 가정리(지동) 집은 경신년 4월 5일 처음으로 종교체험의 징후를 느낀 장소이다. 둘째, 와룡암 자리에 지은, 수운 선생이 울산에서 돌아와 살던 집은 장조카 맹륜의 집에서 돌아온 직후 한울님과 대화를 하고 오심즉여심(吾心卽汝心)의 가르침을 받았으며, 영부(靈符)와 주문(呪文)을 받고, 또 무궁무궁의 도를 받은 곳이다. 셋째, 용담서사가 있던 오늘의 용담정은 수운 선생이 기미년(1859) 울산에서 돌아온 이후 불출산외를 맹세하고 수련을 하던 자리이며, 경신년 4월 5일 결정적인 종교체험 이후 일 년 가까운 시간을 수이탁지(修而度之)하며, 한울님으로부터 시험도 받고, 이 시험을 통해 더욱 마음을 굳건히 했으며, 한울님으로부터 받은 주문을 강화(降話)로써 외우고,[29] 이를 바탕으로 선생이 읽는 주문과 제자가 읽는 주문 등 두 건의 주문을 짓고, 또 「검결」, 「용담가」 등의 경편을 지은 곳이다.

이상에서 살펴본 바와 같이 용담정만이 동학·천도교의 성지가 아니라, 용담 일대 모두가 바로 동학·천도교의 성지임을 알 수 있다. 따라서 차후 용담을 수운 선생이 살았던 당시의 모습으로 복원하는 차원에서 와룡암 자리, 즉 수운 선생이 살았고, 결정적인 종교체험을 하였던 그 집터에 표지석을 세움은 물론, 그 집을 재건하여 중요한 의미를 부여해야 할 줄로 믿는다.

---

29  이돈화, 『천도교창건사』 「대각」.

## 7. 나가는 말

'용담'이라는 이름은 지금의 용담정이 있는 계곡 일대를 일컫는 말이다. 현지 사람들이 '용치골'이라고 부르는 곳이기도 하며, 『동경대전』 「수덕문」 중에 나오는 '용추지청담보계'(龍湫之淸潭寶溪)의 용치계곡을 이르는 말이기도 하다.

근암공이 지은 용담서사는 복령 스님이 지은 원적암이 있던 와룡암 자리가 아니고, 계곡의 건너편 쪽 산기슭을 무니우고 새로 터를 만들어 지은 집이다. 용담서사는 근암공이 만년을 보내기 위하여 지은 집이다. 그러나 살림을 하는 집은 아니고 별서(別墅)였다. 용담서사에서 글을 읽고 제자들을 가르치며, 뜻이 맞는 동지들과 학문을 논의했던 것으로 생각이 된다. 그러므로 '서사'(書社)라고 이름한 것이다.

용담서사가 언제부터 '용담정'이라는 이름으로 불렸는지는 정확하게 알 수가 없다. 그러나 표영삼 선생의 견해와 같이 1911년 시천교 사람들이 용담서사 남쪽 바위벽에 새겨놓은 '龍潭亭'(용담정)이라는 글씨 때문에 잘못 부른 이름만은 아닌 듯하다. 용담서사 남쪽 바위벽에 '龍潭亭'(용담정)이라고 새긴 것이 1911년 시천교 사람들이라고 고증을 한 사람은 김기전 선생이다. '龍潭亭'(용담정)이라고 새긴 글자를 보고 스승님 당년의 새김이나 대한 듯 얽힌 돌옷 넉 줄을 헤치고 보니, 이는 신해년간 스승님 묘소를 고쳐 영조할 때에 새긴 것임을 알게 되었다고 술회하고 있다.

김기전 선생은 고증에 아주 해박하였다. 따라서 김기전 선생이 '龍潭亭'(용담정) 세 글자를 발견하고는 스승님 당년에 새긴 것인 줄 알고 반가워서 바위벽을 뒤덮은 넝쿨을 헤치고 보았다는 것은, 김기전 선생 역시 '용담서사'를 '용담정'으로 생각했음을 알 수가 있다. 김기전 선생이 쓴 글의 제목에도 역시 '용담정'이라고 되어 있다.

이러한 일련의 기록과 함께 김기전 선생이 인터뷰한 수운 선생 수양딸 (당년 81세, 1927) 역시 회상하는 자리에서 어려서부터 부르던 습관대로 '용담정'이라고 부른 것을 보아, 수운 선생 당대에도 용담서사를 용담정이라고 불렀음을 알 수가 있다. 또한 해월 선생 당대에 기록된 『도원기서』에 '용담정'이라고 부르는 것으로 보아도 이를 알 수 있다.

이상의 내용을 토대로 할 때, 수운 선생이 『동경대전』과 『용담유사』에서 '정각'(亭閣), '산정'(山亭), '정'(亭) 등으로 '용담정'을 표기한 것은 '용담서사'를 생략하거나 잘못해서가 아니고, 수운 선생 당대에 이미 그렇듯 불렀다는 한 증거로 볼 수 있다.

또한 용담서사는 서사이면서도 풍광이 수려한 구미산 계곡에 자리하고 있으므로, 정자로서의 기능도 하였던 것으로 생각된다. 그러므로 근암공 당대에 비록 '용담서사'라는 편액을 붙이고 있었어도, 이미 사람들이 '용담정'이라고 불렀을 가능성도 있다. 더욱이 근암공 사후 서사로서의 기능이 사라지면서 사람들이 대중적인 호칭인 '용담정'이라고 불렀었고, 수운 선생 역시 이를 '용담정'이라고 불렀던 것으로 생각된다.

특히 수운 선생은 기미년(1859) 10월, 그때까지 거주하던 울산을 떠나 용담으로 돌아와서, 근암공이 개축한 와룡암 자리의 집에 살면서 계곡 건너편에 있는 용담정에 들어가 수련을 했던 것으로 보인다. 따라서 「안심가」에서 "가련하다 우리 부친 구미산정(龜尾山亭) 지을 때에 날 주려고 지었던가."라고 한 그 '구미산정'은 수운 선생이 살던 집이 아니라, 용담서사를 일컫는 것이고, 『동경대전』「수덕문」 중의 "龍潭古舍(용담고사) 家嚴之丈席(가엄지장석)" 역시 용담서사를 일컫는 말이다. 이로 보아 수운 선생은 살던 집(와룡암 자리)과 건너편 용담서사(오늘의 용담정)를 오가며 수련을 했던 것으로 판단이 된다. 따라서 몇몇 분의 의견과 같이, '용담정'을 '용담서사'라고 고쳐서 불러야 한다는 의견은 정당성을 갖기 어렵다.

또한 수운 선생은 경신년 결정적인 종교체험을 하게 되는데, 종교체험의 징후를 처음 느낀 곳은 지동(芝洞)에 있는 장조카 집이었으며, 한울님을 만나는 결정적인 종교체험을 하고 또 가르침을 받은 곳은 수운 선생 자신이 살고 있던 와룡암 자리의 집에서였다. 또 이러한 종교체험 이후에 일 년 가까이 지속적으로 닦고 헤아리며 한울님으로부터 받은 가르침을 체계화하며 다듬은 곳은 오늘의 용담정에서라고 생각한다. 이로 보아 용담정이 자리하고 있고, 수운 선생이 살던 집터가 있는 오늘의 '용담 일대' 모두가 동학·천도교의 중요한 성지가 된다고 하겠다.

그 밖에 '불로암'(不老巖)이라는 이름과 '비류폭포'(飛流瀑布)라는 이름 등 용담 일대에 수운 선생과 관련되는 지명은 적극적으로 복원하여 써야 한다고 생각한다는 점을 부연해 둔다.

# 제6장 최제우와 홍수전 비교 고찰

## 1. 서론

19세기는 동양, 특히 동아시아에 있어 여러 면에서 중요하게 기억되어야 할 시기이다. 몇백 년, 또는 그 이상을 이어져 내려오던 전통사회의 가치관이 붕괴되는 모습을 보이는가 하면, 동양의 제국(諸國)이 멸망 직전의 운명에 처해 있던 시기이기 때문이다. 이러한 상황은 동아시아 제국이 오랫동안 지켜왔던 가치관과 서양이라는, 혹은 근대라는 새로운 가치관이 갈등을 일으키는 요인이 되기도 하였다. 그런가 하면 이들 나라들은 서양의 침공을 받고, 그 결과 식민지로 전락하여 뼈아픈 시간을 견뎌야만 했다.

한편 19세기는 내적으로는 오랜 기간 동양사회를 지탱해 왔던 봉건 체제를 혁신하고자 하는 의식이 팽배하였던 때이기도 하다. 다시 말해서, 동양은 그 내적인 열망과 함께 서양이라는 새로운 세력과의 만남으로 새로운 세기를 열어갈 수 있는 기회를 맞이했던 시기가 19세기이다. 그러나 서양의 침략적 계략으로 인하여 오랫동안 식민지로서의 뼈아픈 시간을 보내야만 했다. 즉 새로운 열망과 침략이 서로 부딪치면서 거센 소용돌이를 지나야 했던 것이 당시 동양, 특히 동아시아의 상황이다.

이와 같은 시대에 당시 가장 치열한 내홍(內訌)을 겪던 한국과 중국에서는 '동학'과 '배상제교'라는 두 신종교가 등장한다. 새로운 종교의 등장만이 아니라, 이들 두 신종교는 나란히 '갑오동학농민운동'과 '태평천국운동'이라는 변혁 운동의 주체가 되기도 했다. 즉 새로운 변혁 운동의 선두에 서서 19세기라는 전환의 시대를 이끌어가는 주체가 되었던 것이다.

이러한 역사적 사실에는 매우 많은 시사점이 내재하고 있다. '동학'과 '배상제교'라는 두 신종교가 등장하게 되는 배경이나, 이들이 어떻게 하여 변혁의 주체 세력이 되었는가 하는 문제는 19세기의 세계를 좀 더 잘 들여다볼 수 있는 단초가 될 수 있다. 또 이 문제는 단순히 19세기에 머물지 않고, 전환의 시대에 종교의 궁극적 의미를 새롭게 생각하게 하는 중요한 역사적 교훈이기도 하다.

동학의 역사나 배상제교의 역사를 읽으며, 가장 먼저 다가오는 문제는 이들 두 종교를 일으킨, 즉 각 종교의 교조인 최제우(崔濟愚, 1824-1864)와 홍수전(洪秀全, 1814-1864)이라는 인물에 관해서이다. 이들은 새로운 종교를 세웠고, 또 주체적으로 이들 종교의 교단을 이끌어간 인물들이다. 그런가 하면, 이들은 자신의 가르침을 통해 새로운 이상세계를 제시하였으며, 이 이상세계에 대한 열망의 기운은 훗날 이의 실현을 위한 현실적인 변혁 운동으로 전개되기도 했던 것이다.

이 글은 동학을 일으킨 최제우와 배상제교를 세운 홍수전에 관한 비교 연구이다. 비교 연구는 서로 비슷하거나 상반되는 사실의 비교를 통해 이들이 어떻게 다르며, 또 어떻게 유사한가를 살피는 데에 첫 번째 목적이 있다. 나아가 이러한 비교를 통해 이들 양자의 특성을 밝히는 데에 궁극적인 목적이 있다. 따라서 이 글은 이들 두 종교의 교조의 비교 고찰을 통해 동학과 배상제교의 특성을 찾아내는 것을 첫 번째 목적으로 삼는다. 나아가 이들 두 신종교는 19세기라는 격변의 시대를 어떠한 모습으로 헤쳐나갔으며, 그 의미가 무엇인가를 찾아가는 데에 두 번째 목적으로 삼는다.

이와 같은 목표를 위하여 이 글은 최제우와 홍수전이 공통적으로 겪은 성장의 배경과 현실 인식, 종교체험, 포교와 교단의 형성, 종교적 이념의 사회적 변용 등을 비교 고찰하고자 한다.


## 2. 성장 배경과 현실 인식

최제우와 홍수전은 그 태어난 연대가 10년의 차이가 있다. 홍수전이 최제우에 비하여 10년 먼저 태어났다. 그러나 최제우와 홍수전은 나란히 1864년에 죽는다. 최제우와 홍수전은 이렇듯 서로 같은 연대를 살아간 사람이다.

최제우가 태어난 곳은 경주 근향 가정리(柯亭里)라는 한가한 시골이다. 이곳은 경주 최씨들이 모여 사는 지역이기도 하다. 최제우는 이곳에서 영남 일대에 이름이 꽤나 알려진 유학자인 최옥의 만득자(晚得子)로 태어났다. 최옥은 그 문명(文名)을 인근에 날렸으나 과거에는 번번이 실패한 사람으로, 만년에 고향에서 한가로이 제자들이나 가르치며 살고 있던 사람이다. 또한 박복하여 두 번이나 상처를 하고, 나이 60이 넘어 새롭게 얻은 과부 한씨 부인 사이에서 유일한 혈손인 최제우를 낳는다. 그러나 한씨 부인이 재가녀(再嫁女)이기 때문에 최옥의 정실부인이 되지를 못한다. 따라서 최제우는 그 신분이 서자(庶子)로 분류된다.

비록 서자의 신분이지만 아버지인 최옥으로부터 교육을 받았고, 또 그 재주가 남다르게 뛰어나 동네 사람들로부터 칭송이 자자했다고 한다. 최제우의 어린 시절 일화는 많이 전하지는 않는다. 다만 태어날 때 집 앞에 있는 구미산(龜尾山)이 사흘을 울었고, 집 주변으로는 상서로운 기운이 여러 날 둘러져 있었다는 이야기가 오늘에 전해 온다. 이렇듯 최제우는 그 탄생이 범상하지 않다는, 일종의 영웅탄생 설화를 지니고 있는 사람이다.[1]

또한 어린 시절부터 그 눈이 너무나 형형하여 사람들이 마주 보기가 어려웠다고 한다. 이와 같은 눈빛으로 인하여 사람들로 하여금 역적의 눈을 지닌 소년으로 이야기되기도 했다. 그래서 어느 날 친구들이 '너는 커서 역적이 될 것이다.'라고 놀리자, 어린 최제우가 '나는 역적이 될 것이니, 너희들은 선량한 백성이 되거라.'라고 어린아이답지 않게 꾸짖었다는 일화가 전한다.[2] 최제우는 실상 이러한 일화가 전할 만큼 그 눈이 형형하여 옆의 사람이 쳐다보기가 어려웠고, 그래서 역적의 눈을 지녔고, 역적보다 더 큰 일이 세상에 있으면, 그러한 일을 일으킬 사람으로 이야기되곤 했다.[3]

최제우는 성장하는 동안 새로운 변혁의 기질을 지닌 사람의 면모를 드러낸 것으로 묘사되고 있다. 그러나 이와 같은 출중한 재주와 기질을 지닌 최제우지만, 신분이 서자이기 때문에 과거를 볼 수 없다는 것이 최제우가 처한 실존적 현실이기도 하다. 그러므로 최제우는 때로는 무예를 공부하며, 우울한 젊은 시절을 보냈다고 한다.[4]

---

1 최제우가 태어날 때 마을의 뒷산인 龜尾山이 사흘을 울고 집 주위로 상서로운 기운이 며칠씩 둘러져 있었다는 이야기는 최제우의 후계자인 최시형이 주관하여 간행한『道源記書』를 비롯한 동학의 모든 기록에 나오고 있다.
2 이돈화,『천도교창건사』.
3 소춘 김기전이 경주의 金鼎卨을 인터뷰하면서 이와 같은 이야기를 들어서 기록하고 있다. 김정설은 凡父라는 호로 더 잘 알려진 인물로 소설가 김동리의 친형이며, 당대 조선의 천재로도 유명했다. 특히 김정설의 할아버지가 최제우보다 한 살 적은 사람으로, 어린 시절부터 최제우의 친한 친구로 지냈다고 한다. 할아버지로부터 들은 이야기를 근거로 최제우에 대한 증언을 했다(소춘,「대신사 갱각」,『신인간』162호, 1924년 3월호).
4 소춘, 위의 글, 17쪽.

홍수전의 선대는 가응주(家應州)에서 광동성(廣東城) 남부로 이주한 객가(客家), 곧 이주민이다. 홍수전은 광동성 남부로 이주한 중농(中農)의 가정에서 태어났으며, 아버지는 마을 사람들로부터 존경을 받아 촌장(村長), 곧 장로로 추대되기도 하였다. 이러한 집안에서 태어난 홍수전은 그의 집안 일가 중 유일한 학자이기도 하다.[5] 그는 어려서부터, 일족으로 이룩된 마을사람들의 기대를 한 몸에 받으며 성장하였다. 집안 형편으로 인해 교육시키기가 어려울 때에도 친척들이 도움을 주어 교육비를 마련할 정도였다고 한다.

그러므로 홍수전은 모든 일족의 여망을 받으며 벼슬에 나가기 위하여 과거에 임하였다. 그러나 매번 초시에는 합격을 하고도, 본시에서는 고배를 마시게 된다. 홍수전이 과거에 번번이 고배를 마시게 된 데에는 당시 청나라의 부패함과 무관하지 않다는 것이 일반적인 의견이다.

여하튼 최제우는 그 신분상의 문제로 인하여 과거에 응시하지 못하였으므로, 자신의 지식이나 뜻을 당시 사회 속에서 펼 수 있는 기회를 얻지 못했다. 이에 비하여 홍수전은 과거에 여러 번 응시를 하였으나 불의한 사회구조로 말미암아 실패를 함으로써 당시 사회제도 안에서 자신의 뜻을 펼 기회를 갖지 못했다. 이렇듯 두 사람은 그 경우는 다르지만, 당시 봉건사회 속에서 자신의 뜻을 펼 기회를 갖지 못했다는 공통점을 지니고 있다.

최제우는 젊은 시절 자신이 발 딛고 있는 현실 사회에 대하여 매우 비판적인 태도를 보여준 것으로 나타나고 있다. 세상의 어지러움을 근심하고, 세상을 구할 수 있는 올바른 가르침을 얻고자 10여 년간 세상을 떠돌기도 한다. 나이 20에서 30대 중반에 이르기까지 세상의 이곳저곳을 두루 돌아

---

5   조나단 스펜서, 『신의 아들』, (양휘웅 역, 이산, 2006.) 60쪽.

다닌다. 이와 같은 최제우의 행적을 동학의 기록에서는 '장궁귀상'(藏弓歸商), 곧 '활을 감추어 두고 장사의 길을 떠났다.'라고 표현하였다.[6] 이와 같은 기록으로 보아 최제우는 자신이 평소 익히던 무예를 그만 멈추고는 장사군의 행색을 하고 세상을 떠돈 것으로 풀이된다. 이러한 최제우의 행적을 동학교단에서는 '주유팔로'(周遊八路)라고 표현한다.

최제우는 10여 년의 주유팔로를 통해 세상의 이모저모를 살펴보고 많은 경험을 하게 된다. 특히 최제우는 이 기간 동안 타락한 세상을 목도하고는 한탄을 하게 된다. 최제우의 이러한 심정이 그의 저술인 『용담유사』 도처에 표현되고 있다.

최제우가 바라본 당시 세상의 가장 두드러진 특성은 윤리적인 타락상이다. 특히 윤리적인 타락은 상류층이나 하층민 모두에게서 나타나는 총체적인 타락상이었다. 어느 한 계층, 곧 상류층부의 부패나 부조리에 그 초점이 맞추어져 있지를 않았다. 따라서 부패한 상류층 사람에 대한 하층민의 비판이나 불평이 아니라는 점이, 여타의 비판적 시각과는 다르다고 하겠다.

또한 당시 새로운 힘으로 밀려들어 오는 서양, 서학에 대한 비판도 무조건적인 비판이 아니었다. 서양의 침략에 대한 우려와 함께 당시 서학교도들의 서학에 대한 인식, 곧 자기 혼자만 죽어서 삼십삼천(三十三天) 옥경대(玉京臺), 즉 천당에 가겠다고 비는 허망하며, 또 각자위심(各自爲心)을 조장하는 모습을 비판하는 것이다.

특히 최제우는 이 각자위심의 태도가 당시 세상을 어지럽히는 근본적인

---

6  『도원기서』, "平生所志 闊達大度 有敎人爲上之心 而察各理之凡術 必是明世誤人之理 故一笑打棄 又爲返武 幾至二年 藏弓歸商 周遊八路."

요소라고 보았다. 이와 같은 세태가 된 것은 다름 아니라, 세상 사람들이 천리(天理)와 천명(天命)을 따르지 않기 때문이라고 진단하였다.[7] 그러므로 당시의 세상은 유교적 이상인 요순(堯舜)의 다스림으로도 어쩔 수 없고, 공맹(孔孟)의 덕으로도 어쩔 수 없는 세상[8]이라고 진단한다.

이와 같은 당시의 세태를 최제우는 '효박(淆薄)한 세상'이라고 하였으며, 또 이러한 세상을 살고 있는 사람들을 '효박한 세상 사람', 심지어는 '금수(禽獸) 같은 세상 사람들'[9]이라고 말한다. 따라서 '효박(淆薄)한 세상'이 '새로운 세상'이 되기 위해서는, 필연적으로 기존의 유도(儒道)도 불도(佛道)도, 또는 서양으로부터 들어오는 서학도 아닌, 차원을 달리하는 새로운 가르침이 나와야 한다는 것이 최제우의 생각이다. 최제우의 이와 같은 생각 속에는, 강성한 서양의 침공으로부터 나라를 지켜야 한다는 '보국안민(輔國安民)'의 정신과, 이를 위해서는 세상을 근본적으로 바꾸어야 한다는 '변혁의 의지'가 담겨 있다. 이와 같은 생각들은 훗날 '후천개벽사상'으로 구체화되기도 한다.

최제우에 의하여, 홍수전에게는 현실에 대한 특별한 비판적인 인식이나 개혁의 모습이 있었다고 전해지지는 않는다. 다만 홍수전은 전술한 바와 같이 일족의 여망을 받으며 지속적으로 과거에 임하여, 당시의 왕조인 청조(淸朝)에서 자신의 입지를 마련하려고 애썼다. 다만 홍수전이 과거에 응시하기 위하여 광동(廣東)을 방문하였을 때, 옛날 명대(明代)의 복장을 한

<hr />

7　『동경대전』「포덕문」"又此挽近以來 一世之人 各自爲心 不順天理 不顧天命 心常悚然 莫知所向矣."

8　『용담유사』 교훈가, "儒道 佛道 누천년에 運이 역시 다 했는가."

9　'淆薄한 세상사람', '禽獸 같은 세상 사람들'이라는 표현은 최제우의 『용담유사』 도처에 등장하고 있다.

어느 사람으로부터 "당신은 장차 최고의 공명을 얻을 것이요, 당신은 비관해서는 안 됩니다. 비관은 당신을 병들게 할 것입니다. 나는 당신의 덕망 높은 아버지를 위해서 축복합니다."라는 말을 들었다고 한다. 또한 다음 날에는 길거리에서 알지도 못하는 어떤 사람으로부터 『권세양언(勸世良言)』이라는 책을 받았다고 한다.

즉 홍수전은 일종의 예언가[10]로부터 '최고 공명을 얻을 것'이라는 예언과 함께, '비록 과거에는 떨어지지만 결코 비관하지 말라.'는 예언을 들은 것이다. 또한 이 예언가의 복장이 '옛 명나라 때의 복장'을 하고 있었다는 점으로 보아, 훗날 홍수전이 만주인이 세운 청조에 대항하는 명분을 암시하는 대목으로 풀이된다. 또한 용장가(龍藏街)라는 거리에서 받았다는 『권세양언』이라는 책은 훗날 홍수전에게 절대적인 영향을 준 기독교 교리를 적은 서적이기도 하다.

앞에서 살펴본 바와 같이 최제우는 적극적으로 당시 타락한 현실을 개혁하고자 하는 의지를 지니고 많은 노력을 했다. 그러나 이에 비하여 홍수전은 당시 시대 현실에 대하여 순응하는 태도를 지녔었다. 다만 예언가로부터 자신도 알 수 없는 미래를 예언으로 받는다는 '예언에 점지된 사람'으로 이야기되고만 있다.

## 3. 삶의 전환, 종교체험

10여 년간 세상을 떠돌던 최제우는 이루어지는 일도 없고, 또 나이만 헛

---

10  홍수전이 과거장 근처에서 만난 사람이나, 龍藏街에서 『권세양언』을 준 사람을 기독교 선교사로 추정하는 견해도 있다.

되게 들어감을 한탄하며, 처가 마을인 울산(蔚山)으로 거처를 옮겼다. 울산 근교 유곡동(幽谷洞) 여시바윗골이라는 곳에 있는 어느 초당(草堂)에서 최제우는 신비한 일을 겪게 된다.

이때가 을묘년(乙卯年, 1855) 봄으로, 최제우 나이 서른둘이 되던 해이다. 초당에서 봄잠을 즐기는데, 이곳을 찾아온 어느 이인(異人)이 최제우에게 책을 한 권 전해주고 갔다. 이 책의 내용이 어떠한지 지금 구체적으로 알려지지는 않았지만, '하늘에 기도를 하라'(祈天之書)는 내용이 들어 있었다고 한다. 이러한 신비한 체험을 하고 난 이후 최제우는 지금까지 세상을 떠돌며 도를 구하던 방식을 버리고, 기도를 통한 수행에 임하게 된다. 다시 말해서 최제우는 자신의 밖에서 도(道)를 구하는 방식을 버리고 자신의 내면에서 도를 구하는 방식을 택하게 된 것이다. 기도를 통해 절대적 존재로부터 도를 얻고자 하는 방식을 택한 것이라고 하겠다.

을묘천서 이후 최제우는 종래의 성리학(性理學)의 천(天), 곧 이법천(理法天)이 아닌, '섬겨야 할 대상으로서의 천(事天)', '기도해야 할 대상의 천(祈天)'으로 그 구도의 대상을 전환한 것이다.[11] 따라서 최제우는 이 을묘천서를 기점으로 한 유교적 지식인, 또는 한 교양인에서 종교 창시자로서의 길을 가기 시작한다. 을묘천서는 바로 이와 같은 점에서 최제우에게 있어 매우 중요한 계기가 되고 있다.

을묘천서 이후 최제우는 거처를 고향인 경주(慶州) 구미산(龜尾山)에 있는 용담정(龍潭亭)으로 옮겨 불출산외(不出山外)를 맹세하고 수련에 전념한다. 이러던 중 경신년(1860) 4월 5일 최제우는 이상한 일을 겪게 된다. 그는

---

11  김용휘, 「崔濟愚의 侍天主에 나타난 天觀」(『韓國思想史學』 20집, 한국사상사학회, 2003. 6.), 222쪽.

갑자기 정신이 아득해지고, 도대체 정신을 수습할 수가 없는 상태가 되었다. 이런 상태가 그치지 않고 계속되다가, 꿈인지 생시인지 알 수 없는 어떤 경지 속으로 점점 빠져들었고, 이런 지경에 문득 천지를 진동하듯 커다란 소리가 어디선가 들려왔다. 정신을 차리고 가만히 들어보니, 다름 아니라 최제우 자신을 부르는 소리였다.

최제우는 이렇듯 신비체험을 통해 만나게 된 신으로부터 "나의 마음이 너의 마음"(吾心卽汝心)이라는 가르침과 함께, 세상의 사람들을 가르칠 주문(呪文)과 세상 사람들을 질병에서 구할 영부(靈符)를 받았다.[12]

최제우의 저술인 『동경대전』이나 『용담유사』의 기록에 의하면, 이때 최제우가 겪은 일이란 다름 아니라, '궁극적 실재'인 신을 만나고 또 대화를 하는 종교체험이었음을 알 수 있다. 최제우는 오랜 구도 끝에 신체험(神體驗)이라는, 결정적인 종교체험을 하게 되었고, 이를 통하여 우주적 존재인 신과 하나가 됨을 체득하게 되었다. 즉 최제우는 바로 이와 같은 신체험과 깨달음을 바탕으로 하여 '동학'이라는 가르침을 세상에 내놓는다.

종교체험 이후 최제우는 전혀 다른 사람과 같이 된다. 정서적인 면, 인격적인 측면 모두에서 전혀 다른 사람같이 변모한다. 사람을 대하는 태도에서부터 행동 하나하나 모두 전혀 다른 사람같이 바뀌었다.[13]

그러나 최제우는 동학을 창도한 이후 당시 관(官)으로부터 지목을 받게 되고, 끝내는 조선조 정부에 체포되어 처형을 당하게 된다. 이와 같은 과정

---

12  이와 같이 최제우가 종교체험 당시 겪었던 여러 상황은 『東經大全』과 『용담유사』 도처에 표현되어 있다.

13  『용담유사』 「교훈가」에 최제우의 변화된 모습을 그의 부인이 "인물대접(人物待接) 하는 거동(擧動) 세상 사람 아닌 듯하고, 처자(妻子)에게 하는 거동 역시 진정으로 지극하여"라고 표현하고 있다.

에서 최제우는 자신이 천명한 후천개벽의 길을 가기 위하여, 묵묵히 체포를 당하고 또 형장으로 걸어간다는, '자기희생의 길'을 가기도 한다. 이러한 변화는 종교체험을 통해 도달하는 내면적 조건이기도 한 '긍정적 성인(聖人)다움'[14]으로의 변모이기도 한다.

이렇듯 최제우는 경신년 종교체험 이후 정서적인 면, 의지적인 면, 나아가 인격적·도덕적인 면에서 성인다움, 곧 한 종교적 인간의 모습으로 변하게 되었던 것이다. 즉 수운은 종교체험을 통해 지식인에서 종교적인 인간으로, 다시 한 종교의 교조로 전이되었던 것이다.

홍수전의 경우에는 특별한 구도(求道)의 기간이 없었다. 다만 그는 과거에 낙방하고는 그 충격으로 인하여 중병에 걸린다. 1837년 광동에서 시행하는 과거에 응시했는데, 초시에서는 좋은 성적으로 방에 붙는다. 그러나 후에 시행한 본시에는 떨어져 결국 낙방하게 된다. 이와 같은 과거 낙방의 결과 그는 충격에 휩싸이게 되었고, 이내 홍수전은 중병을 앓게 되어, 거의 의식을 잃은 상태에서 40일간을 헤매게 된다.

의식을 잃은 상태 속에서 홍수전은 기묘한 경험을 하게 된다. 처음에는 용과 호랑이, 닭 등이 방으로 들어오는 것을 본다. 이내 많은 사람들이 보이고, 그 사람들이 홍수전을 가마에 모시고 아름다운 장소로 갔다. 이곳에서 어느 노파가 자신을 깨끗하게 씻어주고, 또 커다란 건물 안으로 들어갔다. 이곳에서 홍수전의 몸을 갈라 심장과 그 밖의 부분을 떼어내고, 그 대신 새롭고 붉은 색의 물건을 넣어 꿰매었다. 그러나 몸에는 꿰맨 흔적조차도 없었다.

주위의 벽에는 '권선교덕'(勸善敎德)이라는 목패가 걸려 있고, 그곳에 금

---

14　윌리암 제임스, 『종교적 경험의 다양성』(김재영 역, 한길사, 2000.)

발에 흑의를 걸친 기품과 권위를 자아내는 노인이 제일 높은 자리에 앉아 있었다. 이 노인이 홍수전을 보고 눈물을 흘리며 말하기를, "전 세계의 인류는 전부 내가 있음으로 생겨났고, 내가 기르고 있다. 그들은 나의 음식을 먹고 나의 옷을 입고 있으나, 누구 한 사람도 나를 기억하고 존경하는 생각을 품고 있는 자가 없다. 그러나 이보다 더 괘씸한 것은 그들이 나에게서 모든 것을 받아서 그것을 갖고 악마를 숭배하는 것이다. 그들은 한층 더 나에 대해 반역하고 분노를 일으키게 하고 있다. 그들을 배우면 안 된다."라고 말하고 홍수전에게 한 자루 보검(寶劍)을 주고 악마를 전멸시키라고 명령했다. 그러나 형제자매에게는 해를 끼쳐서는 안 된다고 경고했다. 다음으로는 인수(印綬)를 한 개 주었다. 이것은 악령을 이기는 데 사용하는 것이라고 말했다.

이와 같은 환몽 속에서 홍수전은 때때로 장형(長兄)이라고 부르는 중년의 사람을 만나곤 했다. 이 중년의 사람은 어떻게 행동할 것인가를 가르치고 그와 더불어 먼 지방까지 악령을 찾으러 떠났고, 또 그를 도와서 이 악령을 베어 죽이고 섬멸시킨다.

이러한 이상한 꿈을 꾸고 나서 홍수전은 병중에서 일어날 수 있게 되었다. 건강이 회복되면서 홍수전은 그 인품이나 성격, 용모까지 점차 변화가 일어나게 되었다. 품행에 주의를 하고, 그 태도도 친절하게 되고 의젓해졌다. 신체도 커지고 몸무게도 늘어갔다. 걸음걸이도 확실하고 중후했다. 견해도 넓어지고 자유로워졌다.[15]

즉 홍수전 역시 최제우와 마찬가지로 환몽이라는 종교체험 이후 그 인

---

15  고지마 신지, 『유토피아를 꿈꾼 태평천국 지도자 홍수전』(최진규 역, 고려원, 1995.), 41-49쪽.

품, 성격, 나아가 모습까지 바뀌어 '성인(聖人)다움'을 보여주는 사람으로 변하게 된 것이라고 하겠다. 환몽 중에 몸을 가르고 심장과 그 밖의 부분을 떼어내고, 그 대신 새롭고 붉은 색의 물건을 넣어 꿰맸고, 그러나 몸에는 꿰맨 흔적조차도 없었다는 경험은 홍수전이 종교체험을 통해 전혀 다른 인격체로 거듭 태어남을 의미는 것이다. 또한 홍수전이 받았다는 보검(寶劍)과 인수(印綬)는 신의 권능을 부여받은 상징으로[16] 홍수전이 신의 대리자(天子, 신의 아들)임을 확인하는 체험이기도 하다.

이렇듯 홍수전 역시 종교체험을 통해 스스로 신으로부터 권위를 부여받았고, 또 신의 아들임을 자임하게 되었고, 나아가 인격이나 됨됨이가 전혀 다른 사람으로 변하게 되었다.[17] 그러므로 나쁜 마음을 품고 있는 사람은 그의 면전에서 자취를 감추게 되었고, 그 반면에 존경할 만한 사람은 그와 더불어 교제하기에 이르렀다. 즉 종교체험은 최제우나 홍수전 모두를 정서적인 면, 인격적인 면, 외형적인 면 등에서 전혀 다른 사람의 면모로 바꾸어 놓은 것이다. 이러한 종교체험은 이들에게 있어 새로운 삶의 전환이며, 동시에 새로운 가르침을 깨달으므로 해서 세상에 내놓을 수 있는 중요한 계기가 되었다. 즉 최제우의 종교체험은 '동학'을, 홍수전의 종교체험은 '배상제교'를 세상에 내놓는 계기가 되었던 것이다.

---

16  임태홍, 「홍수전의 종교적 성공과 그 사상적 배경」(『한국신종교연구』, 한국신종교학회, 2006.), 266쪽.
17  고지마 신지, 앞의 책, 48쪽.

## 4. 종교체험 이후의 활동

종교체험 이후 최제우는 거의 일 년 가까운 시간을, 신(한울님)으로부터 받은 도를 닦고, 또 이를 헤아리는 일(修而度之)에 전념을 하였다.[18] 이 기간 동안 최제우는 「포덕문」이나 「용담가」, 또는 「검결」 등을 짓고, 신으로부터 받은 주문을 다시 다듬어 짓기도 한다.[19] 즉 도를 닦고 헤아려 신으로부터 받은 가르침을 정리하고 또 체계화시켜 나갔다.

이와 같은 최제우에 비하여 홍수전은 자신의 체험이 얼마나 중요한 것인가를 처음에는 인지하지 못한다. 그러므로 이러한 환몽 이후에도 국가에서 시행하는 과거를 보러 가기도 하고, 또 종전처럼 마을에서 학교의 교사로 일하기도 한다. 물론 홍수전이 환몽을 체험하고 난 이후, 종종 눈물을 흘리며 "당신들은 노인을 존경하는 마음을 갖고 있지 않다. 그뿐이랴. 요사스런 악마와 친하게 지내고 있다. 정말로, 진실로 당신들은 마음도 양심도 갖고 있지를 않다."라고 사람들에게 말하곤 했다. 또한 종종 자기는 정식으로 중국의 황제에 임명되었다고 말하고, 누군가 그를 '황제'라고 부르면 대단히 좋아했다고 한다.

이 시기에 홍수전은 하루 종일 노래도 하고, 때로는 울기도 했으며, 혹은 사람들에게 권하고 또 꾸짖기도 했다. 그러나 이때마다 홍수전의 모습은 매우 진지하고 또 진실된 모습이었다고 한다.

홍수전의 친지들은 의사들에게 치료를 청하기도 하였다. 의사들이 약으로 그를 고치려고 했으나 조금도 나아지지 않았다. 그러던 어느 날 부친이

---

18 『동경대전』「논학문」, "吾亦幾至一歲 修而度之 則亦不無自然之理."
19 『천도교회사 초고』・「天統」.

문틈에 종이 하나가 끼어져 있는 것을 보았다. 그 종이 위에는 붉은 글씨로 '천왕대도군주전'(天王大道君主全)이라는 일곱 자가 쓰여져 있었다. 이는 '하느님의 크나큰 가르침, 임금인 전(全)'이라고 풀이할 수 있다.

이때부터 홍수전은 점점 건강이 회복되었고, 홍수전은 아무런 거리낌이 없이 자신이 병중에서 경험했던 일들을 친구들에게 이야기해 주었다. 친구나 친척들은 이 이야기를 듣고는 오직 기묘하다고 대답할 뿐이었다.[20]

이와 같은 일이 있은 지 7년의 세월이 지난 후, 홍수전은 연화(蓮花)라고 불리는 마을에 교사로 초빙되어 학동을 가르치게 되었다. 5월 어느 날 홍수전의 친척인 이경방(李敬芳)이라는 사람이 홍수전의 책 상자 안에 우연히 『권세양언』이라는 책이 있는 것을 보고 그 유래를 물었다. 이에 홍수전은 이전에 과거를 보러갔을 때 어느 사람으로부터 받은 책이라고 답한다. 이경방이 이 책을 빌려서 읽고는 홍수전에게 돌려주면서, 그 내용이 대단히 훌륭하고 중국의 서적과는 뚜렷하게 다르다고 말을 해준다.

그 이후부터 홍수전은 이 책을 정독하게 되었다. 이 책을 읽으며, 자신이 병중에서 보았던 그 장면을 이해할 수 있는 관건이 바로 이 책 안에 있는 것을 발견하고는 크게 놀랐다. 그는 자신이 환몽 속에서 본, 가장 높은 어좌에 앉아서 모든 사람들이 존경하지 않으면 안 되었던 그 기고(氣高)한 노인이 바로 하늘의 아버지이신 신이고, 악마들을 섬멸할 때 자기에게 가르침을 주고 또 도와주었던 중년의 사람이 바로 세상의 구세주인 그리스도였다는 사실을 알게 되었다. 악마는 우상(偶像)이고, 형제자매는 세계 사람들이었음을 깨닫게 된다.

『권세양언』이라는 책은 양아발(梁阿發, 또는 '梁發'이라고도 함)이라는, 기

---

20    데오도르 햄버거, 『홍수전』, (노태구 역, 새밭, 1979. 12.) 44쪽.

독교로 개종한 중국인이 기독교 성경의 구절을 인용하여 쓴 책이다. 기독교 교리를 소개한 포교용 책자인 것이다.

이 책을 읽은 후 홍수전은 마치 기나긴 꿈에서 깨어난 것 같은 느낌을 받았다. 그는 현실에서 하늘에 이르는 길과 영원한 생명과 행복에 대한 확실한 희망을 발견하고 기뻐했다. 또한 이 책에서 세례의 필요성을 배운 홍수전과 이경방은 책에 쓰인 방법에 따라 스스로 세례를 시행하게 된다. 이후 두 사람은 우상을 제거해 버리고자, 학교에 있는 공자(孔子)의 상을 치워 버린다.[21]

최제우는 종교체험 이후 자신이 한울님(上帝)이라는 신으로부터 받은 가르침을 닦고 헤아려서 이 도를 세상에 가르칠 수 있도록 체계화를 시켰다. 그러면서 「포덕문」, 「용담가」 등을 비롯한 자신의 신념을 담은 글을 쓰기도 한다. 이 글들이 훗날 동학의 경전인 『동경대전』과 『용담유사』가 된다.

즉 최제우는 자신의 체험을 확연하게 깨닫고 이것이 바로 세상을 올바르게 가르치고 구할 수 있는 도임을 깨닫게 되었음에 반하여 홍수전은 자신의 종교체험이 과연 무엇인지를 알지 못했다. 그러던 중 오래전에 어느 사람으로부터 받은 책자인 『권세양언』이라는 기독교 교리 해설서를 읽고는 비로소 자신이 환몽 속에서 겪었고 또 만났던 많은 일들이 어떠한 의미인지를 깨닫게 되었다.

최제우는 처음부터 제세(濟世)를 위한 뜻을 지니고 있었으므로, 구도의 길을 걸었고 그러므로 결정적인 종교체험을 하게 되었다. 따라서 자신이 받은 가르침이 어떠한 것임을 처음부터 알았지만, 홍수전은 우연하게 병중에서 겪은 일이기 때문에 그 진의를 처음에는 알지 못했던 것이다.

---

21  데오도르 햄버그, 앞의 책, 56-58쪽.

이와 같이 최제우와 홍수전은 비록 그 종교체험의 과정이 서로 다르지만, 궁극적으로 자신들이 신비체험을 하였고, 이로 인하여 자신들이 지금까지 의거하던 가치가 아닌, 전혀 새로운 신념체계를 지니게 되었음을 인지하게 되었다. 특히 최제우가 경신년 4월 결정적인 종교체험을 하게 된 배경으로는 을묘천서라는 특별한 사건을 빼놓을 수가 없다. 또한 홍수전은 그 선후가 다르지만, 자신의 환몽을 새로운 세계로 들어가게 하는 종교체험으로 인지하게 한 사건인 『권세양언』과의 만남을 빼놓을 수가 없다. 이를 정리하면, 최제우는 을묘천서를 체험한 이후 그 구도의 방법과 대상을 확연히 할 수 있었고, 또 그 결과 경신년 결정적인 종교체험을 하게 되었다고 말할 수가 있다. 또한 홍수전 역시 자신이 체험한 환몽이 다만 환몽으로 그치지 않고, 분명한 새로운 가치관으로 인지될 수 있었던 것은 바로 『권세양언』과의 만남이 그 계기가 되었다.

최제우는 종교체험 이후에 계속한 수이탁지(修而度之)의 과정에서 자신이 만난 신이 다만 초월적인 공간에 있는 것이 아니라, 자신이 모시고 있으며, 동시에 우주에 편만되어 있다고 말하고 있다. 따라서 이러한 자신의 깨달음을 통해 최제우는 '시천주'(侍天主)라는 새로운 가르침을 자신의 중심사상으로 삼는다. 또한 시천주를 바탕으로 새로운 차원의 삶을 열어가고자 하는 후천개벽의 사상을 세상에 내놓는다. 그러므로 당시 서양으로부터 들어오고 있는 서학과의 차별을 보이고 있다. 또한 최제우는 자신만이 신의 아들이라고 언명하지 않는다. 세상의 모든 사람이 신의 자식이며, 자신은 다만 깨달은 자로서 가르침을 펴는 스승의 입장임을 분명히 한다.[22]

---

22 최제우는 『東經大全』「布德文」을 통해, 자신을 한울님이라는 신이 특별히 세상에 내놓은 것이라는 점을 강조한다(問其所然 曰余亦無功故 生汝世間). 그리고 훗날 『용담

이와 같은 최제우에 비하여 홍수전은 기독교의 교리서인『권세양언』을 통해 자신의 환몽의 의미를 깨닫게 되므로, 자신이 체험한 모든 것을 기독교의 교리로 풀이하게 된다. 그러므로 자신은 자기가 환몽 중에 만난 하느님의 아들이며, 특히 그때 만난 중년의 남자인 예수의 친동생이라고 천명한다. 특히 홍수전은『권세양언』중에 나오는 삼위일체를 자신의 임의로 해석하여, 천부(天父) 상제, 천형(天兄) 예수, 천왕(天王) 홍수전 자신으로 상정하고 자신을 황제라고 일컫기도 한다.[23]

최제우는 자신이 깨닫고 또 내세운 시천주와 후천개벽을 통해 가르침을 펴고, 홍수전은 자신이 재해석한 기독교의 가르침을 바탕으로 중국의 여러 신앙의 요소를 종합하여 세상을 향해 가르침을 펴므로, 변혁을 시도해 나간다. 즉 '시천주'와 '후천개벽'은 최제우로 하여금 동학의 교조로서 세상 사람들을 모이게 했던 중요한 요소이고, 또 봉건적인 사회 체제와 인간의 삶을 변혁하고 각성한 민중의 힘으로 외세의 침략을 물리치려 했던 힘의 원천이 된다면, 홍수전에게 있어 중국의 여러 신앙의 요소와 함께 새로이 받아들인 기독교의 이념[24]은 당시 청조의 부패와 봉건을 비판하는 힘의 원천이 되었던 것이다.

즉 최제우와 홍수전은 자신들의 종교체험을 바탕으로 새로운 신념체계를 세우게 되었다. 이들의 신념체계는 당시 부패한 사회를 비판하고 또 변혁시키는 중요한 바탕이 되었다.

---

유사』「교훈가」를 통해 "나는 도시 믿지 말고 한울님(上帝)만 믿었어라."라고 천명하므로, 자신은 다만 깨달음을 전하는 스승임을 암시하고 있다.

23  이와 같이 홍수전이 성경의 가르침을 자의로 해석하게 되고, 그 결과 성서는 자신의 것이며, 따라서 하느님의 메시지를 '훨씬 단순한' 형식으로 자신의 추종자들에게 전달할 수 있었다.(조너던 스펜서, 앞의 책, 21쪽)

24  최진규,「상제회의 창립과 상제교의 변화」(『역사학보』, 144호), 110쪽.

## 5. 포교와 교단 형성

최제우가 본격적으로 포교를 시작한 것은 종교체험을 한 뒤로 1년 가까운 시간을 수련(幾至一歲 修而度之)으로 보낸 이후인 신유년(辛酉年, 1861) 6월부터이다.[25] 물론 그 이전에 자신의 부인과 조카인 맹륜에게 포교를 하기도 했지만, 본격적인 포교는 이때부터이다.

기록에 의하면, 최제우가 용담(龍潭)의 문을 열고 가르침을 펴기 시작하자 동학에 입도하기 위하여 찾아오는 사람들로 인하여, 당시 용담정이 자리한 구미산(龜尾山) 작은 산길이 마치 시장바닥같이 붐볐다고 한다. 1920년대 후반까지 살았던 최제우 수양딸의 증언에 의하면, 당시 가르침을 받고자 찾아오는 사람들은 대체로 폐백(幣帛)으로 곶감을 가지고 왔는데, 얼마나 많은 사람들이 왔는지, 용담정 뒤뜰에 버려진 곶감꽂이가 산같이 쌓여 마을의 초동들이 땔나무를 하는 대신에 이 곶감꽂이만 짊어지고 내려가도 군불 때기에는 충분했다고 한다.[26]

『동경대전』의 기록에 의하면, 당시 용담을 찾아온 사람들의 관심은 첫째, 최제우가 천령(天靈)을 통해 세상을 바꿀 가르침을 받았다고 하는데 과연 정말인가 하는 것이고, 둘째, 최제우의 가르침은 당시 들어온 서학과는 어떻게 다른 것이며, 셋째, 가르침의 핵심이 무엇인가 하는 것이다.[27]

이와 같은 당시 사람들의 관심에 최제우는 적극 대처하며, 시운(時運)에

---

25 『동경대전』「수덕문」, "更逢辛酉 時維六月 序屬三夏 良朋滿座 先定其法 賢士問我 又勸布德."

26 小春, 「大神師 收養女인 八十老人과의 問答」(『新人間』, 통권 16호, 1927. 9.)

27 『동경대전』「논학문」, "轉至辛酉 四方賢士 進我而問曰 今天靈 降臨先生 何爲其然也 …曰與洋道 無異者乎…曰何爲其然也 曰吾道 無爲而化矣…."

의하여 이제 머지않아 새로운 세상이 열릴 것이라고 가르친다. 최제우가 전하는 '시운'이라는 예언자적 가르침은 당시의 많은 사람들에게 새로운 희망이 되었다. 그러나 수운은 우주적 차원의 변화와 함께 오는 이 '시운' 은 세상의 사람들이 모두 여천지합기덕(與天地合其德)하는 군자의 덕을 회복할 때 만날 수 있다고 가르친다.[28] 그러므로 최제우는 '시운'이라는 예언적 가르침과 함께 자신의 잃어버린 본성을 찾기 위한 종교적 수련, 곧 정심수도(正心修道)를 강조하였다.

또한 최제우는 이러한 예언적 신비와 함께 '시천주'(侍天主)의 가르침을 펼쳤다. '시천주'는 세상 모든 사람들은 본질적으로 한울님을 모시고 있으므로, 봉건적 신분과 관계없이 모두 평등하다는 본원적인 평등주의를 내포하고 있다. 시천주와 함께 최제우는 당시 심각한 문제로 부각되는 서양의 침공으로부터 나라를 구하기 위한 보국안민을 강조하며,[29] 새로운 차원의 삶인 지상천국을 열기 위한 후천개벽을 강조한다. 따라서 시대적, 문명적 변혁의 시점인 시운과, 시천주의 평등주의를 바탕으로 하는 후천개벽의 가르침은 새로운 세상을 열망하던 당시 사람들에게 설득력 있게 다가갔다. 또한 당시 위협적인 세력으로 동아시아를 침탈해 오는 서양의 침략으로부터 백성들도 함께 나라를 지키고 스스로의 안녕을 도모한다는 보국안민의 정신은 나라를 걱정하던 많은 사람들의 관심을 끌었다.

당시 동학에 입도하는 사람들은 다만 하층민만은 아니었다. 최제우에게 토론을 요구할 정도의 지식인들도 많이 포함되어 있었음을 알 수가 있다.

---

28  『동경대전』「논학문」, "君子之德 氣有正而心有定 故與天地合其德 小人之德 氣不正而 心有移 故與天地違其命 此非盛衰之理耶."
29  『동경대전』「포덕문」, "西洋 戰勝攻取 無事不成而 天下盡滅 亦不無脣亡之歎 輔國安民 計將安出."

따라서 이들은 당시 하층민의 요구만을 대변한 것은 아니었다. 19세기라는 시대가 필요로 하고 또 요구하는 많은 것들을 대변하던 사람들이었다. 그러므로 최제우는 보국안민과 후천개벽의 세상을 위해서는 하층민, 또는 상류층이라는 어느 한 계층의 힘만으로는 이룩될 수 없다는 가르침을 펴게 된다. 즉 보국안민과 후천의 새 세상을 위해서는 상류층과 하층민 모두의 힘이 결속되어야 한다고 가르친다. 이와 같은 가르침은 새로운 세상을 만들어 갈 힘이 모두에게 있으며, 그러므로 당시 소외되고 있던 하층민들도 변혁 운동에 적극 참여할 수 있다는, 그러한 의식을 깨워주는 계기가 되기도 했다.[30] 그러므로 당시 사회적으로 소외당하고 있던 사람들은 동학을 적극적으로 받아들이게 되었다.

그러나 이와 같은 최제우의 가르침은 결국 당시의 기득권 세력인 유림들로부터 견제의 대상이 되었고, 이들이 서원(書院)과 서원 사이로 통문을 돌리며 동학을 탄압하기에 이르렀다.[31] 즉 동학을 서학의 말류(末流)라고 몰아붙이며, 좌도난정의 죄목으로 중앙정부에 고변을 하는 사태까지 이르게 된다. 이러한 일련의 사태가 의미하는 것은 곧 동학이 유림들에게 위협을 느끼게 했고, 또 조선조 정부로부터 관심을 받을 정도로 그 교세가 진작되었다는 뜻이다.

그 결과 최제우는 관의 지목을 피해 전라도 남원(南原) 은적암(隱跡庵)으로 피신을 하기도 하고 마침내는 경주부(慶州府)에 구금이 되기도 한다. 최제우가 관에 구금이 되자 6~700명의 동학교도들이 관청에 몰려가 시위를

---

30  윤석산, 『용담유사 연구』(모시는사람들, 2006.)
31  崔承熙, 「書院(儒林) 세력의 東學排斥運動 小考」(『한우근박사정년기념사학논총』, 지식산업사, 1981.)

하는 사태가 벌어졌다. 동학교도들의 시위로 최제우는 관으로부터 풀려나오기는 했어도, 관으로부터 동학교도들이 시위라는 실력행사를 할 수 있는 집단으로 인식이 되고, 더욱 주목이 심해지기도 했다. 그러므로 최제우는 교단의 조직을 더 강화하기 위하여 접주제(接主制)를 실행한다. 접주제 실행의 의미에는 두 가지가 있다. 첫째는 교도들이 많아지고 그 지역 분포도 넓어져 최제우 혼자 모두를 지도할 수 없기 때문이요, 둘째는 관의 지목과 위기 속에서 교단의 조직을 좀 더 공고히 하기 위함이었다.

즉 동학은 포교를 시작한 지 2년이 채 지나지 않아서 그 세력이 경상도는 물론 충청도 일대까지 퍼져나가게 되었다. 그러므로 조선 정부에서는 더욱 동학을 지목의 대상으로 삼게 되었다. 마침내 조선 정부는 선전관을 경주부로 파견하여 최제우를 비롯한 교도들을 체포하기에 이른다. 체포 당시 최제우를 비롯한 교도들은 어떠한 저항도 하지 않는다. 순순히 체포되어 압송 당하고, 또한 처형 당하게 된다. 즉 최제우는 자신의 가르침을 통해 새로운 세상을 이룩하고자 하였으나, 실질적인 면에서는 당시 기성의 세력에 대하여 항거하거나 대항하는 모습은 보이지 않았다. 그러므로 순순히 관에 체포가 되었고, 조선 정부가 내린 사형이라는 극형을 묵묵히 받아들이는 순교(殉教)의 길을 택했던 것이다.

다시 말해서 최제우는 19세기라는 변혁의 시대에 한 혁명가로서의 삶을 산 것이 아니라, 새로운 변혁의 세상을 꿈꾸는 새로운 종교의 교조로서의 삶을 살았다고 하겠다.

홍수전이 처음으로 포교를 한 사람들은 친척 동생인 홍인간(洪仁玕)과 친구 사이인 풍운산(馮雲山)이라는 사람이다. 이들과 함께 『권세양언』을 연구하고 자신의 환몽이 이 책에 쓰인 바와 일치함을 확신하게 된다. 이후 친지들에게 상제에 귀의할 것을 권하고 이어서 자신이 가르치는 서당에서 공자 위패를 치움으로써 자신들의 종교적 신념을 실천하였다. 또한 마을의 어른들이 원소절(元宵節) 축제에 영신(迎神) 대회에 나오는 우상을 찬미하는 시를 의뢰했으나, 상제만이 참된 신(神)임을 내세워 써주지 않았다. 이와 같은 사건으로 인하여 서당의 학생들은 점차 줄고, 마을 사람들로부터 핍박을 받게 되었다.

이에 홍수전은 고향을 떠나 다른 성(省)으로 여행하며 교리를 선전하고자 이곳저곳을 떠돌았다. 이후 홍수전은 로버츠라는 선교사의 제의를 받고 기독교를 공부하기 위하여 광주(廣州)로 갔다. 이곳에서 홍수전은 처음으로 정통 기독교 교리를 접하였다. 구츨라프나 모리슨이 번역한 것으로 추정되는 『구약성서』와 『신약성서』를 읽기도 하였다. 이렇듯 로버츠에게 공부를 하며 3개월 반 정도 지내던 홍수전은 광서(廣西) 지역으로 떠났다.[32]

광서 자형산(紫荊山)에 이른 홍수전은 이미 이곳에서 3,000여 명을 포교하여 배상제회를 만든 풍운산을 만났다.[33] 이어 광주에서 로버츠로부터 배운 종교 지식을 활용하여 배상제회를 내적으로 강화시켜 갔다. 특히 홍수전은 모세의 10계를 모방하여 10조의 계율을 열거한 「천조서(天條書)」를 만들었다. 이는 풍운산이 이룩한 포교의 성과와 체험을 흡수하여 쓴 것이다. 또한 당시 민중들의 생활에 밀착된 토속적인 것이 그 내용으로 되어 있기 때문에, 민중들로부터 많은 호응을 받는 계기가 되었다.[34]

나아가 홍수전은 로버츠 교당에서 학습한 바와 같이 '우상 숭배의 잘못'

---

32  고지마 신지, 앞의 책, 74-76쪽.
33  고지마 시니, 앞의 책, 80쪽.
34  고지마 신지, 앞의 책, 86-87쪽.

과 황(皇)이나 제(帝)는 오직 황상제(皇上帝), 곧 하느님에게만 쓰일 수 있으므로, '세간의 지배자가 칭제(稱帝)하는 것은 부정'하다는 등의 가르침을 펴 나갔다.

즉 홍수전은 자신의 종교적인 신념에 의하여 우상 파괴를 하게 되고, 이를 통해 토속신과 대결을 하는 한편, 이 대결을 통해 민중들로부터 명성을 얻었다. 부부가 아닌 남녀가 야합하여 득도하였다는 전설을 지닌 육과묘(六窠廟)를 탄핵하는 시를 지어 사람들로부터 지지를 받았다. 또한 현지 주민들에게 큰 영향을 주고 있는 감묘(甘廟)의 신상을 파괴하여 명성을 드높였다. 이어 풍운산으로 하여금 농민들을 속박하고 있는 마을 부자가 세운 뇌묘(雷廟)에 있는 뇌신(雷神)의 수염을 잡아떼고, 또 신상(神像)을 파괴하게 하였다. 뇌묘는 어느 의미에서 지주의 상징이며, 신상은 농민들을 억압하는 지주의 위엄이기도 하다. 그러므로 이러한 행위는 궁극적으로 농민들로 하여금 지주의 속박으로부터 정신적인 해방감을 주는 일이 되기도 했다. 따라서 홍수전은 우상 파괴를 통해 명성과 함께 농민들의 지지를 얻는 계기를 마련하였다.

이러한 과정을 거치며 배상제회는 유일신인 상제를 숭배하는 종교단체로 자리를 잡아갔다. 그러나 홍수전이 펼치는 우상 파괴 등의 행동은 현지인들의 전통적인 가치관에 대한 도전이기도 하기 때문에 이들로부터 강한 반격을 받는 빌미가 되기도 한다. 특히 뇌묘 사건은 석인촌(石人村)의 지주인 왕작신(王作新)의 고발로 풍운산 등이 체포되는 사건으로 비화된다. 또한 이 사건은 지주들과 배상제회가 서로 부딪치는 직접적인 계기가 되었다.

우상 파괴와 함께 '세간의 지배자는 칭제(稱帝)할 수 없다.'는 홍수전의 가르침은 하느님을 '황상제'라고 부르며, 이 황상제만이 진정한 황제라고 생각하는 자신의 종교적인 신념에서 나온 것이다. 그러나 이는 궁극적으로는 칭제를 하고 있는 당시 청나라에 대한 도전이 되기도 한다. 따라서 이와 같은 종교적 신념은 홍수전의 반청운동을 펴는 계기가 되었다.

최제우와 홍수전은 각기 동학과 배상제교를 세우고 순수한 종교 활동을 펼쳐나갔다. 최제우가 세운 동학의 경우 그 교도가 날로 늘어나게 되자 당시 기득권 세력인 유림들로부터 견제를 받게 된다. 그러므로 유림과 관으로 연계된 기성의 주류 세력으로부터 탄압을 받게 되고, 마침내는 교조인 최제우가 처형을 당하게 된다. 홍수전 역시 기독교 교리에 따라 우상을 파괴한다는 행위를 감행하고, 이를 통해 사람들로부터 이름을 얻고, 그 교세를 넓혀 나간다. 그러나 이러한 행위는 한편으로 현지인들과 갈등을 일으키는 요인이 되었다.

조선조 정부에 의한 최제우의 처형과 우상 파괴를 통해 홍수전이 일으키는 지주들과의 갈등은 훗날 동학과 배상제회가 일으키게 되는 동학농민혁명과 태평천국 운동의 가장 직접적인 요인으로 작용하게 된다.


## 6. 종교운동에서 혁명으로의 전환

최제우로부터 도통을 물려받은 최시형(崔時亨, 1827-1898)은, 스승인 최제우의 처형 이후, 36년간이라는 긴 세월을 깊고 깊은 산간 오지로 숨어 다니며, 궤멸된 동학 교단을 재건하고자 노력한다. 이러한 잠행의 시간 동안 최시형 역시 최제우와 마찬가지로 철저히 무저항의 종교운동을 펼친다. 관의 지목이 강화되면, 더 깊은 산 속으로 숨고, 다소 그 지목이 느슨해지면 다시 포교 활동을 전개하는 방식으로 교도를 규합한다.

그러나 이러한 최시형의 노선에도 불구하고 이필제(李弼濟)와의 연계로 한때 어려움이 초래된다. 신미년(辛未年, 1871) 영해 지방에서 일어난 작변(作變)은 동학교도임을 자처하는 이필제라는 인물에 의하여 일어난 병란이다. 이필제는 세력의 규모를 크게 확대하기 위하여, 동학의 교조인 최제우의 신원(伸冤)을 빌미 삼아 최시형에게 접근하고, 이에 동학교도들과 연계하여 작변을 일으킨다.

이러한 신미작변 이후 최시형은 관으로부터 받는 지목이 일층 강화되므로, 더욱 큰 어려움에 빠지게 된다. 해월은 이를 거울삼아 이후 더욱 종교적인 수련에 박차를 가하게 된다. 즉 이필제의 난으로 인하여 강화된 관의 지목을 피해 강원도 영월 직동(稷洞)이라는 궁벽한 산간 마을에 숨어 지내면서도, 인근의 교도들을 모아 49일 특별수련을 감행한다. 이후 최시형은 태백산 적조암(寂照庵), 공주 가섭사(迦葉寺) 등지로 다니며 동학의 지도급 인사들과 함께 여덟 차례의 49일 특별수련을 지속한다. 이는 곧 후천이라는 새로운 세상을 이룩하기 위해서는 무엇보다도 먼저 종교적인 수련과 이를 통한 종교적인 결속이 우선해야 한다는, 스승 최제우의 가르침을 이은 종교적인 신념에 의한 것이기도 하다.

그러나 이러한 노력의 결실로 교도들이 증가하게 되고, 외적인 성장과 내적인 안정을 되찾은 동학교단은, 그 내부로부터 사회적인 변화를 요구하는 목소리가 나오기 시작한다. 그 첫 번째가 바로 교조신원운동(敎祖伸冤運動)에 대한 요구이다.

교조신원운동은 그 내면을 살펴보면, 동학교단이 현행 조선 조정으로부터 종교의 자유를 얻고 탄압으로부터 벗어나고자 하는 요구의 하나이다. 즉 조선 조정의 정책 아래에서 자유롭게 활동을 하고, 또 이로부터 자행되는 탄압에서 벗어나려는 노력의 일환이다.

그러나 이러한 의미에서 출발한 교조신원운동은 보은취회(報恩聚會) 때에 이르러 그 성격이 전환되면서 반봉건, 반외세 운동의 성격을 띠기 시작한다. 이와 같은 운동의 성격의 전환에는 시대적인 현실이 많이 작용했음이 사실이다. 그러나 이는 곧 '교조신원'의 문제가 '체제 아래에서의 신원'(伸寃)만을 의미하는 것이 아니라, 진정한 교조신원은 교조인 최제우의 가르침인 시천주 정신이 실천되며, 보국안민이 실현되는 데 있다는 의미가 강조된 모습이라고 하겠다. 즉 시천주의 본원적인 평등주의는 반봉건을, 보국안민에의 실현은 반외세의 기치를 세우게 된 것이다. 따라서 진정한 교조신원은 반봉건, 반외세에 있음을 인지하고, 이를 펼쳐나가게 되었던 것이다.

반봉건, 반외세의 의식이 동학교단 내에서 성장하게 되며, 1894년 마침내는 전봉준이 고부(古阜)에서 봉기하는 결과를 빚게 한다. 교조신원운동과 민란 봉기의 성과를 이으며 갑오년(1894) 3월부터 본격적으로 동학농민혁명이 전개되었다.

홍수전이 배상제교를 세운 초기에는 역시 종교적인 활동이 그 주를 이룬다. 홍수전이 병을 앓던 중 지은 시인 "역상에 비룡이 바로 하늘에 있네"(易象飛龍定在天) 등의 구절은 반청혁명 의식이 담겨져 있다기보다는, 자신의 세간에 대한 막연한 울분을 드러낸 것이라고 봄이 타당하다.[35] 홍수전은 환몽 이후에도 청조에서 시행하는 과거에 임한다. 이처럼 과거시험을 통해 청나라의 관리가 되고자 했던 사실이 이를 반증한다고 하겠다. 또한 홍수전이 이경방과 함께 요마(妖魔)를 베는 참요검(斬妖劍)을 만들고 지었

---

35   고지마 신지, 앞의 책 48쪽.

다는 검시(劍詩)[36] 역시 '칼을 통한 혁명의식'을 고취하는 시라기 보다는, 요마로 표현된 우상을 제거하려는 자신의 종교적 의식의 표현으로 보는 것이 합당하다. 그런 중에 홍수전은 로버츠의 제안을 받고 광주(廣州)로 간다. 이러한 홍수전의 광주행 역시 홍수전이 결국은 정식 기독교 신도 내지는 전도사가 되려는 목적에 의한 것이라고 하겠다.

이와 같은 여러 모습이나 홍수전이 배상제교를 창립하고 2, 3년 동안 지은 글이나 행동으로 보아, 홍수전의 초기 행각은 그가 혁명가였기보다는 기독교 선교사에 가까웠음을 알 수 있다.

그러나 홍수전을 비롯한 풍운산 등은 지속적으로 우상을 파괴하면서, 나름대로 전투적인 역량을 스스로 키웠으며, 지주계급을 비롯한 현지인들과 긴장관계를 낳게 하는 원인이 되기도 했다. 그러므로 민란과 도적이 많은 광서지방에서 현지인들 스스로 이들 도적들로부터 자신들을 보호하기 위하여 조직한 자경단인 단련(團練)과 번번이 충돌하는 사태를 빚게 되었다.

이 시기 홍수전과 풍운산이 잠시 자형산을 떠난 사이에 배상제회로서는 매우 중대한 사태가 벌어졌다. 여호와 상제, 곧 천부(天父)의 혼이 내려왔다고 자칭하는 양수청(楊秀淸)과 예수, 곧 천형(天兄)의 혼이 내려왔다고 자칭하는 소조귀(蕭朝貴)라는 인물이 나타난 것이다. 이들은 홍수전이나 풍운산과는 다르게 매우 전투적인 인물들이었다. 따라서 이들은 천부, 천형의 명령이라고 하며 본격적인 군사행동을 촉구하였다. 따라서 배상제회

---

36  최제우도 '劍詩', 곧 「劍訣」을 짓는다. 이 「검결」을 외세와의 투쟁이나 혁명을 위한 것으로 보는 시각이 없지 않아 있지만, 이 역시 홍수전의 '검시'와 마찬가지로 종교적 의미를 담은 것이며, 종교의식에서 사용된 것이다. 이에 관해서는, 윤석산, 「용담검무의 역사성과 현재성」, 『동학연구』 17집. 참조.

내부로는 홍수전이나 풍운산의 지위가 하락하게 되었고, 배상제회는 홍수전 등에 의하여 견지되어 왔던 기독교적인 모습과는 그 양상이 달라지며, 토속적이며[37] 정치적 종교로 변질된다.

이러한 변화는 곧 배상제회가 우상 파괴 등의 행동을 통해 주위의 기존 세력들과 갈등을 겪게 되면서, 내부적으로는 전투의식이 높아졌고, 또 외적으로는 전투적 의식을 지닌 새로운 지도자들이 등장하게 되었다는 의미로 해석된다. 그러므로 배상제회는 급격히 반청(反淸)의 혁명을 위한 이데올로기를 지닌 단체로 전환하게 되었고, 마침내는 청조를 타도하고 지상천국(地上天國)을 수립하고자 하는 정치적 혁명운동으로 전환하게 된다.[38] 이의 구체적인 실천이 바로 1850년의 금전기의(金田起義)이다.

## 7. 결론

최제우와 홍수전의 비교 고찰은 매우 흥미롭다. 두 사람 모두 19세기 중반이라는 변혁의 시대에 등장하여 각기 새로운 종교를 세웠다. 창교의 가장 중요한 동인 역시 두 사람 모두 겪었던 종교체험이다. 종교체험은 이들을 새로운 신념체계에 눈뜨게 하고, 나아가 이들 모두를 새로운 삶의 세계로 인도하였다. 그러므로 이들은 종교체험을 겪은 이후 한 사람의 지식인에서 새로운 신념을 지닌 종교적 인간, 또는 한 종교의 창시자로 전환하였

---

37    이와 같은 양수청, 조소귀의 모습을 일종의 샤머니즘적인 체험으로 보는 견해도 있다(임태홍, 「동아시아 종교의 근대성과 변혁사상」, 『동학학보』 제9권 2호, 121쪽).
38    임태홍, 「19세기 동아시아 신종교의 탄생과 변용」(『한국철학논집』 제16집), 315-316쪽.

다. 다시 말해 사람들을 모아들이고 사람들을 교화하는 힘을 지닌 사람이 되었다.

종교체험 이후 최제우는 종교적 교조로서의 카리스마와 함께, 자신이 확립한 가르침인 시천주, 보국안민, 후천개벽 등을 통해 봉건사회의 해체를 촉구했으며, 외세에의 침입에 대한 새로운 경각을 불러일으켰다. 특히 후천개벽은 시운이라는 예언적인 가르침과 함께, 당시의 사람들에게 타락한 삶을 혁신하고 새로운 차원의 삶인 '후천에의 세상'을 꿈꾸게 하는 중요한 계기를 마련해 주었다.

최제우가 펼친 '시천주'는 본원적 평등주의를 내포하고 있다. 또한 '보국안민'은 외세의 침략으로 잃어버린 삶의 균형을 회복하고자 했던 가르침이다. 따라서 시천주와 보국안민을 통해 이룩하고자 하는 '후천개벽'은 봉건사회의 내적인 부조화와 침략에 따른 외적 불균형을 극복하고, '조화와 균형의 삶'을 이루고자 하는 데에 그 근본 뜻이 있다. 그러므로 당시 시대적 위기를 극복하기 위한 힘이 어느 한 계층에게만 있는 것이 아니라, 상류층이나 하층민을 망라한, 모두에게 있음을 강조하였다. 이와 같은 면으로 보아 최제우 가르침의 본원은 '대립과 도전'이 아닌, '조화와 균형, 상생'에 있음을 알 수가 있다. 그러나 기득권 세력인 유림(儒林)과 봉건체제를 유지하려는 조선 조정에 의하여 동학은 탄압을 받게 되고, 마침내 최제우는 체포와 처형이라는 비운을 맞게 되었다.

이에 비하여 홍수전은 환몽이라는 종교체험 이후 적극적으로 기독교의 교리를 받아들이게 되었고, 이 가르침에 의하여 우상 파괴를 실천하였다. 우상의 파괴는 홍수전이 인식하고 있는 기독교 교리의 실천이며, 동시에 당시 농민을 억압하는 지주나 기성 세력, 또는 기존 질서에 대한 도전이기도 했다. 따라서 우상 파괴는 '파괴'라는 대립과 폭력의 행위를 수반하는 것이지만, 홍수전에게 있어서는 당시의 시대적 어둠을 헤치고 새로운 질서를 세우고자 했던 종교적 실천이기도 하다. 이와 같이 홍수전은 우상파괴라는 방식으로 자신의 종교적 이념을 실천해 나갔다.

특히 홍수전은 「원도각세훈(原道覺世訓)」 등의 글을 통해, 세상을 상제(上帝)를 중심으로 하는 '정(正)과 선'(善), 염라요(閻羅妖)를 대표로 하는 '사(邪)와 악'(惡)으로 양분했다. 이와 같은 양분화는 기존 세력과의 대립과 갈등을 불러일으키는 요인이 되었다. 또 이는 한 발 더 나아가 만주족, 즉 청나라를 타도해야 할 요마로 상정하게 되었고, 그러므로 이내 청조와의 전투를 촉발하였다.

최제우는 '조화와 균형'을 통해 '후천'이라는 새로운 차원의 삶의 세계를 이룩하고자 했다면, 홍수전은 사와 정, 악과 선으로 세상을 양분화하고, 이 '양분화의 대립'을 통해 기존의 세계를 부인하고 하늘나라를 지상에서 '태평천국'으로 이룩하고자 하였다. 따라서 최제우의 동학은 투쟁이나 파괴라는 극단적인 방법으로부터 일정한 거리를 두는 것이었다. 이에 비하여 홍수전이 펼치던 배상제회의 노선은 파괴, 투쟁 등과 직접적으로 연결되어 있음을 볼 수가 있다.

이와 같은 양상을 띠게 된 원인으로는, 홍수전은 당시 새로운 세력으로 동양을 침식해 오던 근대성에 입각한 서양의 기독교를 적극 수용하는 한편, 배상제회 내에서 한층 투쟁 성향이 강한 양수청, 조소귀 등의 인물들에 의한 권력화, 정치화가 가속화되었기 때문이다. 이에 반하여 최제우는 본원적으로 서학의 배타적인 교리나, 서양의 침략성을 배척하고, 한국의 오랜 세계 이해 방식인 '한'을 바탕으로 하는 조화와 균형, 상생의 정신을 근간으로 하여 학문으로서 또는 종교로서 동학을 일으켰기 때문이라고 풀이할 수 있다. 그런가 하면, 그의 후계자인 최시형에 의하여 종교적 성향과

정치화의 경계가 잘 견지되었던 점 또한 크게 작용한다.

그러므로 홍수전은 양수청, 조소귀 등의 권유와 함께 자신의 이념에 맞는 또 다른 국가 권력을 형성하게 되었고, 청조와 전쟁을 하게 된다. 이에 반하여 최제우의 뒤를 이은 동학의 후예들은 당시 조선을 침공하고 있는 외세를 견제하며, 무너진 삶의 균형을 회복하고자 하는 보국안민이라는 반외세의 기치를 세우는 데에 그치게 된다. 결국 홍수전은 칭제(稱帝)를 하게 되고, 태평천국이라는 또 다른 봉건왕조를 형성한다. 이에 비하여 동학교단은 동학혁명이 고조되어 전주성을 함락했을 때, 조선 조정의 요청에 의하여 청군이 개입하고 이어 일본군이 상륙하게 되자 이를 우려하여 폐정개혁 12안을 제안, 합의하고 조선 조정과 전주 화약을 체결한다. 이후 폐정개혁안을 시행하기 위하여 집강소(執綱所)를 운영하는 등, 민주적인 지방자치제의 시범을 보이기도 한다.

즉 홍수전은 청조를 멸망시키고 태평천국이라는 하늘의 나라를 땅에서 실현하고자 했다면, 동학은 조선조를 멸망시키고 새로운 왕조를 세우려는 기도를 하지는 않았다. 다만 부패와 침략으로 균형을 잃고 고통받는 당시의 현실을 새로운 차원으로 전환하고자 했을 뿐이다. 그러므로 매우 평화적인 집회로 교조신원을 꾀하였고, 폐정개혁을 요구하여 봉건적인 신분제도 및 지주제도 개혁 등을 지향했다. 일본으로의 미곡 유출을 엄격히 금지하는 등 반외세적인 활동도 모두 내적인 안정과 직결된다는 관점에서 전개했다. 이와 같은 노력으로써 봉건적 신분제도를 해체하고 만연하던 봉건적 폐단 역시 개혁하고자 노력했던 것이다.

어느 의미에서 동학은 개혁을 주도하면서도 마지막까지 종교로서의 길을 버리지 않았다면, 배상제교는 태평천국이라는 또 다른 정치권력 형태로 바뀌면서, 종교로서의 모습을 잃었다고 할 수 있다. 따라서 태평천국은 멸망 이후 새로운 부활을 하지 못하지만, 동학은 동학농민혁명 실패 이후에도 지속적인 생명력을 지니고 종교로서 활동을 하게 되었다.

그러나 이와 같은 차이에도 불구하고, 홍수전의 태평천국도 서양이라는 외세와 연합한 청조에 의하여 멸망의 길을 가게 되고, 동학농민혁명 역시 일본이라는 외세에 의하여 수많은 희생자를 내고 마침내는 좌절을 당하였다. 태평천국운동도 동학농민혁명도 모두 당시 강성한 힘으로 밀려오던 근대화된 외세에 의하여 비극적인 종식을 맞게 된 것이다. 결국 이러한 결말은 한반도와 중국대륙의 (반)식민화로 이어지는 결과를 낳았다.

이러한 처절한 실패를 안은 동학은 훗날 천도교로 개명을 하면서 일제라는 외세의 침략과 식민화에 대하여 지속적으로 저항하며 독립운동을 펼침으로써 한국 근대사에 중요한 발자취를 남기게 된다. 이에 비하여 배상제회, 태평천국은 청조의 철저한 탄압으로 그 자취가 소멸된다. 그러나 20세기 전반에 이르러, 태평천국 운동은 비록 학문 연구 차원에 머물지만, 신해혁명과 공산주의운동의 주역들에 의하여 '공산운동의 선성(先聲)'으로 다시 관심이 집중된다. 즉 동학은 '종교'로 그 명맥을 유지하며 현실적 불균형과 부조화를 물리치기 위한 새로운 변혁을 시도했다면, 배상제회는 '이념'으로 정치적 혁명을 꿈꾸는 사람들에 의하여 다시 부활되었다고 하겠다.

# 동학·천도교의 성지와 경전

# 제7장 『동경대전』의 서지적 고찰

## 1. 들머리

『동경대전(東經大全)』은 동학·천도교의 교조 수운 선생의 문집이며, 동시에 동학·천도교의 가장 중요한 경전이다. '동경대전'이라는 표제는 '동학의 경편(經篇)들을 모두 아울러 크게 하나로 만들었다.'는 뜻을 지니고 있다. 또한 '동경대전'이라는 표제는 수운 선생 당대에는 붙여지지 않았던 것으로 생각된다. 이 표제는 훗날 해월 선생이 스승의 글들을 모아 한 권의 책으로 내면서 붙인 이름으로 생각된다.

해월 선생을 비롯하여 동학교도들은 강원도 인제(麟蹄) 갑둔리(甲遁里) 김현수(金顯洙)의 집에 간행소를 마련하고, 처음 『동경대전』 간행을 준비하는 한편, 정선(旌善) 방시학(房時學)의 집에 수단소를 마련하고 도적(道跡)인 『도원기서(道源記書)』를 발행하기 위한 준비를 하고 있었다. 즉 정선에서는 『도원기서』 편찬을 하고 있었고, 인제 갑둔리에서는 『동경대전』 간행을 위한 준비를 하고 있었다. 같은 시기에 장소만 달리해서 한 곳에서는 경전 간행을 다른 한 곳에서는 도적(道跡) 간행을 진행했던 것이다. 따라서 『도원기서(道源記書)』에는 당시 인제에서 진행되었던 『동경대전』 간행의 과정이 기록되어 있다.

『도원기서』 중에서 『동경대전』 간행 과정의 기록을 보면, "아, 아 선생의 문집(文集) 침재(鋟梓)를 경영한지…"[1]라는 구절이 보인다. 즉 '동경대전'이라는 표제를 붙이기 전으로 다만 '문집'이라고 표현한 것으로 생각된다. 그러나 이렇듯 '문집'으로 기획되었던 수운 선생의 책이 뒷날『동경대전』이라는 표제를 붙이고 '경전'으로 출간이 되었다. 이와 같은 점으로 보아『동경대전』이라는 표제는 해월 선생이 스승의 글들을 모아 한 권의 책으로 간행하면서 붙인 표제임을 알 수가 있다.

『동경대전』이 처음 목판으로 간행된 것은 앞에서 이야기한 바와 같이, 1880년 강원도 인제에서 간행된 판본이다. 이를 경진판(庚辰板)이라고 부른다. 그러나 아직 이 경진판은 발견되지 않고 있다. 그러나 필자가 새로 발견된 목판본『동경대전』을 고찰하여, 이 새로 발견된 목판본이 경진판임을 논구한 바 있다.[2]

경진판이 발간된 이후 3년이 지난 1883년 계미년에 이르러 동학교단은 두 번에 걸쳐『동경대전』을 목판으로 간행하였다. 1883년 봄에 한 번, 그리고 그해 여름에 한 번, 이렇듯 연달아『동경대전』을 간행한다. 계미중춘판과 계미중하판이 바로 이들이다. 계미중춘판이 충청도 목천에서 간행이 되었다는 사실이 천도교 역사에 기록되어 있다. 그러나 계미중하판에 관해서는 간행 기록이 없다. 그러던 중 1969년 강원도 속초에 거주하고 있는 문용익(文龍翼) 씨의 소장 원본을 천도교 중앙총부에서 입수하여 공개하므로 세상에 알려졌다. 이가 1883년 여름 경주(慶州)에서 발간된 계미중하판(癸未仲夏板)이다. 이와 같은 판본들 이외에 동학·천도교의 기록에는 보이

---

1    『도원기서』, '先生文集鋟梓之營….'
2    졸고, 「새로 발견된 목판본 동경대전에 관하여」, (『동학학보』 21집, 동학학회, 2010. 12)

지 않지만, 1978년 충남 아산군 염기면 송곡리에 거주하던 박명순(朴明淳)씨 소장본이 공개되어 알려진, 1888년 봄에 간행된 무자계춘판(戊子季春板) 등, 초기에 발간된 목판본들이 있다. 계미중춘판은 발견되지 않고 있다가 최근에 이르러 발견이 되었다.[3] 그러나 계미중춘판에 관한 공식적인 학계의 보고는 아직 없다.

경진판, 계미중춘판, 계미중하판 등에 이어 동학교단에서는 무자계춘판(戊子季春板)을 간행하였고, 이후 몇 차례 더 목판본을 간행하였다.[4] 동학을 천도교로 개명한 이후 활자본『동경대전』이 간행되어, 오늘에 이르고 있다.

『동경대전』이라는 표제가 한때 동학교단에서 '성경대전'(聖經大全)이라고 불렸던 때도 있었던 것으로 생각된다. 규장각 관몰문서(官沒文書)인「동학서(東學書)」중에 계미중춘판(癸未仲春板)의 필사본이 전하고 있는데, 그 표제가 '성경대전'(聖經大全)으로 되어 있다. 또한 1892년 목판으로 간행된 『동경대전』의 표제에도 '성경대전'으로 되어 있다. 이와 같은 사실들로 보아 1890년대에 이르러 동학교단에서 '동경대전'을 '성경대전'이라고 부른 때가 있었던 것으로 추정된다.

---

3　『東經大全 癸未仲春版』을 처음으로 발견한 사람은 김종식이라는 사람이다. 발견한 시기는 2005년도로 天安地域에서 동학에 대한 조사를 하다가 발견했다고 한다. 발견할 당시 이를 공개하고자 하였으나 소장자 金燦菴(燦菴은 號로 여겨짐)의 반대로 공개되지 못하다가, 최근 공개를 하게 되었다. 김찬암이라는 사람은 해방 후에도 충청도 지역 天道教 책임자로 활동하였다고 한다. 발견자의 이야기로는 이 판본을 혼자만이 아는 곳에 숨겨두고 아들도 잘 볼 수 없도록 하였다고 한다. 최근 이 판본은 천안지역 향토사학자인 임영순씨가 국사편찬위원회에 기증하였다. 기증 시기는 2009년 6월경 쯤 된다.
4　이와 같은 사실은 천도교단 내의 기록에는 없지만, 이후에 목판으로 발간된『동경대전』이 발견되고 있음을 보아 알 수가 있다.

본 글은『동경대전』의 서지적 고찰로, 그간에 간행된『동경대전』의 목판본들을 중심으로, 판본 비교 고찰을 하고자 한다. 이러한 판본에 대한 비교 고찰을 바탕으로『동경대전』에 실려 있는 여러 편들이 쓰여진 연대, 또 이들 편들이 지닌 제목이 어떠한 과정과 연유를 지니고 붙여졌는가, 등을 고증해 나가고자 한다.

## 2.『동경대전』판본 비교

경진년(1880) 인제에서 초기 동학교단이 목판으로『동경대전』을 간행한 이후, 지속적으로 간행을 해왔다. 따라서 오늘 발견되는 목판본은 대여섯 종이 된다. 아직 경진판에 관해서는 발견이 되지를 않았고, 최근 필자에 의해서 '경진판'이라고 제기한 '새로 발견된 목판본'『동경대전』은 결정적인 단서가 포착되지 않는 한 경진판으로 확정을 할 수는 없다.[5] 필자는 다만 그 가능성만을 제기했을 뿐이다.

이렇듯 초기 동학교단에서 간행된 목판본『동경대전』은 그 체제에 있어서는 크게 다르지 않으나, 내용에 빠진 것이 있어 서로 차이를 지니고 있다. 필자가 경진판이라고 제기한 '새로 발견된 목판본'과 근년에 발견이 되어 국사편찬위원회에 보관되어 있는 계미중춘판(1883년 봄)『동경대전』, 그리고 계미중하판(1883년 여름)『동경대전』, 무자계춘판(1888년 봄)『동경대전』, 최근에 발견이 되었으나 아직 학계에는 보고가 되지 않은 임진판

---

5    '결정적인 단서'가 없다는 것은 '새로 발견된 목판본『동경대전』에 간행 연대가 명기되어 있지 않음을 의미한다.

(1892년)『동경대전』, 그리고 동학을 천도교로 대고천하한 이후 활자본으로 처음 발간한 1907년판『동경대전』등을 서로 비교하여, 제 판본에 대한 그 체제와 내용의 차이와 유사점을 비교하고자 한다.

각 판본의 체제에 대한 비교 부분을 도표로 그려보면 다음과 같다.

| 새로 발견된 목판본 | 계미중춘판 | 계미중하판 | 무자계춘판 | 임진판 | 1907년판 |
|---|---|---|---|---|---|
| 포덕문 | 포덕문 | 포덕문 | 포덕문 | 포덕문 | 포덕문 |
| 동학론 | 논학문 | 논학문 | 논학문 | 논학문 | 논학문 |
| 수덕문 | 수덕문 | 수덕문 | 수덕문 | 수덕문 | 수덕문 |
| 불연기연 | 불연기연 | 불연기연 | 불연기연 | 불연기연 | 불연기연 |
| 탄도유심급 | 축 문 | 축 문 | 축 문 | 주 문 | 축 문 |
| 축 문 | 주 문 | 주 문 | 주 문 | 축 문 | 주 문 |
| 주 문 | 입춘시 | 입춘시 | 입춘시 | 절 구 | 입춘시 |
| 강 시 | 절 구 | 절 구 | 절 구 | 팔 절 | 절 구 |
| 좌 잠 | 강 시 | 강 시 | 강 시 | 결 | 강 시 |
| 팔 절 | 좌 잠 | 좌 잠 | 좌 잠 | 화결시 | 좌 잠 |
| 필 법 | 화결시 | 화결시 | 화결시 | 탄도유심급 | 화결시 |
| 화 결 | 탄도유심급 | 탄도유심급 | 탄도유심급 | 우 음 | 탄도유심급 |
| 강 결 | 결 | 결 | 결 | 좌 잠 | 결 |
| 제 서 | 우 음 | 우 음 | 우 음 | 영 소 | 우 음 |
| 시 부 | 팔 절 | 팔 절 | 팔 절 | 제 서 | 팔 절 |
| 통 문 | 제 서 | 제 서 | 제 서 | 입 춘 | 제 서 |
| 통 유 | 영 소 | 영 소 | 영 소 | 필 법 | 영 소 |
| | 필 법 | 필 법 | 필 법 | 통 문 | 필 법 |
| | 통 문 | 유고음 | 유고음 | 통 유 | 계미중춘판 발문 |
| | 통 유 | 우음.2 | 우음.2 | | 손병희 발문 |
| | 의 식 | 통 문 | 통 문 | | 김연국 발문 |
| | 발 문 | 통 유 | 통 유 | | 판 권 |
| | | 의 식 | 의 식 | | |
| | | 발 문 | 발 문 | | |

'새로 발견된 목판본'『동경대전』에서부터 천도교로 대고천하를 한 이후 처음 낸 1907년도 판『동경대전』까지 다섯 종의 목판본『동경대전』과 한 종의 활자본『동경대전』의 체제를 표와 같이 비교해 본 결과 그 체제는 서로 대동소이함을 알 수가 있다.

즉『동경대전』중 동학·천도교의 교의를 중점적으로 썼다고 평가를 받고 있는 「포덕문」, 「논학문」, 「수덕문」, 「불연기연」 등 네 편은 어느 판본에서고 공통적으로 앞부분에 자리하고 있다. 이와 같은 편제를 이루고 있는 것은 다름 아니라, 이들 네 편이『동경대전』의 중추임을 의미하는 것이라고 하겠다. 다만 '새로 발견된 목판본'에서만 「논학문」을 「동학론」이라고 표기하고 있다. 「동학론」이라는 명칭은 초기 동학의 기록인『도원기서』와 이『도원기서』를 저본으로 삼아 수운 선생의 행적만을 기록한 것으로 추정되는『수운행록』에서만 발견되는 이름이다. 따라서 「동학론」이라는 명칭은 초기 동학에서만 쓰였던 이름이며, 「논학문」의 다른 이름임을 알 수가 있다.

각 판본에 실려 있는 편수를 비교해 보면, 가장 적은 편수가 실려 있는 판본이 '새로 발견된 목판본'이고, 가장 많은 편수가 실려 있는 판본은 계미중하판과 무자계춘판이다. 목천에서 1883년 봄에 발간이 된 계미중춘판에는 「유고음」과 「우음. 2」[6]가 실려 있지 않은 데 비하여, 경주에서 1883년 여름에 발간된 계미중하판과 1888년 봄에 발간된 무자계춘판에는 이들 두 편이 첨부되어 있다. 그러나 이들보다 더 늦은 시기인 1892년에 발간이 된

---

6   「우음」이라는 제목의 글이 두 편이 있다. 계미중춘판과 계미중하판에 실려 있는 또 다른 「우음」은 '風過雨過枝 風雨霜雪來 風雨霜雪過去後 一樹花發萬世春'이라는 짧은 시이다. 같은 제목의 시가 두 편이라 편의상 「우음. 2」라고 이름했다.

임진판에는 「강시」, 「유고음」, 「우음. 2」, 「의식」, 「발문」 등이 실려 있지를 않다. 또한 1907년 발간된 활자본에도 「유고음」, 「우음. 2」가 없고, 또 「통문」과 「통유」, 「의식」 등이 실려 있지 않다.

계미중하판과 무자계춘판이 가장 많은 편수를 지니고 있고, '새로 발견된 목판본', 그리고 1907년도 발간 활자본이 가장 적은 편수를 지니고 있다. '새로 발견된 목판본'은 어느 시기에 발간된 것인지 아직 정확하게 밝혀지지 않았기 때문에 그 시기를 거론하기 어렵지만, 계미중하판이나 무자계춘판과 임진판, 1907년도 발간 활자본 등을 비교해 보면, 뒤에 나온 판본이 오히려 더 적은 편수를 보유하고 있다는 점이 납득하기 어려운 점이기도 하다.

다시 말해서 경진판 이후 처음 나온 판본인 계미중춘판에서는 「유고음」, 「우음. 2」가 실려 있지 않은 데 비하여, 이 판본보다 3개월 후에 나온 판본인 계미중하판과 또 5년 뒤에 나온 무자계춘판에는 이들 두 편이 실려 있다는 것은, 당시 동학교단의 지도부가 「유고음」, 「우음. 2」 등 두 편을 새로 발견했다거나, 이 두 편을 수운 선생의 시로 새롭게 인정했다는 의미가 된다. 그러나 무슨 이유에서인지 이 두 판본보다 늦게 발간이 된 임진판과 1907년도 활자본에는 이 두 편이 빠지게 되었는지 알 수가 없다. 앞선 동학교단의 지도자들이 새로 발견했거나 새롭게 인정을 한 것으로 추정되는 두 편을 다시 싣지 않은 이유가 분명하지 않다.

임진판은 어떤 의미에서 매우 부실한 면을 지니고 있다. 「화결시」 후반부의 상당 부분과 「우음」의 후반부 상당 부분이 판각에서 누락되어 붓으로 써넣어 보충했다. 더구나 임진판은 간행이 되었다는 역사 기록도 없고, 발문도 없어 어디에서 어떠한 사람들에 의하여 발간이 되었는지를 도저히 알 수 없는 판본이다.

이와 같은 임진판에 비하여 1907년도 발간된 활자본은 천도교중앙총부에서 편찬한 것이고, 또한 당시 교주인 의암 선생과 원로인 구암 김연국이 「발문」을 쓴 것으로 정통적인 동학교단에 의하여 공식적으로 간행된 경전이다. 이 판본에도 역시 「유고음」, 「우음. 2」 등의 두 편이 빠져 있다. 어찌해서 후대에 발간이 된 판본에 이들 두 편이 빠졌는지 그 이유를 알 수가 없다. 그러나 1907년도 활자본을 잘 살펴보면, 이에는 해월 선생이 쓴 계미중춘판의 「발문」이 실려져 있다. 이와 같은 것이 시사하는 바는 의암 선생이 주관이 되어 당시 천도교중앙총부에서 1907년도 활자본을 편찬할 때 계미중춘판을 저본으로 삼은 것이 아닌가 추정이 된다. 그러므로 계미중춘판에는 실려 있지 않은 「유고음」, 「우음. 2」 등의 두 편을 싣지 않은 것이 아닌가, 판단이 된다. 나아가 1907년도 활자본을 편찬할 당시 「유고음」, 「우음. 2」 등의 두 편이 실려 있는 계미중하판이나 무자계춘판이 없었는지도 모른다. 실상 이 두 판본은 천도교 역사 어디에도 언급이 되어 있지 않은 판본들이다. 그러므로 1907년도 활자본을 편찬할 당시 이 두 판본을 참고하지 못하고, 그보다 앞서 발간이 되었고, 천도교 역사에 목천의 김은경이라는 교도의 집에서 발간이 되었음이 명기된 계미중춘판을 참고했기 때문에, 이렇듯 「유고음」, 「우음. 2」 등 두 편이 빠진 것이라고 추정된다.

이와 같은 각 판본들이 비록 적은 부분이기는 하지만 그 편제에 있어 서로 다른 모습을 보이고 있는 것과 함께, 내용에 있어서도 각 판본별로 빠진 부분들이 있다. 특히 「탄도유심급」에 이러함이 심하게 나타난다. 계미중춘판 이후 무자계춘판까지 일관되게 「탄도유심급」의 후반에 실려 있는 시문(詩文)이 임진판과 1907년도 활자본에는 실려 있지 않다. 앞에서 추론한 바와 같이 1907년도 활자본을 편찬할 때 계미중춘판을 참고하였다면 분명이 「탄도유심급」 후반에 이어져 있는 '시문' 부분을 보았을 것이 분명하다.

그런데 어떤 이유에서 이 부분을 편찬에서 뺐는지는 알 수가 없다.

「탄도유심급」 후반에 이어져 있는 시문을 인용해 보면 다음과 같다.

纔得一條路 步步涉險難

山外更見山 水外又逢水

幸渡水外水 僅越山外山

且到野廣處 始覺有大道


苦待春消息 春光終不來

非無春光好 不來卽非時

玆到當來節 不待自然來

春風吹去夜 萬木一時知


一日一花開 二日二花開

三百六十日 三百六十開

一身皆是花 一家都是春


瓶中有仙酒 可活百萬人

釀出千年前 藏之備用處

無然一開封 臭散味亦薄

今我爲道者 守口如此瓶


모두 오언(五言)으로 되어 있는 시문인데, 그 내용상 네 편으로 나눌 수 있다. 또한 그 형식이나 내용이 「탄도유심급」과는 어느 의미에서 부합하지 않는다. 특히 「탄도유심급」은 그 문장이 한 주제로 일관하여 잘 짜여진 구성을 이루고 있다. 그런데 이렇듯 한 주제로 일관되게 짜여진 구성의 끝에 시문이 첨가되므로 과연 이 시문들을 「탄도유심급」의 연속되는 구절로 볼 수 있는가 많이 주저된다. 그러나 계미중춘판 이후 무자계춘판에 이르기까지 이들 시문들이 「탄도유심급」의 후반부에 이어져 있어, 마치 「탄도유심급」의 한 부분인 양 되어 있다. 따라서 1907년도 활자본을 간행하면서 이 시문 부분을 뺀 것이 아닌가 생각이 된다.

위에서 살펴본 바와 같이 『동경대전』은 판을 거듭하면서 새로운 편들이 편입되기도 하였고, 또는 시간의 흐름에 따라 편입되었던 편들이 다시 빠지기도 하였다. 이와 같은 모습은 바로 『동경대전』의 몇몇 편들이 과연 수운 선생의 글이냐 아니냐의 논란이 동학 지도부에서 있었음을 시사해 주는, 그러한 근거라고 하겠다.


## 3. 『동경대전』의 내용 및 편의 제목

『동경대전』은 일반적인 문집의 형태와 유사하게, 문(文)과 시문(詩文)으로 되어 있다. 앞부분에는 문(文)에 해당되는 부분들이 실려 있고, 시문은 뒷부분에 실려져 있다. 일컫는바 문(文)에 해당되는 경편들로는 「포덕문(布德文)」, 「논학문(論學文)」, 「수덕문(修德文)」, 「불연기연(不然其然)」 등 동학사상의 핵심을 다룬 글들과 「탄도유심급(歎道儒心急)」, 「필법(筆法)」, 「축문(祝文)」 등이 있다. 시문으로는 「입춘시(立春詩)」, 「절구(絶句)」, 「강시(降詩)」, 「좌잠(座箴)」, 「결(訣)」, 「우음(偶吟)」, 「제서(題書)」, 「영소(詠宵)」, 「유고음(流高吟)」 등이 있다. 이 외에 동학의 「주문(呪文)」과 「팔절(八節)」이 있으며, 수운 선생이 제자들에게 보낸 「통문(通文)」과 「통유(通諭)」가 각기 한 편씩 실려 있다. 끝부분에 『동경대전』 판각 당시 해월 선생이 쓴 「발문(跋文)」과 「입도식(入道式)」, 「치제식(致祭式)」, 「제수식(祭需式)」 등의 의식을 행하는 방법 등을 기록한 글들이 첨가되어 있다.[7]

즉 『동경대전』은 수운 선생의 사상을 담은 글과 종교의식에 필요한 사항을 적은 글, 그리고 수도의 절차나 수도를 위해 필요한 내용을 담은 글들, 또한 수운 선생이 시의 형식을 빌려 쓴 잠언과 같은 글이나 문학적인 정서를 드러낸 시들로 구성되어 있다. 형식의 면에서 이렇듯 구성된 『동경대전』은 그 내용상으로는 ① 수운 선생의 사상을 집중적으로 담고 있는 네 편의 글, ② 수도나 종교적인 수행을 위한 글들, 그리고 ③ 종교적 깨달음을 담은 글 등으로 나누어진다.

## 1) 동학의 요체를 담은 글

『동경대전』 중 동학사상의 요체를 담은 글로는 「포덕문(布德文)」, 「논학문(論學文)」, 「수덕문(修德文)」 그리고 「불연기연(不然其然)」 등 네 편이 있다. 이 네 편은 『동경대전』의 종(宗)을 이루는 경편들이다.

「포덕문」은 동학이 창도된 그 다음해인 신유년(1861) 봄에 쓰여졌다.[8] 수운 선생은 경신년(1860) 4월 한울님으로부터 무극대도를 받는다는 결정적

7  본 글의 대상이 된 『東經大全』의 板本은 癸未仲夏板(1883. 여름)이다. 오늘까지 전하는 판본 중에 가장 많은 편수를 담고 있는 판본이기 때문에 이 판본을 대상으로 택하였다. 또한 오늘 천도교단에서 이 계미중하판을 저본으로 하여 『동경대전』을 편찬하여 사용하고 있다. 따라서 열거된 『東經大全』의 내용 역시 上記 板本에 수록되어 있는 것들이다.
8  『도원기서』, '適至辛酉春 作布德文'

인 종교체험을 한 이후, 거의 일 년 가까이 수련만을 하며 지내게 된다. 이후 신유년 6월에 들어서 비로소 본격적인 포덕을 하게 된다.[9] 이렇듯 수운 선생이 본격적인 포덕을 하기 바로 전에 「포덕문」이 지어진 것으로 생각된다.

「포덕문」은 그 구성상 몇 개의 단락으로 나눠질 수가 있다. 먼저 글의 서장을 통하여 우주 생성 이후 오늘이라는 현세에 이르기까지의 인류 변천을 도덕적인 측면에서 매우 간략하고 또 요약적으로 기술하고 있다. 나아가 도덕적인 타락이 극에 달한 현세는 이로 인하여 극도의 시대적인 위기를 겪고 있으며, 마침 침공하는 서양의 세력으로 우리나라는 더욱 큰 위기의식을 겪고 있다고 기술하고 있다. 따라서 바로 이와 같은 시대적 위기를 극복하고 새로운 세상을 이룩하는 근원적인 힘으로 동학이 출현해야 된다는, 동학 출현의 당위성이 이 글에는 기술되어 있다.

다시 말해서 수운 선생은 이 「포덕문」의 서장을 통하여, 성쇠(盛衰)의 이치에 따라 지금의 세상은 쇠운(衰運)이 지극한 시대로, 필연적으로 새로운 성운(盛運)을 맞이해야 할 시대가 도래되었음을 강조하고 있다. 그러므로 수운 선생은 한울님으로부터 세상을 구하고 새로운 질서로 새 세상을 열어갈 가르침인 무극대도를 받게 되었고, 이 가르침을 세상에 펴야 될 필연적인 입장에 와 있음[10]을 「포덕문」을 통하여 강조하였다.

「포덕문」에서는, 결국 성쇠의 이치에 의하여 세상은 다시 혼돈과 위기를 겪는 각자위심(各自爲心)의 세상이 되었으니, 이러한 세태를 극복하고 새

---

9  『동경대전』「수덕문」, '更逢辛酉 時維六月 序屬三夏 良朋滿座 先定其法 賢士問我 又勸布德'

10  『동경대전』「포덕문」, '不意四月 心寒身戰 疾不得執症 言不得難狀之際 有何仙語 忽入耳中…(중략)…敎人爲我 則汝亦長生 布德天下矣'

로운 세상, 곧 후천의 새로운 세상을 맞이하기 위해서는 필연적으로 수운 선생 스스로 한울님으로부터 받은 무극대도의 가르침에 의하여, 한울님의 덕을 세상에 펴야 한다는 논리를 지니고 있다. 바로 이와 같은 면에서 「포덕문」이 쓰여진 그 진의를 찾을 수 있을 것으로 생각된다.

'포덕'(布德)이라는 용어는 이 「포덕문」 중에 나오는 "너 역시 장생하여 천하에 덕을 펴리라."[11]라는, 한울님이 수운 선생에게 한 말에서 비롯되었다. 따라서 '포덕'의 뜻은 '천하에 한울님의 덕을 편다'(布天主之德於天下)라고 할 수 있다. 이와 같은 점에서 본다면, '포덕문'이라는 글의 제목이 시사하는 바와 같이, 「포덕문」은 수운 선생이 한울님의 덕을 천하에 펴는 것에 그 초점을 둔 글이라고 하겠다.

「논학문」은 임술년(1862) 1월에서 2월 사이에 쓰여진 경편이다. 앞에서 이야기한 바와 같이 동학 초기 기록에는 '동학론'(東學論)이라고 되어 있다. 특히 이 「논학문」은 신유년(1861) 겨울, 관의 지목을 피하여 길을 떠나 전라도 남원(南原)에 자리한 교룡산성(蛟龍山城) 안에 있는 작은 암자인 은적암(隱跡庵)에 머물면서 쓴 글이다.[12]

수운 선생이 자신이 도를 받고 또 도를 펴던 경주 용담(龍潭)을 떠나 이곳 은적암까지 오게 된 것은, 당시 경주 감영에서 수운 선생의 도를 서학으로 오인하고, 이를 감시하고 또 탄압을 했기 때문인 것으로 생각된다. 특히 남원 은적암에서 쓴 것이 분명한 『동경대전』 중에 실려 있는 「동유」[13]에 의

---

11  『동경대전』「포덕문」, '汝亦長生 布德天下矣'
12  『천도교회사 초고』「천통」.
13  『동경대전』 중에 실려 있는 「통유」가 은적암에서 쓴 것이 분명한 것은 그 내용 중에 '前歲仲冬之行'이라는 구절이 그 증거가 된다. 수운 선생이 동학의 가르침을 펴면서 보낸 겨울은 네 번의 겨울 뿐이었다. 첫해 겨울인 경신년(1860년)은 아직 세상에 도를 펴지 않았던 겨울이었다. 그러므로 지목의 혐의가 없었음이 분명하다. 두 번째 겨울

하면, 수운 선생은 지목의 혐의가 있어 은적암으로 온 것이 분명하다. 이 「통유」에서 "지난 해 겨울에 길을 떠난 것은 본래 강상의 청풍이나 산간의 명월과 더불어 놀기 위함이 아니라, 세상의 도가 평상적인 삶과 어긋나는 것을 살피기 위함이요, 지목의 혐의를 생각하고, 무극의 대도를 닦고 한울님 덕을 펴려는 마음을 안타까이 여김이로다."[14]라는 구절에서 수운 선생이 지목의 혐의를 피해 온 것을 알 수가 있다.

이때의 지목은 당시 경상도 일원의 유생들이 서원 간에 「통문」을 돌리며 동학을 '서학의 말류'라고 지목한 것을 말한다. 그러므로 수운 선생은 자신이 펴고 있는 도가 서학과는 어떻게 다르며, 나아가 도의 진정한 본체가 무엇인가를 세상에 알리기 위하여, 깊은 산간인 이곳 은적암에 들어 「논학문」을 지은 것이라고 하겠다. 따라서 이 「논학문」에는 서학과의 비교를 통하여 동학이 서학과는 궁극적인 면에서 어떻게 다르며, 나아가 수운 선생이 펴고 있는 도의 본체는 어떠한 것인가를 밝히고 있다.

즉 수운 선생은 「논학문」을 통하여, 자신이 펴고 있는 가르침인 '학'(學)이 서학이 아닌, '동학'임을 밝히고 있으며,[15] 도의 본체를 밝히는 동학의 주문인 스물한 자 주문에 대한 해의를 일일이 부치고 있어, 선천의 가르침인 서학과 후천의 가르침인 자신의 도가 어떻게 다른가를 설파하고 있다. 또

---

인 신유년(1861년)에 길을 떠나 은적암으로 온 것이다. 세 번째 겨울인 임술년(1862년)에는 흥해 손봉조의 집에 있으면서 접주제를 시행하였다. 네 번째 겨울인 계해년(1863년) 겨울은 수운 선생이 조선조 조정에서 파견한 선전관에게 체포가 되어 대구 감영에 구금되어 있었다. 그러므로 '지난 해 겨울 길을 떠났다.'(前歲仲冬之行)는 「통유」 중의 기록은 신유년 겨울을 말하는 것이 분명하다.

14  『동경대전』「통유」, '前歲仲冬之行 本非遊江上之淸風 與山間之明月 察其世道之乖常 惟其指目之嫌 修其無極之大道 惜布德之心'
15  『동경대전』「논학문」, '道雖天道 學則東學'

한 경주 용담으로 찾아온 많은 사람들과 나눈 문답을 그대로 「논학문」에 실으므로, 당시 세상의 사람들이 자신이 펴는 동학에 관하여 의심을 지닌다거나 궁금하게 여기는 사항에 관하여 일일이 거론하고 또 답을 하고 있다.

결국 수운 선생은 「논학문」을 통하여 동학을 논하고, 동학의 요체를 설명하고 있는 것이라고 하겠다. 이와 같은 면에서 초기 동학에서는 이 「논학문」을 '동학론'이라고 불렀던 것으로 추정된다.

「수덕문」은 임술년(1862) 6월 경주 근교에서 쓰여진 경편이다. 「논학문」이 서학과의 비교를 통하여 동학의 본체를 밝힌 경편이라면, 「수덕문」은 유학과의 비교를 통하여 동학의 요체를 논한 경편이 된다.

수운 선생은 먼저 이글의 서장을 통하여, 동양 사회가 오랫동안 성인과 선현의 가르침을 받아왔으며, 또 이들이 이루어 놓은 법도에 의하여 그 질서를 견지시켜 왔음을 피력하고 있다.[16] 나아가 이와 같은 동양의 사회, 또는 우리의 전통사회를 견지시켜온 유교적인 질서 속에 수운 선생 스스로 누대를 살아 왔음을 강조하고 있다.

이와 같은 강조는 결국 수운 선생 스스로 펼치는 '동학이라는 가르침'도 궁극적으로는 유교적 가르침에 위배되는 가르침이 아니라는 강조이기도 하다. 즉 당시 유학자들이나 서원의 유생들이 지목하듯이, 일컫는바 정학에 반하는 가르침이 아니라는, 그러한 강조의 의미가 담겨 있는 것이다.

다시 말해서 과거 동양 사회를 이끌어 왔던 선학들의 학문도 결국은 천도를 궁구하는 학문이요, 수운 선생 자신의 도 역시 천도라는 의미에서 서

---

16  『동경대전』 「수덕문」, '雖有困而得之 淺見薄識 皆由於吾師之盛德 不失於先王之古禮'

로 대동소이(大同小異)한 것이요,[17] 이는 예나 지금이나 사람들이 행해야 할 도리이므로, 결국 조금도 위배되는 것이 아니라는 의미가 이에는 담겨 있다.

나아가 수운 선생은 이와 같은 논리를 바탕으로, 유교적인 덕목인 인의예지(仁義禮智)가 올바르게 사람들의 내면에서 현현되고 또 이 사회에서 실천되기 위해서는 자신의 가르침인 수심정기(守心正氣)가 이룩되어야 한다고, 그 가르침을 펴고 있다.[18] 즉 수심정기의 새로운 심법(心法), 새로운 수행법을「수덕문」을 통하여 천명하고 있다.

곧「수덕문」은 수운 선생 자신의 도가 동양적 오랜 정통의 가르침인 유학과 대별되는 가르침이 아니며, 나아가 유학이나 마찬가지로 세상의 사람들이 행해야 할 올바른 정학임을 강조한 글이다. 또한「수덕문」에는 이러한 도가 올바르게 실현되기 위해서는 무엇보다 '수심정기'의 수도법이 필요하고, 나아가 이를 위한 수행과 규칙을 제시하고 있다. 따라서 글의 제목 역시 '한울님의 덕을 닦는다.'는 의미의 '수덕문'(修德文)이 된 것이다.

「불연기연」은 수운 선생이 관에 체포되기 한 달 전인 계해년(1863) 11월에 지은 글이다.[19] 다시 말해서 수운 선생의 종교적인 가르침을 담은 네 편의 경편 중에서 가장 마지막에 지은 글이 된다.

「불연기연」은 만유에 대한 인식의 태도, 또는 방법을 개진한 글이 된다. 이와 같은 면에서 수운 선생은 『용담유사』 중 한 편인「흥비가(興比歌)」를 통하여, "이 글 보고 저 글 보고 무궁한 그 이치를 불연기연 살펴내어 부

---

17  『동경대전』「수덕문」, '覺夫子之道 則一理之所定也 論其惟我之道 則大同而小異也'
18  『동경대전』「수덕문」, '仁義禮智 先聖之所教 守心正氣 唯我之更定'
19  『도원기서』, '至十一月 作不然其然 又作八節句'

(賦)야 흥(興)야 비(比)해 보면 글도 역시 무궁이요 말도 역시 무궁이라 무궁히 살펴내어 무궁히 알았으면 무궁한 이 울 속에 무궁한 내 아닌가."[20]라고 노래하므로, 제자들에게 만유를 '불연기연' 살펴보고, 나아가 그 만유의 본체를 바르게 볼 때에 비로소 도의 근원을 깨달을 수 있다고 말하고 있다. 즉 모든 이치를 '불연'과 '기연'의 관계 위에서 살펴볼 수 있을 때에 비로소 올바르게 그 본체를 바르게 찾고 또 인식할 수 있고, 나아가 '나'라는 존재가 무궁한 이 울, 곧 우주에 존재하는 무궁한 존재라는 것을 깨닫게 된다고 말하고 있다.

그러면 수운 선생이 말하고 있는 '불연'과 '기연'은 무엇인가? 우주의 모든 만물에 나타나는 현상과 그 현상의 근원이 되는 본질의 문제를 수운 선생은 '기연'과 '불연'이라고 말하고 있다. 다시 말해서 기연이란 그러한 사실을 우리의 인식에 의하여 쉽게 설명할 수 있는 이단자(易斷者)의 세계를 말하는 것이요, 불연은 그러하다는 사실을 규명하기 어려운 난필자(難必者)의 세계라고 설명하고 있다.[21]

이와 같이 우리 인간이 인식하고 또 인식하지 못하는 세계가 만유에는 동시에 같이 존재하고 있다는 것이다. 따라서 겉으로 드러나는 만물의 일부는 '기연'(其然)이 되고 있는 것이고, 그 만물의 뿌리는 '불연'(不然)에 닿고 있으므로, 외면상 '기연'과 '불연'이 서로 다른 것인 양 보이고 있어도, 궁극적으로는 동일한 뿌리를 지니고 있는 것으로, 서로 같은 것이 된다고 하겠다.

즉 수운 선생은 이 「불연기연」의 장을 통하여 '기연'이라는 만물에 드러

---

20  『용담유사』「흥비가」.
21  『동경대전』「불연기연」, '是故 難必者 不然 易斷者 其然'

나는 현상만을 볼 것이 아니라, 이 '기연'의 본질, 본원적인 작용이 되는 '불연'을 인식하므로 만물의 본체를 올바르게 인식하고, 나아가 모든 만물이 그 본원적인 면에서는 모두 같은 뿌리를 지닌 동등한 존재임을 설파하고 있다.

나아가 유한한 인간도 무궁한 한울님의 생명에 그 근원을 두고 있는 것으로, 궁극적으로는 같은 뿌리를 둔 것이요, 그러므로 유한한 인간 역시 "무궁한 이 울 속에 무궁한 나"가 될 수 있음을 보다 논리적으로 설파한 글이다. 이러한 불연기연의 논리는 동학의 핵심 사상인 '내가 한울님의 모셨다.'는 '시천주'(侍天主)를 설명한 것이며, 동시에 그 본의를 올바르게 인식하도록 그 가르침을 편 글이 된다.

## 2) 종교적 수행을 위한 글

종교적인 수행을 위한 글 중 가장 우선하는 것이 곧 동학의 「주문(呪文)」이다. 「주문」은 수운 선생이 무극대도를 받는다는 결정적인 종교체험을 한 이후 거의 일 년 가까이 수련을 하는 과정 중에 지었다고 되어 있다. 또한 이 주문은 선생 주문과 제자 주문으로 나뉘어져 있고,[22] 또 제자 주문도 초학주문과 그냥 주문으로 나뉘어 있다. 그러나 오늘 천도교에서는 선생 주문과 제자 주문을 구분하여 사용하지 않고, 또 초학주문 등을 나누지 않고 다만 제자 주문만을 사용하고 있다.

---

22  『도원기서』, '幾至一歲 修而煉之 無不自然之理 …(중략)… 一以作 呪文二件 一件呪 先生讀之 一件呪傳授於子侄 又作降靈之文'

「주문」이란 다름 아니라 한울님을 지극히 위하는 글이다.[23] 또한 이 「주문」은 곧 동학의 체제도법(次第道法)을 모두 담고 있는 글이라고 말하고도 있다.[24] 이러한 동학의 도법에 있어 중요한 자리를 차지하고 있는 「주문」은 동학의 종교적 수행에 있어 가장 중요한 글로서, 오늘의 천도교에서도 가장 중요한 수행의 하나가 된다.

「축문(祝文)」은 수운 선생이 천제(天祭)를 지낸다거나, 입도식 또는 포덕식 등의 종교적인 의식을 행할 때에 읽기 위하여 지은 글이다. 언제 지어졌는지는 기록이 없어 알 수가 없다.

「축문」은 훗날 천도교에서 「참회문(懺悔文)」으로 고쳐 수련을 할 때에 읽게 하였다. 즉 「축문」의 말미에 있는 "今以吉朝良辰 淸潔道場 謹以淸酌 庶需 奉請尙饗" 하는 부분을 "今以吉辰 淸潔道場 至誠至願 奉請感應"이라고 고쳐서 수련을 하기에 앞서 읽는 「참회문」으로 사용하고 있다. 다시 말해서 '동학'을 '천도교'로 대고천하한 이후에 한울님께 지내는 제사 등의 의식을 행하는 대신에 시일식 등의 예배 형태로 바뀌게 되었고, 그러므로 「축문」을 사용하지 않게 되었다. 이와 같은 제도의 변화로 인하여 「축문」의 일부를 고치고, 이를 「참회문」이라는 이름으로 바꾸어, 수련을 할 때 사용하게 된 것이다.

「탄도유심급(歎道儒心急)」은 언제 어디에서 쓰였는지 기록이 없어 알 수가 없다. 어느 정도 포덕이 된 이후에 많은 제자들이 조급하게 도가 이룩되기를 바라고 있기 때문에, 수운 선생이 이들 제자들에게 그 조급함을 없애고 차분히 수련에 임하여 도가 현현되는 그때를 기다리라는 의미에서 이

---

23  『동경대전』「논학문」, '曰呪文之意 何也 曰至爲天主之字故 以呪言之 今文有古文有'
24  『동경대전』「논학문」, '次第道法 猶爲二十一字而已'

글을 지은 것이라고 생각된다.

　그러므로 글의 첫머리에 "산하의 큰 운이 모두 이 도로 돌아온다."[山河大運 盡歸此道]라고, 그 전제를 하고 있음을 볼 수가 있다. 이렇듯 모든 세상의 운(運)이 모두 우리의 도(道)로 돌아올 것이니, 마음을 가다듬어 지극히 바른 마음으로 수련에 임하라는 그 가르침을 담고 있다. 따라서 이 「탄도유심급」은 수련하는 모든 사람들에게 매우 중요한 길잡이가 된다. 즉 수련을 하면서 가져야 할 자세나 마음가짐, 또는 어떻게 마음을 닦아야 하는가 등의 문제가 매우 상세하고 또 실질적으로 담겨져 있다.

　「필법(筆法)」은 언제 지어졌다는 기록이 없다. 다만 수운 선생이 임술년(1862) 11월 홍해(興海) 매곡동(梅谷洞) 손봉조(孫鳳祚)라는 제자의 집에 머물면서 아동들에게 글씨 쓰기를 가르쳤다는 기록이 있고, 그 후 계해년(1863) 3월 9일에 용담으로 다시 돌아온 이후, 필법의 조화가 있어 마치 왕희지(王羲之)와 같은 필체를 얻게 되었다는 기록이 있다.[25] 이 「필법」은 아마도 이때 쓰여진 것이 아닌가 생각된다.

　또한 이 「필법」은 단순한 글씨 쓰는 문제만이 아니라, 글씨와 정신, 글씨와 마음, 그리고 나아가 종교적인 수행, 종교적인 수행을 통한 국가의 운세까지도 연관하여, 매우 상징적으로 쓴 글이다.

　「좌잠(座箴)」은 수운 선생이 계해년(1863) 4월에 당시 용담으로 찾아온 강수(姜洙)라는 제자가 수도의 절차를 물었을 때, 그 대답으로 수도에 유념하도록 당부하며 지어준 시이다. 5언시의 형식을 띠고 있는 이 글은 수련하는 사람의 '좌우명(座右銘)'이 될 수 있는 잠언(箴言)과 같은 시'라는 의미

---

25　『道源記書』, '三月初九日 還于本家 先生與第二子世淸 金春發成一圭河漢龍姜奎浩 日以始造法筆 以習額子 或習眞體 不過數日 筆似王羲之跡'

에서, 좌우명(座右銘)에서 '좌'(座)의 글자를 따오고, 잠언(箴言)에서 '잠'(箴)의 글자를 따와 '좌잠'(座箴)이라고 제목을 붙인 것으로 생각된다. 특히 이 시에는 한울님 믿음에 대한 '신'(信)과 이 믿음을 통하여 한울님의 뜻을 받들고 위하는 자세인 '경'(敬)에 대하여, 또 그 마음의 정성을 들여야 한다는 '성'(誠) 등 동학의 수행 자세와 덕목이 담겨져 있음을 볼 수가 있다.

「팔절(八節)」은 「전팔절(前八節)」과 「후팔절(後八節)」로 이루어져 있다. 이 중 「전팔절」은 수운 선생이 계해년(1863) 11월에 지은 것으로 되어 있다.[26] 여덟 개의 문장이 절을 이루고 있기 때문에 '팔절'이라고 이름한 것이다.

「팔절」은 신앙의 자세와 수련에 연관되는 명(明), 덕(德), 명(命), 도(道), 성(誠), 경(敬), 외(畏), 심(心) 등의 문제를 시의 형식을 빌려 설명한 글이 된다. 따라서 이 「팔절」은 수련하는 사람들에게 매우 중요한 지침이 되고 있다.

「전팔절」은 전절(前節)을 통하여 개념에 대한 물음을 던지면, 후절(後節)을 통하여 대답하는 형식으로 되어 있고, 「후팔절」은 「전팔절」과는 다르게 전절(前節)에서 제시한 것에 대한 원인이나 까닭을 후절(後節)에서 밝히는 형식으로 구성되어 있다. 따라서 이 「팔절」은 수행과 도를 공부하는 사람이 흔히 이해하고 또 설명하기 어려운 여러 개념들, 곧 도(道), 덕(德), 명(命), 경(敬) 등의 개념을 매우 구체적이고 직접적으로 설명한 글이 된다. 특히 이 「팔절」은 수운 선생이 수행을 통하여 체득하고 깨달은 바를 시의 형식으로 표현한 것이기 때문에 수행자들에게 많은 도움을 직접적으로 줄 수 있는 글이라고 하겠다.

---

26  『道源記書』, '至十一月 作不然其然 又作八節句 輪示於各處'

「입춘시」(立春詩)는 수운 선생이 득도하기 이전, 기미년(1859) 울산 지역에서 용담으로 돌아와 불출산외(不出山外)를 맹세하고 수련에 임하며, 입춘을 맞아 쓴 시이다.

수운 선생이 울산에서 용담으로 돌아온 것은 더욱 수도에 정진하기 위해서이다. 그러므로 용담으로 돌아온 이후 수운 선생은 득도를 하지 못하면, 결코 세상에 나가지 않겠다는 굳은 결심과 함께, 이름마저 '제선'(濟宣)에서 '제우'(濟愚)로 바꾸고는 수련에 임하게 된다.[27] 바로 이 「입춘시」는 이와 같은 수운 선생의 결의, 도를 이루지 못하면, 결코 세상에 나가지 않음은 물론 목숨까지 끊겠다는 굳은 결의가 담겨진 시이다. 또한 '당시 타락한 세상 사람들과는 함께 하지 않겠다'(世間衆人不同歸)는 강한 수행에의 의지를 담고 있어, 이 「입춘시」는 모든 수행자가 숙지해야 할 문구라고 생각된다.

이상과 같이 『동경대전』에는 종교적인 의식에 필요한 「축문」과 종교적 수행을 위해 필요한 「주문」, 그리고 종교수행의 방법이나 그 자세를 적은 「탄도유심급」, 「팔절」, 「필법」, 「좌잠」, 「입춘시」 등의 글이 실려 있다.

### 3) 종교적 깨달음을 담은 글

『동경대전』 중에 실려 있는 종교적 깨달음을 담은 글들은 대체로 시문의 행태로 표현되어 있다. 특히 이에는 수운 선생이 득도 이전에 쓴 시에서부터 대구 장대에서 참형을 당하기 바로 직전, 대구 감영에서 쓴 시까지 담겨져 있어, 수운 선생의 사상이나 동학의 수행 등을 통해 도달한 깨달음의 경지를 이해하는 데에 매우 중요한 자료가 될 것으로 생각된다.

---

27 『천도교서』.

종교적 깨달음을 쓴 시로는 「강시(降詩)」와 「제서(題書)」가 있다. 「강시」는 그 제목이 시사하는 바와 같이 한울님이라는 신으로부터 어떠한 가르침을 받고, 그 가르침을 시화(詩化)한 것을 말한다. 따라서 이에는 앞날의 예언과 같은 것이 그 내용으로 되어 있기도 하다. 이 「강시」는 계해년(1863) 정월 초하루에 지은 시이다.[28] 이때는 특히 전년도인 임술년(1862) 12월에 수운 선생이 직접 각처의 접주(接主)를 정해준 바로 다음이 되기도 한다. 따라서 이에는 새로이 맞이하는 신년에의 의지가 깃들어 있으며, 이 의지를 바탕으로 희망을 잃지 말라는 수운 선생 당부의 뜻이 담겨진 시이기도 하다.

또한 「제서」는 계해년 11월에 쓴 시이다. 당시 영해(寧海), 영덕(盈德) 지방 일대에 풍습(風濕)이 돌아 도인들이 풍습으로 어려움을 겪게 되자, 박하선(朴夏善)이라는 당시의 영해 접주의 청을 받고 쓴 시이다.[29] 이 시를 읽은 뒤에 동학도인들 모두 풍습을 고쳤다는 일화도 이에는 같이 전한다.

「절구(絶句)」는 7언으로 되어 있는 두 편의 절구시가 합해져서 이룩된 시이다. 앞에 있는 "河淸鳳鳴……" 하는 부분은 수운 선생이 득도 후 7-8개월이 지난 후에 쓴 것이고,[30] 뒷부분에 나오는 "龍潭水流……"라고 시작되는 시는 계해년 7월 23일 영덕에서 접 정하기를 끝내고 지은 시이다.[31]

이러한 「절구」는 수운 선생이 한울님으로부터 무극대도를 받은 감회와 이제 그 운이 이내 오게 될 것이라는 예언을 쓴 시이며, 또한 뒷부분에 나

---

28 『천도교회사 초고』「천통」.
29 『도원기서』, '北道中 風濕之氣 猶獨大熾 勿論男女老弱 而緣於厥濕 久弊課工 以是爲問 告于先生 則曰此後去作 所志訴於天主也 其後寧海人朴夏善 作爲狀見於先生 先生曰 吾必受命得題 遂以執筆 停息俄而降題 題書日…'.
30 『도원기서』, '過去七八朔後 纖身潤富容貌幻態 有詩 河淸鳳鳴孰能知 運自何方不知'
31 『도원기서』, '自罷接後 敵筆書 是作道歌 有詩一句 龍潭水流四海源 龜岳春回一世花'

오는 구절은 '용담'(龍潭)과 '구미산'(龜尾山)을 그 발원으로 하여 일어난 동학의 가르침이 이제 곧 온 세상에 퍼져서 인류에게 광명을 주게 될 것이라는, 그런 의미가 깃든 시이다. 특히 수운 선생이 도를 보다 조직적이고 효율적으로 펴기 위하여 접을 정하고는, 각 접주에게 이와 같은 시를 써줌으로 해서 앞으로의 희망을 고취시키고 있는 것이라고 하겠다.

이와 같은 시문들 이외에 「화결시(和訣詩)」, 「결(訣)」, 「우음(偶吟)」, 「영소(詠宵)」, 「유고음(流高吟)」 등의 시문들 역시 종교적 깨달음을 담고 있는 글들이다.

이들 시문들은 모두가 여러 편의 시들이 합해져서 한 편을 이룬 시문들이다. 그런가 하면, 이들 시문에 담긴 부분적인 구절들만이 지어진 연대가 밝혀지고 있을 뿐이다. 따라서 이들 시문들은 한 제목 아래에서 같은 시기에 쓰여진 통일된 시문으로 간주하기는 어려운 글들이다.[32]

「화결시」는 수운 선생이 한울님과 시로써 화답(和答)하며 받은 결(訣)을 쓴 시이다. 그러므로 그 제목을 '결(訣)로서 서로 화답'했다는 의미의 '화결'(和訣)이라고 했다.[33] 따라서 이 시는 어떠한 한시의 격을 벗어버린 파격의 시 형태를 띠고 있다. "方方谷谷行行盡……." 하는 첫 구절은 수운 선생이 주유팔로를 하던 시절이나, 용담을 떠나 전라도 은적암으로 가던 때에 쓴 시로 생각된다. 또 "松松栢栢靑靑立……" 하는 두 번째의 두 구절은 임술년 11월 흥해 매곡동에 있는 손봉조의 집에 머물며 쓴 시이다. 수운 선생 자신의 송백(松栢) 같은 지절을 노래한 시이다. 이외의 시구들은 언제 어디에서 쓰여졌는지 기록되어 있지 않아 알 수가 없다. 다만 여러 편의 시가

---

32  졸고, 「최수운의 한시 연구」, (『한국언어문화』, 한국언어문화학회).
33  『도원기서』, '先生與天主 和答訣句 松松栢栢之篇'

「화결시」라는 제목 아래 같이 묶여진 것으로 생각된다.

「결」은 수운 선생이 한울님으로부터 받은 비결(秘訣)이라는 의미가 담긴 제목의 시이다. 따라서 매우 예언적이고 또 잠언적인 성격을 지니고 있다. 이「결」도 수운 선생이 임술년 12월 흥해 매곡동 손봉조의 집에서 처음 접주제를 확립하고, 새해인 계해년을 맞아 새해 새 아침에 쓴 시가 된다. 그러므로 또한 이 시에는 새로운 결의와 내일에 대한 희망도 같이 담겨져 있음을 볼 수가 있다.

특히「결」중에 나오는 "지난 해 서북에서 영우(靈友)가 찾아왔네(去歲西北靈友尋)."하는 구절에 나오는 '영우'(靈友)는 접주제를 확립하고, 각 처의 접주를 정해주었을 때, 이곳을 찾아왔던 당시 접주들을 일컫는 구절이다. 이와 같은 면에서 볼 때에「결」은 수운 선생이 접주제를 정한 것에 얼마나 큰 기대를 지니고 있는지를 암시하는 시이다.

「우음」이나「영소」는 모두 '노래한다'는 의미가 담긴 제목의 시들이다. 그러나 이들 시문들도 한 순간 같은 시기에 지은 시문들이 아니라, 여러 시문들을 서로 모아 이룩한 시문들이 된다.[34] 또한「유고음(流高吟)」은 이 시의 시작되는 부분에 나오는 "高峰屹立"의 '높을 고'(高)와 "流水不息"의 '흐를 유'(流)의 글자를 따서 지어 붙인 제목이라고 생각된다. 이외에도「기타 시문(其他 詩文)」이 전하고 있다. 이는 본래「탄도유심급(歎道儒心急)」의 뒷부분에 붙어 있던 시문들인데, 후대에『동경대전』을 복간하면서 분리 독

---

34  「偶吟」중 "吾心極思…"의 구절은 수운 선생이 계해년 10월 27일 자신의 생일 전날에 지었고, 생일날 당일 모인 제자들을 향하여 시를 읊고 또 뜻을 물었다는 기록이 있다. 또한「詠宵」중 "燈明水上…" 하는 구절은 수운 선생이 체포되어 대구 감영에 갇혀 있으면서 지은 遺詩이다. 이와 같은 면을 보아 이들 시문들은 훗날『동경대전』이 발간될 때에 편찬자에 의하여 재구성되었을 가능성이 매우 높다.

립시킨 것이다. 따라서 이에는 수련하는 사람의 마음가짐이나 자세에 대한 것이 주요 내용으로 되어 있음을 볼 수가 있다.

이상과 같이 『동경대전』은 그 구성상 크게는 문(文)과 시문(詩文)으로 되어 있고, 내용상으로 본다면, ① 도의 요체를 밝힌 글, ② 종교적인 수행을 위한 글, ③ 종교적 깨달음이나 수행을 시문의 형식을 빌려서 쓴 시 등 이렇듯 세 부분으로 구성되어 있다.


## 4. 마무리

잘 알려진 바와 같이 '동경'(東經)이란 동학의 경전이라는 말이 된다. 또한 '대전'(大全)이란 '모두를 합하여 크게 하나로 이루었다.'는 의미를 지닌 말이다. 따라서 『동경대전(東經大全)』이란 동학의 경편(經篇)들을 모두 모아 크게 한 책으로 이루었다는 의미의 표제가 된다.

수운 선생이 처음 이들 경전의 글을 쓸 때에는 한 편 한 편 써서 제자들에게 가르침의 글로 주었기 때문에, 이때에는 이들 모두를 통합하는 이름인 『동경대전』이라는 이름은 없었던 것으로 생각된다. 다만 이 명칭은 후일 수운 선생의 도를 이어받은 해월 선생 등에 의하여 강원도 인제 갑둔리에 있는 김현수라는 도인의 집에서 처음 판각되어 출판될 당시에 붙여진 제명(題名)이라고 생각된다.

『동경대전』이나 『용담유사』가 판본으로 정착되기까지 어떻게 전승되고, 또 판본으로 판각되었는가 하는 문제는 지금까지 대체로 두 가지 견해에서 논의되어 왔다. 그 하나가 해월 선생에 의하여 구송(口誦)되어 판본으로 정착되었다는 구송설(口誦說)이고, 다른 하나가 수운 선생이 필사한 원본을 해월 선생이 지니고 다니다가 이를 바탕으로 판본으로 출간했다는 원본설(原本說)이다.

이와 같은 두 학설 중, 구송설은 『천도교회사 초고』나 『천도교서』, 또는 『천도교창건사』 등 천도교단 측의 역사 기록을 중심으로, 천도교 고노(古老)들, 또는 이를 그대로 이은 학자들에 의하여 제기되어온 설이다. 이에 비하여 원본설은 이보다 후대에 문헌학적이고 또 실증적인 고찰을 배경으로 나온 설이다.

이와 같은 구송설과 원본설 이외에, 필자가 해월 선생이 『동경대전』을 발간하며 쓴 발문(跋文)과 동학의 여러 기록, 그리고 『동경대전』과 『용담유사』 등에 나타나고 있는 수운 선생의 가르침을 분석하여 구송과 원본이 같이 병행되었다는 절충설(折衷說)을 제기하였다.[35] 또한 이후 박맹수(朴孟洙) 교수에 의하여 절충설이 제기되기도 하였다.[36]

구송과 원문을 모두 활용하여 『동경대전』을 편찬하였기 때문에, 앞에서 각 판본을 비교한 바와 같이, 『동경대전』을 새로 판각할 때마다 새로운 원문이라고 판단되는 편이 나오면, 이를 편입시키고, 그래서 판본을 거듭하는 가운데 편수가 늘어났다가는 다시 줄어드는 모습을 띤 것이라고 판단된다.

---

35  졸고, 「용담유사 연구」, (한양대학교 박사학위 논문, 1987.) 40~49쪽.
36  박맹수, 「崔時亨 硏究」, (한국학대학원 박사학위 논문, 1995. 12.) 99쪽.

# 제8장 새로 발견된 목판본 『동경대전』에 관하여

## 1. 서론

동학 천도교단의 기록에 의하면, 초기 동학 시기에 『동경대전』과 『용담유사』 등 동학경전을 여러 번에 걸쳐 목판으로 간행하였다고 되어 있다. 이 중 가장 최초의 판본은 경진판(庚辰板)으로, 1880년 강원도 인제(麟蹄) 갑둔리(甲遁里)에 있는 김현수(金顯洙)라는 제자의 집에서 간행한 기록이 있지만, 현재 원본이 발견되지 않고 있다.

기록에 의하면 그로부터 3년 뒤인 1883년 2월에 충청도 목천(木川) 구내리(區內里) 김은경(金殷卿)이라는 제자의 집에서 『동경대전』을 간행했다고 되어 있다.[1] 이것이 이른바 계미중춘판(癸未仲春板)이다. 이 판본 역시 최근까지 발견되지 않고 있으며, 다만 그 필사본만이 규장각에 소장된 「관몰문서(官沒文書)」 중에 있을 뿐이다. 그러나 최근에 충청도 목천에서 이 판본

---

* 이 글은 『동학학보』 20호(동학학회, 2010)에 수록된 것을 일부 수정하여 재수록함을 밝혀둔다.
1 『천도교회사 초고』를 비롯한 여러 기록에 계미년(1883) 2월에 간행된 것으로 나온다. 그러나 『시천교역사』에는 임오년(1882)에 출간된 것으로 나온다. '임오판'과 '계미판'이 다른 것이 아니라, 그 기록이 모두 '목천 구내리 김은경의 집에서 간행되었다.'는 것으로 보아 같은 판본을 『시천교역사』에서 잘못 기록한 것으로 판단된다.

이 발견되어 원 소장자인 김찬암(金燦菴)의 손자 김진관 씨가 보관하고 있다가 최근에(2021년 5월) 대전역사박물관에 기증하였다.[2] 그러나 이 판본에 대한 구체적인 내역은 아직 학계에 보고되지 않았다.

이와 같은 두 판본 이외에, 어느 기록에도 간행 사실이 없는 다른 판본인 계미중하판(癸未仲夏板)과 무자계춘판(戊子季春版)이 발견되어 각각 학계에 보고되었다.[3] 즉 동학교단에서는 1880년대에 들어 이렇듯 네 번에 걸쳐 『동경대전』을 간행했던 것이다.

이들 『동경대전』은 해월 선생이 주관하여 간행한 것들이다. 특히 해월 선생은 관의 추적에 쫓기면서 강원도, 경상도, 충청도 등 산간 지역에 숨어 살아야 하는 고통스러운 환경 속에서도, 오직 스승의 가르침을 세상에 올바르게 전해야 한다는 일념으로 이렇듯 어려운 일을 해냈던 것이다.

그러나 아직 최초의 판본인 경진판이 발견되지 않고 있어, 동학을 연구하는 사람들이나, 동학 천도교 관계자들을 안타깝게 하고 있다. 이러던 중 최근에 이르러 또 다른 판본의 『동경대전』이 발견되었다.[4] 그러나 이 판본

---

2  『계미중춘판 동경대전』 마지막 장인 해월의 「발문」 끝에 '天原郡 木川面 寒泉 金燦菴' 이라는 글씨가 있다. '燦菴'은 동학계통의 道號이다. 김찬암이라는 사람은 동학의 계파인 天眞教의 교인이다. 김연국이 侍天教의 대례사로 간 이후 다시 계룡산으로 들어가 上帝教로 분립하였고, 이 상제교가 훗날 천진교가 되었다.

3  계미중하판(癸未仲夏板)은 1969년 강원도 속초에 거주하고 있는 문용익(文龍翼) 씨의 소장 원본을 천도교 중앙총부에서 입수하여 공개함으로써 세상에 알려졌다. 또 무자계춘판(戊子季春板)은 1978년 충남 아산군 염기면 송곡리에 거주하던 박명순(朴明淳) 씨 소장본이 공개되어 알려졌다.

4  이 판본은 2009년 독립기념관에서 전개한 자료 기증 운동 때에 충청남도 서산시 음암면 신장1리 179에 사는 이상훈 씨가 기증의사를 밝힘에 따라, 7월 16일 독립기념관 한국독립운동사연구소의 홍선표, 조성진 두 연구원이 이상훈 씨 집을 방문하여 수집한 자료이다. 이후 7월 24일 대전에서 기증식을 갖고 독립기념관에 기증 보관되었다. 이

에는 다른 판본들과 다르게, 발간 연대가 명기되어 있지 않다. 다른 판본에는 당시 판각과 간행을 주관했던 해월 선생의 발문과 함께 발문의 말미에 간행 간지가 명기되어 있다. 그러나 이 '새로 발견된『동경대전』'에는 해월 선생의 발문도 없을뿐더러, 간행 연대를 알 수 있는 기록이 전혀 없다. 따라서 어느 시기에 간행이 된 판본인지를 알 수가 없다.

필자가 이 판본을 입수하여 다각적으로 검토해 본 결과, 이 판본이 최초의 판본인『경진판 동경대전(庚辰版 東經大全)』일 가능성이 매우 높다는 판단을 하게 되었다. 이 글을 통해 이렇듯 새로 발견된 판본이 지금까지 발견하지 못한『경진판 동경대전』일 가능성에 대하여, 다각적인 고찰을 해보고자 한다.

『동경대전』경진판의 면모를 알 수 있는 기록은 그렇게 많지 않다. 다만 이 판본을 기획하고 또 간행하는 과정에 같이 기획된 것으로 알려진 기록인『도원기서(道源記書)』내용을 검토해 보면, 경진판의 면모를 짐작할 수 있는 부분들이 있다. 또한 이 경진판을 발간하고 채 3년이 지나지 않은 시점에 간행한 계미중춘판에 해월 선생이 쓴「발문」, 또 경진판을 다시 중간(重刊)하며 '빠진 문건을 채웠다'고 되어 있는 '무자계춘판'의「발문」등에도 경진판의 면모를 추정할 수 있는 내용이 있다.

또한 현재 발견된 계미중춘판, 계미중하판, 그리고 무자계춘판은 모두 경진판을 저본으로 했다고 판단된다. 따라서 '새로 발견된『동경대전』'이

---

상훈 씨의 증언에 의하면 이상훈 씨의 큰아버지인 이철용이라는 분은 한일합방에 분노를 느끼고, 그 부당함을 주장하다가 왜경(倭警)을 죽이는 사건을 일으킨다. 이로 인하여 옥고를 치르기도 하고, 평생을 피신해 살면서, 동생의 집인 이상훈 씨 아버지 집에 와 숨어 지내게 되었다. 이철용 씨는 광복이 되던 해인 1945년에 한 많은 생을 마친다. 이 목판본『동경대전』은 이철용 씨가 동생 집에 남겨 놓은 짐 속에 있던 것이다.

경진판인가를 밝히기 위해서는 이들 판본들과 대조 비교해야 할 필요가
있다. 이 글은 『도원기서』의 기록, 그리고 계미중춘판, 계미중하판, 무자계
춘판 등의 판본들을 '새로 발견된 『동경대전』'과 서로 비교하여, 이 판본이
최초의 『동경대전』 판본인 경진판일 가능성을 밝혀내고자 한다.

## 2. 계미중춘판.무자계춘판 「발문」을 통해서 본 경진판의 면모

지금은 계미중춘판이 발견되어, 그 전모를 확인할 수 있지만, 이 판본이
발견되기 전에도 해월 선생의 「발문」은 1907년 천도교중앙총부에서 간행
한 최초의 활자본 『동경대전』에서 찾아 볼 수가 있었다. 이 활자본에는 해
월 선생이 쓴 계미중춘판의 「발문」과 3세 교주인 의암 선생이 쓴 「발문」,
그리고 4세 대도주(大道主)를 승통 받았다가, 이내 시천교(侍天敎)의 대례사
(大禮師)로 간 구암(龜菴) 김연국(金演局)이 쓴 「발문」이 실려 있다.

1907년 판 활자본에 실린 해월 선생의 「발문」은 규장각에 있는 필사본
의 「발문」, 그리고 새로 근자에 발견된 계미중춘판의 「발문」 등과 그 내용
이 모두 같다. 먼저 이 발문을 인용해 보면 다음과 같다.

아 아, 선생님께서 포덕을 하실 그 당시에 성덕(聖德)의 잘못됨이 있을까 두
려워하여 계해년(癸亥年, 1863, 필자 주)에 이르러 친히 시형(時亨)에게 주면서
침재(鋟梓)의 가르침이 있었다. 뜻은 있으나 이루지 못하고 있다가, 해가 지
나 갑자년(甲子年, 1864, 필자 주)의 불행이 있게 되었고, 이후 세월은 오래되
고 도는 미미하여 장차 18년의 오랜 시간이 지나, 경진년(庚辰年, 1880, 필자
주)에 이르러 전일의 가르침을 지극히 생각하여 동지들과 더불어 논의를 하

고, 약조를 꾀해 새기는 공[剞劂之功]을 이루었으나. 글이 많이 빠진 한탄이 있었다. 그러한 까닭으로 목천(木川) 접중(接中)으로부터 찬연히 복간하여 무극의 경편(經編)을 나타내게 되었다. 이는 어찌 선생님의 가르침을 사모함이 아니겠는가. 감히 졸문으로 망녕되게 편말(篇末)에 쓴다.[5]

무자계춘판의 「발문」은 계미중춘판의 「발문」과 대동소이하다. 따라서 전문을 인용하지 않고, 먼저 간행된 계미중춘판의 「발문」을 중심으로 논의를 진행하고, 무자계춘판의 「발문」은 참고하는 방식을 택하고자 한다.

수운 선생이 한울님으로부터 도를 받는 결정적인 종교체험을 한 해는 경신년(庚申年, 1860) 4월이다. 그러나 수운 선생은 바로 자신의 가르침을 세상에 펴지 않고 일년 가까운 시간을 수이탁지(修而度之)하며, 자신이 받은 도를 헤아리고 또 이를 체계화시켜 나갔다. 이러한 정련의 과정을 거친 이후 다음 해인 신유년(辛酉年, 1861) 6월부터 용담(龍潭)의 문을 활짝 열고는 찾아오는 사람들에게 가르침을 펼쳤다.

해월 선생은 이때 소문을 듣고 용담으로 수운 선생을 찾아가 가르침을 받은 인물이다. 이후 해월 선생의 사람됨과 그 정성을 깊이 인지한 수운 선생은 해월 선생에게 도통(道統)을 전수한다. 이때가 계해년(1863) 8월이다. 즉 「발문」 중 '계해년(癸亥年, 1863)에 이르러 친히 시형(時亨)에게 주면서 침재(鋟梓)의 가르침이 있었다[及于癸亥 親與時亨 常有鋟梓之教][6]'는 부분은

---

5  『癸未仲春 東經大全』「跋文」, "於戲先生布德當世 恐其聖德之有誤 及于癸亥 親與時亨 常有鋟梓之教 有志未就 越明年甲子不幸之後 歲沈道微 迨將十八之久矣 至於庚辰 極念前日之教命 謹與同志 發論詢約 以成剞劂之功矣 文多漏闕之歎 故自木川接中 燦然復刊 以著極之經編 玆豈非慕先生之教耶 敢以拙文妄錄于篇末."

6  '及于癸亥 親與時亨 常有鋟梓之教'에 관하여, '계해년에 이르러 친히 시형에게 주며 항

해월 선생이 스승인 수운 선생으로부터 도통을 받게 되고, 또 이와 같이 경전 판각의 대임을 받은 것으로 풀이된다.

이후 계해년 12월에 수운 선생은 조선조 조정에서 급파한 선전관(宣傳官) 등에 의하여 용담에서 체포, 서울로 압송되어 과천까지 이르렀다. 그러나 이때 당시 임금 철종(哲宗)이 승하하여, 국상(國喪)을 치르게 되자 수운 선생을 압송하던 일행은 과천에서 길을 돌려 대구(大邱)로 돌아와 감영 옥에 수감한다. 대구 감영에서 국문(鞠問)을 받은 이후 갑자년(甲子年, 1864) 3월 10일 대구 남문 밖에 있는 관덕당(觀德堂)에서 사형을 당해 순도한다. 「발문」 중 '갑자년(甲子年, 1864)의 불행이 있게 되었고[甲子不幸]'라는 문구는 바로 이 사실을 일컫는 말이다.

수운 선생의 참형 이후 해월 선생은 경상도와 강원도, 충청도의 산간마을로 숨어 다니며, 흩어진 동학교도들을 다시 모아들이고, 교단을 새롭게 정비해 나간다. 이러한 각고의 노력을 통해 어느 정도 교단을 재건하게 된 해월 선생은 스승의 가르침을 담은 글들을 모아 『동경대전』과 『용담유사』를 간행하게 된다. 그러나 이렇듯 각고의 노력을 통해 간행한 경진판에는 '글이 많이 빠진 한탄이 있다[文多漏闕之歎]'라고, 계미중춘판 「발문」을 통하여 회고한다. 또한 경진판을 간행한 지 불과 3년이 되지 않아 다시 계미중춘판을 간행하게 된 가장 중요한 원인 역시 이 '문다누궐지탄'(文多漏闕之

---

상 침재의 가르침이 있었다.'라고 해석하는 경우도 있다. 이러한 해석은 해월이 수운 선생으로부터 직접 『동경대전』의 경편들을 받았고, 그러므로 판각 당시 해월에게 원본이 있었다는, 원본설의 중요한 근거가 된다. 그러나 '及于癸亥 親與時亨 常有鋟梓之敎'의 부분에 대하여 '계해년에 이르러 친히 시형과 더불어 항상 침재의 가르침이 있었다.'로 해석하는 것이 더 타당하다. 따라서 이 구절이 원본설의 결정적인 근거가 되지 못한다.

歎)에 있다고 말하고 있다. 즉 '여러 동지들과 논의를 하고 약조를 꾀하여 목판을 새기는 공을 이루었으나, 글에 빠진 것이 많아, 목천(木川) 접중에서 다시 간행을 하게 되었다'[謹與同志 發論詢約 以成剞劂之功矣 文多漏闕之歎 故自木川接中 燦然復刊]는 것이다.

이와 같은 계미중춘판 「발문」으로 미루어 보아, 『동경대전』 경진판에는 빠진 글들이 많음을 알 수 있다. 특히 '문다누궐'(文多漏闕)이라는 표현으로 보아, 글자가 빠진 것이 아니라, 중요한 '문'(文), 곧 '문장'(文章)들이 누락되었음을 알 수 있다. 이는 곧 판각으로 새기는 과정에서 실수로 몇 자 정도가 누락된 것을 의미하는 것이라기보다는, 완전한 원본을 확보하지 못했기 때문에 몇 문장들이 누락된 것이라는 뜻으로 이해할 수 있다. 만약 판각하는 과정에서 몇 자 정도가 실수로 빠졌다면, '궐자(闕字), 탈자'(脫字) 정도로 표기를 했을 것이다. '문다누궐'(文多漏闕)이라고 표기를 한 것으로 보아 많은 문장이 누락되었음을 알 수 있다.

또한 무자계춘판의 「발문」에 "경진년에 이르러 시형(時亨)이 전일의 가르침을 지극히 생각하여 삼가 동지들과 더불어 논의를 하고, 약조를 꾀해 새로 개간하게 되었다. 그러나 글에 혹 빠진 것이 있고, 권(卷)이 몇 권에 지나지 않았다."[7]라고 하였다. 이러한 무자계춘판 「발문」 또한 경진판에는 단순히 몇 글자가 빠진 것만이 아니라, 몇 개의 글 또는 문장이 누락되었음을 더욱 분명하게 확인해 주는 기록이라고 할 수 있다.

'새로 발견된 목판본『동경대전』'과 계미중춘판『동경대전』을 서로 비교해 보면, 아래와 같은 부분이 '새로 발견된 목판본'에는 빠져 있다.

---

7  『戊子季春 東經大全』「跋文」, "至於庚辰 時亨極念前日之敎命 謹與同志 發論詢約 新爲開刊 而書或有淚闕 卷不過幾許."

纔得一條路 步步涉險難　　　山外更見山 水外又逢水

幸渡水外水 僅越山外山　　　且到野廣處 始覺有大道


苦待春消息 春光終不來 非無春光好 不來卽非時

玆到當來節 不待自然來 春風吹去夜 萬木一時知


一日一花開 二日二花開

三百六十日 三百六十開

一身皆是花 一家都是春


瓶中有仙酒 可活百萬人　　　釀出千年前 藏之備用處

無然一開封 臭散味亦薄　　　今我爲道者 守口如此瓶

(「歎道儒心急」 이하 「詩文」 중에서)


　「탄도유심급」의 후미에 붙어 있는, 이른바 「시문」 부분이 '새로 발견된
『동경대전』'에는 없다. 이 「시문」 부분은 계미중춘판에 이어서 발간된 계
미중하판에서도 볼 수 있다. 그러나 의암 선생 시절 발간한 활자본에는 실
려 있지 않다. 그 이후 오랫동안 천도교중앙총부에서 간행하는 『동경대
전』 편제에 이 「시문」은 '일시증보'(逸詩增補), 또는 '기타 시문'(其他 詩文)이
라는 제하에 「대도(大道)」, 「선주(仙酒)」, 「만수춘(萬樹春)」 등의 제목을 달
고 실려 있다. 그러다가 계미중하판이 발견된 이후 「시문」이라는 별도의
제명(題名)으로 실리게 되었다.

　다음으로는 「화결시(和訣詩)」 중에서, 계미중춘판에는 있지만, '새로 발
견된 『동경대전』'에는 없는 부분들이다.

萬里白雪紛紛兮 千山歸鳥飛飛絶

東山欲登明明兮 西峰何事遮遮路

(「和訣詩」 중에서)


또 「영소(詠宵)」 중에도 다음과 같은 부분이 '새로 발견된 『동경대전』'에
서는 빠져 있다.


蓮花倒水魚爲蝶 月色入海雲亦地

杜鵑花笑杜鵑啼 鳳凰臺役鳳凰遊

白鷺渡江乘影去 晧月欲逝鞭雲飛

魚變成龍潭有魚 風導林虎故從風

風來有迹去無跡 月前顧後每是前

煙遮去路踏無跡 雲加峯上尺不高

山在人多不曰仙 十爲皆丁未謂軍

月夜溪石去雲數 風庭花枝舞蝴尺

人入旁(房)中風出外 舟行岸頭山來水

花扉自開春風來 竹籬輝踈秋月去

影沉綠水衣無濕 鏡對佳人語不知

勿水脫乘美利龍 問門犯虎那無樹

(「詠宵」 중에서)


계미중춘판이나 계미중하판에는 모두 이 부분이 「영소」에 포함되어 있
다. 그러나 '새로 발견된 『동경대전』'에는 이 부분이 빠져 있다.

또한 '새로 발견된 『동경대전』'에는 계미중춘판이나 계미중하판 모두에

있는, 동학의 중요한 종교 의식인 포덕식, 입도식, 제수식, 치제식 등의 '의식'(儀式)을 행하는 절차나 그 의의를 기록한 부분이 없다.

布德式 人有願入者 則先入者 傳道之時 正衣冠 禮以授之事

入道式 入道之時 或向東或向北 設位 致誠行祀 焚香四拜 後以初入 呪文 敬以受之事

致祭式 入道後 致祭節次 設位四拜 後讀祝而卽誦降靈呪及本呪文事

祭需式 設其醴酒餠麵魚物果種脯醢菜蔬 香燭 用之 而以肉種論之 雉則例用 猪則或用 祭需之多小 隨其力行之也

先生布德之初 以牛羊猪肉 通用矣 至於癸亥八月 先生顧予 傳道之日 此道兼儒佛仙三道之敎 故不用肉種事

(「儀式」 부분)


또한 무자계춘판에는 '새로 발견된 『동경대전』'에는 물론 없고, 계미중춘판에도 없는 문장들이 더 실려 있다.

高峰屹立 群山統率之像

流水不息 百川都會之意

明月虧滿 如節符之分合

黑雲騰空 似軍伍之嚴威

地納糞土 五穀之有餘

人修道德 百用之不紆

(「流高吟」)

風過雨過枝 風雨霜雪來

風雨霜雪過去後 一樹花發萬世春

(「偶吟」)


　무자계춘판에 실려 있는 「유고음」과 「우음」은 계미중춘판에는 없지만,
계미중하판에는 실려 있다. 즉 계미중춘판에 실리지 않은 것을 계미중하
판에서 싣고, 또 무자계춘판에 실은 것으로 생각이 된다. 이와 같은 점으로
보아 계미중춘판 『동경대전』의 「발문」에서 발견되는 경진판에서의 '문다
누궐'(文多漏闕)이나, 무자계춘판 『동경대전』의 「발문」에서 볼 수 있는 '서
혹유누궐 권불과기허'(書或有漏闕 卷不過幾許)는 위에서 열거한 「탄도유심
급」의 후미에 붙어 있어야 하는 「시문」과 「영소」의 일부분들, 또 「화결시」
의 일부분, 그리고 「의식」 또는 「유고음」, 「우음」 등을 가리키는 것으로 생
각된다.

　이러한 점이 바로 '새로 발견된 『동경대전』'을 경진판 『동경대전』으로
생각하게 하는 첫 번째 이유가 된다. 뒤에 발간되는 판본에는 있는 부분이
'새로 발견된 목판본'에는 없다. 이것이 바로 계미중춘판이나, 계미중하판,
무자계춘판 등의 「발문」에서 말하는 '문다누궐'(文多漏闕)이나 '서혹유누궐
권불과기허'(書或有漏闕 卷不過幾許)에 해당되는 부분이라고 할 수 있다.



## 3. 『도원기서』를 통해서 본 경진판의 면모


『도원기서』는 『동경대전』 경진판이 나온 1880년 6월 이후에 필사로 간

행된 동학의 역사서이다.[8] 『도원기서』가 편찬 간행된 곳은 강원도 정선(旌善)의 방시학(房時學)이라는 제자의 집이다. 이 책은 도(道)의 연원(淵源)이 수운 선생에게서 시작되어 해월 선생에게로 이어졌다는 사실을 큰 근간으로 하고 있다. 이 책을 편찬할 당시 중요한 역할을 한 것으로 생각되는 사람들인 강시원(姜時元), 유시헌(劉時憲), 신시일(辛時一) 등이 쓴 후서(後序)를 고찰해 보면, 수운 선생에게서 시작된 가르침의 연원을 바르게 잇고자 하는 간절한 염원에 의하여 간행된 서적임을 알 수 있다. 나아가 도(道)의 연원(淵源)을 바르게 세움으로써 동학의 종교로서의 독자성을 분명히 하기 위하여 기획되고 편찬된 서적임을 알 수 있다.

『도원기서』의 처음 이름은 '최선생문집 도원기서'(崔先生文集 道源記書)이다. 1978년 처음 발견될 당시 표제가 그렇게 되어 있다. 그러나 이 책에는 표지에 명기된 바와 같은, '수운 선생의 문집'[崔先生文集]에 해당되는 부분은 없고, 다만 도의 연원과 역사만이 기록되어 있다. 이와 같이 이 책의 표제로 보아 처음에는 수운 선생의 문집에 해당되는 『동경대전』이나 『용담유사』를 같이 수록할 기획이었던 것으로 추정된다. 그러나 도적(道跡)과 문집(文集) 모두를 포함하는 『최선생문집 도원기서』를 간행하기 위한 처음의 계획이 어떠한 사정에서인지 변경되어, 『도원기서』라는 도의 연원(淵源)을 기록한 한 권의 역사서가 별도로 필사로 간행되었고, 이어서 『동경대전』, 『용담유사』라는 수운 선생의 가르침을 담은 두 권의 문집은 목판으로

---

8   『도원기서』의 출간 연대에 관하여 동학 천도교단의 여러 기록들에는 1879년으로 되어 있다.(『천도교회사 초고』, 『侍天敎宗歷史』) 그러나 『도원기서』를 검토해 보면, 그 내용이 1880년 경진판 『동경대전』을 간행하는 시점까지 되어 있다. 따라서 그 간행 연대는 1880년으로 보아야 한다.

판각되어 별도로 간행된 것이 아닌가 추정이 된다.[9]

이렇듯 도적과 문집을 같이 편찬하여 발간하고자 했던 처음 계획이 바뀌게 된 것은 『도원기서』의 내용 중에 해월 선생 등의 동학도들이 신미년(辛未年, 1871) 이필제(李弼濟) 의거와 깊이 관련되어 있다는 사실이 포함되어 있기 때문이 아닌가 생각이 된다. 그러므로 부득불 도적인 『도원기서』는 필사가 되어 간행되는 즉시 사람의 눈에 띄지 않게 견봉날인(堅封捺印)이 되어 감추어진다.[10]

『도원기서』에는 1880년 당시 강원도 인제 김현수의 집에서 『동경대전』을 발간하는 내용이 기록되어 있다.

> 5월 9일 판각소를 설치하고 11일에 비로소 개간(開刊)을 하다. 6월 14일에 이르러 인쇄를 하여 출간함을 마치고, 15일에는 별도로 제단을 설치하다. 그때의 공별록(功別錄)을 표하여 기록하다.[11]

6월 14일에 출간을 했다는 책이 바로 수운 선생의 문집인 『동경대전』이다. 또한 다음과 같은 기록도 『도원기서』에 보인다.

> 아아 선생의 문집(文集) 침재(鋟梓)를 경영한 지 세월이 이미 오래 되었구나! 지금 경진년(庚辰年)에 나와 강시원, 전시황 및 여러 사람들이 장차 간판(刊

---

9  이에 관해서는 拙稿, 「해월의 행적에 관한 일고찰」, 『동학연구』 20집, 한국동학학회 참조.
10  『天道敎會史草稿』 「地統」.
11  『道源記書』, "五月初九日 設爲刻板所 而十一日 爲始開刊 至於六月十四日 畢爲印出 十五日別爲設祭 其時表功別錄記文."

板)을 경영하려고 발론(發論)을 하니 각 접중(接中)이 다행히도 나의 의론과 같아 각소(刻所)를 인제(麟蹄) 갑둔리(甲遁里)에 정하게 되었다.[12]

해월 선생은 수운 선생의 문집인 『동경대전』을 이미 1879년부터 침재하기 시작했고, 여러 접과 사람들의 의견을 모아 판각소(板刻所)를 인제 갑둔리 김현수의 집에 두었다. 이러한 기록 중에 유의해야 할 점은 해월 선생 등이 기획하며 내놓은 명칭은 '수운 선생의 문집'(文集)이라는 점이다. 다시 말해 수운 선생이 제자들에게 가르침을 편 '경전'(經典)이 아니라, '문집'(文集)이라고 표기하고 있다는 사실이다. 이와 같은 기록으로 보아 처음 수운 선생의 가르침을 담은 글들을 모아 판각하고 한 권의 책으로 간행하고자 기획할 당시에는 '경전'(經典)으로 생각하기보다는 '문집'(文集)으로 생각하였다는 것을 알 수 있다.

'새로 발견된 『동경대전』'에는 '문집'으로서의 면모가 보인다. 첫째가 편찬 체제이다. 계미중춘판이나, 계미중하판과는 다르게 그 체제가 '권지일(卷之一), 권지이(卷之二)…' 등으로 되어 있다. 두 판본을 비교해 보면 이러한 모습은 확연하다.

계미중춘판의 경우 다음과 같은 순서로 편집되어 있다.

布德文, 論學文, 修德文, 不然其然, 祝文, 立春詩, 絶句, 降詩, 座箴, 和訣詩, 歡道儒心急, 訣, 偶吟, 八節, 通文, 儀式

---

12 『도원기서』, "於戱 先生文集 鋟梓之營 歲已久矣 今於庚辰 余與姜時元全時晫及諸益 將營刊板 而發論各接中 幸同余議 而刻所定于麟蹄甲遁里."

그러나 '새로 발견된『동경대전』'의 목차를 보면 다음과 같이 되어 있다.

卷之一 : 布德文, 東學論

卷之二 : 修德文, 不然其然, 歎道儒心急

卷之三 : 祝文, 呪文, 降詩

卷之四 : 座箴, 八節, 筆法

卷之五 : 和訣, 降訣, 題書

卷之六 : 附詩賦

卷之七 : 通文

즉 '새로 발견된『동경대전』'의 경우 그 목차나 체제가 문집으로서의 체제를 갖추고자 했음이 역력하다. 특히 권지육(卷之六)에 '부'(附)라는 말을 붙여, '시부'(詩賦)가 부록과 같은 것임을 명기하고 있다. 이와 같은 체제는 『도원기서』에서 확인할 수 있는 바와 같이 해월 선생 등이 '수운 선생의 문집'을 편찬하고 또 판각한다는 의식 속에서 기획되고 또 간행된 것임을 보여준다.

또한 앞에서 살펴본 바와 같이 '새로 발견된『동경대전』'에는 동학의 「의식」에 관한 설명이나 의의를 쓴 부분이 실려 있지 않다. 그러나 계미중춘판이나 계미중하판에는 이 부분 모두가 실려 있다. '동학의 경전'이 아닌, '수운 선생의 개인 문집'으로서 기획되고 또 편찬이 되었다면, 동학의 의식을 실어야 할 하등의 이유가 없을 것이다. 바로 이 점이 '새로 발견된『동경대전』'이 '문집'으로서의 의식 속에서 꾸며졌다는 증거의 하나라고 하겠다.

특히 수운 선생이 해월 선생에게 "제를 지낼 때에는 양이나 돼지 등 고기

종류를 쓰지 말라는 가르침을 내렸다."[13]는 기록이 있는 것으로 보아, 해월 선생이 이「의식」부분에 관하여 몰랐을 리가 없다. 그러나 수운 선생 개인의 문집을 제자들이 편찬한다는 의식이 다소나마 있었기 때문에, 이러한 동학의 의식에 관한 부분은 싣지 않은 것으로 추정된다.

『동경대전』과 같이 기획되고 편찬된 『도원기서』에 나타난 이와 같은 여러 사실이 '새로 발견된 『동경대전』'에 나타나고 있다는 점이, 이 판본을 경진판이라고 볼 수 있는 두 번째 이유이다.

## 4. '새로 발견된 『동경대전』'의 표기 및 체제 문제

수운 선생의 『동경대전』에는 중심을 이루는 네 편의 글이 있다. 「포덕문(布德文)」, 「논학문(論學文)」, 「수덕문(修德文)」, 「불연기연(不然其然)」 등이 그것이다. 이 중 「논학문」은 표제 그대로 '학'(學)'을 논함으로써, 이 '학'(東學)의 정체성을 분명하게 밝히는 글이다. 이때의 '학'은 '동학'을 의미한다. 수운 선생은 자신의 가르침을 펼 때 '도'(道)와 '학'(學)을 분명하게 구분하여 말씀하였다. 그러므로 제자들이 서학(西學)과는 어떻게 다르냐고 묻는 말에 "도는 비록 천도이나 학은 곧 동학이다."[14]라고 분명하게 대답한다. 곧 '도'와 '학'을 구분하여, 서학의 '도'도 '천도'이지만, 그 천도를 궁구하는 '학'은 서학과는 다른 '동학', 곧 '동방지학'(東方之學)이라고 천명하였다.

이와 같은 견지에서 보면, 「논학문」의 '학'은 곧 '동학'이다. 따라서 「논학

---

13 『도원기서』, "至於癸亥八月 先生顧予 傳道之日 此道兼儒佛仙三道之教 故不用肉種事."
14 『동경대전』「논학문」, "道雖天道 學則東學."

문」은 곧 '동학을 논하는 글'이다. 그러므로 초기 동학에서는 이 「논학문」
을 「동학론(東學論)」이라고 부르기도 했다. 그러나 이 「논학문」을 「동학
론」이라고 표기한 기록은 오직 『도원기서』와 이 『도원기서』를 바탕으로
수운 선생의 행적만 기록한 『수운행록(水雲行錄)』에만 나온다. 이 두 기록
을 보면 다음과 같다.

送舊迎新之懷 難禁一夜之半 寒燈孤枕 輾轉反側 而一切賢友之共依 每憶妻
子之相思 强作 道修詞 又作 東學論 勸學歌…[15]

送舊迎新之懷 難禁一夜之半 寒燈孤枕 輾轉反側 而一切賢友之共懷 每憶妻
子之相思 强作 道修詞 又作 東學論 勸學歌…[16]

위의 두 기록은 문맥이나 글자가 거의 똑같다. 다만 『수운행록』에서 '일
체현우지공의'(一切賢友之共依)라고 기록한 데 반하여 『도원기서』에서는
'일체현우지공회'(一切賢友之共懷)라고 기록하고 있다. 이는 오기(誤記)에 의
한 것으로 생각이 된다.

'새로 발견된 『동경대전』'만은 유일하게 「논학문」이라는 제목을 쓰지 않
고, 『도원기서』나 『수운행록』의 기록과 같은 「동학론」이라는 제목을 썼
다. 그 이후 어느 판본에도 「논학문」을 「동학론」이라고 이름한 것은 없다.

'새로 발견된 『동경대전』'에서 이 외에 계미중춘판과 편명(篇名)이 다르
게 표기된 경우는 또 있다. 계미중춘판에는 「영소(詠宵)」라고 표기되었는

---

15  金庠基 校閱, 『水雲行錄』, 『아세아연구』 통권 13호, 1964.3. 고려대 아세아문제연구소.
16  『도원기서』.

데 비해 '새로 발견된『동경대전』'에는 「영소(咏宵)」라고 표기되어 있다. 이외에 「결(訣)」을 「강결(降訣)」로 표기하였다.

이러한 차이점 외에도 '새로 발견된『동경대전』'과 계미중추판을 비교해 보면, 그 표기에 서로 다른 부분이 다소 보인다. 이를 표로 보면 아래와 같다.

| 편 명 | 계미중춘판 | 새로 발견된『동경대전』 | 비 고 |
|---|---|---|---|
| 포덕문 | 余亦無功故 生汝世間 | 余亦無功故 生汝世閒 | 間 → 閒 |
| 논학문 | 又有怪違之說 崩騰于世間 | 又有怪違之說 崩騰于世閒 | 間 → 閒 |
| 논학문 | 似然非然之間 | 似然非然之閒 | 間 → 閒 |
| 수덕문 | 擺脫世間之紛繞 | 擺脫世閒之紛繞 | 間 → 閒 |
| 불연기연 | 世間孰能無父母之人 | 世閒孰能無父母之人 | 間 → 閒 |
| 불연기연 | 化而言之 理遠於茫茫之間 | 化而言之 理遠於茫茫之閒 | 間 → 閒 |
| 강시 | 圖來三七字 降盡世間魔 | 圖來三七字 降盡世閒魔 | 間 → 閒 |
| 우음 | 人生世間有何得 | 人生世閒有何得 | 間 → 閒 |
| 우음 | 大小事間疑不在 | 大小事閒疑不在 | 間 → 閒 |
| 우음 | 吾心極思杳然間 | 吾心極思杳然閒 | 間 → 閒 |
| 통유 | 江山之明月 山間之淸風 | 江山之明月 山閒之淸風 | 間 → 閒 |
| 수덕문 | 一以詠覺非是之句 | 一以咏覺非是之句 | 詠 → 咏 |
| 수덕문 | 龍秋之淸潭寶溪 | 龍秋之淸潭寶谿 | 溪 → 谿 |
| 수덕문 | 自歎後學之忘却 | 自歎後學之忘卻 | 却 → 卻 |
| 수덕문 | 童子拜拱倚然 有六七之詠 | 童子拜拱倚然 有六七之咏 | 詠 → 咏 |
| 탄도유심급 | 不然而其然 似遠而非遠 | 不然而其然 似遠而不遠 | 非遠 → 不遠 |
| 우음 | 凡作吾君一會中 | 兀作吾君一會中 | 凡 → 兀 |
| 절구 | 平生受命千年運 | 平生命受千年運 | 受命 → 命受 |
| 통유 | 少年以禮而强挽 | 少年以禮而彊挽 | 强 → 彊 |
| 통유 | 揚風洒雨 | 揚風灑雨 | 洒 → 灑 |
| 통유 | 草長衣添 | 草長衣霑 | 添 → 霑 |
| 수덕문 | 衣冠正齊 君子之行 | 衣冠整齊 君子之行 | 整 → 正 |
| 수덕문 | 極念致誠之端 然而彌留 | 極念致誠之端 然而彌㽵 | 彌留 → 彌㽵 |
| 논학문 | 尙今彌留 | 尙今彌㽵 | 彌留 → 彌㽵 |

앞의 표에서 보는 바와 같이 두 판본의 비교에서 가장 많이 나타나는, 서로 다르게 표기된 글자는 '간'(間)을 '한'(閒)으로 표기한 예이다. 그러나 '한'(閒)은 '한가하다'라는 의미로 주로 쓰이기는 하지만, '간'으로 읽히는 경우도 있다. 이 경우에는 '사이 간'(間)의 의미와 동일하게도 쓰인다. 본래 '간'(間)이라는 글자의 고자(古字)는 '달(月)이 문(門) 사이로 들어온다'는 의미의 회의(會意) 글자인 '간'(閒)이다. 이 '간'(閒)이 변하여 오늘의 '간'(間)이 된 것이다. 따라서 '새로 발견된 『동경대전』'에 '사이'라는 의미로 '간'(閒)이라는 글자를 표기한 것은 잘못된 것이 아니라, 고자(古字)로 표기한 것이다.

그렇지만 「화결시」 중의 '진시문한담고금'(盡是閒談古今)과 「우음」 중의 '동좌한담원상재'(同坐閒談願上才) 등에서 나오는 '간'(閒)은 그 내용상으로 보아 '한가하다'는 의미의 '한'으로 읽히고 또 쓰였다. 그러나 이 부분에서도 '새로 발견된 『동경대전』'은 모두 '간'(閒)이라는 글자로 표기를 하고 있다. 따라서 '간'(間)과 같은 의미로 쓴 '간'(閒)의 표기와 혼동을 줄 가능성이 너무 높다. 그 이외 '영(詠)→영'(咏), '계(溪)→계'(谿), '각(却)→각'(卻), '쇄(灑)→쇄'(洒), '미류(彌留)→미류'(彌㽞)[계미중춘판→새로 발견된 목판] 등으로 표기한 것은 같은 의미의 글자이기 때문에 문제가 되지 않는다. 다만 고자(古字)를 썼다는 점이 다를 뿐이다. '새로 발견된 『동경대전』'이 주로 고자로 표기했음을 알 수 있다.

또한 「탄도유심급」의 마지막 부분을 계미중춘판에는 '不然而其然 似遠而非遠'라고 표기한 데 비하여 '새로 발견된 『동경대전』'에는 '不然而其然 似遠而不遠'으로 표기하였다. 즉 '비원'(非遠)을 '불원'(不遠)으로 표기하였다. 이 둘의 의미는 큰 차이는 없다고 본다. 그러나 이후 발간된 계미중하판이나 무자계춘판 등 모든 판본에는 '비원'(非遠)으로 표기되어 있는 점으로 보아 '새로 발견된 『동경대전』'의 '불원'(不遠)이 잘못된 표기라고 생각된다.

이 외에 「수덕문」 중의 '의관정제'(衣冠正齊)를 '새로 발견된 『동경대전』'에서는 '의관정제'(衣冠整齊)로 표기하였다. 계미중하판에는 '의관정제'(衣冠定齊)로 표기하였다. 즉 '정'(正), '정'(整), '정'(定) 등으로 모두 다르게 표기하였다. 그러나 무자계춘판에서는 다시 '정'(正)으로 바꾸어 표기하고 있다. 또한 「절구」 중의 '평생명수천년운'(平生受命千年運)을 '새로 발견된 『동경대전』'에서는 '평생수명천년운'(平生命受千年運)이라고 하여 '수명'(受命)을 '명수'(命受)로 글자를 바꾸어 표기하였다. 문장 구조로 보아 '명수'(命受)는 잘못된 표기이다. 계미중하판, 무자계춘판을 비롯한 모든 판본에도 역시 '수명'(受命)으로 표기되었다. 또한 「통유」 중에 '초장의첨'(草長衣添)이 '새로 발견된 『동경대전』'에서는 '초장의점'(草長衣霑)으로 표기되어 있다. 즉 초장의첨(草長衣添)은 '비가 내리는 계절이 되어 바람이 불고 비가 내리고, 풀이 길어 옷에 달라붙는다.'로 번역되지만, '새로 발견된 『동경대전』'의 구절[초장의점(草長衣霑)]로 번역하면, '~ 풀이 길고 옷이 젖는다.'로 번역이 된다. 문맥상으로 보아 계미중춘판의 '초장의첨'(草長衣添)이 타당하다. 또한 계미중하판이나 무자계춘판에도 역시 '초장의첨'(草長衣添)으로 표기되어 있다.

이처럼 여러 판본을 비교해 보면 '새로 발견된 『동경대전』'에 비하여 계미중춘판은 새롭게 교열된 모습이 완연하다. 잘못된 표기를 고쳤다거나, 고자로 표기한 것을 당시 통용되는 글자로 바꿔 표기하는 등, 계미중춘판에서는 표기 면에서 한층 더 발전한 모습이 확인된다. 이로 보아 계미중춘판보다 '새로 발견된 『동경대전』'이 먼저 간행된 판본임을 알 수 있다.

옛글은 모두 구두점이나 띄어쓰기가 되지 않은 백문(白文)으로 되어 있다. 그러나 임금이나 절대자를 지칭하는 글자 앞에는 한 자를 띄어쓰는 것이 관례이다. 『동경대전』 목판본의 경우에도 백문으로 되어 있으며, 절대자를 의미하는 글자 앞은 한 자 떼어서 쓰고 있다. 그러나 계미중춘판과 '새로 발견된『동경대전』'을 비교해 보면, 떼어 쓰는 경우가 서로 다르게 되어 있음을 발견하게 된다.

먼저 계미중춘판에서는 떼어 쓰는 것이 두 경우이다. 한울님을 뜻하는 '천주'나 '상제'의 경우가 그 하나이고, 수운 선생을 지칭하는 '선생'의 경우가 그 두 번째이다. 이 두 경우 외에는 어디에서고 떼어쓰기를 하지 않았다. 그러나 '새로 발견된『동경대전』'에는 이러한 두 경우에 물론 떼어 썼고, 다음과 같은 경우에도 떼어쓰기를 하고 있다.

　　接 '靈'之氣(논학문)

　　降話之 '敎'(논학문)

　　曰今 '天靈'降臨(논학문)

　　然則何道以名之曰 '天道'也(논학문)

　　曰然則何以 '降靈'也(논학문)

　　吾 '王'之盛德歲復回於壬丙(수덕문)

　　無異童子 '先考'平生之事業(수덕문)

　　一番致祭永 '侍'之重盟(수덕문)


이상에서 보는 것처럼 '영'(靈), '교'(敎), '천령'(天靈), '천도'(天道), '강령'(降靈), '왕'(王), '선고'(先考), '시'(侍) 등의 글자 앞에서도 떼어쓰기를 하고 있다. '영'(靈)은 '한울님의 영'이고, '교'(敎) 역시 '한울님의 가르침'이고, '강령'(降靈)은 한울님의 기운과 융화일체가 되는 것을 의미하며, 또 '시'(侍)는 한울님을 모셨다는 뜻이기 때문에 떼어쓰기를 한 것으로 생각된다. 또한 '천령'(天靈)이나 '천덕'(天德) 역시 같은 의미에서 떼어쓰기를 한 것으로 판단된다. 그런가 하면, 당시 임금을 지칭하는 '왕'(王)이나 수운 선생의 아버지를 지칭하는 '선고'(先考)까지 모두 띄어쓰기를 하였다.

또 '천주'(天主)나 '선생'(先生)의 앞에는 한 자를 띄어 쓴 것이 아니라, 한 칸을 띄어서 썼다. 이는 계미중춘판과 판이하게 다른 모습이다.

이와 같이 존경을 표하는 '띄어쓰기'에 있어 계미중춘판과 '새로 발견된 『동경대전』'에서 차이가 두드러진다. 즉 계미중춘판은 동학교단의 경전으로서의 체제를 표방한 모습이라면, '새로 발견된 『동경대전』'은 아직 그 체제가 완비되지 못했으므로 동학에서 절대자로 신봉하는 한울님 또는 동학 선생인 수운 선생 이외의 대상인 '천도', '천령', '영', '교', '시', '강령', 심지어는 '왕'이나 '수운 선생의 아버지' 등의 앞에도 띄어쓰기를 한 것이다. 이것이 지시하는 바는 '새로 발견된 『동경대전』'은 아직 동학교단이 그 체제나 의례를 완전히 정비하지 못한 상태에서 발간되었음을 뜻하는 것이다. 즉 동학이 종교로서 신봉하고 또 존중할 대상에 대한 확고한 기준을 정하지 못한 단계에 발간되었음을 의미한다. 그러나 이 몇 년 사이 이에 대한 입장을 확고하게 한 이후, 계미중춘판을 발간하면서 수정한 것이라고 볼 수 있다.

또한 그 체제에서도 계미중춘판과 '새로 발견된 『동경대전』'이 서로 다르게 되어 있다. 앞에서 '새로 발견된 『동경대전』'은 '문집'의 형태를 취했음은 이미 밝힌 바 있다. 그 외에도 몇 부분이 서로 다르게 되어 있다. 「우음」의 경우, 계미중춘판에는 '우음'이라는 한 제목 아래 실린 시를 '새로 발견된 『동경대전』'에서는 세 부분으로 나누어 각기 다른 제목을 붙여 놓았다. '남진원만북하회'(南辰圓滿北河回)에서 '표연기학향선대'(飄然騎鶴向仙臺)까지를 「우음」이라고 제목을 붙였고, '청소월명무타의'(淸宵月明無他意)에서 '봉명주실이응지'(鳳鳴周室爾應知)까지를 또 「우음」이라고 별도로 제목을 붙였다. 그리고 '불견천하문구주'(不見天下聞九州)에서 마지막인 '의수태

양유조영'(疑隨太陽流照影)까지를「절구」라는 제목을 붙였다.

이것은 '새로 발견된 『동경대전』'에만 나타나는 체제이다. 계미중춘판 이후의 판본에는 모두 계미중춘판 체제를 따르고 있다. 이러한 사실로 보아, '새로 발견된 『동경대전』'의 체제를 바꾸어 계미중춘판이 된 것이고, 이후 동학교단에서는 계미중춘판의 체제를 그대로 따라 계미중하판이나 무자계춘판 『동경대전』을 간행한 것으로 생각이 된다.

## 5. 『도원기서』에 나오는 경진판 『동경대전』 제작과정

『동경대전』 경진판 제작을 위해 해월 선생의 지도를 받으며 동학교단은 오랫동안 준비를 했다. 또한 출간 자본 역시 각 접이 많은 성금을 내는 노력을 했다. 먼저 『동경대전』 경진판 제작을 위해 각 접에서 낸 성금을 보면 다음과 같다.

상주(尙州) 윤하성(尹夏成) 40금 책본당(冊本當)

정선접중(旌善接中) 35민(緡)

인제접중(麟蹄接中) 130금(金)

청송접중(靑松接中) 6민(緡)

상주의 윤하성이라는 사람이 개인적으로 성금을 냈고, 정선과 인제, 청송 등지에서 많은 성금을 갹출해 냈다. 이런 정성이 모여 『동경대전』 경진판이 제작되었던 것이다. 또한 『동경대전』 경진판 제작을 위한 판각소(板刻所)를 강원도 인제 갑둔리에 1880년(경진년) 5월 9일 설치하고 11일에 개간하기 시작하여 6월 14일에 이르러 인출(印出)하기를 마쳤다고 한다. 그리고 그다음 날인 15일에 한울님께 고하는 제사를 지냈다고 되어 있다.[17]

이러한 『도원기서』에 나오는 『동경대전』 경진판 제작을 위해 1880년 5월 9일 설치되었다는 판각소는 엄밀하게 말해서 판각을 위한 곳이 아니라, 인쇄를 하기 위한 시설이라고 할 수가 있다. 즉 5월 11일부터 인쇄를 하여 한 달이 조금 지난 6월 14일에 인쇄를 마치고 일책의 『동경대전』을 간행한 것이다.

그러면 『동경대전』 경진판 목판 판각은 언제 하였는가? 『도원기서』에 나오는 「별공록(別功錄)」에 의하면, 경진년 이전부터 침재(鋟梓)를 하였다고 한다.[18] 즉 오랫동안 목판으로 새기는 작업을 해왔고, 이 작업이 다 끝난 후, 경진년에 이르러 해월 선생이 강시원(姜時元), 전시황(全時晄) 등과 의논하여 출간할 각소를 인제 갑둔리(甲遁里)로 정했던 것이다.

또한 판각과 인쇄 등의 과정을 거쳐 『동경대전』 경진판을 펴낼 때까지 해월 선생을 포함하여 일을 맡아 할 각 유사(有司)를 두었다. 총감독인 도청(都廳)은 해월 선생 자신이 맡고, 감역(監役)에 두 사람, 교정(校正) 세 사람, 직일(直日)에 네 사람, 접유사(接有司)에 네 사람, 수유사(收有司)에 다섯 사람, 치판(治板)에 한 사람, 침재(鋟梓)에 세 사람, 운량(運糧)에 네 사람, 서유사(書有司)에 한 사람, 공궤(供饋)에 두 사람, 이렇게 모두 서른 사람의 유사를 정하여[19] 조직적이고 효율적으로 판각하고 인쇄하는 등, 『동경대전』

---

17 『도원기서』, "五月初九日 設爲刻板所 而十一日 爲始開刊 至於六月十四日 畢而印出 十五日 別爲設祭."
18 『도원기서』, "於戱 先生文集 鋟梓之營 歲已久矣."
19 『도원기서』, "刻板時有分定 都廳崔時亨 監役姜時元 全時晄 校正沈時貞 全時奉 劉時憲 直日張道亨 金文洙 張炳奎 李晉慶 接有司金錠浩 辛時永 黃孟基 趙時哲 收有司洪

경진판을 제작하였던 것이다.

이와 같은 『동경대전』 경진판 제작을 위한 각 유사의 조직으로 보아 『동경대전』 경진판은 목판으로 제작되었음이 분명하다. 일 년이라는 오랜 시간을 침재(鋟梓)하였고, 또 치판(治板), 침재(鋟梓), 서유사(書有司) 등의 각 책임자를 나누어 둔 사실이 이를 말해 준다. 따라서 '새로 발견된 『동경대전』'이 경진판이기 위해서는 목활자본이 아닌 목판본이어야 한다. 특히 침재(鋟梓)를 위해 『동경대전』을 써야 하는 서유사(書有司)는 정선 도인인 전세인(全世仁)이다. 전세인이 침재를 위해 글씨를 먼저 쓰고, 이를 침재(鋟梓)를 맡은 세 사람이 일 년이 지나도록 힘들여 목판에 새겼던 것이다.

서유사(書有司)인 전세인(全世仁)은 『동경대전』 경진판 제작과 함께 기획되고 필사로 출간된 『도원기서』의 글씨를 쓴 장본이기도 하다. 그런가 하면, 『도원기서』가 필사되어 출간된 이후 해월 선생의 명에 의하여 유시헌(劉時憲)의 집에 보관되었다. 그런데 훗날 천도교에서 분립한 시천교(侍天教)의 대례사(大禮師)로 간 김연국(金演局)이 시천교의 교인들을 이끌고 계룡산으로 들어가 상제교(上帝教)를 설립한 이후, 유시헌에게서 『도원기서』를 가지고 갔다. 이후 1908년 전세인이 계룡산 상제교 본부에 가서 며칠을 묵으며 『도원기서』를 또 필사하여 가지고 왔다. 전세인이 필사한 『도원기서』는 지금은 영월에 거주하는 유시헌의 증손자가 보관하고 있다. 이때 필사해 가지고 나온 본을 '수운대선생사적안'(水雲大先生事蹟案)이라는 표제를 붙여 일책으로 제본하였다. 이렇듯 『도원기서』는 정선 사람 전세인에 의하여 1880년에 필사된 것과 1908년에 필사된 두 권의 본이 오늘까지 전

---

時來 辛時一金鑛海李廷鳳 治板 金錧浩 鋟梓沈遠友 崔錫夏 全允權 運糧張興吉 金寅相 金孝興 李千吉 書有司 全世仁 供饋 李貴祿 姜基永."

한다.

이렇듯 『동경대전』 경진판의 글씨와 『도원기서』, 그리고 『수운대선생사적안(水雲大先生事跡案)』의 글씨 모두를 전세인(全世仁)이 썼다는 것을 알 수 있다. 따라서 『동경대전』 경진판의 글씨와 『도원기서』, 그리고 『수운대선생사적안(水雲大先生事跡案)』의 글씨를 감정하여, 같은 사람의 필적임이 확인이 되면, 이는 분명 『동경대전』이 경진판으로 판명된다.


## 6. 결론

이 글은 '새로 발견된 『동경대전』'의 정체를 밝히기 위하여 경진판(1880) 판각 당시 같이 기획되고 간행된 『도원기서』를 중요한 자료로 참고하였다. 또 '새로 발견된 『동경대전』'과 계미중춘판(1883, 봄), 계미중하판(1883, 여름), 무자계춘판(1888, 봄) 등을 서로 비교, 고찰하였다.

'새로 발견된 『동경대전』'을 최초의 『동경대전』 판본인 경진판이라고 비정할 수 있는 여러 가지 사실을 논구하였다.

첫째, '새로 발견된 『동경대전』'은 『도원기서』에서 경진판 『동경대전』을 간행할 당시 언급하고 있는 바와 같이, 그 체제가 '문집'(文集)의 형태를 띠고 있음을 확인하였다.

둘째, '새로 발견된 『동경대전』'을 계미중춘판이나 계미중하판, 무자계춘판 등과 비교했을 때, '새로 발견된 『동경대전』'에는 많은 문장들이 빠져 있음을 확인할 수 있었다. 이러한 사실은 계미중춘판과 무자계춘판의 「발문」에서 언급하고 있는 '경진판의 잘못된 것을 바로 잡고자 간행을 한다'는 기록과 '경진판에는 글이 많이 빠졌다거나, 권이 몇 권 되지 않는다'는 기록을 뒷받침하는 근거가 된다.

셋째, '새로 발견된 『동경대전』'에 실린 글들의 제목이 계미중춘판이나 계미중하판, 무자계춘판 등과 다른 것들을 확인했다. 특히 '새로 발견된 『동경대전』'은 「논학문」을 「동학론」이라고 표기하였다. 「동학론」이라는 제목은 초기 동학 시기 문서에만 나오는 이름이며, 더욱이 '새로 발견된 『동경대전』' 이외의 동학경전의 어느 판본에도 나오지 않는 제목이다. 또한 표기된 글자에서도 '새로 발견된 『동경대전』'은 다른 판본들에 비하여 잘못된 표기가 많았고, 고자(古字)로 표기된 부분 역시 많았다. 이와 같은 점이 '새로 발견된 『동경대전』'이 동학경전의 가장 오래된 판본임을 증명하는 근거가 된다.

넷째, 표기의 방법, 예를 들어 한울님을 의미하는 '천주'나 '상제', 수운 선생을 뜻하는 '선생'이라는 글자 앞에서는 한 자씩 띄어 써서 존경을 나타내는데, '새로 발견된 『동경대전』'은 '영'(靈), '교'(敎), '천령'(天靈), '천도'(天道), '강령'(降靈), '왕'(王), '선고'(先考), '시'(侍) 등의 앞에서도 띄어쓰기를 하였다. 그러나 계미중춘판 이후 판본들에서는 한울님을 의미하는 '천주'나 '상제', 수운 선생을 뜻하는 '선생' 앞 이외에서는 띄어쓰기를 하지 않고 있다. 이와 같은 사실은 동학이 종교로서 신봉하고 또 존중해야 할 대상에 대한 기준을 확고하게 정하지 못한 상태에서 '새로 발견된 『동경대전』'을 발간했음을 의미한다. 그러나 계미중춘판 이후의 판본에서는 신봉하고 존중해야 할 대상을 분명하게 한계를 지어 나타내고 있다. 이러한 사실이 바로 '새로 발견된 『동경대전』'이 계미중춘판에 앞선 판본임을 말해 주는 또 하나의 근거가 된다.

이러한 새로 발견된 『동경대전』이 경진판일 가능성이 높은 몇 가지 사실 이외에, 『도원기서』에 나오는 경진판 제작 과정을 살펴보면 이 판본이 어떤 판본임을 알 수 있다. 따라서 『도원기서』를 중심으로 경진판 제작 과정을 살펴보았다.

그 결과 첫째, 일 년이라는 긴 시간 동안 침재를 한 것과 침재유사(鋟梓有司)를 두고 치판유사(治板有司)를 두고, 서유사(書有司)를 둔 점으로 보아 『동경대전』 경진판은 목판본임을 알 수 있다. 또한 서유사(書有司)인 전세인(全世仁)이 『동경대전』을 비롯해 1880년과 1908년, 이렇게 두 번 필사된 『도원기서』의 글씨를 모두 쓴 장본인임이 밝혀졌다. 따라서 경진판을 판명하는 관건은 각 본의 필적을 감식하는 방법에 있다고 하겠다. 이것이 밝혀지지 않는 한 '새로 발견된 『동경대전』'이 경진판이라고 단정할 수는 없는 일이다. 또한 '새로 발견된 『동경대전』'에 「발문」이나 발간 연대, 나아가 발간 당시 상황이 명기되지 않은 것은 어떤 연유일까? 이에 대한 의문이 없을 수 없다. 이에 대해 추정할 수 있는 것은 경진판 「발문」을 경진판 판각 당시 같이 기획된 『도원기서』 내용 중의 「별공록」으로 대신했기 때문이 아닌가 하는 점이다. 「별공록」에는 경진판의 기획 및 간행 과정이 담겨져 있을뿐더러, 경진판 판각 당시 비용을 낸 명단과 각 유사(有司)의 명단이 기재되어 있다. 즉 같이 기획되고 간행된 『도원기서』에 경진판 간행 당시의 자세한 상황이 「별공록」을 통해 명기되어 있으므로 본 책에는 생략된 것이 아닌가 추정할 수 있는 것이다.

'새로 발견된 『동경대전』'은 여러 면에서 경진판일 가능성이 많다. 그렇지만 확실한 간지를 알 수 없어 『동경대전』이 경진판이라고 단정하기는 어렵다. '새로 발견된 『동경대전』'이 '목판본'인가, '목활자본'인가를 감정받아야 하고, 나아가 두 본의 필적이 『도원기서』와 같은 것인가를 감정받아야 하는 문제가 남았다. 이러한 문제는 그 분야의 전공자, 전문가의 몫으로 남겨 둔다.

# 제9장 민중의 경전 『용담유사』

## 1. '용담유사'라는 말의 유래

『용담유사』는 수운 선생이 친히 저술한 동학·천도교의 중요 경전이며, 글의 형식 측면에서는 '가사문학' 작품이다. 동학교조 수운 선생이 동학교도와 세상 사람들을 가르치기 위하여, 동학을 창도한 경신년(1860년)에서부터 관에 체포되던 계해년(1863년)까지 4년 동안에 쓴 총 여덟 편의 가사 작품이다.

'용담'은 경북 경주시 현곡면에 있는 구미산(龜尾山)[1] 기슭에 소재한 정자의 이름(용담정)이며, 또한 이 정자가 있는 계곡 일대를 일컫는 이름이기도 하다. 이곳에 수운 선생의 부친 근암공 최옥이 만년에 거처하며 제자를 키우고 또 글을 읽기도 하였다.[2] 그런가 하면 수운 선생이 부친으로부터 물려받아서 살던 가정리 고옥이 20세 무렵 불타 버리자 들어와서 울산으로 이사하기 전까지 살았던 곳이며, 기미년(1859년) 10월 처가 동네인 울산(蔚山)에서 다시 고향으로 귀향[3]한 수운 선생이 불출산외(不出山外)를 맹세하

---

1 구미산은 경주시 현곡면과 건천읍의 경계를 이루고 있다.
2 『동경대전』「수덕문」, "용담의 옛집은 가친께서 가르치던 곳이요…."(龍潭古舍 家嚴之丈席.)
3 『동경대전』「수덕문」, "처자를 거느리고 용담으로 돌아온 날은 기미년 시월이요 그 운

고 수련에 정진한 곳이다.[4] 또한 마침내 한울님으로부터 무극대도를 받는 결정적인 종교체험을 한 곳이며, 그 이후 1년 가까이 수이련지(修以煉之)와 수이탁지(修以度之)를 계속하며 경전을 짓고 동학의 체계를 정립한 곳이기도 하다.[5] 다시 말해서 수운 선생이 오늘의 동학을 일으킨, 동학 제1의 성지이다. 그러므로 동학·천도교단에 있어, '용담'은 동학이 창도되고 또 시작된 그 근원을 의미하며, 수운 선생을 지칭하는 말이 되기도 한다.[6]

또한 '유사'(遺詞)는 '남겨 놓은 노래'라는 뜻으로, 수운 선생이 제자들을 가르치기 위하여 저술하여 남긴 노래라는 의미이다. 따라서 이는 수운 선생 당시에 붙여진 이름이 아니라, 수운 선생 사후에 그의 문도나 후손들에 의하여 붙여진 이름이라고 하겠다.

'용담유사'라는 이름이 처음 보이는 기록은, 동학 2세 교조 해월 선생의 주도 아래, 편찬된 '계미중추판 『용담유사』'이다. 이 판이 출간되기 전인 신사년(1881년)에 충청도 단양(丹陽) 남면(南面) 천동(泉洞, 일명 '샘골')에서 처음 『용담유사』가 발간되었다는 기록은 있지만, 이 판본은 아직 발견되지 않고 있다. 그러므로 현존하는 최고의 기록으로서 '용담유사'라는 이름이 보이는 곳은 계미중추판 『용담유사』의 표제이다. 즉 해월 선생은 스승

수를 타고 도를 받은 시절은 경신년 사월이러라."(率妻子還棲之日 己未之十月 乘其運 道受之節 庚申之四月.)

4　『용담유사』「교훈가」 "구미용담 일정각에 불출산외 하는 뜻은 알다가도 모르리라."

5　『동경대전』「논학문」, "내 또한 거의 한 해를 닦고 헤아려 본즉, 또한 자연한 이치가 없지 아니하므로 한편으로 주문을 짓고 한편으로 강령의 법을 짓고 한편은 잊지 않는 글을 지으니, 절차와 도법이 오직 이십일 자로 될 따름이니라."(吾亦幾至一歲 修而度之則 亦不無自然之理 故 一以作呪文 一以作降靈之法 一以作不忘之詞 次第道法 猶爲 二十一字而已)

6　水雲 先生이 스스로 지은 詩인 "龍潭水流四海源 龜岳春回一世花"가 곧 '龍潭'의 의미를 단적으로 표현하고 있다.

인 수운 선생이 남긴 가사 작품을 정리하여 출간하면서, '용담 선생(=수운 최제우)이 남긴 노래'라는 의미로 이러한 표제를 붙인 것이다.

앞에서 잠시 언급한 바와 같이,『용담유사』는 여덟 편의 가사를 총칭하는 이름이기도 하고,[7] 이들 여덟 편의 가사를 묶은 책의 이름이기도 하다. 또 『동경대전』과 함께 동학의 기본 경전이 된다. 당시 지배 계층의 전용 문자이던 한문으로 집필한『동경대전』이 당시 식자층이 읽고 이해하도록 쓰인 경전이라면, 한글 가사로 되어 있는『용담유사』는 한문을 모르는 상민 또는 아녀자 등 당시 민중 계층의 사람들이 읽고 이해하도록 쓰인 경전이다.

무엇보다 이『용담유사』는 글을 모르는 민중 계층의 사람들도 쉽게 외우고 노래할 수 있도록 '가사체' 즉 4×4조의 음률을 갖춘 형식으로 집필한 동학의 경전이다. 그러므로 글은 몰라도, 가사의 가락에 의하여 곡조를 붙여 읊을 수 있었고, 비교적 쉽게 외우게 되어 있는 것이『용담유사』의 특징이다. 그러므로 이 가사는 폭넓게 민간에 유포될 수 있었고, 새로운 질서의 세상을 이루고자 하는 동학교도를 깨우치고 또 삶의 길을 제시해 주는 중요한 가르침의 원천이 되었다.


## 2. 한글 가사로서의『용담유사』

19세기 중엽 조선조 후기에 들어서서, 수운 선생이 자신의 가르침을『동경대전』이라는 한문본 경전과『용담유사』라는 한글 가사체의 경전으로 나누어 쓴 것은, 시사하는 바가 매우 크다. 당시 조선 사회의 언어 체계는

---

7    이런 의미로 '가사팔편' 또는 '팔편가사'라고 호칭하기도 한다.

이중적으로 되어 있어, 절대다수의 민중 계층들의 생활 세계에서 일상적으로 통용되는 언어, 즉 '우리말'을 쓰는 구어체(口語體)의 언어 세계와, 지식이나 사상을 전달하는 매체로서의 언어, 곧 문자(한문)에 의거한 언어인 문어체(文語體)의 언어 세계가 완연하게 구분되어 있던 때이다. 따라서 이를 향유하는 계층도 서로 달라서, 한문으로 된 문자 문화 체계는 양반들에 의하여 거의 독점되었고, 일반 민중들은 문자(한문) 문화로부터 거의 전적으로 소외되었다. 문자(한문)를 향유하느냐 못하느냐가 곧 반상(班常)의 신분 계급을 구분하는 척도가 되는 조선 사회에서 이 문제는 신분과 권력의 세습과 직결되는 이야기이기도 하다. 다시 말해 지식의 전수나 사상을 연마하는 교육은 양반 계층에게만 허여되는 일이지, 일반 민중은 꿈도 꾸지 못하던 일이었다.

이와 같은 시대에 수운 선생이 한문으로 된 『동경대전』을 저술[8]하는 것은 논리적인 지식의 전달과 사상의 체계화를 위해서는 당연한 일이었다. 당시의 모든 교육은 한문으로 된 텍스트(유교경전)에 의하여 이루어졌었고,[9] 수운 선생 역시 부친 근암공으로부터 어려서부터 한문 교육을 받았다.[10] 그러므로 당시 사회적인 지식의 소통이나 사상의 형성은 '한문'이라

---

8  『동경대전』이라는 책과 이름도 『용담유사』의 경우와 마찬가지로 후대에 해월 선생에 의해 편찬되면서 붙여진 이름이다. 여기서는 『동경대전』과 『용담유사』에 수록된 각 경편을 수운 선생이 저술하였다는 의미로 '『동경대전』을 저술하였다'고 쓴다.

9  당시의 교육은 주로 儒學의 經書인 四書三經이 기본적인 텍스트였다. 또한 이러한 교육체제가 당시에 자리 잡게 된 이유는 사회적 입신양명의 유일한 길인 科擧의 시험문제가 모두 儒學의 經典에서 출제되었기 때문이기도 하다.

10  수운 선생의 아버지인 近菴公은 嶺南 일대에 이름이 알려진 선비이다. 최옥은 경주지역의 유력한 양반 가문 인사이다. 근암공의 문집인 『近菴集』을 보면, 최옥의 아버지(崔宗夏)는 최옥에게 꼭 立身揚名하여 가문을 빛낼 것을 당부하였다. 그러나 최옥은 여러 차례 科擧에 낙방을 하고, 이후 출사를 단념한 채 고향에서 제자들을 키우며 살

는 문자를 도외시하고는 달성할 수 없는 일이 된다. 따라서 수운 선생은 자신의 사상을 체계화하고 또 이를 논리적으로 전개하는 작업을 한문으로 진행하여 오늘의『동경대전』을 이루어 놓은 것이다.

이와 같은 한문본『동경대전』에 비하여,『용담유사』는 한글 가사로 된 경편을 모은 것이다. '한글 가사'라는 것은 앞에서 밝힌 대로 민중들에게 다가가고 가르침을 펴기 위한 선택이었다. 그에 더하여 한글 가사로 된 『용담유사』는 동학 교리의 전개 과정에서 또 다른 중요한 의미가 있다.

'가사'는 곧 율문(律文) 형식의 시가[11]이다. 이러한 시가 형식으로 작품(경전)을 저술함에 있어 가장 중요한 것은 '언어'에 대한 감각이다. 즉 언어의 개념 전달의 기능보다는 언어의 정서적 표현의 기능이 무엇보다 중요한 것이다.

『용담유사』는 바로 이와 같이 언어의 표현적 기능에 치중하는 '시가' 작품이다. 그러므로 중국식의 통사구조(統辭構造)를 지니고 있는 한문으로 된 문장에서 한국인이 느끼지 못하는, 모국어로서의 감각과 정서는 동에서 나서 동에서 받은 무극대도인 동학의 가르침을 펴는 데 무엇보다도 필요하고 또 중요한 것이다. 그러므로 수운 선생은 한문이 아닌, 한글로 표기해야 하는 가사문학의 형식을 택하여『용담유사』를 저술한 것이다.

---

아간다. 그러나 훗날 그의 제자들은 文集을 만들어 남겼고, 또한 晩年에는 嶺南 일대의 선비들이 모여서 만들게 되는 盧溪 朴仁老의 文集인『盧溪集』편찬자로 참가하는 등, 그 文名을 날린 것이다. 수운 선생은 어려서부터 이러한 부친으로부터 學問(유교 경전)을 익혔다.

11  歌辭의 장르에 관하여 많은 연구가 되고 있다. 이 중에서, 가사를 抒情의 양식으로 보고, 서사적 서정, 서정적 서정, 희곡적 서정, 교술적 서정으로 세분화하는 見解가 현재로서는 가장 설득력을 지닌 해석이라고 생각된다. 따라서 가사를 서정의 장르인 詩歌로 보기로 하였다.

수운 선생은 시가라는 양식이 얼마나 민족적인 예술 양식인가 하는 점을 누구보다도 잘 알고 있었던 사람이었다. 당시 민족 생활언어가 아닐뿐더러 민족 구성원 대다수가 외래문자인 한문으로는 올바른 민족적 감정과 정서를 표현할 수 있으리라고 기대하기 어렵다는 점도 잘 알고 있었다. 그러므로 수운 선생은 일반 민중을 포함하여 양반 계층조차도 일상생활에서는 생활어로 쓰고 있던 우리말을 그대로 표현하는 '한글'로 된 가사의 형식으로 여러 편의 경전(經篇)을 저술한 것이다.

이런 이유로 『용담유사』에는 수운 선생의 종교체험 장면이 생생하게 표현되어 있다. 다음은 이러한 부분들이다.

사월이라 초오일에 꿈일런가 잠일런가. 천지가 아득해서 정신 수습 못할러라. 공중에서 외는 소리 천지가 진동할 때···. (「안심가」)

천은이 망극하여 경신사월 초오일에 글로 어찌 기록하며 말로 어찌 성언할까. 만고 없는 무극대도 여몽여각 득도로다. 기상하다 기장하다 이 내 운수 기장하다. (「용담가」)

아마도 이 내 일은 잠자다가 얻었던가 꿈꾸다가 받았던가 측량치 못할러라. (「교훈가」)

만단의아 두지마는 한울님이 정하시니 무가내라 할 길 없네. 사양지심 있지마는 어디 가서 사양하며 문의지심 있지마는 어디 가서 문의하며 편언척자 없는 법을 어디 가서 본을 볼꼬. (「교훈가」)

공중에서 외는 소리 "물구물공 하였어라. 호천금궐 상제님을 네가 어찌 알까 보냐."(「안심가」)

수운 선생이 경신년 4월 5일 이후 결정적인 종교체험을 하는 광경을 『용담유사』에 수록된 「교훈가」, 「안심가」, 「용담가」 등에서 매우 사실적으로 표현하고 있다. 한문으로 된 『동경대전』에서는 같은 체험에 대한 표현이라고 해도 이렇듯 사실적이고 또 실감나게 표현되지 않았다. 『동경대전』 중 수운 선생의 종교체험에 대한 기록은 「포덕문」과 「논학문」에 집중적으로 나오고 있다.

뜻밖에도 사월에 마음이 선뜻해지고 몸이 떨려서 무슨 병인지 그 증상을 알 수도 없고 말로 형상하기도 어려울 즈음에 어떤 신선의 말씀이 있어 문득 귀에 들리므로 놀라 캐어물은 즉 대답하시기를 "두려워하지 말고 두려워하지 말라. 세상 사람들이 나를 상제라 이르거늘 너는 상제를 알지 못하느냐."[12]

「포덕문」에서는 앞에 인용된 바와 같이 경신년 4월 종교체험 중 처음 한울님과 만나는 광경을, "뜻밖에도 사월에 마음이 선뜻해지고 몸이 떨려서 무슨 병인지 그 증상을 알 수도 없고 말로 형상하기도 어려울 즈음에 어떤 신선의 말씀이 있어 문득 귀에 들리므로"라고 표현하고 있다. 바로 이 장면을 『용담유사』 중에서는 "사월이라 초오일에 꿈일런가 잠일런가. 천지

---

12  『동경대전』「포덕문」, "不意四月 心寒身戰 疾不得執症 言不得難狀之際 有何仙語 忽入耳中 驚起探問則 日勿懼勿恐 世人謂我上帝 汝不知上帝耶."

가 아득해서 정신 수습 못할러라. 공중에서 외는 소리 천지가 진동할 때"
라고 실감이 나게 표현하고 있다. "아마도 이 내 일은 잠자다가 얻었던가.
꿈꾸다가 받았던가 측량치 못할러라."라고 하여 수운 선생의 심정을 다각
도로 표현하였다. 또 『동경대전』 중에는 "세상 사람들이 나를 상제라 이르
거늘 너는 상제를 알지 못하느냐'라고 표현한 데 비하여 『용담유사』에서
는 "공중에서 외는 소리 물구물공 하였어라. 호천금궐 상제님을 네가 어찌
알까 보냐."라고 직접적으로 표현하고 있다.

　『동경대전』「논학문」에서는 수운 선생이 결정적인 종교체험을 할 때의
상황을 매우 논리적이고 또 체계적으로 개진하고 있음을 볼 수가 있다.

> 몸이 몹시 떨리면서 밖으로는 접령하는 기운이 있고 안으로는 강화의 가르
> 침이 있으되 보려하는데 보이지 않고, 들으려 해도 들리지 않아 마음이 이
> 상하여 마음을 닦고 기운을 바르게 하여 물어 말하기를 "어찌하여 그렇습
> 니까." 하니 말하기를 "나의 마음이 너의 마음이다. 사람들이 어찌 알겠느
> 냐. 천지는 알면서 귀신을 모르니 귀신이라는 것도 나이니라."[13]

　수운 선생이 자신의 종교체험에 관하여 이렇듯 체계적이고 논리적으로
개진한 것은 객관적으로 이를 설명하기 위한 것이다. 그러나 『용담유사』
에서는 이러한 체계적인 기술보다는 "천은이 망극하여 경신사월 초오일에
글로 어찌 기록하며 말로 어찌 성언할까. 만고 없는 무극대도 여몽여각 득

---

13　『동경대전』「논학문」, "身多戰寒 外有接靈之氣 內有降話之教 視之不見 聽之不聞 心
　　尙怪訝 修心正氣而問曰 何爲若然也 曰吾心卽汝心也 人何知之 知天地而無知鬼神 鬼
　　神者吾也."

도로다. 기상하다 기장하다 이내 운수 기장하다." 또는 "사양지심 있지마는 어디 가서 사양하며, 문의지심 있지마는 어디 가서 문의하며, 편언척자 없는 법을 어디 가서 본을 볼꼬."라고 솔직하고 또 직접적으로 표현함으로써 읽는 사람들의 감정에 더 절실히 호소하고 있다.

또한 수운 선생이 한울님과 대화를 하는 장면(天師問答) 역시 『동경대전』 중에서는 "내(한울님-필자 주)가 공이 없어 너를 세상에 내놓았다."고 하거나 "내(=한울님-필자 주)가 너(=수운 선생)에게 주는 도는 서학이 아니다."라고 건조하게 표현되어 있다. 그런가 하면 영부(靈符)를 수운 선생에게 주며 '영부의 형상은 태극이고, 또 다른 형상은 궁궁이다.'라고 객관적으로 말하고. 이 '영부를 받아 세상 사람들을 질병에서부터 구하라.'고 계시하고 있다.[14] 『동경대전』 중의 이러한 내용을 『용담유사』에서는 다음과 같이 표현하고 있다.

　　한울님 하신 말씀 개벽 후 오만 년에 네가 또한 첨이로다. 나도 또한 개벽
　　이후 노이무공 하다가서 너를 만나 성공하니 나도 성공 너도 득의 너희 집
　　안 운수로다. (「용담가」)

『동경대전』 중 "나 역시 공이 없어 너를 세상에 내보냈다."(論學文, 余亦無

---

14　『동경대전』「포덕문」, "그 까닭을 물으니 대답하시기를 「내 또한 공이 없으므로 너를 세상에 내어 사람에게 이 법을 가르치게 하니 의심하지 말고 의심하지 말라.」 묻기를 「그러면 서도로써 사람을 가르치리이까.」 대답하시기를 「그렇지 아니하다. 나에게 영부 있으니 그 이름은 선약이요 그 형상은 태극이요 또 형상은 궁궁이니, 나의 영부를 받아 사람을 질병에서 건지고…"(問其所然 曰余亦無功 故生汝世間 敎人此法 勿疑勿疑 曰然則 西道以敎人乎 曰不然 吾有靈符 其名仙藥 其形太極 又形弓弓 受我此符 濟人疾病.)

功 故生汝世間)라고 (한울님이) 말하는 같은 장면인데도, 『용담유사』에서는 한글의 묘미를 잘 살려 생생하게 표현하고 있다. 그런가 하면, 한울님으로부터 영부를 받는 장면도 매우 구체적이고 사실적으로 묘사되어 있다.

> 그럭저럭 창황실색 정신수습 되었더라. 그럭저럭 장등달야 백지 펴라 분부하네. 청황실색 할 길 없어 백지 펴고 붓을 드니 생전 못 본 물형부가 종이 위에 완연터라. (「안심가」)

> 한울님 하신 말씀 "지각없는 인생들아. 삼신산 불사약을 사람마다 볼까 보냐. 미련한 이 인생아 네가 다시 그려내서 그릇 안에 살라두고 냉수 일 배 떠다가서 일장탄복 하였어라." 이 말씀 들은 후에 바삐 한 장 그려내어 물에 따서 먹어 보니 무성무취 다시없고 무자미지 특심이라. (「안심가」)

『동경대전』에서는 영부의 형상을 설명하고 영부로 세상 사람들을 구하라는 천명을 언급하는 데 그치고 있지만, 『용담유사』 중에서는 '한울님이 백지를 펴라고 분부했다'거나, '백지를 펴니 생전 못 본 물형부가 종이 위에 완연하게 나타났다'거나 하며 당시 정황을 구체적으로 묘사하고 있다. 또한 백지에 그려진 영부를 불에 살라(태워) 물에 타서 먹는 장면도 『동경대전』에서는 "글로 써서 먹었다."[15]라고 매우 간략하게 기술되었다. 이에 비하여 『용담유사』에서는 "'그릇 안에 살라두고 냉수 일 배 떠다가서 일장탄복 하였어라.' 이 말씀 들은 후에 바삐 한 장 그려내어 물에 따서 먹어 보니 무성무취 다시 없고 무자미지 특심이라."라고 하여, '냉수를 한 그릇 떠다

---

15 『동경대전』「포덕문」, "書以呑服."

가 영부를 태워 물에 타서 먹는다'거나, 그 '영부가 아무러한 맛이 없다'거나 하며 구체적으로 묘사하고 있다.

특히 『동경대전』에는 거의 생략되어 있는바, 『용담유사』에는 수운 선생의 종교체험 당시, 처음 접하는 광경을 보고 걱정하고 낙담하는 부인이나 자식들의 심정이 생생하게 묘사되고 있다.

> 노처의 거동 보소 묻는 말은 대답찮고, 무릎 안고 입 다시며 세상소리 서너마디 근근히 끌어내어 천장만 살피면서 "꿈일런가 잠일런가 허허 세상 허허 세상 다 같이 세상사람 우리 복이 이러할까…." (「교훈가」)

> 내 역시 정신없어 처자 불러 묻는 말이 "이 웬 일고 이 웬 일고 저런 부 더러 본가?" 자식의 하는 말이 "아버님 이 웬 일고 정신 수습 하옵소서. 백지 펴고 붓을 드니 물형부 있단 말씀 그도 또한 혼미로다. 애고애고 어머님아 우리 신명 이 웬 일고. 아버님 거동보소 저런 말씀 어디 있노?" 모자가 마주 앉아 수파통고 한창 할 때…. (「안심가」)

> 집안사람 거동 보소 경황실색 하는 말이 "애고애고 내 팔자야 무삼 일로 이러한고. 애고애고 사람들아 약도사 못해볼까 침침칠야 저문 밤에 눌로 대해 이 말 할꼬." 경황실색 우는 자식 구석마다 끼어 있고, 댁의 거동 불작시면 자방머리 행주치마 엎어지고 자빠지며 종종걸음 한창 할 때…. (「안심가」)

수운 선생이 종교체험을 통해 옆 사람에게는 들리지 않는 한울님의 말씀을 들으며 문답을 나누고, 또, 다른 사람들에게는 보이지도 않는 영부가 백지에 나타났다고 하는 말이나 행동을 보고 부인이나 아들이 놀라고 걱정하며 낙담하는 모습이 사실적으로 묘사되어 있다. 아버지가 이제는 약으로도 고칠 수 없을 만큼 실성했다고, 모자가 손을 맞잡고는 대성통곡을 한다거나, 어린 아들들은 놀라고 무서워서 방구석에 숨어 있고, 당황한 수운 선생의 부인(댁)은 자방머리 행주치마 차림으로 엎어지고 자빠지며 종종 걸음을 하는 모습들이 눈에 보이듯이 묘사되어 있다. 『용담유사』가 바로 우리말 그대로를 표현하는 한글로 쓰인 가사 작품이기 때문이다.

수운 선생의 영부가 효험이 있다는 소문이 나돌자, 사람들이 이를 받아서 복용을 한다. 이때 어떤 사람은 효과가 있었고 어떤 사람은 효과가 없었다. 『동경대전』에서는 이러한 차이가 복용하는 사람이 도와 덕을 따르는지 여부에 따라 생긴다[16]고 냉철하게 논리적으로 기술하고 있다. 그러나 『용담유사』에서는 화자(수운 선생)의 감정이 그대로 드러나고, 매우 직설적으로 기술하고 있다. 다음의 부분에서 이러함을 확인할 수가 있다.

> 그 모르는 세상사람 한 장 다고 두 장 다고 비틀비틀 하는 말이 "저리되면 신선인가?" 칙칙한 세상사람 승기자(勝己者) 싫어할 줄 어찌 그리 알았던고. 답답해도 할 길 없다. 나도 또한 한울님께 분부 받아 그린 부를 금수 같은 너희 몸에 불사약(不死藥)이 미칠소냐. (「안심가」)

도와 덕을 따르고자 정성을 다하지 않는 사람들을 『용담유사』에서는 '금

---

16  『동경대전』「포덕문」, "이것을 병에 써봄에 이르른 즉 혹 낫기도 하고 낫지 않기도 하므로 그 까닭을 알 수 없어 그러한 이유를 살펴본 즉 정성드리고 또 정성을 드리어 지극히 한울님을 위하는 사람은 매번 들어맞고 도덕을 순종치 않는 사람은 하나도 효험이 없었으니 이것은 받는 사람의 정성과 공경이 아니겠는가."(到此用病則 或有差不差 故 莫知其端 察其所然則 誠之又誠 至爲天主者 每每有中 不順道德者 一一無驗 此非受人之誠敬耶.)

수(禽獸) 같은' 사람이라고 표현하고, '그런 사람들(너희) 몸'에는 영부의 효험이 나타나지 않게 된다고 단언한다.

　이렇듯『용담유사』는 서정적이고 솔직하며 또 사실적인 표현과 묘사를 통해 직접적으로 민중들에게 다가갈 수 있었다.『동경대전』이 한문으로 교의와 사상을 논리적으로 기술하여 지식인들에게 다가갔다면,『용담유사』는 민중들의 정서에 호소하는 방식으로 그들에게 다가갔던 것이다. 이와 같은 면에서『용담유사』는 당시 주류 문자인 한문으로부터 소외된 민중들의 경전이 될 수 있었던 것이다.


## 3. 민중의 꿈과 희망이 담긴 경전,『용담유사』

　모든 민족의 언어 속에는 하나의 세계관이 갈무리되어 있다. 우리는 이를 언어공동체의 운명, 지리적·역사적 형세, 정신적 조건과 외적 조건 속에서 형성된 그 민족의 세계관이라고 말한다.[17] 당연히 우리 민족의 언어인 우리 말에도 우리의 세계관이 깃들어 있다. 즉 수운 선생은 우리의 언어 속에 담긴 우리 민족 고유의 세계관을『용담유사』에 표현하고자 했던 것이다.

　'한문'은 우리의 문자는 아니다. 즉 중국으로부터 빌려온 문자일 뿐이다. 오랜 동안 우리의 삶 속에서 사용되어 왔기 때문에 거의 우리 언어처럼 인식되는 측면도 있지만, 한문 문장은 통사적(統辭的)으로 볼 때에나, 그 어휘의 어감(語感), 면에서 결코 우리 말과 같다고는 할 수 없다. 그러므로 '한

---

17　이기상,『이 땅에서 우리말로 철학하기』, 살림, 2003.

문'은 우리 민족의 세계관이 깃들어 있는 것이 아니라, 중국의 세계관을 반영하고 있을 뿐이다. 다만, 넓게 보아 한자는 중국만의 것이라기보다는 동아시아 전체의 공통 언어(문자)로서, 우리나라를 포함한 동아시아적 세계관이 녹아 있으므로, 우리에게 이질적인 것만은 아니다. 또한 한자의 전래 이래로 우리 언어의 많은 명사들이 한자어로 대치되거나, 중국으로부터의 문물 유입과 더불어 우리나라에 들어와 정착한 것은 한자가 우리말의 특장을 공유하고 있다고 볼 여지는 있다.

이러한 점을 고려하고 또한 당시 우리나라에서 쓰이고 있던 '한문 문장'이 중국의 그것과는 다르다는 점을 감안하여도, 주로 조선 사회의 지배층인 양반들의 세계관이 담겨 있는 것이지, 일반 민중의 인식과 세계관까지 충분히 담아내는 언어 양식은 아니라는 점은 분명한 사실이다. 조선 사회는 분명히 봉건적인 신분 질서와 함께, 최소한 언어에 있어서는 두 개의 다른 세계관이 병존(並存)한 사회였다고 할 수 있다. 즉 양반들과 일반 민중이 주로 쓰는 문자가 같지 않았고, 그러므로 사유의 방식이 달랐으며, 나아가 주된 언어에 의존하는 세계관 역시 같지 않았을 것이 분명하다.

이와 같은 면을 깊이 인식하고 고려한 수운 선생은 당시의 우리나라 사람들이 공통적으로 사용하는 우리말의 표기 언어인 '한글'을 『용담유사』의 주 언어로 선택하였고, 교의와 사상의 논리적인 전달이나 체계화를 위해서는 당시 지식인 계층에서 통용되는 '한문'을 주 언어로 하는 『동경대전』을 저술하였던 것이다.

수운 선생이 동학을 창도한 19세기 중엽의 동아시아는 중국 중심의 세계관이 우리나라를 비롯한 동아시아 전체를 압도하던 시기였다. 당시 조선 사회의 지배 세력은 양반 지식인 계층이었고, 이들은 한문을 아무런 불편 없이 활용하였다. 거기에 한자의 특성이 더해져 그들의 사상이나 철학을 정리하고 소통하는 데에 한문이 유용한 도구가 되었음은 주지의 사실이다. 그러므로 이들에 의하여 주도되고 또 형성된 당시의 양반 계층의 세계관 역시 한자 문화권에서 크게 벗어나지 못하는 것이라고 하겠다. 즉 당시 조선 왕조의 지배 계층이 형성한 주류 사회는 중국 중심의 문화 제국주의로서의 사대주의에 잘 길들여져 있던 사회라고 하겠다. 언어는 다름 아닌 그 문화의 토대이며 그 문화 그 자체라고 말할 수 있기 때문이다.

『동경대전』과 『용담유사』는 모두 동학의 교의와 사상을 담고 있는 중요한 경전임에도 그 서술 언어가 다른 것은 그 각각이 잘 표현할 수 있는 세계관이 다르기 때문이 아닌가 생각된다. 다시 말해서 『동경대전』은 당시를 지배하던 유교적인 인식과 방법으로 추상적인 철학 담론을 표현하는 데 주력하였고, 『용담유사』에서는 당시 우리 사회의 기층을 이루고 있는 민간 사상들, 곧 풍수지리(風水地理)나 도참설(圖讖說), 또는 역사상(易思想) 등이 많이 원용되고 있음을 볼 수 있다. 즉 수운 선생은 『용담유사』를 통하여 민중의 꿈과 이상을 그 안에 담고, 이러한 민간 전래의 사상들을 원용하여 이들에게 자신의 사상을 정서적으로 고취시키려고 하였던 것이다. 다시 말해서 수운 선생은 당시 민중의 꿈에 부합되는 이상을 주로 『용담유사』를 통해서 펼쳐 나갔던 것이다.

국호는 조선이요 읍호는 경주로다. 성호(城號)는 월성(月城)이오 수명(水名)은 문수(汶水)로다. 기자 때 왕도로서 일천년 아닐런가. 동도는 고국이요 한양은 신부로다. 아동방 생긴 후에 이런 왕도 또 있는가. 수세(水勢)도 좋거니와 산기(山氣)도 좋을시고…. (「용담가」)

인걸(人傑)은 지령(地靈)이라 승지(勝地)에 살아보세. 명기(明氣)는 필유명산

하(必有名山下)라 팔도강산 다 던지고 금강산 찾아들어 용세좌향(龍勢左向)

가려내어 수간초옥(數間草屋) 일협곡(一峽谷)에 구목위소(構木爲巢) 아닐런

가. (「몽중노소문답가」)


풍수지리라고 하면, 땅의 기운을 잘 살피고 좋은 기운에 의지하여 삶의

행복을 누리고자 하는 마음에서 형성된 방술[18]로서 음양오행(陰陽五行) 사

상을 바탕으로 좋은 기운이 있다고 생각되는 지세(地勢)를 찾아서 살아 있

는 사람들의 생활에 활용하고자 한 민간 사상[19]이다. 이와 같이 풍수지리

사상을 수운 선생은 『용담유사』에 원용하고 있다. 자신이 태어났고, 또 자

신이 도를 받고, 도를 펼치는 중심 지역인 경주의 지세(地勢), 또는 구미산

(龜尾山)이나 금강산(金剛山)의 산세(山勢), 또 문수(汶水)의 수세(水勢) 등을

전통적인 풍수지리설의 상용어나 관념어를 들어 기술하고 있다. 이와 같

은 풍수지리의 원용은 궁극적으로 자신의 출자(出自)가 어지러운 세상을

제도하기 위해서는 필연적이라는 사실을, 그런 점에서 성공할 것이라는

희망적인 전망을 당시 민중들에게 암시하기 위함이라고 하겠다.

또 '도참'이나 '역(易) 사상' 등도 『용담유사』에 원용되고 있다.


가련한 세상사람 이재궁궁(利在弓弓) 찾는 말을 웃을 것이 무엇이며 불우시

지(不遇時之) 한탄 말고 세상 구경하였어라. 송송가가(松松家家) 알았으되 이

재궁궁(利在弓弓) 어찌 알꼬 천운(天運)이 둘렸으니 근심 말고 돌아가서 윤회

시운(輪回時運) 구경하소. (「몽중노소문답가」)

---

18  朴洸植, 「湖南秘訣考究」, 『원광대논문집』 제11집, 1977, 129쪽 참조.
19  崔昌祚, 『韓國의 風水思想』, 民音社, 1984, 21-24쪽 참조.

시운(時運)을 의논해도 일성일쇠(一盛一衰) 아닐런가. 쇠운(衰運)이 지극하면 성운(盛運)이 오지마는 현숙한 모든 군자(君子) 동귀일체(同歸一體) 하였던가. (「권학가」)

하원갑(下元甲) 지내거든 상원갑(上元甲) 호시절(好時節)에 만고(萬古) 없는 무극대도(無極大道) 이 세상에 날 것이니 너는 또한 연천(年淺)해서 억조창생(億兆蒼生) 많은 백성 태평곡(太平曲) 격양가(擊壤歌)를 불구(不久)에 볼 것이니 이 세상 무극대도(無極大道) 전지무궁(傳之無窮) 아닐런가. (「몽중노소문답가」)

일반적으로 도참사상은 풍수지리설과 결합되어 널리 유포된 민간신앙의 하나이다. 그러나 풍수지리와는 다르게 예언적인 성격을 주로 삼는 것이며, 동시에 인간사회의 길흉화복(吉凶禍福), 성쇠득실(盛衰得失)의 징조[20]를 암시하거나 말해준다는 기대로 말미암아 세상이 어지러울수록 더욱 강하게 성행하는 특성이 있다.[21]

우리나라의 대표적인 도참서인 『정감록(鄭鑑錄)』에는 은유적인 방법과 난해한 어휘, 파자(破字)로 된 표현 방법 등을 통해 민중들의 소망과 믿음, 또는 그들의 인생관·우주관·역사관·풍토관 등을 담고 있다. 아울러 현실세계의 고난을 면하기를 고대한 민중들에게 친화적인 미래의 도래를 예견하는 예언서이며, 그러므로 민간신앙 대상의 반열에까지 오르고, 부패한 현실을 부정하는 말세기(末世紀) 감정의 정신적인 기반의 하나로[22] 민간에

---

20  최창조, 「정감록의 힘과 꿈, 그 과학적 해부」, 『마당』, 1983.1, 65쪽 참조.
21  申一澈, 「鄭鑑錄 해제」, 『韓國의 民俗·宗敎思想』, 삼성출판사, 1985.
22  申禎菴, 「鄭鑑錄의 思想的 影響」, 『韓國思想叢書』 III, 1974, 태광문화사, 422쪽 참조.

전승되어 왔다.

이와 같은 도참이나 역(易)사상 등이 『용담유사』에는 빈번하게 원용되고 있다. '가련한 아국운수'(我國運數)라든가, '쇠운(衰運)이 지극한 세상', '하원갑(下元甲)의 세상' 등의 표현이 그것이다. 또한 이와 같은 운수 교체의 징후가 곧 '십이제국(十二諸國) 괴질운수'(怪疾運數)가 '다시개벽' 되는 계기가 되며, 또는 '빈(貧)하고 천(賤)한 사람'이 새로이 도래하는 세상에서는 '부(富)하고 귀(貴)한 사람'이 된다거나, '지극한 쇠운(衰運)'은 이내 곧 '성운'(盛運)이 될 조짐이라든가, '하원갑이 지나면' 이내 '상원갑 호시절이 온다'는 등 역의 논리나 도참의 논리를 원용하여 민중들에게 내일에의 희망을 심어주고 있다.

이와 같이 『용담유사』 중에는 풍수지리, 또는 도참이나 역 사상 등 민간신앙을 바탕으로 한 표현들이 많이 보인다. 이러한 표현으로 수운 선생은 민간신앙이나 사상에 익숙한 민중에게 동학적인 교의나 가르침을 친숙하고 원활하게 전달할 수가 있었다. 수운 선생은 역사의 관습적인 속성에 의거해서 오랫동안 민중의 의식 속에 내재한, 다시 말해서 이들의 집단무의식을 이루고 있는 민간신앙[23]을 『용담유사』에 원용함으로, 민중의 의식 속에 잠재하고 있는 희망과 믿음을 불러일으키고 그들의 커다란 호응을 얻어낼 수 있었던 것이다.

---

23  李符永,「民間信仰과 集團的 無意識」,『韓國人의 生活意識과 民衆藝術』, 成大 大東文化研究所, 1982. 12, 98쪽 참조.

## 4. 나가는 말

『용담유사』는 동학 교조 수운 최제우 선생이 1860년에서 1863년까지 4년여에 걸쳐 저술한 한글 경편(經篇)을 모은 경전이다. 이는 한글 가사로되어 있는 동학의 중요 경전으로, 우리말 가사문학을 한글이라는 우리 문자로 저술(창작)함으로써, 그 언어가 담지하고 있는 민중적인 의지와 이들의 세계관이 잘 표현될 수 있었다. 또한 『용담유사』는 논리적인 사고를 한자로 표기한 『동경대전』과는 다르게 일반 민중의 정서와 생활이 직접적이고 사실적으로 호소하듯이 표현된 민중의 경전이었다. 그러므로 수운 선생의 종교체험 과정을 묘사한 부분이나, 영부를 받는 장면 등이 한문으로된 『동경대전』과는 다르게 직설적이고 또 구체적으로, 그러므로 민중에게쉽고 친근하게 다가갈 수 있도록 표현되어 있다.

또한 『용담유사』의 글들은 오랫동안 전해오는 민간신앙인 풍수지리, 도참, 역(易) 사상 등을 문학적으로 원용하여, 민중의 이해와 공감대를 넓혀나갔다. 또 가사라는 율문 형식의 친근함과 문학적인 감화력도 전달력과공감대를 높이는 데 이바지하였다.

이와 같은 면에서 『용담유사』는 종교적 교의를 전달하는 '종교가사'이며, 동시에 민중을 향한 '경전'이다. 즉 『동경대전』이 한문 문장을 통하여,교의와 사상을 논리적이고 또 체계적으로 전달하고자 하는, 즉 의미를 전달하고자 하는 경전이라면, 『용담유사』는 무시로 외우며 노래함으로써 민중을 감화시키고 또 한울님을 깨닫게 하는 경전이 된다. 즉 『동경대전』이이성적 의미 전달을 주 목적으로 한다면, 『용담유사』는 실존적 존재 인식을 주 목적으로 하는 경전이라고 할 수 있다.

수운 선생은 이들 『용담유사』의 경편들을, 지으면 이내 제자들에게 보냈고, 또 이를 읽고 꼭 외우도록 당부하였다.[24] 그런가 하면, 가사에 대하여 면강(面講)을 시키기도 하였고, 중요한 구절에 대하여 그 의미를 찾도록 질의와 응답도 하였다.[25] 또한 가사의 종장(終章)에는, 늘 이 가사를 귀귀자자(句句字字) 살펴내고 외워야 하며, 정심수도(正心修道)하여 이내 곧 좋은 세상을 맞이해야 한다[26] 당부하였다.

이와 같이 『용담유사』는 동학의 중요한 경전이며, 또한 가사 작품으로 직접적이고 사실적인 친근한 표현과 묘사로 되어 있으며, 민중들의 꿈과 소망이 담긴 민중들의 소중한 경전이며 노래라고 하겠다.

---

24  윤석산 주해, 『도원기서』, 모시는사람들, 2020(3쇄), 32쪽 (원문 177-178쪽) "(남원 은적암에서) 도수사를 짓고 또 동학론, 권학가를 지었다. 임술년 봄 3월에 현의 서쪽에 있는 백사길의 집으로 돌아와 최중희를 시켜 집에 편지를 보냈다. 또 학(學)과 사(詞) 두 건도 동봉해 보냈다." 强作道修詞 又作東學論 勸學歌 今年 壬戌春 三月 還來於縣西 白士吉家 使崔仲羲 修送家書 又封送 學與詞二件."

25  앞의 『도원기서』, "선생이 말하기를 '흥비가는 전에 반포한 바가 있다. 누가 그것을 외울 수 있는가?' 하고 각기 면강하게 하여 차례로 읽게 하였다. 강수 홀로 좌중에 나와 선생을 면대하여 읽고…(중략)… 강수가 또한 문장군의 뜻을 물어보니, 선생이 말하기를 '그대가 마음이 통하게 되면 알게 될 것이다.'" (원문 184쪽) (先生曰 興比歌 前有頒布矣 或爲熟誦之耶 各爲面講也 第次講之後 姜洙獨出座中 對先生而面講 …(중략)… 洙亦問蚊將軍之意 先生曰 君爲心通 可知矣."

26  이와 같은 구절은 『용담유사』 중, 「도수사」, 「권학가」, 「안심가」, 「몽중노소문답가」, 「도덕가」 등 여덟 편 모두에 나오고 있다.

# 제10장 해월 법설의 초기 자료 연구

## 1. 들어가는 말

잘 알려진 바와 같이 해월 최시형은 동학의 2세 교주이다. 스승인 수운 선생이 갑자년(1864) 3월 대구 관덕당(觀德堂)에서 참형을 당한 이후, 35년 간 태백산맥과 소백산맥이 이어지는 강원도, 충청도, 경상도의 깊고 깊은 산간에 숨어 지내면서, 괴멸의 위기에 놓여 있던 당시 동학교단을 다시 일 으키는 데에 결정적인 기여를 하였다. 그뿐만 아니라 동학교도를 지도하 여 교조신원운동, 동학혁명 등을 주도하여 우리 근대사에 중요한 족적을 남긴 인물이기도 하다.

이와 같은 해월 선생에 관하여 동학교단의 기록을 비롯하여 대부분은 '문식(文識)이 없다'라고 하였다. 즉 당시 사회 체제로 보아 그 신분도 낮고 또 배우지 못해서 문자를 모르는 무식한 사람이라는 것이 해월 선생에 대 한 일반적인 평가이다. 그런가 하면 해월 선생이 문식이 없으므로 '이 사람 의 말에도 좋다' 하고 '저 사람의 말에도 좋다' 하는 식의 태도를 보였다고 기록한 부분도 있다.[1] 특히 해월 선생의 이러한 면이 동학교단 내에서 강

---

\* 이 글은 『동학학보』 vol.4, 2002, 157-188쪽에 발표되었던 것을 수정하여 『주해 동경대 전』(2021, 모시는사람들)에 재수록한 원고를 일부 추가 수정한 것임을 밝혀둔다.

조되어, 스승인 수운 선생의 저술인『동경대전』등을 발간할 때에 '글을 터득하지 못해서 영(靈)으로서 구송(口誦)하고 제자로 하여금 받아 적게 했다'는 '구송설'(口誦說)을 낳는 배경이 되기도 하였다.[2]

그러나 해월 선생에 관한 다른 기록이나 증언들을 종합해 보면, 해월 선생은 아버지가 별세하기 전인 15세까지는, 비록 계모 슬하이기는 하지만, 정상적인 가정에서 자랐으며 서당 공부도 했다. 해월 선생은 비록 어머니를 일찍 여의었으나, 10세가 되던 해에 경주 서쪽 선도산(仙桃山) 밑에 있는 서악서원(西岳書院)에서 공부했다. 이때 해월 선생은 한국의 천재로 일컫는 김정설(金鼎卨, 그 호인 凡夫로 알려진 인물)의 스승인 김계사(金桂史)와 동문수학했다.[3] 즉 해월 선생이 당시 유생들이나 여타 선비들같이 높은 학문이 없을 뿐이지, 결코 글을 아예 모르는 사람은 아니라고 판단된다. 더욱이 해월 선생이 30여 년간 끊임없이, 괴멸의 위기에 놓여 있는 교단을 다시 일으키고, 이에 따르는 중요한 일들을 적극적으로 주관했던 역사적 사실들로 보아 식견이 부족했던 사람이기는커녕 오히려 그 누구보다도 뛰어난 판단력과 지도력을 지닌 인물이었음을 알 수 있다.

특히 해월 선생은 흩어진 교도들을 모으고 다시 교단을 일으키는 과정에서, 당시의 다른 민중 지도자들과는 다르게, 스승인 수운 선생으로부터 받은 종교적인 수행법이나 종교적인 가르침을 가장 중시했던 것이다.[4] 그

---

1    吳知泳이 저술한『東學史』에는 마치 해월 선생이 文識이 없어 판단력마저 뒤떨어지는 듯이 기록한 부분도 있다.
2    李敦化,『천도교창건사』「제2편」제5장, 開接과 遺蹟刊行.
3    소춘,「대신사 생각」,『천도교회월보』163호, 1924년 3월호.
4    海月 선생은 1871년 寧海 李弼濟의 義擧에 연루되어 더욱 깊은 산간으로 숨어 든 이후에도, 동학교단을 위하여 太白山 寂照庵에서 동학의 지도자들과 함께 49일 기도 수련을 하는 등, 여덟 차례에 걸쳐 종교적 수행을 실행한다. 그런가 하면, 동학교단의 초기

러므로 교도들은 이러한 해월 선생의 가르침에 따라 일사불란하게 움직이는, 매우 조직적인 체계를 갖춰 나갔다. 이렇듯 해월 선생이 정선, 영월, 단양, 영양 등 강원도와 충청도, 경상도 산간을 다니며 펼친 가르침, 또는 이를 바탕으로 정리한 기록들이 바로 오늘 우리가 알고 있는 해월 선생의 법설이 된다. 즉 해월 선생은 30여 년간 동학교단을 이끌면서 수많은 가르침의 말과 글을 통해 교도들을 교화했고, 이러한 가르침은 스승인 수운 선생을 이어 동학교단을 발전시키는 사상적 근간이 되었다. 특히 해월 선생의 법설은 동학의 사상이 오늘날의 시대적 위기를 극복할 수 있는 새로운 대안으로까지 논의되는 중요한 바탕이 된다.

그러나 해월 선생 당시의 기록이 많이 인멸되어, 해월 법설의 원본이라고 할 수 있는 것이 거의 남아 있지 않다. 이러한 상황에서 천도교단은 1961년, 일명 삼부경전(三部經典)인 『천도교경전(天道敎經典)』을 발간하며, 해월 선생의 법설을 수집 정리하여 수록하였다. 따라서 이 1961년도 판 『천도교경전』은 해월 법설을 체계적으로 정리한 최초의 판본이 된다. 이 1961년도 판 『천도교경전』은 이후 그 내용이나 제목 또는 체제를 일부 수정하면서 여러 차례 발간하였다.

이보다 앞선 1900년대 전후한 시기의 동학교단 측 기록과 1910년대 전후한 시기의 동학교단 측의 기록을 살펴보면, 부분적으로 해월 선생의 가르침이 포함되어 있다. 또 1920년대 이후 동학교단에서는 본격적으로 동학의 역사를 정리하여 출간을 하는데, 이들 역사서에는 좀 더 풍부하게 해

_____

기록인 『本敎歷史』, 『天道敎書』, 『天道敎會史』, 『天道敎創建史』, 『侍天敎歷史』에 의하면 해월 선생은 중요한 시기마다 敎徒들을 모아 놓고 가르침을 편 것으로 나타나고 있다.

월 법설이 소개되고 있다.

이 글은 이러한 제반 기록과 자료들을 통하여 해월 선생 법설의 원형을 찾아보는 데 목적이 있다. 먼저 1961년도 판 『천도교경전』에 해월 법설 이 수록된 배경을 살피고, 이 1961년도 판 해월 법설의 저본이 되었을, 동학교 단의 초기 기록인, '관몰문서'(官沒文書)라고 불리는 『동학서(東學書)』, 그리 고 『천약종정(天約宗正)』과 『천경정의(天經正義)』, 또 1920년대의 기록인 『천 도교서(天道敎書)』 등에 나타나는 해월 선생의 법설을 찾아보고자 한다.

이어서, 1961년 이후 판을 거듭하면서 발간된 해월 법설이 그 목차에 어 떠한 변화가 있었는지도 살펴보고자 한다. 법설 내용에 대한 주해는 후고 로 미루고, 본 연구에서는 법설의 목차가 판에 따라서 어떻게 바뀌고 있는 지만 검토한다. 본 연구는 이러한 기초적인 문헌 검토를 통하여 앞으로의 해월 법설 연구가 본격화되는 토대를 마련하고자 한다.


## 2. 해월 법설의 간행 경로

동학 경전이 일책(一冊)으로 완성된 것은, 해월 선생이 주관해서 1880년 강원도 인제(麟蹄) 갑둔리(甲遁里)에서 간행한 『동경대전』과, 다음 해에 충 청도 단양 샘골에서 간행한 『용담유사』가 그 처음이다.[5] 이후 목천(木川), 경주(慶州) 등지에서 목판으로 간행이 되었다.[6]

5   『천도교회사』「천통」.
6   木川에서 동학의 경전이 발간된 사실은 동학의 제반 기록에 나타나고 있지만, 慶州에 서 간행된 癸未仲夏板(1883년)에 관해서는 어느 기록에도 나오지 않는다. 그러나 1978 년 충남 아산군 염기면 송곡리에 거주하던 朴明淳 씨가 공개하여 알려지게 되었고, 이

천도교의 3세 교주 의암 손병희가 1905년 동학을 천도교로 대고천하(大告天下)한 이후, 초기 천도교에서는 『동경대전』과 『용담유사』를 한 권의 책으로 묶어서 인쇄본 경전을 발간하였다.[7] 그 후 8·15 광복 이후에 천도교단에서는 1947년과 1956년 등 두 번에 걸쳐 경전을 발간하는데, 이때 역시 『동경대전』과 『용담유사』만을 그 대상으로 삼았다.

해월 선생의 법설과 의암 선생의 법설이 『천도교경전』으로 편입된 것은 1961년 4월 5일 자로 발간된 일명 삼부경전(三部經典), 곧 『천도교경전』이 최초이다. 이때 처음으로 『동경대전』과 『용담유사』, 그리고 '해월 선생 법설', '의암 선생 법설' 모두는 '천도교경전'이라는 이름 아래 함께 편성, 발간이 되었다. 그때 목차는 『동경대전』과 『용담유사』를 '천종법경'(天宗法經), 해월 선생 법설을 '도종법경'(道宗法經), 의암 선생 법설을 '교종법경'(教宗法經)이라고 표기하였다. 즉 1961년에 처음 삼부경전이 편찬되고 간행될 때는 수운, 해월, 의암 등 교주들의 가르침을 오늘과 같이 '경전과 법설'로 나누지 않고, 모두 '법경'(法經)이라는 이름으로 표기하였다. 이렇듯 세 분 교주의 가르침을 '법설과 경전'의 합성어인, '법경'이라는 이름으로 부른 것은 수운 선생과 해월 선생, 의암 선생 세 분 교주에 대하여 차등을 두지 않고 모두 대등한 관계로 인지한다는 의미가 담겨 있다.

1961년도 판 『천도교경전』 간행을 주관했던 박응삼(朴應三)의 후기를 보기로 하자.

이 책은 그 내용을 「천종법경」(최수운대신사 편) 「도종법경」(해월신사 편) 「교

---

는 오늘 전하는 가장 오래된 판본이다. 신인간편집실, 『신인간』 제55호, 1978. 3.

7   『東經大全』 附 『龍潭遺詞』(發行人 朴寅浩, 昭和十一年 八月二十七日 發行).

종법경」(손의암성사 편) 등 3편으로 가려서 엮었다.

천종, 도종, 교종이란 것은 의암성사 시대부터 일컬어온 바요, 특히 우리는 삼세교조를 후천(後天)의 천황, 지황, 인황(天皇, 地皇, 人皇)으로 모시는 것이며 더욱이 이것은 우리들 제자의 생각이라기보다 직접 세 분 스승님께서 법설로 하신 것임을 교사의 기록에서 고증할 수 있는 것이다.[8]

위의 박응삼 후기에서 보는 바와 같이 1961년도 판 경전의 의미는 세 사람의 교주를 동등한 관계로 보고 있다. 특히 '천종', '도종', '교종' 등 이들 세교주들의 '천'(天)과 '도'(道)와 '교'(敎)라는 가르침에 의하여 '천도교'(天道敎)가 성립되었다는 의미를 강조한 것으로 생각된다. 따라서 그 경전의 명칭도 '삼부경전'(三部經典), 즉 '일부(一部), 이부(二部), 삼부'(三部)라는, 서로 대등한 요소의 종합을 의미하는 명칭으로 부르게 된 것이 아닌가 추측할 수 있다.

이렇듯 1961년도 판 삼부경전『천도교경전』의 의미는 지금까지『동경대전』과『용담유사』만을 '천도교경전'으로 삼았던 데서, 그 범위를 확대하여 해월 선생과 의암 선생의 가르침까지 경전으로 삼음으로써, 역대 천도교의 스승들의 위상을 승격시킨 점이다.

또 박응삼은 1961년도 판 경전에 해월 선생의 법설이나 의암 선생의 법설을 함께 담아 편찬할 수 있었던 경위를 다음과 같이 기록하고 있다.

(전략) 또는 「천종법경」이라, 「도종법경」이라 한 것도 이번에 새삼스러이 지어낸 것이 아니오, 일찍이 지강 양한묵(芝江 梁漢黙) 선생께서 「동경연의」

---

8  『天道敎經典』, 천도교중앙총부, 布德102년(1961), '붓을 놓으며'.

를 다시 주해를 붙이어 「천종법경」이라 하였으며 해월신사의 법설을 종합하여 주해를 붙이어 「도종법경」이라 하고 다 같이 강습 교재로 쓰던 것이다.(활자화되는 못하였으나…) (중략) 「천도교창건사」를 비롯하여 백중빈(白重彬) 씨가 간직하였던 「동경대전」 원문(포덕 24년에 목천(木川)에서 출판된 것을 포덕 48년에 복사한 것)과 부안수도원에 간직되었던 「용담유사」(목천판) 원문과 고 김우경(金友慶) 사모님이 생존해 계실 때에 간직했다가 역자에게 나리어 주신 「무체법경」 원문과 그 밖에 김동현(金東顯) 씨의 수록한 것을 복사한 백운정(白雲亭) 씨의 수기와 황업주(黃業周) 씨의 수기에서 「도종법경」에 대한 원문을 많이 참고하였으며 기타 시문(詩文)에 있어서는 「도종법경」의 것은 정갑수(丁甲秀) 씨(생존시에)의 것을, 「교종법경」의 것은 역시 황업주 씨의 것을 많이 수록하였으며, 「도종법경」 중의 「유고음」은 역자가 십여년 전 황해도 은율 지방 모 독신부인(성명미상) 댁에서 수록한 것이다.[9]

위에 인용한 박응삼의 후기에 의하면, 『천도교창건사』를 참고하고 나아가 여러 교도들이 간직하고 있던 것을 수집하여 해월 선생의 법설과 의암 선생의 법설을 정리한 것을 알 수 있다. 또한 박응삼은 해월 법설이 이미 양한묵(梁漢黙)이 강습 교재로 썼던 '도종법경'이라는 이름으로 먼저 정리되고 또 주해가 되어 있었다고 기록하고 있다.

양한묵은 초기 천도교의 중진으로 3·1독립운동 당시 33인 중의 한 사람이었고, 이로 인하여 옥중에서 옥사한 사람이다. 따라서 박응삼의 후기와 같이 양한묵이 「도종법경」, 곧 해월 선생의 법설을 강습 교재로 썼다면, 이는 1910년대 전후의 일로, 『천도교창건사』보다도 훨씬 앞선 것이 된다. 또

---

9  앞의 책.

한 박응삼이 수집하였다는, 백운정 등 여러 교도들이 가지고 있던 해월 법설, 곧「도종법경」은 양한묵이 강습 교재로 쓰던 것이라고 생각된다. 즉 박응삼은 양한묵이 1910년대 전후에 강습 교재로 사용했던「도종법경」등에 실린 해월 법설을 위에서 인용한 당시의 많은 교인들로부터 구해서 이를 정리한 것이라고 하겠다.

이렇게 해서 정리된 해월 법설을 당시 편집위원인 장창걸(張昌杰), 백중빈(白重彬), 백세명(白世明), 한태연(韓泰然), 이우영(李宇英), 이재순(李在淳), 최동희(崔東熙), 주동림(朱東林) 등이 독회를 거쳐 확정한 뒤에 '도종법경' 이라는 이름을 붙여『천도교경전』에 편입한 것이다.[10] 이것이 오늘 우리가 보는『해월신사법설』의 근간이 된다.


## 3. 동학교단 초기 자료에 나타난 해월의 법설

해월 선생의 법설을 확인할 수 있는 가장 오래된 자료는 규장각에 보관되어 있는 '관몰문서'이다. 이 규장각 소장자료의 공식 명칭은 '동학서'이다. 정확한 간지(刊地)나 간자(刊者)는 모두 미상이다. 다만 고종연간(高宗年間, 1863-1907)으로 되어 있을 뿐이다. 여기에는 동학의 여러 문건이 수록되어 있는데, 이들 중 해월 법설로 생각이 되는 것은「동학내수도문(東學內修道文)」과「동학이기대전(東學理氣大全)」이다. 나머지는『동경대전』계미중춘판의 필사본, 그리고 수운 선생이 동경대전에 남긴 글들과 서식, 또는 동학의 영부(靈符) 등이다.

---

10 앞의 책, 경전이 출판된 직접적인 동기.

이 두 편 중 한문으로 되어 있는 「이기대전(理氣大全)」은 해월 선생의 가르침을 그의 수제자 중 한 사람인 '송암(松菴) 손천민(孫天民)이 받아쓰고, 또 간혹 나(손천민)의 의견을 붙인 것이다'[11]라고 되어 있다.

이를 기술했다는 송암 손천민은 해월 선생이 체포되어 사형을 받은 지 얼마 되지 않는 1900년에 관에 체포되어 사형을 당한 사람이다. 그러므로 이 기록은 최대로 잡아도 송암이 살아 있던 1900년 이전이 된다고 하겠다. 또한 한글로 된 「내수도문」은 오늘날 전해지는 해월 선생의 법설인 「내수도문」과 큰 차이가 없는 데 비하여, 「이기대전」에는 오늘 우리가 볼 수 있는 『해월신사법설』 중 여러 편에 걸친 법설이 함께 실려 있다. 그 내용을 살펴보면 다음과 같다.

> 1) 天地 一水塊也 天地未判前 卽北極太陰一水已矣 水者 萬物之祖也 水有
> 陰水陽水也 人能見陽水 不能見陰水也 人之在陰水中 如魚之在陽水中也 人
> 不見陰水 魚不見陽水 擴徹大悟然後 能睹且玄妙之理也 何一爲日 何一爲月
> 乎 曰日陽之精 月陰之精也 太陽火之精 太陰水之精 火出於水耶 曰然 曰何
> 爲其然也 曰天地 水而已 又況其間化出之二七火 奚獨不出於北極 太陰一水
> 中乎 故曰天地未判之前 北極太陰一水而已者 此之謂也 何謂天開於子 曰卽
> 子北極一六水也 故天一生水者也 此曰天一生水 水生於川乎 天生於水乎 曰
> 水生天 天反生水 互相變化造化無窮也 然陽屬之乾 故體乾健無息之理 有晝
> 顯夜冥之度 無晦望盈虛之數 陰 屬之坤 故有晦望虧滿之度 與潮水往來 相配
> 相沖 婦人經度 亦體此理也
>
> 2) 日用行事 莫非道也

11 『東學書(官沒文書)』「理氣大全」, "海月先生 斯項言語 松菴述之 間或靈符己意."

3) 水生氣 氣生水也

4) 鬼神也 造化也 莫非一氣之所使也

5) 何必斯人 獨爲侍也 天地間萬物 莫非侍也

6) 是故 道家殺一生物 損一人名 切勿殺生 一則天厭 一則傷氣 又故 天降嚴
威罰也

7) 道家婦人 不畏天厭傷氣 輕打幼兒 其兒必死 切勿打兒 道家人來 勿爲人
來爲言 以天主降臨爲言也

8) 人是天也 天是人也 人外無天 天外無人 心在何方 在於天 天在何方 在於
心 故曰心卽天 天卽心 心外無天 天外無人

9) 人之有心 如天之有日 日之明兮 照臨萬國 心之明兮 透徹萬里

10) 木屐革鞋 大有傷氣之端 亦有天厭之理 故已有禁之 惜土地如惜母氏膚也
母氏肥膚重耶 一襪子重也 的知此理 體此敬畏之心 雖大雨中 初不濕鞋也 曰
今日始言大道 談此是玄妙之理也 知者鮮矣 行者寡矣 閑居時 有小兒 着屐而
趨前 其聲而鳴也 驚起而撫胸 曰其兒屐聲 我胸痛矣

11) 過淸州徐栝淳家 聞其子婦織布之聲 曰君之子婦織布耶 天主織布耶 徐生
對曰 生之子婦織布 曰然 其後謂人曰 徐生不下吾言 侍坐諸人 莫曉其語意也

12) 以氣食氣 以天食天 以心治心 以氣治氣

13) 弓乙其形 一心字也

14) 大凡斯人 凝胎厥初 一點水而已 至一月 其水形如露 至二月 其水形一箇
珠 至三月 以化工玄妙造化手段 收其母氏血氣 輸入胎門 頭圓天體 象太陽之
數 體魄象太陰 五臟象五行 六腑象六氣 四肢象四時 手掌卽從心所欲造化之
手 故一掌之內 特排八門 九宮太陰 四時 十二月之數 而生化

15) 兒生厥初 孰非大人 孰非聖人 人雖心多忘失 大人明明 不失天性 與天同
大 與天同德 與天同化 天地所爲 聖人能爲

16) 人若有病 心內自誓曰 天有如斯之造化 豈不能差病 心存諸胸中 則病自勿藥自效矣 冷水 不可以藥服之

17) 信天卽信心 大丈夫 義氣凡節 無信何生 人之無信 如車無轍 人之有信 如五行之有土 仁義禮智 非信則不行 水火金木 非土則不成 人無信心 一等身也 一飯囊而已 心信 誠敬 自在其中

18) 心天相合 方可謂之侍定知 心天相違 人皆曰侍天主 吾不謂之侍矣

19) 人無誠敬信 雖窮年沒世 難透此道之理也

20) 有信無信 可惜 無信有信 可歎

21) 人之行動 心乎氣乎 氣爲主 心爲體 鬼神用事 造化者 鬼神良能也 氣使心乎 心使心乎 氣生於心乎 心生於氣乎 化生氣也 用事心也 心不和則 氣失其度 究其根本 鬼神也 心性也 造化也 都是一氣之所使也 動者氣也 欲動者心也 分言一理萬殊 合言一氣而已 正氣而安心 安心正氣 氣不正則心不正 心不正則氣不正 其實 心亦生於氣 氣是混元 心是虛靈也

22) 蒼蒼在上 日月星辰所系者 人皆謂之天 吾獨不謂天也 不知道者 不能覺斯言也 人是天之塊 天是萬物之精

23) 何獨人衣人食 日亦衣衣 月亦食食

24) 夫和婦順 吾道之第一宗旨 道之通不通 都在於內外和不和 夫婦不和則 天主大惡 內外和順則 天地父母其安樂之矣 女子偏性 其或生性 爲其夫者 盡誠拜之 一拜二拜 溫言順辭 勿加怒氣則 雖盜跖之惡 必入化育中矣 如是拜 如是拜 終不入化者 出之可也 夫婦不和 子孫零落 家內和順 天必感應 一年三百六十 如一朝過之 婦人萬物之言也 敬天也 奉祀也 接賓也 織綿也 莫非必由於婦人之手也 不敏 日用三牲之養 天必不應 男乾也 女坤也 男女不和則天地否也 男女和順 天地泰也 夫婦卽天地者 此之謂也

25) 有運者信者 一言盡也 而不信天理者 雖千言萬語 無可奈何 一言而蔽 都

在運數

26) 一人善 天下善 一人和 一家和 一家和 一國和 一人和 一家和 天下和 沛然孰能御之

27) 堯舜之聖 歲人出世 孔孟之聖 歲人出世

28) 明天地之道 達陰陽之理 使億兆蒼生 各得其業則 豈非文明之世界

29) 仁義禮智 元亨利貞 元亨利貞 春夏秋冬 四大 天地君親 五常 仁義禮智信 其道 天地人三才 其業 士農工商 德崇業 廣可以登仕 三綱 君爲臣綱 父爲子綱 夫爲婦綱 五倫 父子有親 君臣有義 夫婦有別 長幼有序 朋友有信 人無倫無別 卽近於禽獸 古之聖人 有憂之 制禮作業 是故 仁義禮智 先聖之所敎 守心正氣 惟我更定 人是天人道 是大先生無極大道也 吾大先生無極大道 實則非儒非佛仙 故曰 萬古無極大道也 無聖 不泄根本 只言枝葉 先生 始創天地陰陽 日月 鬼神 氣運造化根本也 苟非聰明叡智達天德者 孰能知之 知者鮮矣 可歎

30) 如干開心 豈曰道通 與天合氣 能行天地之造化然後 方可謂之道通

31) 天依大 大依食

32) 上材聖也 中材矢也 中材賢也 下材英雄也豪傑也

33) 人謂我賊心 曰吾無此心 子豈有此言 雖如馬不憚改 退而語人曰是誠何心哉 自爲而自不知也 到今思之則 吾成道天心也

34) 自吾有徐仁周後 所學多矣 剛直哉 斯人 明白哉 斯人

35) 吾着睡前 曷敢忘先生遺訓 雖渾寢之時 知人之言笑 是曰率性 是曰守心正氣 守心正氣之法 孝悌溫恭 保護此心 如保赤子 寂寂無忿起之心 惺惺無昏昧之心 可也

36) 罔談彼短 靡恃己長 待接人物 勿爲層下 一切如敬天 天必賜化 如斯然後 庶入於守心正氣之域矣

37) 孰非我長 孰非我師 洞洞遲遲 無晝無夜 吾於婦女小兒之言 亦有可學師者也

38) 凡今之人 外飾粉群紗窓者多矣 可歎

39) 豈心天好之 純一之增減 無息之增減 使此心 純一無息 與天地同度同運 方可謂之大聖大人 (번호는 필자가 임의로 붙임)

'이기대전'(理氣大全)이라는 단일한 제목 아래 실린 글을 필자가 임의로 붙인 번호에 따라 분석하면, 비록 단편적인 것이기는 하지만, 현재의 『해월신사법설』 편재상 39종에 달하는 해월 법설이 실려 있다.[12] 이들 중 제목을 확인할 수 있는 것은 27종이고, 겹치는 제목은 모두 12종이다.

이 「이기대전」의 내용을 현재 천도교단에서 사용하는 『해월신사법설』의 각 법설 제목에 의하여 나누어 보면 다음과 같다. 즉 1)과 14)는 「천지이기(天地理氣)」이고, 2), 7), 11), 26), 37)은 「대인접물(待人接物)」이다. 또 4), 8), 9), 18), 21), 22)는 「천지인 귀신음양(天地人 鬼神陰陽)」이다. 또 5), 12), 13), 16)은 「영부 주문(靈符 呪文)」이고, 15), 28)은 「성인지덕화(聖人之德化)」, 10), 17)은 「성경신(誠敬信)」, 23)은 「천지부모(天地父母)」, 24)는 「부화부순(夫和婦順)」, 25)는 「개벽운수(開闢運數)」, 27)은 「천도(天道)와 유불선(儒佛仙)」, 30)은 「독공(篤工)」, 35)는 「수심정기(守心正氣)」이다. 이들 법설이 매우 단편적인 것이기는 하지만, 상당히 많은 양의 법설이 「이기대전」에 실려 있음을 확인할 수 있다.

---

12 이 문건에 관하여 愼鏞夏 교수가 해제를 붙인 것이 있다.(「東學 第二代教主 崔時亨의 '理氣大全'」, 『韓國學報』, 1980. 겨울, Vol. 6 No. 4) 그러나 이 해제에는 해월의 법설을 구분, 분석하지 않고 다만 해월의 법설이라고만 해의하고 있다.

그러면 어떤 이유에서 이와 같은 서로 다른 법설을 모은 문서의 제목을 '이기대전'이라고 붙였는가. 동학에서 '이기'(理氣)란 엄밀히 말해서 유학의 '이기'(理氣)와는 다른 의미로 쓰인다. 동학에서는 만유의 근본을 기(氣)로 보며, 따라서 '기'란 조화의 원체(元體), 곧 근본이 된다고 본다. 또한 '이'(理)란 조화의 현묘함이니, 기(氣)가 리(理)를 낳고, 리가 기를 낳아 천지의 수를 이루고, 만물의 이치가 된다고 보는 것이 동학의 '리(理)와 기(氣)에 관한 관점이다.[13] 즉 '리'(理)란 한울님 조화를 이루는 현묘한 이치 곧 원리라면, '기'(氣)란 한울님 조화를 가능케 하는 근본이라고 본다. 이와 같은 '리(理)와 기'(氣)에 관한 모든 가르침의 말씀을 아울러 담은 글'이라는 뜻에서 '대전'(大全)이라고 붙인 것으로 생각된다. 다시 말해 '이기대전'이라는 제목은 말 그대로 '해월 가르침 모두를 아우른 글'이라는 의미가 된다.

'관몰문서'(官沒文書) 중에 전하는 「내수도문」과 「이기대전(理氣大全)」은 현재 발견된 해월 법설에 관련된 원본 중 가장 오래된 기록이며, 또 비교적 많은 양의 기록이다. 특히 이 관몰문서 중의 대부분의 해월 법설들이 단편적인 형태로 기록되었는데 반하여, 「내수도문」은 오늘날 전해지는 유일하게 완벽한 형태의 법설이기도 하다. 이렇듯 관몰문서인 『동학서』는 해월 선생의 법설을 고찰하는 데에 매우 중요한 자료가 된다.

해월로부터 도통을 전수받아 천도교 3세 교주가 된 의암 선생은 1905년 12월 1일 동학을 천도교로 대고천하하고, 이후 적극적인 포덕과 교리 발전을 위하여 1908년 6월부터 중앙총부 산하에 교리강습소(敎理講習所)를 운

---

13 『해월신사법설』「천지이기」, "氣者 造化之元體根本也 理者 造化之玄妙也 氣生理 理生氣 成天地之數 化萬物之理."

영하게 된다.[14] 그런가 하면 1911년부터 1912년 말까지 전국 면(面) 단위에 이르기까지 강습소 541개소를 운영한다.[15] 이 교리강습소는 당시 천도교의 핵심 지도자 중 한 사람인 권동진(權東鎭)이 강습소장, 양한묵이 상임강사로 활동하였다.[16] 이러한 사실들로 보아 초기 천도교 교리강습소에서 양한묵은 손천민 등 동학 지도자들이 기술했거나 또는 구전으로 전해 내려오던 해월 선생의 법설을 정리하여 교재로 삼았을 것으로 추정된다.

이때 양한묵이 정리를 하고 또 주해를 달아서 강재(講材)로 썼다는 「도종법경」은 아직 발견되지 않고 있다. 다만 이보다 조금 앞서 1907년에 천도교중앙총부 명의로 간행된 『천약종정(天約宗正)』에서 단편적이나마 해월법설을 찾을 수 있다. 그 내용을 『천약종정』에서 찾아보면 다음과 같다.

1) 神師曰吾有時活字各十二(28쪽) ……「用時用活」

2) 書曰天降下民 (중략) 嗟我主人敬受敬受(31~32쪽) ……「降書」

3) 哀此世人之無知兮 (중략) 九馬而當路(33~34쪽) ……「降書」

4) 嗟呼嗟呼明者暗之變 (중략) 公私之間得失之道(34~35쪽) ……「降書」

5) 无極大道作心誠 (중략) 天地精神令我曉(36쪽) ……「降詩」

6) 神師聞鳥聲曰是亦侍天主之聲也(36쪽) ……「靈符 呪文」

7) 神師使門從解降話之理 (중략) 豈非天靈所感乎神師黙然矣(37쪽)

8) 神師手撰內則及內修道文(37쪽) ……「內則」과「內修道文」

9) 神師有詩曰貫觀一氣正心處金演局以天時地理人爲法之句配之(38쪽) ……

---

14 趙基周 編著, 『天道敎宗令集』, 천도교중앙총부, 1983, 93쪽.
15 『天道敎會月報』, 1911년 5월호~1912년 12월호 참조.
16 이영노, 『천도교사(교정판)』(하편), 천법출판사, 139쪽.

「降詩」

10) 神師顧左右曰汝知天語乎 (중략) 孫天民曰果然乎神師曰勿疑(41쪽)

11) 神師曰人之言語動止皆降話之教也 (중략) 神師曰汝言詳矣(41쪽)

12) 神師曰吾道中多出堯舜孔孟之才(42쪽) ……「開闢運數」

13) 神師曰信爲五德之首 (중략) 聖師曰向我設位似可也(42쪽) ……「誠敬信」·「向我設位」

14) 神師曰以天食天以心治心(43쪽) ……「靈符 呪文」

15) 神師曰人來勿謂人來謂之天主降臨(43쪽) ……「待人接物」

16) 神師聞小兒屨聲鳴地驚起撫胸曰屨聲痛我胸(43쪽) ……「誠敬信」

17) 神師過徐柁淳家聞織布聲曰天主織布(43쪽) ……「待人接物」

18) 神師曰弓是天弓乙是天乙天道之形也(44쪽) ……「靈符 呪文」

『천약종정』에 나오는 해월 선생의 법설은 위에서 보는 바와 같이, 총 18 항 중,「용시용활(用時用活)」,「강서(降書)」등 9종 정도가 된다. 또한 이들 『천약종정』내의 해월 선생의 법설은 현재의『해월신사법설』과 같이 하나 의 완결된 글로 되어 있는 것이 아니라 매우 짧은 토막 글로 되어 있다. 또 오늘과 같이 각 법설마다에 일정한 제목이 붙어 있지 않다. 그 분량도 매우 소량으로, 1961년도 판『천도교경전』이나 그 후에 나온『천도교경전』에 실린 '해월 법설'은 극히 일부분에 불과하다. 즉 1961년도 판에서 해월 법 설은 27편이고, 최근 출간된 1991년도 판에서 해월 법설은 37편이나 된다.

동학의 종파 중에는 수운 선생과 해월 선생을 스승으로 모시는 교파와 그렇지 않고 수운 선생만을 스승으로 모시는 교파가 있다. 해월 선생까지 를 스승으로 모시는 교파 중 초기 동학에서 가장 두드러진 활동을 했던 교 파로는 시천교(侍天敎)를 들 수 있다. 시천교에서 1914년에 간행한『천경

정의(天經正義)』역시 비록 단편적이기는 하지만, 해월 선생 법설을 확인할
수 있는 매우 좋은 자료가 된다. 『천경정의(天經正義)』에 나타나는 해월 선
생의 가르침을 오늘날의 해월 법설에 비추어 찾아보면 다음과 같다.

1) 天依人人依食穀者天地之乳也 ……「天地父母」

2) 天地人一氣也 ……「天地人 鬼神 陰陽」

3) 指蒼天曰人之一動一靜皆天也

4) 至誠之人可以見天可以聞天

5) 天在何方在於心心在何方在於天 ……「天地 鬼神 陰陽」

6) 聞鳥聲曰此亦侍天之聲也吾人但知人之侍天尙不知萬物之侍天 ……「靈
符呪文」

7) 世人之崇拜不一其神然其所有感者皆天地之氣也

8) 氣質合德成則是性造物自有別

9) 人語卽天語 ……「天語」

10) 人之言語動作皆天主之敎

11) 擴徹大悟然後能睹玄妙之理 ……「天地理氣」

12) 人相化則天必感

13) 夫婦和順則天地父母安樂矣 ……「夫和婦順」

14) 人有過勿爲面斥面斥則傷其心

15) 以心治心以氣治氣 ……「靈符 呪文」

16) 人知用藥愈病不知心之愈病 ……「靈符 呪文」

17) 吾道似儒似佛似仙非儒非佛非仙卽惟一之無極大道也 ……「吾道之三皇」

18) 盖萬古之造化兮無極而無窮噫此世之吾道兮有晦而有彰 ……「降書」

19) 萬物之生長方其胡然其胡然化翁之收藏兮自有時自有時 ……「降書」

20) 水之深源兮早亦不斷木之固根兮寒亦不死 ……「降書」

21) 枯木之逢春兮時乎時乎佛像之見聖兮誠乎誠乎 ……「降書」

22) 知之也知之也誠心也奸巧也駁雜也知之也知之也 ……「降書」

23) 其在主人可不愼哉

24) 念玆在助以上帝 ……「降書」

25) 自卑之爲道之門

26) 明者暗之變也日之明兮人見道之明兮獨知 (중략) 心者虛靈之器禍福之原

公私之間得失之道 ……「降書」

27) 毋欺天 (중략) 毋屈天 ……「十毋天」

28) 道在心告

29) 天地一氣圈也 ……「天地 鬼神 陰陽」


　『천경정의』에는 28개 항의 해월 법설을 싣고 있다. 또한 여기에 실린 법설들 역시 『천약종정』과 마찬가지로 매우 단편적이다. 그러나 이 『천경정의』 중에 나오는 '해월 선생의 법설'이라고 되어 있는 몇몇 구절은 천도교단에서 발간한 『천도교경전』에 실린 '해월 법설' 중에서 찾아볼 수 없는 것들도 있다. 28종 중에 많은 구절들이 「강서(降書)」의 부분들이고, 실제 현대에 발간된 해월 법설에서 찾을 수 있는 것은 9종이다. 다시 말해서 많은 양의 해월 법설이 실리지 않았다.

　『천약종정』이나 『천경정의』보다는 다소 늦게 출간이 된 동학 종단의 서적으로는 1920년에 발행된 『천도교서』를 들 수 있다. 1919년 3.1운동 후 천도교단은 새로운 시국에 대비하기 위하여 1920년 1월 15일부터 3월 31까지, 2개월 반에 걸쳐 전국에서 200명의 청년 교인들을 소집하여 '천도교청년임시교리강습소'(天道敎靑年臨時敎理講習所)를 열었다. 이때 교재로서 경전과 교사를 프린트하여 나누어주었다. 강습회를 마친 후 이 교재를 모아 한 권의 책으로 제본한 것이 바로 『천도교서』이다.[17]

　앞의 동학교단에서 간행한 『천약종정』이나 『천경정의』 등과는 다르게, 국한문 혼용본으로 되어 있는 이 책에는 여느 자료보다도 풍부하게 해월 법설이 정리되어 실려 있다. 「대인접물(待人接物)」, 「독공(篤工)」, 「개벽운수(開闢運數)」 등을 비롯하여 20종 가까운 해월 선생의 법설이 실려 있는 것이다. 특히 『천도교서』에 실린 법설은 앞의 자료인 『천약종정』 등에 실려 있는 법설과 같은 토막글이 아니라, 일정한 분량과 서술 형태를 지닌 글들이다. 따라서 오늘 우리가 볼 수 있는 해월 법설에 좀 더 가까운 형식을 갖추고 있다.

　그러나 오늘날의 『천도교경전』에는 매 법설 앞에 일정한 제목이 붙어 있는데, 앞에 인용된 자료들과 마찬가지로 『천도교서』에 실려 있는 법설에는 제목이 붙어 있지 않다. 또한 이곳에 실린 법설들은 경우에 따라서 여러 법설이 하나의 글에 같이 섞여 수록되어 있다. 예를 들면 다음과 같다.

　　도가(道家) 부인(婦人)이 유아(幼兒)를 타(打)함은 시(是)이 천주(天主)의 의(意)를 상(傷)하는 것이니 차(此)를 계(戒)할 것이며 우(又) 도가(道家)에서 인(人)이 래(來)하거든 객(客)이 래(來)하엿다 언(言)치 말고 천주(天主)이 강림(降臨)하셧다 칭(稱)하라 인(人)은 즉천(卽天)이니 인외(人外)에 별(別)로 천(天)이 무(無)하니라 심(心)은 하방(何方)에 재(在)하뇨 즉천(卽天)이니 심외(心外)에 별(別)로 천(天)이 무(無)하고 천외(天外)에 별(別)로 심(心)이 무(無)하나니 차리

17 『東學農民戰爭史料叢書』28, 「解說」, 경인문화사, 1996.

(此理)를 투(透)하면 가(可)히 도(道)에 서기(庶幾)할진저[18]


위에 인용된 해월 법설의 부분 중 "도가부인(道家婦人)이 유아(幼兒)를 타
(打)함은 … 천주가 강림(降臨)하셨다 칭(稱)하라" 하는 부분은 해월 법설
「대인접물」에 나오는 부분이다.[19] 그러나 이 부분 뒤로 이어지는 "인(人)은
즉천(卽天)이니 인외(人外)에 별(別)로 천(天)이 무(無)하니라 …차리(此理)를
투(透)하면 가히 도(道)에 서기(庶幾)할진저"의 구절은 해월 법설 「천지인·
귀신·음양」에 해당되는 내용이다.[20]

이처럼 (현행 '해월 법설' 기준) 두 편 이상의 법설이 혼재된 경우는 『천도
교서』에 실린 해월 법설 중 많은 부분에서 나타나고 있다. 즉 여러 다른 법
설이 한곳에 혼재되어 있다. 이것은 곧 해월 선생의 법설이 수운 선생의
『동경대전』이나 『용담유사』처럼 해월 선생 스스로 쓴 원본이거나 다른 사
람에 의하여 글로 기록된 것은 그다지 많지 않고, 구전되던 것을 모아서 수
록한 것이 많다는 증거로 볼 수 있다. 이처럼 구전되던 법설을 들은 제자들
이 훗날 정리하여 기록을 했으며, 또 누군가가 이렇게 기록된 것과 들은 것
을 종합하여 다시 오늘과 같이 제목을 붙이고, 내용에 따라서 분류·정리했
음을 나타내주는 단적인 증거가 되는 것이다.

『천도교서』에 실린 해월 법설들은 위의 예시에서 볼 수 있는 바와 같이
오늘 우리가 볼 수 있는 해월 법설과는 많은 차이가 있지만, 앞에 인용된

---

18 『天道教書』, 普書館 大正十年 四月一日.
19 『해월신사법설』 「대인접물」, "道家人來 勿人來言 天主降臨言 道家婦人 輕勿打兒 打
   兒 卽打天矣 天厭氣傷."
20 『해월신사법설』 「天地人 鬼神 陰陽」, "人是天 天是人 人外無天 天外無人 心在何方 在
   於天 天在何方 在於心 故心卽天 天卽心 心外無天 天外無心."

자료인『동학서』나『천약종정』,『천경정의』등과는 비교가 되지 않을 정도로 현재의『천도교경전』에 가까운 면모를 지니고 있다.

이러한 여러 정황을 보아서『천도교서』에 실린 해월 법설은 앞에서 기술한 것과 같이 1920년 천도교중앙총부에서 실시한 '천도교청년임시교리강습회'에서 교재로 사용했던 것을 모아서 편찬한 것이고, 이 교재는 그보다 앞서 1910년대에 시행하던 '교리강습회'에서 양한묵 등이 편찬하여 사용하던 강재인「도종법경」을 저본으로 해서 작성한 것이라고 추정할 수 있다. 그러므로 천도교중앙총부에서 1961년에 편찬했던『천도교경전』중에 실린 해월 법설의 저본이 되었던, 양한묵이 교재로 쓰던「도종법경」은 이 1920년 판『천도교서』와 매우 근사할 것으로 생각된다.

『천도교서』간행 이후 천도교단의 인사들은 몇 종의 서로 다른 역사적 성격을 띠고 있는 저술들, 즉『천도교창건사』나『천도교회사』,『동학사』등을 발간하게 되는데, 이들 대부분은『천도교서』를 바탕으로 하여 저술된 것이라고 할 수 있다. 따라서 여기에 실려 있는 해월 법설 역시 대동소이한 것으로 판단된다.


## 4. 판별 목차의 비교

1961년도 판『천도교경전』에 실린 해월 법설의 목차는 다음과 같다.

1. 天地之理氣
2. 天地父母
3. 天, 人, 鬼神, 陰陽

4. 虛靈

5. 心靈之靈

6. 事人如天

7. 夫和婦順

8. 靈符, 呪文

9. 守心正氣

10. 誠, 敬, 信

11. 篤工

12. 聖人之化

13. 吾道之三皇

14. 倫綱

15. 開闢運數

16. 十毋天

17. 臨事實踐

18. 難疑問答

  (1) 向我設位 (2) 修道 (3) 三才 (4) 三災 (5) 布德 (6) 婦人修道 (7) 吾道之運

19. 降詩, 詩文, 降書

20. 內則

21. 內修道文


    위와 같이 스물 하나의 큰 항목과 열여덟 번째 항목인 난의문답(難疑問答)에 7개의 소항목을 두고, 또 열아홉 번째 항목인 강시(降詩), 시문(詩文), 강서(降書)에 「유고음(流高吟)」과 「결의시(結誼詩)」라는 제목이 별도로 명기된 소항목이 있다. 그러나 이들 중 「유고음(流高吟)」은 해월 선생의 시가 아

니라 수운 선생의 작품이다. 이때까지는 그 사실을 잘못 알고 편찬자가 해월 법설에 포함시킨 것이다.[21]

1961년도 판 『천도교경전』 이후에 천도교중앙총부에서는 1969년 9월 1일 자로 개정판 『천도교경전』을 간행한다. 이때 간행된 『천도교경전』에는 '천종법경', '도종법경', '교종법경' 등의 용어 대신, '동경대전', '용담유사' 그리고 '해월신사법설', '의암성사법설' 등으로 표기하고 있다. 즉 수운 선생의 가르침과 해월 선생, 의암 선생의 가르침을 '경전과 법설'로 각각 구분하여, 교조인 수운 선생의 가르침은 '경전'으로, 수운 선생으로부터 도를 받고 또 도통을 이어나간 해월 선생과 의암 선생의 가르침은 그보다 다소 격이 낮은 '법설'이라고 표기한 것으로 생각된다.

또한 목차의 제목에도 일부 변동이 있다. '천지지이기'(天地之理氣)를 '이기분석'(理氣分析)으로, '천(天), 인(人), 귀신(鬼神), 음양(陰陽)'을 '천지인귀신음양'(天地人鬼神陰陽)으로, '사인여천'(事人如天)을 '대인접물'(待人接物)로 바꾸었다. 그런가 하면 1961년도 판에 실려 있던 '심령지령'(心靈之靈), '성인지화'(聖人之化), '오도지삼황'(吾道之三皇), '윤강'(倫綱), '십무천'(十毋天), '임사실천'(臨事實踐) 등이 1969년도 판에는 보이지 않고, '수도법'(修道法), '용시용활'(用時用活)이 추가되었다. 그 외에 18항인 난의문답(難疑問答) 중에 있었던 (3)삼재(三災)가 1969년도 판에는 보이지를 않고, 강시(降詩) 등과 강서(降書)가 별도의 항목으로 설정되어 있다.

이렇듯 1969년도 판으로 오면서 일부 제목이 바뀌고 또 항목이 빠지게

---

21  1961년도 판 『천도교경전』에 「流高吟」이 해월 법설로 잘못 편입이 된 것은, 이 「流高吟」이 실린 癸未板 『東經大全』 등이 1960년대 후반, 70년대 이후에야 발견이 되었기 때문이다. 계미판 『동경대전』 발견으로 「유고음」이 水雲 선생의 글로 확인되었다.

된다. 그러나 어떤 이유에서 새로운 항목이 들어가게 되었는지는 알 수가 없다. 이는 천도교중앙총부 내에 설치되어 있는 교서편찬위원회 등에서 결의한 사항이겠는데, 이에 대한 기록이 남아 있지 않아 그 근거를 찾을 수 없다. 다만 새로 첨가된 '용시용활'(用時用活)은 한글로 된 매우 짧은 글이며, 그 내용에서도 해월 선생이 '용시용활'의 중요성을 강조하면서 자신의 이름을 '경상'(慶翔)에서 '시형'(時亨)으로 바꾸게 된 배경만을 간략하게 기록한 글이다.[22] 따라서 이러한 내용을 과연 법설이라고 할 수 있을 것인가, 하여 1961년도 판에 보류했다가, 다시 1969년도 판에 넣은 것으로 생각된다.

이후 1969년도 판 『동경대전』은 1982년 12월까지 8판을 거듭하게 되는데, 중간에 1969년도 판을 간행하면서 뺐던 '심령지령'(心靈之靈), '성인지덕화'(聖人之德化), '십무천'(十毋天), '임사실천십개조'(臨事實踐十個條) 등을 다시 수록하게 된다. 또 1961년도 판에 실려 있던 '오도지삼황'(吾道之三皇)이 그 제목만 바뀌어 '천도유불선'(天道儒佛仙)이라는 이름으로 다시 수록된다. 그러나 이렇게 변경된 사유 역시 자료가 남아 있지 않아 알 수가 없다.

이와 같이 중간에 법설이 새롭게 추가되고 또 제목이 바뀐 점들을 보아, 후대의 자료인 『천도교창건사』 등에 실린 법설을 추가한 것으로 생각된다. 또 본래 해월 법설의 대부분에는 제목이 붙어 있지 않았는데, 경전을 간행하면서 해월 선생으로부터 직접 가르침을 받았던 동학의 지도자들이 스승인 해월 선생이 평소 가르침을 펴면서 알려주었던 사실들과 또 법설

---

22 「用時用活」의 내용은 "대저 道는 用時用活하는 데 있나니 때와 짝하여 나아가지 못하면 이는 死物과 다름이 없으리라. 하물며 우리 道는 五萬年의 未來를 表準함에 있어, 앞서 때를 짓고 때를 쓰지 아니하면 안 될 것은 先師의 가르치신 바라. 그러므로 내 이 뜻을 後世萬代에 보이기 爲하여 特別히 내 이름을 고쳐 盟誓코자 하노라."로 매우 짧고 간단하다.

의 내용을 참작하여 이에 적합한 제목을 붙인 것이 아닌가 생각이 된다.

천도교중앙총부에서 발간한 『천도교경전』과 별개로 동학종단협의회중앙총부(東學宗團協議會中央總部)라는 단체에서 1978년 『해월선생법설주해(海月先生法說註解)』가 나온다. 이 책자를 발간한 단체는 천도교를 비롯한 동학의 여러 계파가 결성한 협의체이다. 따라서 이 책자에는 해월 선생까지를 스승으로 모시는 동학 계열 여러 종단의 의견이 반영되었다.

『해월선생법설주해』의 편제는 1978년 당시 천도교중앙총부에서 나온 『천도교경전』의 해월 법설 부분과 모든 항목이 일치하는데, 다만 부록으로 '비전법설'(秘傳法說)이라는 항목이 추가되어 있다. 이는 상제교인(上帝敎人)[23]인 준암(濬菴)이라는 사람의 아버지가 해월 선생에게 직접 가르침을 받을 때 초고(抄稿)한 문헌을 연역(演譯)한 것이라고 한다.[24] 즉 해월 선생의 가르침이기 때문에 부록으로 추가하게 된 것이라는 의미이다.

이후 천도교중앙총부는 1984년에 삼부경전의 형태를 버리고, 『동경대전』과 『용담유사』만을 묶어서 '천도교경전'이라는 표제로 간행하고, 이어서 1986년 3월에 해월 선생의 법설과 의암 선생의 법설을 별도로 묶어서 『신성사법설(神師聖師法說)』이라는 법설집을 간행한다. 즉 경전과 법설을 분리 간행하여, 수운 선생의 가르침과 해월 선생, 의암 선생의 가르침의 위격을 분명하게 구별한 것이다. 이는 곧 당시 천도교단에서 일어난, "해월 선생과 의암 선생의 법설은 법설이지 경전이 아니므로 천도교경전이라는

---

23  上帝敎는 1900년대 초기에 親日 성향을 지닌 一進會와 一進會長인 李容九가 천도교로부터 黜敎를 당하게 되자 분파해 나간 侍天敎의 後身으로, 시천교의 大禮師인 龜菴 金演局이 자신을 따르는 교도들과 함께 鷄龍山에 들어가 세운 동학의 한 교파이다.

24  東學宗團協議會, 『海月先生法說註解』, 布德 119년 11월, 1978.

이름 아래 묶일 수 없다."[25]는 여론을 반영한 것이다.

또한 해월 선생의 법설 목차도 대폭 바뀌어 '천지분석'(天地分析)을 '천지이기'(天地理氣)로 제목을 바꾸었고,[26] '부인수도'(婦人修道), '삼경'(三敬), '천어'(天語), '이심치심'(以心治心), '이천식천'(以天食天), '양천주'(養天主), '명심수덕'(明心修德) 등의 항목이 추가되었고, 또 지금까지 해월 법설에서 '난의문답'(難疑問答)이라는 항목 아래 작은 항목으로 들어가 있던 '향아설위'(向我設位) 등 5개의 항목이 독립적인 항목으로 설정되었다. 당시 교서편찬위원장으로 활동했던 김철이 『신인간』에 기고한 글에 의하면, 이렇듯 새로운 항목들이 추가된 것은 『천도교창건사』를 참고한 것이다.[27] 또한 체제도원문과 번역문을 같은 페이지에 싣는 기존의 방식을 버리고, 앞부분에서원문이 끝나면 이에 대한 번역문이 뒤에서 이어지는 형식으로 되어 있다.그 외에 해월 법설 내용에서도 많은 부분이 수정이 되었는데, 이 문제는 원고를 달리해서 다루고자 한다.

---

25  이에 관한 기록은 없으나, 1980년대 중반 이후 천도교단에서는 원로 교인들을 중심으로 '經典과 法說'에 관한 논란이 있었다. 따라서 侍日禮式에 '經典奉讀'이라는 순서가 있는데, 이때 經典이 되는 수운 선생의 글만 읽느냐, 그렇지 않으면 法說인 해월 선생과 의암 선생의 글도 같이 읽어야 하느냐의 문제가 敎團 내에서 惹起되었다. 이후 천도교중앙대교당에서 행하는 서울교구의 侍日禮式에서는 經典奉讀 時에는 水雲 선생의 글인 『龍潭遺詞』만을 읽는다. 이는 이 시기에 천도교단 내에서 '經典과 法說'에 대한 인식을 새롭게 했다는 증거이다. 단, 2023년 이후에는 교구 내의 협의를 거쳐 해월, 의암 법설도 봉독하고 있다.

26  「天地分析」이라는 법설의 제목이 「天地理氣」로 바뀐 것은 奎章閣에 보관 중이던 동학의 官沒文書가 공개되고(愼鏞廈, 東學 第二代敎主 崔時亨의 ≪理氣大全≫, 『韓國學報』, 1980, 겨울, Vol.6, No.4), 이 법설의 내용이 실려 있는 문서의 제목이 '理氣大全'으로 되어 있기 때문에, 이를 참고하여 바꾼 것으로 생각된다.

27  金哲, 「법설 합본 간행에 즈음하여」, 『신인간』, 1986년 2월호, 신인간사.

천도교중앙총부에서는 1987년 12월에 '경전과 법설' 두 권으로 나누어 간행했던 것을 다시 '동경대전, 용담유사, 해월 선생의 법설, 의암 선생의 법설'을 한 권으로 묶어서 '천도교경전'이라는 이름으로 간행하게 된다. 즉 '삼부경전'의 형태로 다시 돌아간 것이다. 또한 이 경전에 실려 있는 해월 선생의 법설 편은 목차나 구성 등 모든 것이 1986년도 판『신사성사법설』과 같은 것으로 되어 있다.

이후 천도교중앙총부에서는 1987년도 판 경전을 판형을 바꾸고 표지를 가죽으로 하여 1991년 12월에 '개정판'이라고 이름하여 간행하고, 1992년 2월에 이를 다시 지퍼형으로 바꾸어 '개정초판'이라고 간행하였다. 이후 판을 바꾸지 않고 간행하다가, 2012년에 오탈자만 수정하여 다시 간행하였다. 따라서 오늘 천도교에서 사용하는 경전은 1991년도 판이다. 해월신사 법설은 1987년도 판의 법설을 그대로 싣고 있다.


## 5. 나가는 말

위에서 살펴본 바와 같이 현재『천도교경전』에 수록되어 있는 해월 법설은 1961년 천도교단에 의하여 공식적으로 법설로 확정된 이후, 그 목차나 제목, 내용이 지속적으로 수정, 가감되어 왔다. 그러나 1961년 당시 해월 법설의 가장 중요한 저본이 되었다는, 양한묵이 편찬하고, 또 교리강습소 교재로 썼다는『도종법경』이 발견되지 않아 정확한 내역은 알 수가 없다.

따라서 이 글은 동학교단의 초기 기록인 규장각 소재 관물문서『동학서』, 그리고 1900년대 초기 이후 천도교단에서 간행한 교서인『천약종정』과『천경정의』,『천도교서』등을 바탕으로 하여 해월 법설의 내용과 편성

과정을 재구해보고자 하였다. 이들 자료 중 '관몰문서'는 말 그대로 '문서' 이기 때문에 본격적인 법설을 찾을 수는 없어도, 많은 양의 법설 구절을 찾을 수 있었다. 그 외의 저서들은 그 서술 방식이 모두 동학의 역사나 수운 선생이나 해월 선생 등 동학교단 스승들의 행적에 치중되어 있기 때문에 해월 법설의 내용은 많지가 않았다.

이러한 자료들을 통해 확인할 수 있었던 것은 해월 선생이 30여 년간 태백산맥과 소백산맥에 걸친 산간 오지를 숨어 다니며 수많은 가르침의 말씀을 제자들에게 펼쳤는데, 이 가르침의 말씀이 오늘 우리가 보고 있는 해월 선생의 법설과 같이 일정한 제목 아래 일정한 체계를 갖춘 문서로 전승되지는 않았다는 것이다. 법설이 기록으로 남겨진 것은 관몰문서인 『동학서』에서 볼 수 있는 바와 같이 매우 소략하고 구전되어 오던 것을 후대에 기록으로 정리한 것이 대부분이다.

또한 동학 초기에 시천교단에서 간행한 『천경정의』에는 현행 『천도교경전』에 실려 있지 않은 '해월 선생의 가르침들'이 많이 실려 있다. 그런가 하면 시천교, 천도교 등의 분파가 파생되기 이전의 기록인 관몰문서에도 역시 현행 『천도교경전』 내의 해월 법설에 없는 부분들이 있다. 이는 곧 동학 계열 교파의 입장에 따라서 해월 선생의 법설이 서로 다르게 구전되고 또 기록, 정리되었다는 의미이기도 하다.

따라서 이렇듯 간헐적인 기록과 구전에 의하여 전승되던 해월 선생의 가르침이 어떠한 경로를 거쳐 '법설'로 정착되었는가를 밝히는 것이 무엇보다도 시급한 일이라고 하겠다. 그러나 앞에서도 밝힌 바와 같이 양한묵이 최초로 정리하였다는 기록만 전할 뿐, 그 결과물인 당시의 「도종법경」과 편찬의 경위는 기록이 없어서 어떠한 경로를 거쳐서 이들 해월 선생의 가르침들이 모아지고 또 정리되었는지 지금으로서는 알 수 없다.

이 문제를 해결하기 위해서는 동학교단 고로(古老)들의 증언과 일차 자료에 대한 좀 더 면밀한 수집과 검토가 필요할 것으로 보인다. 그러나 아직 이에 대한 학계의 보고가 없고, 자료 또한 발견이 되지 않고 있어 연구에 어려움이 따를 것으로 생각된다.

따라서 이 글에서는 지금까지 동학교단이나 동학의 여러 인사들이 남겨 놓은 기록물인『본교역사(本敎歷史)』를 비롯하여 1920년대에 간행한『천도교서(天道敎書)』,[28] 1933년에 간행된『천도교창건사』와 비슷한 시기에 간행이 된『천도교회사초고』, 또 시천교단에서 발간한『시천교역사(侍天敎歷史)』,『시천교종역사(侍天敎宗繹史)』 등을 서로 비교 고찰하여 해월 법설의 목차나 체제에 관한 고찰을 시도하였다.

또 이 글에서는 해월 법설이 1961년에『천도교경전』에 편입된 이후, 판을 거듭하면서 목차나 편수, 또 내용 등이 어떠한 연유에서 첨가되거나 빠지게 되었고, 또 수정이 되었는가를 최대한 구명하고자 하였다. 이러한 변천은 대부분 당시 천도교 교서편찬위원들의 결의에 의한 것이겠지만, 일부 기록은 인멸이 되어 알 수가 없고, 남아 있는 기록들도 이에 대해 명확하게 밝히고 있지 않아, 그 구체적인 이유를 적시할 수는 없었다. 다만 필자가 현재 남아 있는『천도교경전』 여러 판본을 비교하여 그 과정을 최대한 재구해 보았다. 앞으로 해월 법설의 체제에 대한 좀 더 세밀한 논구와 더불어 그 내용에 대한 비교, 고찰도 이루어져야 한다. 이에 대해서는 후속 연구에서 다룰 것을 기약하고자 한다.

---

28 본 논문에서 거론한『天道敎書』 이외에도 프린트본, 활자본 등 여러 종의『天道敎書』가 있다. 또 이들 각 종들 역시 그 내용에 있어서도 다소 차이가 있어 비교하여 고찰할 필요가 있다.

# 제3부

# 현대사회와 동학·천도교

제14장 / 현대사 100년과 천도교, 그 현황과 전망

제13장 / 현대시에 나타난 동학의 두 얼굴

제12장 / 현대사회와 동학·천도교

제11장 / 동학의 사유, 그리고 한류(韓流)

# 제11장 동학의 사유, 그리고 한류(韓流)

## 1. 들어가는 말

불과 70여 년 전, 우리나라는 세계에서 가장 못 사는, 빈민국 중의 하나였다. 일제로부터 36년간이라는 식민통치를 받았고, 식민통치를 벗어난지 5년도 지나지 않아 6·25전쟁이라는 비극적인 전쟁을 3년이나 겪은, 그래서 경제적으로나 사회문화적인 기반이 대부분 파괴된 나라였다.

1953년 휴전 직후 우리나라의 1인당 국민총생산(GNP)은 67달러였다. 그러나 2000년대 중반에 2만달러 선을 돌파하였고, 2014년 3만 달러를 넘어서 2022년에는 3,2661달러를 기록하기도 했다. 70년 만에 거의 500배의 성장을 거둔 것이다. 휴전 직후 우리나라에는 산업다운 산업과 기반시설은 하나도 없었다. 대부분 전쟁에 쓰고 남은 군수품이나 구호물품에 의존하는 형편이었다. 구호품으로 나오는 분유로 배를 채워야 했고, 당시 노동자들은 미군들이 먹고 남은 음식을 커다란 드럼통에 넣고 끓여 파는 일명 '꿀꿀이죽'을 먹으며 막노동을 해야 했다.

휴전 이듬해인 1954년 우리나라는 스위스 월드컵에 출전하였다. 6월에 열리는 스위스 월드컵에 참가하기 위하여 극동 지역 예선전을 치러야 하는데, 우리나라의 상대국은 일본이었다. 3월에 치러야 하는 예선전을 위하여 급히 선수단을 결성하고 FIFA의 규정에 따라서 한번은 동경, 한번은 서울에서 시합을 해야 했다. 그러나 당시 우리나의 입장은 우리를 침탈한 일본 선수의 입국을 허락하지 않았다. 그래서 두 차례 모두 일본에서 경기를 치렀다. 1차전은 5-1로 대승을 하였고, 2차전은 2-2로 무승부였다. 우리나라는 출전 티켓을 거머쥐었다. 지난해(1953)까지 연 3년 동안 전쟁을 치른 나라로서는 믿을 수 없는 결과이기도 했다.

그해 월드컵 경기는 스위스에서 6월 16일부터 7월 4일까지 열리기로 되어 있었다. 한국의 선수단은 6월 9일 서울역에서 열차를 타고 부산에 도착했다. 여비가 부족하여 11명은 일본으로 배를 타고 건너가 프랑스 항공기를 탔고, 나머지 11명은 미군 용기를 탔다. 총 60시간이 넘는 대장정 끝에 대회가 개막하는 당일(6월 16일) 저녁에야 스위스에 도착하였다. 한국을 떠난 지 꼭 일주일 만이었다. 당연히 개막식에는 참가를 못했다.

미군 용기는 미군들의 긴 다리에 맞춘 의자가 높아, 앉으면 다리가 바닥에 닿지를 않아, 선수들의 근육 피로는 극심했다. 시차 적응은 꿈도 꾸지 못하고, 현지 적응훈련은 언감생심이었다. 이런 상황에서 스위스 도착 다음날인 6월 17일 당시 최강인 헝가리와 1차 예선을 치렀다. 결과는 0-9, 참패였다. 선수들은 기나긴 비행시간에 이미 지칠대로 지쳐 있었고, 경기 중에 오직 주저앉고 싶은 심정뿐이었다고 한다. 2차전에서는 터키에게 0-7로 참패를 했고, 조별 예선 탈락이 확정되자, 서독과의 마지막 경기는 열리지 않았다. 우리나라 선수들은 귀국 채비를 서둘러야만 했다. 선수들은 결승전을 보고 싶었지만, 이들에게는 체류 경비가 없었다. 이때도 관중 입장료 중 일정액을 출전국에게 분배해 주었는데도, 우리는 이러한 사실조차 몰랐던 것이다. 월드컵조직위원회는 터키와의 경기가 끝난 뒤, 우리나라 선수들이 머물던 호텔로 배당금 8천 달러를 받아가라는 독촉장을 보냈다. 그러나 우리나라 선수들은 이미 떠난 후였다.

1954년 스위스 월드컵 출전 과정은 당시 우리의 실정을 잘 보여준다. 오직 정신력으로 원수인 일본은 이를 악물고 이겨냈지만, 세계 속에서의 축구 실력과 운동장 안팎에서의 경기 운영 역량은 말할 수 없이 열악한 형편이었던 것이다. 우리가 직면하고 있던 세계의 벽이 얼마나 높았는가를 이야기하고 있는 한 대목이 아닐 수 없다.

그런 형편이었으므로, 우리는 오랫동안 우리 것에 대한 자부심을 가질 수 없었다. 외국에서 온 물건(상품)이라고 하면 무조건 좋아했고, 우리의 것은 촌스러운 것으로 여기는 풍조가 만연했다. 우리의 가락보다는 서양의 음악을, 우리의 의상보다는 서양의 의상이 우월다고 여기는 것은 물론이고, '김치와 된장'까지도 우리 민족의 열등을 말해주는 것으로 간주되었다. 김치의 주재료인 마늘 냄새며 된장 특유의 구린 냄새는, 우리 스스로를 비루하게 만드는 식품으로 폄하되곤 했다.

그러나 우리는 불과 반세기도 지나기 전에 월드컵을 직접 개최했을 뿐만 아니라, 4강의 신화를 이룩했다. 오늘날 김치와 된장은 세계가 인정하는 최고품 영양식품의 반열에 올라 있다. 최근에 이르러서는 외국의 요리사들이 김치, 불고기, 된장찌개 등의 한식요리를 배우기 위하여 우리나라를 찾아오기도 한다. 이제 더 이상 김치와 된장은 우리 열등감의 한 모습이 아니라, 자랑스러운 우리의 표상이 되었다. K-한류가 보편화한 2010년대 이후에는 우리 고유의 음식 가운데 세계인의 호응을 불러일으킨 품목이 해마다 격증하고, 김밥의 인기로 말미암아 '김 품귀와 가격 인상'이 사회적인 이슈로까지 부각되고 있다.

1970년대 중반에 남미에 자동차를 수출한 것을 시작으로 1980년대 중반(1986)에는 처음으로 자동차의 나라 미국에 우리나라 차가 수출되었다. 미 서부 프리웨이 위를 달리는 우리나라 상표를 단 자동차를 본 어느 교민은 감격의 눈물을 흘렸다고 한다. 그러나 이것도 이제는 '옛이야기'가 되고 말았다. 지금은 미국 차 10대 중 1대가 한국 자동차라고 한다. 필자도 1990년대 초 미국에 잠시 머물 때, 가전제품을 사려고 전자제품 매장을 방문했다. 대부분 전자제품은 일본제품이 압도적이고 가격도 높았다. 종업원에게 가장 싼 제품이 어떤 것이냐고 하니, 그 종업원이 진열대 뒤쪽에 보이지도 않게 쌓아 놓았던 한국산 제품을 내놓았다. 그러나 지금은 미국과 유럽 등의 전자제품 판매점에는 한국산 휴대폰과 평면 TV 등이 맨 앞줄에 보란 듯이 자랑스럽게 전시되어 있다. 불과 20여 년 전의 일이 이렇듯 격세의 감을 느끼게 된다.

그러나 한 나라의 수준과 역량은 기술과 경제력을 넘어 문화적인 방면에서 최종적으로 결정이 된다고 할 수 있다. 오랫동안 우리의 대중문화는 일본과 미국을 베낀다는 오명을 쓰고 있었다. 그러나 이제 한국의 대중문화는 일본과 중국을 비롯하여 동아시아 전역은 물론이고 중동, 유럽, 북미(미국)와 남미까지 전 세계를 강타하는 한류로 당당히 위력을 떨치고 있다. 우리는 더 이상 남의 문화나 따라가고 베끼는 나라가 아니다. 오히려 우리가 보여주는 문화예술을 다른 나라가 부러워하고 또 모방하거나 모조품이 난무하여 골치를 썩이는 나라가 되었다. 즉 일본 베끼기로 '문화 속국'에 지나지 않던 우리나라가 이제는 아시아, 중동, 유럽 등의 세계 여러 나라들을 '한류 수용국'으로 만든 문화 발신국으로 도약한 것이다.

한류의 문을 연 첫 번째 주자는 드라마였다. 드라마를 필두로 대중음악, 영화 등에서 비롯된 한류 열풍은 아시아인들을 비롯해 중동 나아가 유럽, 미국인의 마음을 사로잡았고, 한국과 한국문화 전반에 대한 관심으로 확장시키는 결과를 가져왔다. 또한 대중문화뿐 아니라 정통문학도 세계 유수의 문학상을 잇달아 수상하고, 수많은 작품이 영어나 제3의 외국어로 번역되어 인기를 끌고 있다. 세계 곳곳의 한국어학당에는 수강생들이 넘쳐나고, 수많은 대학에 한국어 학과가 개설되어 인기를 끌고 있다.

한국 문화의 어떤 매력, 즉 문화적 역량이 이와 같은 엄청난 결과를 가져왔는가. 초창기 한류 열풍에 놀란 많은 한류 전문가들은 그 원인을 두 가지 면에서 분석을 하고 있다. 첫 번째는, 예컨대 '한류 드라마'의 효시로서 처음 일본인들의 마음을 사로잡은 드라마 「겨울연가」가 보여주는, 현대 일본인에게는 없는 주인공의 사랑을 향한 희생과 서구의 영화에서는 찾아보기 어려운 한 남자와 여자가 숱한 고난과 역경 속에서도 끝까지 서로를 버리지 못한다는, 한국 특유 정서를 성공적으로 그려낸 것이 일본인들의 마음을 흔들었다는 것이다. 한류 드라마에 열광한 일본 주부들은 "사랑하는 사람을 위해 자기를 희생하는 모습이 감동적이다. 요즘 일본 사람들에게는 이런 모습이 거의 없다."라고 대답한다. 두 번째는 한국인이 지닌 흥과 역동성이 세계인들을 사로잡은 중요한 요소라고 진단하고 있다. 즉 한류 전문가들은 한류 드라마가 지닌 순수한 순애보적인 사랑, 천륜의 문제 등 한류 드라마에서 만나는 한국인의 가치관에 감동하는가 하면, 한국인의 흥과 역동성이 세계인을 매료시키는 중요한 원인이라고 분석한다.

그런가 하면, 한류는 서구 중심의 가치관과 서구 문화의 획일적인 세계화, 소위 '글로벌 스탠더드'에 대응하는 아시아인들이 아시아의 문화 정체성을 인식하고, 아시아 각국 간의 문화적 유대감과 동질성을 강화하여 궁극적으로 아시아 문화공동체 형성을 향하여 나가는 과정에서 일본 문화보다는 훨씬 더 동아시아적 보편성과 아울러 세계적인 보편성을 띠는 한국 문화가 세계적인 이목을 끌게 되었다고 분석하기도 한다. 이런 점에서는 한류를 통해 한국인의 우수성을 알리겠다는 자민족 중심주의나 한국의 국익만을 챙기겠다는 국가 내지 민족이기주의를 드러낸다면, 평화체제 구축을 위한 신뢰 형성은 고사하고 오히려 반한 감정을 불러일으키는 결과를 초래하고 말 것이라고 경고하기도 한다. 동아시아 나아가 지구상의 모든 사람들에게 감동을 주고 공감을 얻을 수 있는 인류 보편의 가치와 정서에 호소할 때만이 일체감이나 정체성을 높이는 데 기여할 수 있을 것이라고 말한다.[1]

이와 같은 한류 전문가들의 고언은 한류가 지속적이고, 또 세계적으로 그 가치를 확충시켜 나가는 데에 유효한, 귀 기울여야 할 말이라고 하겠다. 즉 흥과 역동성을 바탕으로 인류 보편의 가치를 높은 예술의 경지로 구현시킬 때에 한류는 그 가치를 높일 수 있고, 그러므로 지속이 가능하다는 이야기이다.

그러나 한편 위에서 언급한 '제1기 한류' 열풍이 가라앉고 제2, 제3의 한류 열풍, 즉 오늘날에는 'K-한류'로 명명되는 한류 열풍에 이르는 동안 그 열풍의 원인은 단순히 한두 가지가 아니라 복합적이고 철저한 기획과 훈련을 통해 만들어진 수준 높은 작품과 문화 예술인들의 역량이 발휘되면서 새로운 차원의 도약을 거듭하고 있다고 얘기된다. 그러므로 이른바 '한류'에 대한 더 깊은 원인을 탐색할 때가 되었다고 할 수 있다.

수운이 동학을 창도한 것은 지금부터 165년 전인 1860년이지만, 동학사상은 수천 년 동안 우리 민족의 사상과 문화를 그 안에 포함하는 '오래된 미래'의 사상이자 종교라고 할 수 있다. 그러므로 필자는 동학사상의 요체를 살핌으로써, 우리가 구현하고 있는 한류 열풍의 근원적인 동력과 원리를 찾아낼 수 있다고 본다.

---

1    강철근, 『한류 이야기』, 이채, 2006, 174쪽 참조.

## 2. 영부(靈符): 고요함과 약동함

동학은 19세기 중엽인 1860년 4월 수운 선생(水雲 崔濟愚, 1824-1864)의 종교체험과 함께 나타난 사상이며 종교이다. 그러나 동학이 그 근본에서부터 19세기에 갑자기 나타난 것은 아니라는 견해도 있다. 즉 오랜 우리의 문화적 전통이 19세기에 종교적인 천재라고 할 수운 선생을 통해 다시 피어난 것으로 보는 것이다.

수운 선생이 동학을 창도하고 도를 펴기 시작하자 제자들이 동학과 서학이 어떻게 다른가를 물었다. 이에 수운 선생은 "도(道)는 비록 서학이나 동학 모두 같은 천도(天道)이지만, 그 천도를 궁구하는 학은 '서학'과 다른 '동학'이다."[2]라고 대답하였다. 수운 선생 자신의 가르침이 우주적 이법인 천도이며, 이 천도를 궁구하는 학은 우리나라의 문화적 전통이나 사유에 기반한 것이라는 점을 분명히 밝히고 있다. 즉 수운 선생이 말한 '동학'이란 '동방지학'(東方之學)의 준말로, 인류 보편적 가치의 근원이 되는 천도(天道)를 궁구하는 '우리의 고유한 사유'에 근거하는 학문이라는 의미이다.

이러한 '동학'이라는 종교 사상에서 우리는 오늘날 전 세계를 풍미하는 한류의 가장 중요한 바탕이 되는 역동성과 창조성이라는, 인류가 지향하는 보편적 가치를 찾을 수 있다. 즉 현대 사회 속에서 가장 필요로 하는 상대에 대한 배려와 존중, 나아가 조화와 균형의 삶을 지향하는 정신이 동학에는 담겨 있다.

수운 최제우 선생이 1860년 4월 경험한 결정적인 종교체험은 한울님이라는 궁극적 존재와 만나 대화하는 신체험(神體驗)이다. 10여 년 가까운 구

---

2    『동경대전』「논학문」, "道雖天道 學則東學."

도 생활 끝에 다시 고향인 경주 가정리로 돌아온 수운 선생은 구미산(龜尾山) 용담(龍潭)에서 세상을 구할 도를 깨치지 못하면, 이제 다시는 산 밖(세속)으로 나가지 않겠다는 굳은 결심을 하고 수련에 집중한다. 그 결과 한울님과 만나 그 계시를 받는 신비체험을 하게 되었다.

이 종교체험을 통하여 수운 선생이 한울님으로부터 받은 것은 두 가지이다. 하나는 영부(靈符)이고, 다른 하나는 주문(呪文)이다. 수운 선생이 신비체험을 하며 한울님이라는 신으로부터 주문과 영부를 받는 장면은 다음과 같다.

경신년 4월 초닷새 날, 잔칫집에 갔다가 몸에 이상한 기운을 느껴 집(용담)으로 돌아온 수운 선생은 마음이 주체할 수 없이 선뜻해지고 몸이 떨리는 신비한 현상을 겪게 되었다. 마치 병이 든 것 같았지만 어떤 병의 증상인지 알 수 없고, 또 그 상태를 말로써 제대로 표현할 수도 없었다. 그때 문득 신비한 말씀이 어디에선가 들려왔다. 깜짝 놀라 일어나, 누구냐고 물어보니 대답하기를 "두려워하지 말고 두려워하지 말라. 세상 사람들이 나를 상제라고 부르는데, 너는 상제를 모르느냐?"라고, 하였다. 오랜 기간 그토록 만나고 싶어 했던 궁극의 존재를 만난 것이다. 조심스럽게 "어찌하여 이렇듯 저에게 나타나셨습니까?"라고 여쭈니, 대답하기를, "내가 천지를 개벽하여 우주의 질서를 바르게 하고 가르침을 편 지 오만 년이 되었다. 그러나 세상은 점점 어지러워지기만 하고, 결국 나는 아무런 공을 이루지 못하였다. 이는 선천의 운이다. 그러나 이제 후천을 맞이하여 새로운 운이 열릴 것이다. 이와 같은 때에 너를 이 세상에 내놓게 된 것이다. 이제 너에게 이 법(法)을 주어 너로 하여금 세상 사람들을 올바르게 가르치게 할 것이니, 조금도 의심하는 마음을 갖지 말라."

이에 수운 선생이 다시 묻기를 "그러하시다면, 지금 세상 사람들이 새로운 가르침이라고 일컫는 서도(西道)로써 사람들을 가르칠까요?" 하니, 한울님이 대답하시기를 "그렇지 않다. 나에게 영부가 있으니, 그 이름은 세상의 모든 질병을 구하고 선악을 구제할 수 있는 선약이요, 우주의 근본인 나의 마음을 표상한 것이니, 나의 이 영부를 받아 사람들을 질병의 고통에서 구하고, 나아가 사람들의 마음을 치유하여 세상을 구제하라. 또한 나의 주문을 받아, 사람들로 하여금 천리와 천명에 따르는 삶을 살게 하고, 나아가 나를 지극히 위하게 하라. 그러면 너 역시 무궁한 우주의 이치를 깨달아 무궁한 이 우주와 함께 영원한 생명을 얻게 될 것이요, 천하에 나의 덕을 펴, 천리와 천명을 따르는 세상을 이룩할 수 있을 것이다."

세상을 구할 수 있는 영부와 주문을 주신다는 한울님의 말씀에 참으로 감격하지 않을 수 없었다. 영부를 받고자 한울님 분부대로 흰 종이를 펴니, 흰 종이 위에 영부의 모양이 나타났다. 그래서 나타난 모양대로 붓으로 그리고 불에 살라 이를 물에 타서 마셨다. 이러기를 여러 날을 하니 몸이 윤택해지고, 더욱 건강해짐을 느끼게 되었다. 그래서 한울님이 말씀하신 선약임을 몸소 확인하게 되었다. 그런데 이 영부를 다른 사람들의 병에 써 보니 어떤 사람은 차도가 있었고, 어떤 사람은 차도가 없었다. 어찌해서 이러한 일이 일어나는지 그 원인을 자세히 살펴보니, 정성을 들이고 또 정성을 들여서 지극히 한울님 위하며 천리와 천명에 따라서 사는 사람은 영부의 효험을 보았고, 하늘의 도와 덕을 따르지 않는 사람은 하나같이 효험이 없었다. 이로 보아, 영부의 효험이 있고 없는 것은 영부를 받는 사람이 얼마만큼 정성과 공경하는 마음을 가지고 살아가느냐,에 달려 있음을 알게 되었다.[3]

---

3    『동경대전』「포덕문」, "不意四月 心寒身戰 疾不得執症 言不得難狀之際 有何仙語 忽

이렇듯 한울님으로부터 받은 주문은 '한울님을 지극히 위하는 글'[4]로서 오늘 천도교 의식에서 가장 중요한 종교적 위상을 갖는 것이다. 또한 '신령스러운 부적'을 뜻하는 영부는 수운 선생이 달리 '선약'(仙藥)이라는 이름으로 부르고 있다. '선약'이란 말에는 '신선의 약', 곧 먹으면 죽지 않는 '불사약'(不死藥)이라는 의미가 담겨 있다. 그런가 하면,『용담유사』「안심가」에 "삼신산(三神山) 불사약(不死藥)을 사람마다 볼까 보냐." 또는 "진시황 한무제가 무엇 없어 죽었는고. 내가 그때 났더라면 불사약을 손에 들고 조롱만상 하올 것을"이라고 노래하고 있어 '영부'를 직접적으로 '불사약'이라고 부르고 있다.

또한 앞의 인용문에서 보듯이, 수운 선생은 이 영부를 태워서 물에 타서 마시고 몸이 윤택해지고 병에 차도가 있음을 체감하고 선약(仙藥)임을 확신했다고 말한다. 그러면 수운 선생은 한울님으로부터 실제로 선약인 불사약을 받았는가. 어떤 연유로 영부를 불사약이라고 했는가?

'영부'(靈符)는 '신령스러운 부적'(符籍)이라고 풀이할 수 있다. 그러므로 '부적'의 부정적인 면, 즉 기복(祈福)이나 축사(逐邪)의 민간신앙의 측면에서 영부를 해석하고, 이해하기가 쉽다. 그러나 본래 '부적'(符籍)이란 '부합'(符合)의 의미를 띠는 말이다. 따라서 영부란 '영(靈)의 부합'(符合), 즉 '신령스러움의 부합'을 뜻한다. 이렇게 보면 수운 선생이 결정적인 종교체험의 순간에 들었다는, 한울님 마음이 수운 선생의 마음과 한 치도 어긋남이 없

入耳中 驚起探問則 曰勿懼勿恐 世人謂我上帝 汝不知上帝耶 問其所然 曰余亦無功 故生汝世間 教人此法 勿疑勿疑 曰然則 西道以教人乎 曰不然 吾有靈符 其名仙藥 其形太極 又形弓弓 受我此符 濟人疾病 受我呪文 教人爲我則 汝亦長生 布德天下矣 吾亦感其言 受其符 書以呑服則 潤身差病 方乃知仙藥矣 到此用病則 或有差不差 故 莫知其端 察其所然則 誠之又誠 至爲天主者 每每有中 不順道德者 一一無驗 此非受人之誠敬耶."
4   『동경대전』「논학문」, "曰呪文之意 何也 曰至爲天主之字."

다는 '오심즉여심'(吾心卽汝心)[5]의 표상이 곧 영부임을 알 수 있다. 즉 '한 치의 오차도 없이 나의 마음과 한울님의 마음이 부합된 것', 곧 '영의 부합'을 영부라고 이름한 것이다.

이로 보건대 영부(靈符)란 단순히 '신령스러운 부적'이 아니라. '나와 한울님이 합일됨으로 해서, 내 안에서 한울님 마음을 회복하는 것'을 말하는 것이요, 내가 모신 한울님의 무궁성과 한울님을 모신 나의 무궁성을 동시에 깨닫는 것을 의미한다. 즉 영부를 통하여 내 몸에 모신 한울님의 마음과 기운을 회복하여, '무궁한 이 울과 더불어 무궁한 나'[6]를 깨닫고, 나아가 '생명의 무궁성'을 깨닫게 되므로, '영부'를 선약, 또는 불사약이라고 지칭하게 된 것이다.

이처럼 영부란 물리적 세계에서 주고받는 어떤 것이 아니라, 한울님의 기운과 마음을 회복함으로써 깨닫게 되는 '한울님의 무궁성', '생명의 무궁성'으로서 '나의 안'에 있는 것이다. 다음과 같은 수운 선생의 언명에서 이러한 점을 더욱 분명히 찾을 수 있다.

> 가슴에 불사약을 지녔으니 그 형상은 궁을이요, 입으로 장생하는 주문을 외우니 그 글자는 스물한 자이다.[7]

이렇듯 수운 선생은 한울님을 '내 안'에 모신 것(侍天主)과 같이, 장생불사의 약 역시 밖에 있는 것이 아니라 '내 안'에 있음을 강조하고 있다. 불사약

---

5    오문환, 『사람이 하늘이다』, 솔, 1996. 67쪽.
6    『용담유사』「흥비가」, "무궁한 이 울 속에 무궁한 내 아닌가."
7    『동경대전』「수덕문」, "胸藏不死之藥 弓乙其形 口誦長生之呪 三七其字."

은 바로 나(각자) 안에 있는데 이것을 모르고 불사약을 구하기 위하여 삼천 명의 동자(童子)를 천하로 내보냈으니 진시황(秦始皇)을 '조롱만상'(嘲弄萬狀)한 것이 아니겠는가? 결국 불사약을 얻기 위해서는 나를 연성(煉性)하고 내 마음을 닦아야 한다는 것이 수운 선생의 생각이다.

그러면 어떠한 연유에서 한울님이 영부를 주었다고 표현했는가. 「포덕문」에서 보듯이, "나(한울님)로부터 영부를 받아 세상 사람들을 질병으로부터 구하[受我此符 濟人疾病]라고 하여 한울님이 영부를 준 것으로 되어 있다. 이때의 '질병'이란 단순히 '육신의 질병'이 아니다. 이돈화가 지적한 바와 같이, 『용담유사』 중 수운 선생이 노래한 "아동방 연년괴질(年年怪疾) 인물상해(人物傷害) 아닐런가."와 "십이제국 괴질운수 다시개벽 아닐런가."라는 구절에 나타난 '괴질'과 마찬가지로 '마음의 질병', '타락한 도덕과 사회적인 질병', 다시 말해서 당시의 타락한 사회상을 의미한다.[8] 즉 도덕적으로 타락한 사람들이 마음속에서 도와 덕을 회복하고, 또 도덕적인 타락으로 인하여 깊은 병이 든 사회가 다시 건강한 사회가 되기 위해서는, 세상 사람들이 모두 한울님 마음을 회복하여야 한다는 것이다. 이러한 의미로 한울님이 수운 선생에게 영부를 주며, 이 영부로 세상 사람들을 질병에서부터 구하라고 가르친 것이다. 이는 다른 말로, 잃어버린 우리의 본성을 회복하는 길이기도 하다.

「포덕문」에서 보듯이, 영부의 이름은 선약[其名仙藥]이지만 "그 형상은 태극이요[其形太極] 또 다른 형상은 궁궁이다[又形弓弓]." 다시 말해서 영부의 형상은 우주의 근원을 형용한 태극이며, 한편으로는 궁궁의 모양이라는 뜻이다. 궁궁(弓弓)이라는 글자의 모양은 태극의 모습과 유사하다. 그러

---

8    이돈화, 『신인철학』, 천도교중앙종리원, 1924, 118쪽.

므로 그 형상이 태극이고 또 궁궁이라고 말했을 것으로 본다. 그러나 이는 다만 그 형상만을 뜻하는 것은 아닌 듯하다. 동학의 2세 교조 해월 선생은 궁궁 또는 궁을은 '마음'이라고 하였다.[9] 이어서 "궁은 천궁(天弓)이요, 을은 천을(天乙)이니, 궁을은 천지(天地)의 형체이다."[10]라고 말한다. 즉 궁궁, 궁을은 '마음'이며 동시에 '천지의 형체'라는 말이 된다.

이러한 수운 선생의 설명과 해월 선생의 영부에 대한 설명을 종합해보면, 영부란 다름 아닌 약동(躍動)하는 우주를 표상한 것이요, 동시에 사람의 본원적인 마음,[11] 곧 우주의 근원을 표상한 것이다. 그러므로 한울님이 수운 선생에게 영부를 주면서, "그 형상은 태극이요 또 다른 형상은 궁궁이다"라고 말한 것이다. 즉 우주의 근원인 '태극'과, 우주의 약동하는 모습인 '궁궁'을 아우른 것이 영부의 형상이라는 말이 된다.

이런 점에서 영부란 우리가 잃어버린 한울님의 마음이며, 우리의 본성이다. 따라서 '영부'를 받는다는 것은 내 안에 모셔져 있는 '우주적 고요함과 약동함' 모두를 다시 회복한다는 말이 된다.

이 '고요함과 약동함'을 오랜 역사 속에 간직해 온 것이 우리나라요, 그 주역이 우리 민족이었다. 개화 이전에 우리나라를 찾았던 많은 외국인(선교사)들은 우리나라를 '고요한 아침의 나라'(The Land of Morning Calm)라고 불렀다.[12] 이 말은 1차적으로 우리의 국호인 '조선'(朝鮮)을 풀이한 말이다.

---

9   『해월신사법설』「영부 주문」, "弓乙其形 卽心字也."
10  『해월신사법설』「영부 주문」, "心和氣和 與天同和 弓是天弓 乙是天乙 弓乙 吾道之符 圖也 天地之形體也."
11  太極이나 弓弓이 뜻하는 '마음'에 관하여 李敦化는 '創造心'이라고 말하고 있다. 즉 "太極과 弓弓의 形으로 創造心의 躍動的 形象을 象徵케 한 것"이라고 설명하고 있다(李敦化, 『水雲心法講義』, 천도교중앙종리원, 1926. 27쪽 참조).
12  '고요한 아침의 나라'(The Land of Morning Calm)이라는 용어는 미국의 천체물리

이와 관련된 또 다른 이름은 '은자의 나라'(The Hermit Nation)[13]이다.

'조선'이라는 국호의 연원은 고조선(古朝鮮)이라고도 하는 단군조선의 이름에서 유래한다. 단군이 고조선의 도읍으로 정했던 곳이 '아사달'(阿斯達)이다. 이 '아사달'은 한자를 빌려 표기한 것이고, 본래는 '아침의 땅'이라는 뜻의 순수한 우리말이다. '아사', '앗'은 바로 우리 말 '아침'의 고어이고 '달'은 '땅'의 의미이다.[14] 즉 '아침의 땅'이라는 뜻을 지닌 '아사달'에 세워진 나라가 고조선이다. 이 '아사달'을 한문으로 바꾸어 표기한 것이 '조선'이다.[15] 따라서 우리 본래의 이름이 바로 '고요한 아침의 나라'였다. 그러므로 개화기 당시 우리나라를 찾았던 외국인들의 눈에는 당시 외세에 시달리고 있던 우리의 모습이 다만 처연해 보였던 것만 아니라, 마치 새로운 태양이 떠오르기를 기다리는, 밝은 태양이 떠오르기 바로 직전의 고요가 감도는 나라로 보였던 것이다.

그러나 21세기 오늘의 우리는 아침 고요의 우리에서 약동의 우리로 세계에 비쳐지고 있다. 고요와 약동, 고요와 창조적 역동성 모두를 그 내면에서 새롭게 회복하고 있는 민족이 바로 오늘의 우리라는 의미를 여기에서 찾을 수가 있다. 이러한 우리 본연의 모습을 수운 선생은 영부를 통해 '태극과 궁궁'으로 표현한 것이다. 따라서 지금 세계로 뻗어가는 '한류'는 바로 '태극'의 고요에서 '궁궁'의 약동으로 펼쳐지는 역동적인 힘, 그것이라고 하겠다.

---

학자였던 로웰이 지은 『Chosun: The Land of Morning Calm, 1888』에서 비롯되었다. 이후 새비치-랜도어 등이 이 용어를 썼다.

13  W. E. Griffis, Corea: The Hermit Nation, Charles Scribner's Son, New York, 1907.)

14  신용하, 『고조선 국가형성의 사회사』, 지식산업사, 2010. 150쪽 참조.

15  이병도, 「단군신화의 해석과 아사달의 문제」, 『서울대논문집』 제2집, 1955.

그러면 영부의 '선약'으로서의 의미는 어떠한 것인가. 앞에서 이야기한 바와 같이, 내 몸에 모신 한울님 마음을 회복하여 생명의 무궁성을 깨닫고, 이로 인하여 도덕적으로 타락한 사람들이 도와 덕을 회복하고, 또 사회적 질병을 고치고 다시 건강한 사회로 만들 수 있기 때문에 '선약'이 되는 것이다. 이런 점에서 동학의 영부는 현대 사회에 가장 요구되는 것이며, 동시에 한류가 지향해야 할 인류의 보편적 가치이기도 하다.

이러한 '선약'으로서의 영부를 좀 더 구체적으로, 또 실천적으로 편 것이 동학의 '시천주(侍天主)의 모심'과 '사인여천(事人如天)의 섬김'이다.


## 3. 시천주(侍天主): 모심

'사람은 누구나 한울님을 모셨다.'는 '시천주'(侍天主)는 신분 계급의 구별이 분명한 봉건사회에서 귀천(貴賤)을 막론하고 세상 모든 사람들이 한울님을 모시고 있으므로 '모두가 평등하다'는 평등사상의 근거로서 주목을 받아 왔다. 그러므로 동학·천도교의 시천주 사상은 평등 정신이 서구적 근대 사조와 함께 수입된 것이 아니라 자생적이며 자주적인 기반을 제공하는 중요한 개념으로 이해되어 왔다.

그러나 오늘과 같이 서구적 평등사상이 보편화된 현대에 자생적 평등사상의 근거로서의 소명이 약화되었고, 오늘날 대부분 서구 민주주의적 토대 위에 평등사상을 논의하고 있다. 그러나 시천주는 단순히 서구 근대의 자연적 평등사상으로만 해석될 수 없는 여지를 너무나 많이 지니고 있다. 즉 새로운 차원에서의 해석할 여지를 충분히 지니고 있다. 그러므로 시천주에 대한 좀 더 근원적인 논구가 요청된다.

시천주는 사람과 사람, 사람과 신(神), 사람과 자연에 걸치는 의미를 내포하므로, 서구적 평등사상과는 차원을 달리하는 의미의 평등사상을 낳게 된다. 다시 말해 인간의 정치 사회적 평등의 차원을 넘어, 사람과 신과 자연이 서로 유기적인 관계로 공존한다는, 우주적 차원의 평등론을 전개할 수 있다.

'시천주'는 『동경대전』의 「주문」편에 그 원문이 제시되고, 「논학문」에서는 수운 선생이 직접 '주문'을 해의하고 있다. 따라서 먼저 수운 선생의 주문 해의를 살펴볼 필요가 있다.

먼저 유념하여 살펴볼 것은 수운 선생은 주문 스물한 자, 즉 지기금지 원위대강 시천주 조화정 영세불망 만자시(至氣今至 願爲大降 侍天主 造化定 永世不忘 萬事知)를 해의하면서, '천'(天)이라는 문자는 그 해석을 유보하였다는 점이다. 그러면서 그 앞뒤의 '시'(侍)와 '주'(主)를 상세히 풀이를 했다. 따라서 이 '시천주'라는 용어는 '侍(시)＋天(천)＋主'(주)의 구조로 이해해야 한다. 즉 기존의 '천' 관념에 '주'의 의미를 부여함으로써 성리학적인 이법천(理法天)에서 영적(靈的)이며 나아가 인격적인 면까지 포함하는 '천주'(天主)로 발전시키고, 이 천주를 '시'(侍), 즉 내 몸에 모신다는 '모심'의 문제로까지 이끌고 있는 개념어라고 하겠다.[16] 따라서 '시천주'의 의미를 좀 더 상세하게 논의하기 위해서는 '시'의 의미를 면밀하게 검토할 필요가 있다.

수운 선생은 이 '시'(侍)라는 글자에 대하여, "시(侍)라는 것은 안에 신령이 있고[內有神靈], 밖으로는 기화가 있어서[外有氣化], 온 세상의 사람이 각각 옮기지 못할 것을 아는 것[各知不移]"[17]이라고 설명했다. 즉 '한울님을 모

---

16  윤석산, 『동학교조 수운 최제우』, 모시는사람들, 2004, 214-226쪽 참조
17  『동경대전』「논학문」, "內有神靈 外有氣化 一世祉人 各知不移."

셨다'는 '시'(侍)란, 안으로는 신령스러운 영(靈)이 있음을 느끼며, 밖으로는 신비한 기운과 동화(同化)됨을 느끼며, 이러한 자각 상태를 깨달아 이 마음을 옮기지 않는 것이라는 뜻이다. 수운 선생의 '시'(侍)에 대한 해석은, '시'의 의미를 '안과 밖'으로 나누어 설명을 하고, 이원적 구조를 지닌 듯한 모심의 상태를 '온 세상 사람들이 각기 옮기지 못할 것은 아는 것'[各知不移]이라는 말로서 다시 종합하고 있다.

또한 이 시(侍)에 대하여 해월 선생은 "안에 신령이 있다 함은 처음 세상에 태어날 때의 어린이 마음을 말하는 것이요, 밖에 기화(氣化)가 있다 함은 포태(胞胎)할 때에 이치기운(理致氣運)이 바탕에 의하여 체(體)를 이루는 것"[18]이라고 설명했다.

이러한 해석을 바탕으로 '시'의 의미를 고찰, 재구성해 보면, '내 안에 한울님을 모셨다'는 것은 안으로는 처음 태어난 아기의 마음과 같은 순수한 마음, 곧 한울님으로부터 품부(稟賦)받은, 한울님의 마음을 지니고 있다는 뜻이다. 또 '밖으로 기화가 있다'는 말은 어머니의 자궁(子宮)에서 처음 생명이 형성될 때, 즉 지금까지는 우주의 기운에 혼연일체로 있던 무형의 생명이 인간이라는 유형의 생명으로 바뀌는 그 순간, 그러므로 유형화된 생명체가 우주의 기운과 접하게 되는 신비한 그 순간[19]을 말하는 것이다. 다시 이야기해서, '신령한 한울님의 영(靈)과 기운'을 안과 밖에서 동시에 만나게 되므로 무형(無形)의 생명이 유형(有形)의 생명체(生命體)로 바뀌는 순

---

18　『해월신사법설』「영부 주문」, "內有神靈者 落地初 赤子之心也 外有氣化者 胞胎時 理氣應質而成體也."

19　無形의 생명이 有形의 생명으로 바뀌며, 우주의 기운과 만나게 되는 그 순간 느끼게 되는 상태를 수운 선생은 「布德文」과 「論學文」에서 "뜻밖에도 4월에 마음이 선뜩해지고 몸이 떨려서"[不意四月 心寒身戰]. 또는 "몸이 몹시 춥고 떨리면서, 밖으로는 접령하는 기운이 있고"[身多戰寒 外有接靈之氣] 등으로 표현하고 있다.

간, 곧 포태의 순간을 해월 선생은 '시'(侍)라고 말하고 있다.

따라서 모든 사람은 이미 포태의 순간 신령한 한울님의 영과 기운을 받은 것이다. 그러나 우리는 포태 순간부터 인류 역사 이래 누적되어 온 문화적 관습과 무의식을 함께 이어받으며, 또한 태어나면서부터 사회의 일원으로서 사회적 관습에 제재를 당하며, 그리고 개인적인 습관에 따라 사는 동안 이 신령한 영과 기운을 상실하거나 망각하게 된다. 그러므로 사람들은 자신이 한울님 모시고 있음을 자각하지 못하고 살아간다. 그러나 수련을 통하여 구습(舊習)을 깨쳐버리고, 잃어버렸던 '한울님의 영과 기운'을 회복하게 되면, 사람들은 '자신이 본래 한울님으로부터 유래한 존재이며, 동시에 지금도 한울님 모셨음'을 깨닫게 된다.

이와 같이 포태의 순간 신령한 한울님의 영과 기운을 받는 것은 '선천의 시천주'요, 수련을 통하여 잃어버렸던 한울님의 영과 기운을 다시 회복함으로써 모시게 되는 한울님은 '후천의 시천주'라고 할 수 있다. 동학·천도교는 한울님 모심을 깨닫고 후천의 시천주를 회복하는 데에 그 첫 번째 의미를 둔 종교이다.

또한 '시'(侍)의 해의로 수운 선생은 '내유신령 외유기화'에 이어 "일세지인 각지불이"(一世之人 各知不移)라고 설명하고 있다. 이 말은 '온 세상 사람이 각각 옮기지 못함을 깨닫는 것'이라고 해석된다. 이는 다시 말해서 수행과 수련을 통하여 본래 모신 한울님의 신령한 영과 기운을 깨닫고[覺天主] 또 이를 조금도 변하지 않고 실천함[行天主]을 의미한다.

이상에서 살펴본 바와 같이, '시'(侍)는 단순히 모신다는 의미를 넘어, 사람이 처음 포태될 때, 품부(禀賦)받은 한울님의 마음과 기운을 다시 회복하고, 또 이 마음을 옮기지 않는 것, 곧 변하지 않고 또 실천하는 것을 의미한다.

안으로 느껴지는 '신령스러운 영'(靈)은 무엇일까? 앞에서 이는 곧 '나'의 주체이며 '한울님의 마음'이다. 그러면 밖으로 느껴지는 '신비한 기운과의 동화'(同化)란 무엇인가? 이는 곧 나의 기운이 한울님의 기운과 일치하는 작용이다. 따라서 이는 신령(神靈)의 작용이 되는 것이다. 즉 안으로는 신령이 자리하고, 밖으로는 이 신령과의 동화작용이 일어난다는 말이다. 따라서 안과 밖이 둘로 나누어지는 것이 아니라, 서로 합일(合一)을 이루고 있는 것이라고 하겠다. 즉 '신령'(神靈)은 '기화'(氣化)를 통하여 활동하고, 이러한 활동을 각기 옮기지 않음을 깨닫게 되는 것을 수운 선생은 '시'(侍)라고 설명하고 있다. 따라서 '시'(侍)란 신령(神靈), 즉 한울님의 마음을 회복하고, 기화(氣化), 즉 한울님으로서의 삶을, 각지불이(各知不移), 즉 옮기지 않고 살아가는 것을 의미한다. 시천주(侍天主)란 곧 내 안에 자리한 참 주체인 영(靈, 한울님)의 목소리에 귀 기울여 그 뜻에 어긋남이 없는[20] 마음의 상태로 살아가는 것이다.

이를 좀 더 확대하여 해석하면, '안에 신령이 있다'[內有神靈]는 것은 한울님 모심을 깨달음으로 해서 한울님 마음을 회복하는 것을 뜻하는 것이요, '밖에 기화가 있다'[外有氣化]는 것은 한울님 기운과 나의 기운이 융화일체가 됨을 의미한다. 또한 안으로 한울님 본성을 깨달음으로 해서 자신이 한울님과 함께 우주의 중심에 서 있음을 자각하는 것이요, 밖으로는 한울님 기운과 융화일체를 이루므로 해서 자신이 무궁한 우주와 서로 같은 기운으로 연결되어 있음을 자각하는 순간이기도 하다. 이것이 곧 수운 선생이 『용담유사』에서 노래한 "무궁한 이 울 속에 무궁한 나"[21]로서의 '무궁한 존

---

20  오문환, 「수운 최제우의 인간관」, 『동학연구』 4집, 1999, 162쪽.
21  『용담유사』 「흥비가」.

재', 곧 한울사람으로의 다시 태어난 삶이라고 하겠다.

이러한 '한울사람'을 수운 선생은 지상신선(地上神仙), 또는 군자사람이라고 호명하였다.[22] 반상(班常)의 신분적인 구분이나 귀천의 구별 없이, 세상 모든 사람이 군자도 되고 신선도 될 수 있다는 것이 수운 선생의 생각이다. 이와 같은 군자사람이나 지상신선은 '무궁한 나'를 깨달아 한울님의 덕을 체득한 사람이며, 시대적 위기 속에서 요구되는 이상적인 인간형이기도 하다.[23]

'모심'을 통한 한울사람으로 '다시 태어남'은 우리의 전통적 사유와 닿아 있다. 우리 민족의 난생(卵生)신화나 단군신화는 모두 이러한 '다시 태어남'을 그 근간으로 하고 있다. 특히 단군신화의 웅녀 이야기는 이 점을 잘 보여주고 있다. 단군신화나 난생신화는 모두 죽었다가 다시 태어나는 재생신화의 구조를 띠고 있다. 처음 태어난 '알' 속이나 곰이 마늘과 쑥만을 먹으며 견뎠다는 '빛도 없는 동굴'은 '죽음의 상징'이다. 이러한 죽음과 같은 암흑을 깨치고 다시 태어났을 때는 '의표가 당당한 사내'[24]로, 또는 '아름다운 여인 웅녀'로 질적인 변화를 한다. 난생신화는 이중탄생(二重誕生)을 바탕으로 하고 있고, 이 이중탄생은 곧 다시 태어남을 의미하는 것이며, 나아가 '지금까지의 나'를 버리고 '새로운 나'로 태어남을 뜻한다. 모심을 통한 한울사람으로서의 다시 태어남 역시 지금까지의 습관적인 나를 버리고 우주적 존재로서의 자신을 깨달음을 말한다. 이런 점에서 동학은 우리의 오

---

22 『용담유사』「교훈가」, "시킨 대로 施行해서 차차차차 가르치면 無窮造化 다 던지고 布德天下할 것이니 次第道法 그뿐일세 法을 定코 글을 지어 入道한 세상사람 그날부터 君子되어 無爲而化될 것이니 地上神仙 네 아니냐."

23 윤석산, 「龍潭遺詞에 나타난 水雲의 人間觀」, 『韓國學論集』 第5集, 漢陽大學校韓國學研究所, 1984; 윤석산, 『용담유사연구』, 모시는사람들, 2006, 99쪽.

24 『三國史記』「高句麗本紀」, "有一男兒 破殼而出 骨表英奇."

랜 문화적 전통을 다시 회복하여 한울님 모신 사람으로서의 삶을 살아가게 하는 가르침이다.

한울님 모신 사람으로서의 삶이란 인간의 본연에 충실한 삶이라고 할 수가 있다. '한류'가 세계적으로 풍미할 수 있는 다양한 요소들, 즉 배우들의 빼어난 외모나 연기, 탄탄한 스토리, 아름다운 영상 처리의 기법을 더욱 빛나게 한 것은 '인간의 본연에 충실한 인간의 보편적 가치의 구현'을 성취한 데 있다. 즉 우리의 '모심'의 철학의 예술적 구현이 한류의 원천이라고 할 수 있다.

## 4. 사인여천(事人如天): 섬김

'시천주'(侍天主)를 바탕으로 해월 선생이 설파한 '사람을 한울님같이 섬기라'는 '사인여천'(事人如天)은 「대인접물(待人接物)」 법설 중에 나오는 말이다.[25] 해월 선생은 사람을 한울님같이 섬기는 예로 '며느리'와 '어린아이' 경우를 들고 있다. 며느리가 베를 짜는 것을 일컬어 한울님이 베를 짠다는 가르침을 펴는가 하면, 어린아이를 때리는 것은 곧 한울님을 치는 것이며, 이는 한울님이 싫어하고 또 기운이 상한다고 하였다.[26] 며느리는 당시 이중의 봉건적 억압 하에 놓여 있었다. 여성으로서의 사회적 억압과 며느리로서의 가정적 억압이 그것이다. 또한 어린이 역시 남녀의 차별 못지않은

---

25  『해월신사법설』「대인접물」, "人是天 事人如天."
26  『해월신사법설』「대인접물」, "도가의 부인은 경솔히 아이를 때리지 말라. 아이를 때리는 것은 곧 한울님을 때리는 것이니 한울님이 싫어하고 기운이 상하느니라."(道家婦人 輕勿打兒 打兒卽打天矣 天厭氣傷.)

노소 차별의 풍토에 놓여 있었다. 따라서 해월 선생의 이와 같은 가르침은 최하층에서부터 봉건의 억압을 깨며, 사람 대하기를 한울님처럼 해야 한다는 새로운 가르침이 되었다.

해월 선생의 사인여천의 가르침은 사람은 모두 한울님을 모시고 있으므로, 그 스스로가 우주의 중심이며, 또한 무궁한 우주와 같은 기운으로 연결되어 있는 존재라는 사실로부터 나오는 윤리적 덕목이다. 사인여천은 '나' 중심의 사고에서 벗어나, '다른 존재' 역시 우주의 중심이라는 사실로 이어진다. 사인여천의 '섬김'[事]은 시천주의 '모심'[侍]의 사회적 실천이다. 이 사인여천 정신에는 현대 사회에서 가장 절실하게 요청되는 '상대에 대한 존중과 배려의 문화'의 사상적 근거가 담겨 있다.

'상대에 대한 존중과 배려'는 다만 사람의 문제만이 아니라 한울님과 사물에까지 미치는 것이다. 해월 선생은 '사사천'(事事天), '물물천'(物物天)[27]을 강조하였으며, '경천(敬天), 경인(敬人), 경물'(敬物)의 삼경(三敬) 사상[28]을 펼쳐나갔다. 즉 한울님이나 사람을 공경하는 것을 넘어 이 우주에 편만해 있는 만유를 공경하고 존중해야 한다는 것이 해월 선생의 가르침, 곧 동학 천도교의 가르침이다.

동학·천도교의 가르침은 신(神) 중심의 사상이나 인간 중심의 사상에 일대 충격을 가하며, 천지인물(天地人物)이 더불어 함께하는 '우주공동체'주의로서 그 인식을 전환하는 것이라고 할 수가 있다. 다시 말해서 '우주는 한 생명'이므로 어느 하나가 그 중심이 되는 것이 아니라, 모두가 중심이며

---

27 『해월신사법설』「이천식천」, "내 항상 말할 때에 물건마다 한울이요 일마다 한울이라 하였나니, 만약 이 이치를 옳다고 인정한다면 모든 물건이 다 한울로써 한울을 먹는 것 아님이 없을지니…."

28 『해월신사법설』「삼경」,

동시에 모두가 부분이라는, 이분법적 사유를 뛰어넘는 것이다. 나아가 이러한 인간 혹은 신 중심이라는 위계적인 사고에서 벗어나, 이들 모두를 하나의 유기적 일체인 '한 생명'으로 인식하고, '서로 균형을 이루고 조화를 이루어' 나가야 한다는 의식의 대전환이기도 하다. 이와 같이 삼경사상은 곧 우주를 이루는 천지인삼재(天地人三才) 모두를 존중과 배려를 통한 '섬김'을 말하는 것이다.

## 5. 이천식천(以天食天): 균형과 조화

해월 선생은 존중과 배려의 삼경사상에서 한 걸음 더 나아가 존중과 배려를 통한 '균형과 조화'에 관한 가르침을 펴고 있다. 이것이 곧 「이천식천(以天食天)」 법설이다. 지금까지 인류를 지배해 온, 살아간다는 것은 먹히고 먹는 약육강식(弱肉强食)의 연속이라는 인식을 해월 선생은 '이천식천'(以天食天)이라는 공생과 상생(相生), 즉 '균형과 조화'로서 개벽할 것을 설파하고 있다.

먼저 해월 선생은 「이천식천」 법설에서, "한울로써 한울을 먹는 것은 어찌 생각하면 이치에 서로 맞지 않는 것 같으나, 그러나 이것은 인심(人心)의 편견에 치우쳐서 본 것"이라고 천명하였다. 이어서 우주를 전일적 생명체, 즉 '한울 전체'로 볼 것을 강조한다. 이렇듯 우주를 전일적 생명체로 보게 되면, 만유는 햇살을 보내고 비를 내리게 하여 서로 살아가며 종속을 기르는 것이요, 또 생존을 위하여 먹고 먹히는 것은 서로 연결된 존재로서의 각자, 즉 전체의 성장 발전을 도모하는 것이라고 설파하고 있다. 이것이 '기화'(氣化), 서로 다른 기운이 화하여 새로움으로 화생하는 '기화작용'이

된다고 말한다.[29]

'이천식천'(以天食天)은 먹고 먹히는 '만유 모두가 한울'이라는 말로, '만유
가 모두 한울님을 모시고 있다'[30]는 '시천주'(侍天主) 사상을 바탕으로 한다.
시천주의 '시'(侍), 곧 '모심'을 수운 선생은 '내유신령(內有神靈), 외유기화(外
有氣化), 각지불이'(各知不移)[31]로 해의하였는데, 이것은 한울로서의 우주생
명이 개별 생명과 어떠한 방식으로 관계하는지에 대한 생명론적 언명이기
도 하다.[32] 다시 말해서 '개별 생명인 만유는 우주적 생명을 안으로 품고 있
으며'[內有神靈], '밖으로는 기화를 통해 전 생명계와 관계성을 지니며 상호
작용을 한다'[外有氣化]는 의미이다.

이러한 시천주와 이천식천을 통해 만유가 서로를 품고 있고, 서로의 삶
속에 서로의 존재가 있으며, 또 연결되어 있다는 우주공동체적 인식을 찾
을 수 있다. 그러므로 만유가 생존을 위해 먹고 먹히는 것은 그 현상적인
면으로 드러나는, 서로 다투고 싸우는 것이 본질이 아니라, 서로 어우러져
살아가고 있다는 사실이 본질이라는 것이다.

이와 같이 동학·천도교의 가르침은 지금까지 인류를 지배해 온 이원적

---

29  특히 해월 선생은 '동질적 기화와 이질적 기화'를 언명하고 있다. "만일 한울 전체로
   본다면 한울이 한울 전체를 키우기 위하여 동질(同質)이 된 자는 서로 도움으로써 서
   로 기화(氣化)를 이루게 하고, 이질(異質)이 된 자는 한울로써 한울을 먹는 것으로써
   서로 기화(氣化)를 통하게 하는 것이니, 그러므로 한울은 한쪽 편에서 동질적 기화로
   종속을 기르게 하고, 다른 한쪽 편에서 이질적 기화로써 종족과 종족의 서로 연결된
   성장발전을 도모하는 것이다. 합하여 말하면 한울로써 한울을 먹는다는 것(以天食天)
   은 곧 한울의 기화작용으로 볼 수가 있는 것이다." (『해월신사법설』「이천식천」)
30  『해월신사법설』「대인접물」, "萬物 莫非侍天主."
31  『동경대전』「논학문」, '侍者 內有神靈 外有氣化 一世之人 各知不移者也'
32  김춘성, 「동학 천도교 수련과 생명사상 연구」, (한양대 대학원 박사학위논문, 2009.)
   102쪽.

인 인식, 이로 인해 야기되었던 대립과 모순의 극단적 격화 양상을 극복하고, 차이와 대립의 모순을 넘어서는 '조화와 균형'을 이루려는 데에 그 핵심이 있다.

오늘 우리 사회는 물론 세계 전체에 부조화와 불균형이 넘쳐나는 것은 우주적 원리인 시천주와 이로부터 파생하는 사인여천, 삼경, 이천식천을 저해하는 모습이 아닐 수 없다. 따라서 해월 선생의 사상적 각성과 가르침은 우리 삶에 새로운 영성을 불어넣어 주고 '조화와 균형'에 기반한 새로운 차원의 삶의 세계를 이룩하게 하는 가르침이 된다.

단군의 개국이념인 '홍익인간'(弘益人間)은 조화와 균형을 이루는 삶의 구체적인 표현이다. '홍익인간'의 '인간'은 '사람과 사람이 사는 세상'을 뜻한다. 여기에는 세상을 이루는 만유까지 포함된다. '홍익', 즉 '널리 이롭게 한다'는 것 또한 사람만이 아니라 만유 모두를 이롭게 한다는 것이다.

최치원의 '현묘지도'(玄妙之道), 곧 '풍류'(風流)에도 조화와 균형의 정신이 들어 있다. 최치원은 "나라에 현묘한 도가 있으니, 풍류라고 한다. 그 가르침을 세운 근원은 선사(仙史)에 상세히 갖추어져 있으니, 실로 삼교(유, 불, 선)를 아우르고 있으며 뭇 생명을 접하여 교화하는 것이다."[33]라고 하였다. 뭇 생명을 접하여 화한다는 '접화군생'(接化群生)의 '접'(接)이란 '만나다' 또는 '관계한다' 등의 뜻이다. '화'(化)는 '변화시킨다' 또는 '감화시킨다'는 뜻이다. '군생'(群生)이란 '뭇 생명'을 말한다. 즉 '접화군생'은 '뭇 생명들을 만나 서로 어우러져 살면서 감화시키고 새로운 삶을 누리게 하는 것을 의미한다. 이때 '뭇 생명'은 사람만이 아니라 동식물, 무생물 모두를 일컫는 말

---

33   『삼국사기』「난랑비서문」, "國有玄妙之道 曰風流 設敎之源 備詳仙史 實乃包含三敎 接化群生."

이다. 따라서 현묘지도, 곧 풍류도는 만유가 모두 균형과 조화를 이루어 함께 사는 세상을 지향하는 상생과 화해의 사상이 된다.

이러한 풍류도는 위로는 단군의 홍익인간 정신에 그 맥을 대고 있으며, 아래로는 동학의 사인여천, 삼경, 이천식천 등으로 구체화되고 있다. 그런가 하면, 이러한 '만유의 공생과 상생'(相生), 즉 '균형과 조화'는 생명의 본질이며, 이러한 '어우러짐과 더불어 사는 삶'이라는 본원적 생명에의 가치를 예술적으로 구현시킨 것이 바로 오늘의 한류라고 하겠다.[34]

## 6. 나가는 말

오늘날 한류는 문화, 예술 분야를 넘어 한글이나 음식 등으로 그 범위를 넓혀 가고 있다. 또 한국 제품과 서비스에 대한 호감으로 확장되면서 '경제 한류'를 일으키고 있다. 이것은 한류가 다만 문화 예술의 차원만이 아니라는 한 증거이기도 하다. 이와 같은 면에서 우리 민족의 고유한 사유와 사상을 바탕으로 하는 동학 역시 한국적 사유와 사상으로 새로운 한류 대열에 합류할 가능성이 충분하다고 하겠다.

'현대' 사회는 서구에서 태동한 과학혁명과 산업혁명의 결과 비약적인 물질적, 문화적, 문명적 성장을 거듭하고 있다. 그러나 이와 같은 과학과 산업의 발달에 따른 물질적 풍요에도 불구하고, 오늘의 인류 사회의 이면

---

34  이 문제에 관하여, 김용환 교수도 "한류 정신은 그 기대와 열망에 있어서 한국의 전통 문화와 연결된다."라고 언급하고 있다(김용환, 「단군 사상과 한류」, 『한류와 한사상』, 모시는사람들, 2009, 84쪽).

에는 계층 간, 남북(세계) 간 불평등의 심화와 이에 따른 전쟁과 난민 등이 하루도 끊일 날이 없다. 소외의 문제, 과학화, 도시화로 인한 환경 파괴 등 지난 어느 세기에도 경험하지 못했던 매우 심각한 문제들을 현대사회는 안고 있다. 이 모든 것을 짊어 삼키며 최근에 등장한 전 지구적인 기후위기와 생물 대멸종 등의 위기상황은 인류 사회 전체를 위협하며, 대전환을 요구하고 있다.

이와 같은 현대사회의 위기는 궁극적으로 인간과 인간, 자연과 인간 사이의 유기적 균형이 깨지는 데서 비롯한 것이다. 자연은 물론 인간 역시 지구라는 독특한 환경의 산물이다. 따라서 이들 서로는 유기적 연관 속에서 경쟁하며 공존하고 있다. 즉 '경쟁과 공존' 속에서 자연의 만물과 인간은 '균형과 조화'를 이루며 살아가고 있는 것이다. 이것은 우주적인 법칙, 곧 천리(天理)이기도 하다. 따라서 현재 우리 인간과 지구가 직면한 위기는 곧 우주의 법칙을 거스르고 천리(天理)를 역행하는 삶을 이어 온 결과라고 하겠다.

한편, 인간적인 관점에서 오늘 우리가 직면한 사회와 세계(지구)의 현실은 상대에 대한 배려와 존중의 부족, 그로 인하여 일어나는 부조화와 불균형의 결과라고 할 수 있다. 만물에 대해서 말하자면 인간중심주의의 오만함이 오늘의 위기를 초래했다. 인간 스스로 자신의 그칠 줄 모르는 욕망에 사로잡혀 자신의 절대적인 이기심만을 챙기게 되므로, 분열, 폭력, 파괴, 소유, 단절 등이 판을 치는 세상이 되고 있으며, 따라서 모든 것은 균형을 잃고 또 조화를 깨뜨리고 있는 것이다. 나아가 오늘 우리에게 가장 절실한 것은 상대에 대한 존중과 배려이며, 이를 통한 조화와 균형을 이루는 데에 있다고 하겠다.

그런 점에서 전 지구적 위기가 팽배한 지금이야말로 상대에 대한 존중과 배려 이를 통한 조화와 균형의 삶을 지향하는 동학의 시천주 사유는 새로운 바람, 미래의 한류가 될 수 있을 것으로 생각이 된다.

과거 우리나라를 '동방예의지국'(東方禮義之國)이라고 일컬었다. 이는 영국을 '신사(gentleman)의 나라'라고 부르는 것에 비견할 수 있다. 신사라는 말은 젠트리(gentry)에서 온 것으로, 귀족계층의 바로 아래 있는 젠틀맨 계층이라는 뜻이다. 이들은 기본적으로 친절, 예절, 성실 등 기독교의 예의에 입각한 행동규범을 익힌 상류 및 중상류의 남자들을 일컫는다. 또한 이들은 정직하고 공명정대하며 세련된 태도를 갖고 예의범절과 공중도덕을 지키는 것을 기본적인 삶의 태도로 취한다. 영국을 '신사의 나라'라고 부르는 것은 이러한 태도를 가진 사람들이 영국 사회의 주류라는 뜻을 내포하며, 그러기에 그 말이 곧 영국을 말해주는 기호가 된 것이다.

우리나라는 '동방예의지국', 또는 '아침 고요의 나라' 등에서, 오늘은 새로운 한류의 열풍과 함께 '역동성이 넘쳐나는 나라'로 새롭게 부각되고 있다. 이와 같은 시대에 동학 '모심과 섬김' 정신으로 상대에 대한 존중과 배려, 그리고 조화와 균형의 나라로 우리나라가 세계 속에서 부각되기를, 그리하여 '사상의 한류'까지 일으키는 나라가 되기를 기대해 본다.

# 제12장 현대사회와 동학·천도교

## 1. 서론

일반적으로 19세기를 근대 이행기 또는 '개화기'라고 한다. 즉 개화기란 근대를 준비하는, 근대로 가는 과도기라고 정의한다. 우리나라에서 '개화'라는 용어는 서구의 사조, 문물, 제도 등을 받아들임으로써, '낡은 사상과 관습에 사로잡힌 우리의 의식과 제도에 대한 장벽을 허물고 열어[開]서 서구화[化]함'을 의미한다.

개화기 이래 오랫동안 우리나라에서의 개화는 서구화이며, 개화기 이후의 우리 사회의 근대화는 전통적 문화와 가치가 지속적으로 쇠멸(衰滅)해 간 토대 위에 구축되었다는 인식이 지배적이었다.

전통과 근대가 절대적으로 배타적이거나 또는 일방적으로 작용하는 경우는 어느 역사 전통에서도 찾아볼 수 없다. 그럼에도 불구하고 우리나라에서는 개화, 근대화의 과정을 겪으며 우리의 전통과 자주적인 근대화 노력은 타파의 대상이 되고 배척당하는 긴 시간을 지나왔다. 그 정점에는 곧 서구 열강의 침략과 이로 인한 식민 지배라는 뼈아픈 역사적 현실이 놓여 있다.

광복 이후 우리 학계에서는 이와 같은 '일방적 근대에의 인식'에 대한 반성이 일어났고, 우리의 근대화 역시 우리 고유의 내재적 전통과 무관하지 않다는 관점이 활발하게 제기되면서, 이에 대한 연구 또한 다각적으로 진행되어 왔다. 이러한 반성과 문제제기의 구체적인 흐름 중 하나가 바로 동학·천도교에 대한 관심과 연구이다.

동학·천도교를 통해 찾고자 하는 근대적 요소는 대체로 두 가지이다. 하나는 '시천주'(侍天主)를 비롯한 동학·천도교의 핵심 사상에서 근대적인 이념을 찾고자 하는 노력이고, 다른 하나는 동학·천도교 민족운동, 즉 동학운동을 통해 자생적 근대 의식을 찾고자 하는 노력이다. 즉 동학·천도교 사상과 동학의 사회변혁 운동 면에서 자생적이며 근대적인 면모를 찾고자 한 것이다.

그러나 근년에 이르러 동학·천도교 사유에서 근대를 넘어서는 '탈'근대의 모습을 찾고자 하는 시도가 진행되고 있다. 이것은 다만 포스트모더니즘의 유입과 함께 온 일시적인 유행은 아닌 듯하다. 많은 동학의 연구자들은 동학·천도교를 더 깊이, 더 능동적으로 이해하려면, 탈근대의 사유가 유효함을 지적한다. 특히 천도교의 신관, 우주관, 자연관 등을 논의하기 위해서는, 탈근대적 사유가 무엇보다 필요하다는 것이 연구자들의 대체적인 중론이다.

그러나 오늘 천도교는 여러 면에서 자신의 교의를 주체적으로 적절히 드러내고 또 사회적으로 펴지 못하고 있다. 그 결과 현대사회 속에서 천도교는 중요한 종교적 위상을 확보하지 못하고 있다. 포스트모더니즘은 현대 사회를 불확실성, 우연성, 모호성, 다원성 등으로 규정하고 있다. 이 글은 포스트모더니즘 시대로 지칭되는 현대사회에 처해 있는 천도교의 현실을 직시하고, 동학·천도교 사유의 탈근대적 체계를 살펴보고, 천도교의 현실과 제 문제에 대한 제언 등을 논의하고자 한다.

## 2. 탈근대의 사유와 동학·천도교

동학·천도교 사상에서 탈근대의 모습을 적시한 흐름은 김지하에게서 비롯된다. 김지하는 특히 동학사상을 깊고 또 폭넓게 탐구하므로, 동학을 바라보던 기존의 시각을 뛰어넘는 새로운 시각을 열어 보여주었다.[1] 그때까지 동학에 대한 시각이란 대체로 동학을 19세기 중엽 조선 사회에서 대두된 역사적 현상에 국한시키고 있었다. 그러나 김지하는 시야를 넓혀 동학사상을 우주적 차원에서 해석하고 구명하고자 했다. 특히 김지하는 자신이 전개하는 생명사상의 근원을 동학에서부터 찾고 있다. 즉 모든 생명이 무궁한 우주와 더불어 무궁하다는 동학의 가르침[2]을 근거로, '생명이란 단순히 하나의 개체로 끝나는 것이 아니라, 우주에 그 근원을 두고 있는 것이며, 어제에서 오늘로 또 오늘에서 내일로 이어지는 무궁한 것'이라는 전일적 우주관, 전일적 생명관에 의한 생명사상을 바탕으로 동학에서 그 뿌리를 찾을 수 있다고 본 것이다.

김지하는 생명사상을 전개하면서 수운 선생이 천명한 '시천주'(侍天主)에 주목한다. 김지하는 이 '시천주'를 '근대적 평등'의 차원을 넘어, '모심의 철학'으로 확대 해석한다. 특히 '시'(侍, 모심)에 대한 수운 선생의 해의[3]를 더 적극적으로 해석하여 시(侍), 즉 '모심'을 "사람이, 민중이, 중생이 안으로는 신령, 생명, 또는 무어라고 불러도 좋을 영성(靈性), 부처, 진리, 다시 말

---

1  이 글은 『수행인문학(Journal of performative humanities)』 33호, 한양대학교 수행인문학연구소, 2003에 발표되고, 『신종교연구(Journal of New Religions)』 20호, 2009에 재수록되었다. 이 글을 처음 쓸 당시(2003)에, 1941년생인 김지하는 생존해 있었다. 그러나 이후 김지하는 2022년 5월 8일, 향년 81세를 일기로 별세하였다.
2  『용담유사』「흥비가」, "무궁한 이 울 속에 무궁한 내 아닌가."
3  『동경대전』「논학문」, "侍者 內有神靈 外有氣化 一世之人 各知不移者也."

해 처음도 끝도 없고 무변광대하며 끊임없이 물결치며 생동하는 영(靈), 즉 생동하는 생명, 근원적인 생명 그 자체를 모심으로써 생동케 하고[內有神靈 -필자 주], 밖으로는 그 생명이 무궁 무궁하게 유기적이고 통일적으로 사회적으로 활동함을 말하고[外有氣化-필자 주], 그리하여 이 세상 모든 사람이 서로 따로따로 옮겨 살 수 없는 통일적인 생명임을 스스로 실천을 통해 혁명적으로 안다.[一世之人 各知不移-필자 주]"[4]고 풀이하였다. '시'(侍)는 곧 인간생명의 주체인 영(靈)의 유기적인 표현이며, 나아가 '인간과 우주의 자연적인 통일, 인간과 인간의 사회적인 통일, 인간과 사회의 혁명적인 통일'이 모두 이 '시'(侍) 한 글자 안에 들어 있다고 단언하였다.

또한 김지하는 해월 선생의 '이천식천'(以天食天) 법설에서 생명의 공생과 순환의 이법을 읽어내고 있으며,[5] '향아설위'(向我設位) 법설에서, '지금까지 인류를 억압해 온 향벽설위(向壁設位)를 벗어나는 일대 변혁이며, 곧 종이 한울님인 우상과 이 우상으로부터 억압받으며 일하는 민중 사이에 열려진 틈을 없애버리는 개벽'[6]을 읽어내고 있다.

이와 같은 김지하의 시천주, 이천식천, 향아설위 등 동학사상에 대한 관점 및 해석은 탈근적 사유와 그 맥을 같이 한다. 시천주를 근대적 평등주의로 해석한 초기 동학은 봉건적 신분 제도의 질곡에서 억압받고 있던 많은 민중들에게 새로운 희망을 주었다면, 김지하의 해석은 인간중심, 이성중심을 넘어 인간과 우주의 자연적 통일이라는 전일적 생명주의, 나아가 생태론적 패러다임으로 일대 전환을 보이고 있다. 이러한 전환적인 해석을

---

4    김지하, 『김지하 전집 1』, 실천문학사, 2002, 65쪽.
5    김지하, 『김지하 전집 1』, 실천문학사, 2002, 158쪽.
6    김지하, 『김지하 전집 1』, 실천문학사, 2002, 163쪽.

통해, 김지하는 '주체 중심', '진리의 절대성과 보편성' 등에 기반을 둔 근대적 사유를 뛰어넘어, '진리의 상호성' 또는 '상호주체성' 등의 특질을 지닌 동학·천도교에 대한 탈근대적 사유의 단초를 열어놓고 있다.

이후 많은 연구자들에 의하여 동학·천도교에 대한 연구 시각은 다양화되고 또 구체화된다. 오문환은 동학·천도교의 시천주를 '근대적 휴머니즘에 깔려 있는 인간중심 사유를 벗어나, 인간은 인간 이외의 모든 생물체 나아가 무생물체에 이르기까지 모든 우주 만유와 더불어, 함께 공존한다'는 네오휴머니즘의 시각으로 접근하여 동학사상의 탈근대적 모습을 찾아간다.[7]

특히 해월 선생의 주요한 법설인 「삼경」, 「천지부모」, 「성경신」, 나아가 의암 선생의 주요한 법설인 「무체법경」 등을 통하여, 오문환은 개체 생명이 아닌 생명의 본체, 즉 대생명으로서 우주를 파악하고, 우주 만물이 모두 이 생명의 본체에서부터 나왔음에 주목한다. 그러므로 만유가 시천주 아님이 없고, 따라서 만유는 영성을 지닌 존재로서 생명의 본체인 대생명과 연결되어 있으며, 궁극적으로는 인오동포(人吾同胞) 물오동포(物吾同胞)라는 관점, 즉 주체의 해체라는 동학·천도교의 탈근대적 사유의 요소를 밝혀내고 있다.[8]

또 오문환은 현대 사회가 봉착한 위기를 벗어나기 위해서는 동학·천도교가 지향하는 도덕문명공동체인 지상천국을 이루어야 한다고 이야기한다. 그러기 위해서는 어떠한 파노라마에도 움직이거나 물들거나 흔들이지 않고 본체 자리를 보는 경지인 '개'(開)와 하늘의 무궁한 조화에 통하여 하

7    오문환, 「해월 최시형의 생활정치 사상 연구」, 연세대 박사논문, 1995.
8    오문환, 『다시개벽의 심학』, 모시는사람들, 2006.

늘이 행사할 수 있는 조화를 행할 수 있는 경지인 '벽'(闢)에 이르러, '다시개벽'을 해야 한다고 말하고 있다.[9] 오문환이 밝히고 있는 '다시개벽'의 개념은 근·현대 이후 인간중심의 사유가 가져온 폐해와 이로 인하여 겪고 있는 인류의 위기를 극복할 수 있는 탈근대적 대안이라고 할 수 있다.

한편 김상일은 『동학과 신서학』(지식산업사, 2000)에서 수운 선생의 사상을 서양사상과의 대비 속에서 해명하고 있다. 서양사상이 19세기까지 이성적 자아를 강화시키는 방향으로 진행되어 왔고 그 19세기적 귀결이 모더니즘이었다. 김상일은 이와 같은 모더니즘으로의 방향에 19세기의 반역 아들이라고 할 수 있는 프로이드, 마르크스, 다윈 등에 의하여 차축시대[10]의 가치가 개입되면서 그 흐름이 뒤집어졌다고 평가한다. 또한 김상일은 수운 선생을 이들 차축시대의 가치와 19세기의 새로운 가치를 모두 포괄하면서 한 단계 더 나아가는 새로운 기틀을 마련한 사상가라고 평가한다. 나아가 화이트 헤드의 과정철학을 바탕으로 동학·천도교의 주문을 해석하고 있다. 그 결과로 동학·천도교의 신관이 오랫동안 인류를 지배해 온 인격신 관념을 뛰어넘는 새로운 신관임을 밝히고 있다. 즉 김상일은 동학·천도교 주문의 '천주'(天主)와 '지기'(至氣)를 통해, 인격적인 '존재자'와 모든 존재를 초월하면서 모든 존재들 안에서 존재의 능력과 근원이 되는 비인격적인 '존재자체'를 찾아낸다. 이와 같은 논의를 통해 김상일은 동양에서 오랫동안 망각했던 '존재자'와 또 서양에서 잃어버린 '존재자체'가 동학·천도

---

9    오문환, 「수운의 다시개벽의 심학」, 『다시개벽의 심학』, 모시는사람들, 2006, 33-34쪽.
10   '차축시대(axial age)'란 김상일 교수가 칼 야스퍼스의 견해를 따른 것으로, 기원전 8~2세기를 말한다. 서양에서는 소크라테스, 플라톤, 동양에서는 공자, 노자, 붓다 등 중요한 철학자들이 등장하여 동서양의 철학적 기틀을 마련한 시대를 말한다.

교의 신관 안에서 조우하고 있음을 밝히고 있다.[11]

필자는 동학·천도교의 중요한 개념어인 '시천주'(侍天主), '사인여천'(事人如天). '삼경'(三敬), '이천식천'(以天食天), '인내천'(人乃天) 등에 대한 해명을 통해, 모더니즘적 사회 체제에서 유래하는 현대 사회의 '분열과 갈등'을 뛰어넘는 길을 제시한 바 있다.[12] 즉 모더니즘의 대안적 사유 체계로서 동학·천도교의 '조화와 균형'의 사유 방식을 제시하였다. 계속해서 시천주의 '시'(侍)에 대한 수운 선생의 해의인 '내유신령(內有神靈) 외유기화(外有氣化) 각지불이'(各知不移)를 적극적으로 해석하여 '시'(侍), 즉 '모심'은 우주와의 유기적 연관 위에서의 나를 발견하는 길이며, 동시에 내 안에 자리한 참 주체인 영(靈)의 목소리에 귀 기울여, 한 치도 그 뜻에 어긋남이 없는 삶을 살아가는 것임을 밝히고자 하였다. '모심'은 '나'를 포함한 '모두'가 궁극적으로는 우주의 큰 기운으로 서로 관통되어 있음을 깨달으므로 진정한 공동체 의식을 회복할 수 있는 가르침이 될 수 있다는 것이다.

또한 '사인여천'은 사람을 대하고 물건을 접하는(待人接物) 가장 일상적인 동학·천도교의 실천 윤리이다. 사람을 한울님같이 대하고 섬기기 위해서는 한울님의 마음을 회복하고 또 일용행사(日用行事) 일거수일투족을 한울님으로서의 위상에 걸맞게 행동하고 살아가야 한다는 의미가 담겨 있다. 나아가 사인여천의 '섬김'은 차등(差等)의 일방적인 섬김이 아니라, 서로 한울님 모신 존재로서의 '존중과 배려'를 기본으로 하는 섬김이며, 이는 바로 시천주 사상을 사회적으로 실천하는 동학·천도교의 실천윤리가 된다.

---

11  김상일, 『수운과 화이트 헤드』, 지식산업사, 2001.

12  윤석산, 『동학교조 수운 최제우』, 모시는사람들, 2019(4쇄), '제5장 용어를 통해 본 사상 및 교의'(191-280쪽)에서 이를 집중적으로 논의하였다.

다음으로 '인내천'은 사람을 한울님같이 섬기고[事人如天], 사물을 접하되 한울님같이 하여[接物如天], 사람이 하는 일 건건이 한울이며[事事天], 물건마다 모두 한울이 되면[物物天] 결국 사람이 모두 한울사람[人乃天]이 되어 동학·천도교의 종교적 목적인 지상천국(地上天國)을 이루는 길이 된다고 보고 있다. 그러므로 인내천의 실현은 현대의 퇴폐, 폭력, 소외, 생명 경시 등의 '죽임의 삶'을 '살림의 삶'으로 바꿀 수 있는 가르침이 된다고 본다.[13]

이상에서 살펴본 필자의 논의는 데리다의 지적과 같이 이성 중심주의를 바탕으로 하는 정신/육체, 이성/광기, 주관/개관, 내면/외면, 본질/현상, 현존/표상, 진리/허위, 기의/기표, 확정/불확정, 말/글, 인간/자연, 여성/남성 등의 이분법적 사유를 벗어난 탈근대의 사유와 그 맥을 같이 하는 것이라고 하겠다.

또한 동학·천도교는 포스트모던 시대의 열린 종교로서의 가능성을 품고 있다. 특히 교조인 수운 선생의 가르침에 이와같은 점이 두드러진다. 수운 선생은 유교와 동학을 비교하여 "모두 한 이치이며, 대동이소이(大同而小異)하다."[14]라고 말하는가 하면, 서학과 동학의 차이점을 묻는 제자들에게 "(동학과 서학은) 그 운(運)은 하나이고, 도(道)도 같은데, 이(理)가 다르다."[15]라고 답하였다. 이 말은 '동학과 서학은 낡은 시대를 지나 새로운 시대를 맞이하려는 것으로, 모두가 천도(天道)에서부터 나온 것이며, 시운(時運)을 따라 나온 것이다. 서학은 이미 오래된 것이었지만, 조선의 입장에서는 신학(新學)이기도 하다.'는 뜻이다. 수운은 서학 역시 천도라는 점을 인정하는 열린

---

13  졸고, 「모심·섬김·살림」, 『동학연구』 20집, 한국동학학회, 2004.
14  『동경대전』「수덕문」, '覺來夫子之道則 一理之所定也 論其惟我之道則 大同而小異也'
15  『동경대전』「논학문」, '然而運則一也 道則同也 理則非也'

사유를 보여주고, 그럼에도 불구하고 천도에 이르는 이치는 다르다는 엄격함을 견지한 것이다. 이는 '피부가 검거나 희거나 누르거나 그 생명의 근원은 모두 한울님에 있는 것이요, 그 사람들이 세상에 태어난 것 역시 하늘의 운을 받고 태어난 것이다. 그러나 각각의 피부색을 가진 사람들은 그들 나라, 그들의 고토(故土)에 살면서 자기들의 몸과 마음에 맞는 삶의 양식과 문화를 구축하고 살아간다.'는 이야기로 비유할 수 있는 것이겠다.

이와 같은 동학·천도교의 포스트모던의 사유 속에서 오늘날 많은 연구자들은 현대적 위기를 극복하는 대안의 지혜로서 동학·천도교를 이야기한다. 특히 전 인류가 겪고 있는 가장 시급하고 또 심각한 문제인 기후위기를 포함한 생태환경 문제에 관한 대안 역시 동학·천도교의 사유에서 찾고자 한다.[16]

즉 동학·천도교는 19세기라는 새로운 변혁의 시대에 종교사상의 면과 민족운동의 면 모두에서 자생적인 근대를 열어나갈 수 있는 바탕을 제시하고 또 그 실천적 노력을 기울였다. 그뿐만 아니라 오늘날에 이르러서 동학·천도교는 '근대 이후' 즉 '탈근대'를 진향하는 현대적 과제를 성공적으로 수행할 수 있는 사상을 지닌 종교로 평가되고 있다. 그러나 오늘의 천도교는 이와 같은 가능성을 적극적으로 실현하지 못하고 있음이 또한 사실이다.

---

16  이와 같은 연구로는, 김욱동, 『한국의 녹색문화』, 문예출판사, 2000.; 김춘성, 「동학의 자연과 생태적 삶」, 『동학학보』 창간호, 2000. 등이 비교적 초기의 작업들이다. 그보다 앞서서 김지하는 '생명사상'에 입각한 '생명운동'을 주창하면서 동학의 생명론의 지혜를 깊이 궁구하였고, 2000년대 이후 동학의 생명사상에 대한 수많은 연구와 활동들이 쏟아지고 있다.

## 3. 천도교의 현실과 제 문제

오랜 동안 동학·천도교에 붙어 온 관형어는 '민족종교'이다. 이때 민족
종교는 두 가지 의미가 있다. 하나는 우리 민족의 사상과 문화 전통 위에
서 우리나라에서 창건된 종교라는 의미이고, 다른 하나는 19세기 열강의
침략으로 인하여 발로된 민족주의 이념을 실천적으로 구현해 온 종교라
는 의미이다. 이러한 '민족종교'의 두 가지 의미는 천도교의 종교적 활동에
여러 면에서 영향을 주게 된다. 그러나 이러한 '민족종교'라는 관형어가 동
학·천도교 진면목을 온전히 표현하는가, 아니면 오히려 왜곡하거나 선입
견을 심어주는 것은 아닌가 하는 문제제기도 계속해서 있어 왔다.

먼저, 동학·천도교가 우리 민족 속에서 창건된 것은 사실이지만, 이때
우리 민족 '고유함'은 과연 무엇인가, 하는 문제가 있다. '고유함'을 정의하
는 것도 어려운 문제이지만, 동학·천도교는 오히려 유불선 등 다른 종교사
상의 영향 아래 발생한 종교라는 지목을 받아오기도 했다. 이러한 동학·천
도교에 대한 부정적인 견해는 일제 침략기에 일제의 어용학자들에 의하여
최로로 제기된 것이다.[17] 광복 이후에도 이러한 견해는 비판 없이 받아들
여졌고, 몇몇 학자들에 의하여 그대로 전승되어 왔다. 따라서 천도교는 독
창성 없이 이 종교 저 사상을 융합하여 만든 종교인 양 이야기되어 왔다.[18]

---

17  이러한 견해를 보인 처음의 책은 吉川文太郎, 『朝鮮諸宗敎』, 朝鮮光文會(京城), 1922
    이다.
18  이와 같은 동학의 유불선 삼교, 내지는 무속, 서학 등의 영향 아래 형성되었다는 혼합
    주의(syncretism)는 동학 · 천도교에 관한 논의가 본격화되면서 극복되었으며, 이를
    근거로 동학 · 천도교의 독자성이 제기되고 있다. 이러한 논의의 대표적인 업적으로
    는 신일철, 「동학과 전통사상」, 『동학학보』 5집, 2003. 6; 한자경, 「동학의 종교성」, 『제
    11회 이화여자대학교 인문과학대학 교수학술제 발표집』, 이화여자대학교 인문학연

그런가 하면, 이에 대응하는 천도교단은 독자적인 대응책을 내놓지 못하였음이 사실이다. 천도교단은 '민족종교'라는 점을 자부심의 근거로 내세우면서도, 종교 내지는 종교사상의 독창성 문제, 정체성의 문제 등으로 내적인 혼돈을 겪게 된다. 이러한 내적인 혼란은 결과적으로 천도교의 종교활동에 지대한 영향을 주게 되었다. 그러므로 천도교는 종교적인 독창성이나 종교적인 교리를 내세우기보다는, 지난 역사, 예를 들어 갑오동학혁명이나 3·1독립운동 등을 내세움으로써 자기의 가치를 드러내고자 했다. 이는 다음에 제기될 두 번째 문제와 그 맥이 이어지고 있다.

다음으로, 동학·천도교의 '민족주의' 운동의 역사와 의의도 많은 연구자들에 의하여 논의되어 왔다.[19] 이는 주로 동학의 갑오동학혁명, 3·1독립운동 등에 집중해 있다. 동학·천도교는 19세기와 20세기 초에 걸쳐, 외세의 침략에 능동적으로 대응함으로써 한국 민족주의 운동의 중심에 섰다. 따라서 민족주의 운동의 주체이자 주동적 역할을 했다는 의미에서의 '민족종교'라는 관형어는 동학·천도교의 긍지이자 그 정체성을 나타내는 매우 중요한 관형어가 되었다. 그러나 이 역시 새로운 부작용을 낳았다. 즉 천도교는 지난 역사에 대한 자부심이 지나쳐서, 종교를 표방면서도 늘 '운동'의 역사를 들먹이는 종단으로 세상 사람들에게 비춰지기도 하였다. 그러나 이와 같이 천도교의 앞에 붙는 민족종교(민족주의)라는 용어는 천도교를 종교화하고, 또 현대라는 포스트모던 시대를 대처해 나가는 데에 긍정적인 면보다는 부정적인 요소로 작용하였음은 부인할 수 없는 사실이

---

구원, 2003 등을 들 수가 있다.

19  이에 대표적인 업적으로는 신복룡, 『東學思想과 甲午農民革命』, 평민사, 1985.과 『동학사상과 한국민족주의』, 평민사, 1978 등을 들 수가 있다.

다. 이는 세상 사람들에게 천도교를 종교, 신앙으로서보다는 사회운동 단체 정도로 인식하게 하는 요인이 되었기 때문이다. 더구나 광복 이후 오랫동안 교단 내에서도 종교 교화의 주된 방향을 동학·천도교의 역사적 공헌, 즉 동학농민혁명이나 3·1독립운동, 문화운동 등에 초점을 맞추었기 때문에, 새로운 시대에 대응할 수 있는 교리 개발이나 교화 방안 등을 적절하게 마련하지 못하는 결과를 가져왔다.

현대 사회는 우주공학, 생명공학 등 첨단 과학기술이 잉여가치를 생성하고 창출하는 고도산업사회이다. 그런가 하면 컴퓨터, 인터넷, 인공지능을 바탕으로 정보와 지식을 생산하고 빛의 속도로 전파하는 시대이다. 또한 인간과 자연이 상생하고 공존할 수 있는 생명 패러다임을 지향하는 시대이다.[20] 이와 같은 시대를 맞아 천도교가 지난 역사에만 의존하는 교화 방안을 고수한다면 그 성과를 거두기가 어려운 것은 자명하다. 따라서 천도교는 '민족종교'라는 관형어가 제한하고 있는 범주에서부터 벗어나 포스트모던 시대에 맞는 적극적인 교리 해석을 통한 교화 방안을 개발하여 제시해야 한다.

천도교 제3세 교주인 의암 선생은 동학을 천도교로 대고천하(大告天下)하면서, 초기 동학 시대의 종교적 제도 위에 당시 새롭게 들어온 서양 종교의 제도나 형식을 능동적으로 받아들여 개신(改新)하였다. 이러한 의암 선생의 노력은 곧 당시의 시대화 추세인 근대화에 발맞추고자 하는 모습이었다. 즉 수운 선생과 해월 선생 시대부터 있어 왔던 접(接) 제도를 연원제(淵源制)로 정착시키는 한편, 도소(都所) 등 동학 시대의 교화 중심 기구를

---

20  이도흠, 「탈현대 사상으로서의 동양 철학의 가능성과 한계」, (『동학학보』 제9권 2호, 동학학회, 2005. 12.), 19쪽 참조.

서양의 종교와 같이 교구제(教區制)로 개편하여, 전국의 교인들이 교구를 통해 집단신앙 활동을 하도록 정착시켰다. 또한 종교 교화와 의례의 핵심을 오관(五款; 呪文, 淸水, 時日, 誠米, 祈禱)으로 정리하여, 교인들의 핵심 수칙으로 제정했다. 여기서 '주문, 기도, 청수'는 종교적 수행 요목이고, '성미'는 개인의 신앙에 대한 정성의 외적 표현이며 동시에 교단 운영의 중요한 재원이 되었다. 또한 '시일'은 집단 신앙을 통한 교화와 종교적 결속을 이루는 장이 되었다. 이와 함께 의암 선생은 민중들이 절실하게 필요로 하는 '교육과 출판'을 통해 민중 계몽을 하고 교리를 전파하였다. 그런가 하면, 당시 우리나라가 처해 있는 현실에서 가장 중요한 현안인 독립의 문제에 구체적으로 대처 3·1독립운동을 주도적으로 전개하게 된다.

즉 의암 선생은 수운 선생이나 해월 선생의 가르침과 교단의 법도의 근본을 그대로 지키면서도 새로운 시대에 맞춰 교단을 변혁시키고자 서양 종교의 제도를 과감하게 받아들이는 '전통 계승과 변혁'의 두 가치를 조화롭게 추구하였다. 의암 선생이 동학을 천도교로 대고천하하던 1905년 전후 시기는 새로운 서구 문물의 유입과 함께 근대 도시가 서서히 형성되고 있던 시기이지만, 조선 사회는 압도적인 농경 중심 사회였다. 수운 선생이나 해월 선생이 운용했던 '접'(接)이나 이를 이은 '연원제'(淵源制)는 모두 속지제(屬地制)가 아니라 속인제(屬人制)에 의거한 것이다. 이 제도는 인구 이동이 거의 없는 농경사회에서는 별 무리 없이 운용할 수 있는 제도이다. 오히려 농촌 공동체 중심 사회에서 길러진 당대 민중의 정서에 부합하는 제도가 된다. 그러므로 접주나 연원주를 중심으로 외부로부터의 탄압에 맞서면서 강력한 결속력과 지도력을 발휘해야 하는 동학 시대에 매우 적절한 제도이기도 하다. 이에 비하여 교구제는 교구(教區)라는 일정한 형식을 갖출 수 있는, 그러므로 신앙을 조직화하고 또 제도화할 수 있는 장치이다.

그러므로 의암 선생은 속인제인 연원제를 유지하면서도 속지제인 교구제를 도입하여 달라지는 시대에 부응해 나간 것이다.

특히 조선에도 서양력에 기반한 일주일 단위의 생활양식이 보급되면서 일요일[21]이면 사람들이 일터에 나가지 않으므로, 휴일인 일요일을 이용하여 종교집회인 시일예식(侍日禮式)을 행하게 된 것이다. 또한 의암 선생은 당시 민족적(국가적)으로나 민중 개개인에게 가장 요구되는 교육을 위하여 전국 교구에 강습소를 설치하여 교리를 가르치는 한편, 일반인들을 위하여 교양교육을 시행하였다.[22] 새로운 시대에 필요한 기본 교양에 목말라하던 당시 세상 사람들에게 새로운 지식을 보급하는 한편 천도교 교리를 일상적이고 체계적으로 가르쳐서, 교인들의 역량을 제고해 나갔던 것이다. 그런가 하면, 『만세보(萬歲報)』나 『천도교회월보(天道敎會月報)』를 잇달아 창간하여, 천도교에 관한 기사나 교리뿐만 아니라, 일반교양이나 신지식을 실어 포덕과 함께 민중(지식인)의 계몽과 교화를 도모하게 된다.

또한 3·1독립운동 이후 천도교는 명실 공히 우리나라 3대 종교(기독교, 불교, 천도교)로 부상하게 되었고, 천도교는 우리나라 현실 문제에 구체적

---

21 　曆法을 개정하여 太陽曆을 사용한 것은 高宗 33년인 1896년 1월 1일(음력 1895년 11월 17일)부터이다. 高宗 32년 9월 9일 조칙을 내려 '曆法을 개정하여 太陽曆을 사용하고, 開國 504년 11월 17일을 開國 505년 1월 1일로 삼도록 하라.'고 하였다(정근석, 「한국의 근대시간 체제의 형성과 일상생활의 변화 1; 대한제국기를 중심으로」, 『사회와 역사』 58, 한국사회사학회, 2000.). 양력의 쓰임과 더불어 가장 중요한 것은 7일을 주기로 하는 요일제이다. 따라서 선교사들이 세운 학교나 근대학교, 관공서, 근대식 회사, 독립신문, 황성신문 같은 근대 신문들이 7일 주기의 일주일 체제가 일상생활에 뿌리 내리게 했던 것이다.(유철인, 「일상생활사로 본 시간 인식의 변화」, 『한국문화인류학대회 자료집』, 2002.)

22 　이동초 편저, 『天道敎會宗令存案』, 모시는사람들, 2005, 141쪽. '「宗令」 布德 四十九年 第十四號'

으로 대응하면서 그 위상을 제고하는 계기를 마련했다. 그러나 오늘의 천도교는 새로운 시대에 능동적으로 대처하는 노력의 부재로 인하여 퇴보를 거듭하고 있다. 앞에서 이야기한 바와 같이 의암 선생이 정비한 제도인 연원제는 농경사회에 적합한 제도이다. 오늘과 같이 인구의 유동이 활발하고, 사회구조가 복잡한 산업사회에서는 정상적인 유지조차 하기 어려운 것이 현실이다. 더욱이 후기산업사회 포스트모던 시대에 연원의 지도자는 그 연원 구성원에게 강력한 지도력이나 영향력을 미치기에 어려운 점이 많다. 따라서 현재 연원제는 그 고유의 특성을 충분히 발휘하지 못한 채, 현상 유지만 하는 제도로 자리하고 있을 뿐이다.

오관은 천도교의 중요한 신앙 제도이며 교화의 방안이다. 특히 '주문과 청수' 그리고 '기도'는 천도교 신앙의 핵심이 된다. 주문은 동학·천도교의 종교적 교의와 정신 모두를 담고 있는 법문(法文)이다. 또한 청수는 동학·천도교의 모든 의례에 봉전(奉奠)하여 의례의 표준물로 삼는 것이며, 매일 기도식을 지칭하기도 한다. 지금도 독실한 천도교인은 새벽 5시와 저녁 9시에 청수를 모시고 주문을 묵송(黙誦)한다. 또한 수도원 등지에 들어가 7, 21, 49일 등의 날을 정하여 수련에 임하곤 한다. 그러나 수도원 환경의 열악성, 그리고 수련에 대한 이해의 부족, 수련을 통해 도달하는 신앙의 경지에 대한 이견(異見) 등이 천도교 내에서의 수련 문화를 확산시키는 데 걸림돌이 되고 있다.

또한 성미 제도는 여러 면에서 혁신되어야 한다. 농경사회에서 밥 짓는 일은 매일 매 끼니 해야 하는 필수적인 것이었다. 그러므로 매 끼니 밥을 지으며 주부가 정성을 다해 성미(誠米)를 뜨고, 이를 모았다가 교구에 납부하는 것은 정성의 가시화라는 측면으로 표준화하기 적절한 것이었다. 그러나 현대로 오면서 매 끼니 밥을 짓는 경우는 아주 드물어졌다. 밥(쌀밥)

이외의 방식으로 식사를 하거나, 외식을 하는 사례로 늘어났다. 이와 같은 시대에 아침저녁으로 밥을 지으며 '성미'를 뜬다는 것은 실생활과 괴리되는 방식이다. 이에 따라 실성미를 '금액'으로 환산하여 교회에 납부하는 것이 일반화되었지만, 성미 액수는 현실적이지를 못하다. 그러므로 현재의 천도교는 실제로 성미를 뜨는 정성이 줄어가고, 또 그것을 대행하는 성미(金)의 액수가 실제에 미치지 못하다는 이중의 타격을 입고 있는 것이다.

이와 함께 출판문화, 교육, 사회 참여 등의 모든 방면에서 천도교는 현실 사회로부터 소외되고 또 퇴행하고 있는 종단이 되고 있다. 즉 천도교는 포스트모던 시대를 맞아 시대적 변화에 능동적으로 대처하지 못하여 어려움을 겪고 있는 것이다.


## 4. 결론: 천도교, 포스트모던 시대에 거듭나기

앞에서 개진한 바와 같이 동학·천도교는 종교사상의 면에서 탈근대의 사유와 요소를 많이 지니고 있다. 이와 같은 면은 포스트모던의 시대라고 지칭되는 현대 사회에 천도교의 의의를 다시 한번 제고할 수 있는 가능성이 있다는 의미이다. 따라서 천도교단은 많은 연구자들이 제기하는 바와 같이 '탈근대적 사유에 의한 동학·천도교의 종교사상'을 적극적으로 전개하면서 포스트모던 시대에 맞는 신관, 우주관, 인간관, 가치관 등을 정립해야 할 것이다. 이러한 노력은 1910년대 20년대라는, 식민 상태의 해체와 근대화라는 복합 과제에 직면한 변혁의 시기에 천도교가 양한묵, 이돈화, 김기전 등의 이론가들을 통해 적극적으로 교리를 근대화, 또는 현대화시켰던 노력과 같은 맥락이라고 하겠다.

양한묵은 동양적 전통의 바탕 위에서 동학·천도교의 교리를 해석하고 정립했다면, 이돈화는 서양의 철학을 일본을 통해 받아들이고 이를 바탕으로 교리를 해석하였다. 김기전은 동학·천도교의 정신을 시대적 과제의 해결을 위한 실천운동의 이론으로 풀어냄으로써 당시 천도교 청년들이 전개한 문화운동의 사상적 기반을 마련하였다. 그러므로 동학·천도교의 가르침은 20세기에도 시대를 이끄는 주체로 설 수가 있었던 것이다.

천도교 경전은 수운 선생이 저술한『동경대전』과『용담유사』를 근간으로 하여,『해월신사법설』과『의암성사법설』을 포괄하고 있다. 의암 선생은 1905년 천도교로 대고천하(大告天下)한 이후 당시 인재들을 통해 많은 교리서를 발간하였다. 교리의 체계화와 대중적 확산을 위하여 1906년부터 수년간에 걸쳐 왕성하게 교리서들을 발간했다.[23] 이러한 노력은 천도교를 그 시대에 맞는 종교로 이끌었음은 물론, 근대화라는 시대적 과제를 주체적으로 전개하는 계기가 된다.

천도교중앙총부에 의해『동경대전』이 처음 현대어로 번역 발간된 것은 1956년이다. 그 이전에는 한문으로 된『동경대전』을 그대로 썼다. 한문소양을 갖춘 사람들이 많았던 시대였기 때문에 한문 경전을 그대로 쓴 것이 그 첫 번째 이유라면, 일제강점기를 지나며 우리말 번역이 용이하지 않았던 것이 그 두 번째 이유라고 하겠다. 그러므로 광복과 6·25 전쟁을 거친 이후 비로소『동경대전』은 우리말로 번역이 된 것이다. 이후 천도교중앙총부는 1961년에『해월신사법설』과『의암성사법설』을『동경대전』,『용담

---

23 당시 천도교단에서 발간한 대표적인 교리서로는 '『천도교전(天道敎典)』,『천도태원경(天道太元經)』,『동경연의(東經演義)』,『대종정의(大宗正義)』,『현기문답(玄機問答)』,『천약종정(天約宗正)』,『무체법경(无體法經)』,『후경(後經)』' 등이 있다.

유사』와 함께 묶어 『천도교경전』이라는 이름으로 출간하였다. 이후 1969년, 1984년, 1991년 등 네 차례에 걸쳐 개정판을 냈다. 그러나 이들 개정판을 내면서 주해는 붙이지 않고 다만 현대어로 해석만 붙였다.

다음은 최초로 현대어로 번역된 판본(1956년도 판)의 한 부분과 마지막 개정판 중 가장 마지막에 출간된 판본(2001년도 판)의 번역 부분이다.

> 曰至者는 極焉之爲至요 氣者는 虛靈蒼蒼하야 無事不涉하고 無事不命이나 然而如形而難狀하고 如聞而難見하니 是亦渾元之一氣也요 今至者는 於斯入道하야 知其氣接者也요 願爲者는 請祝之意也요 大降者는 氣化之願也요 가라사대 「지」라 함은 지극한 것을 이름이요 「기」라 함은 허령 창창하여 일마다 간섭하지 아니함이 없고 일마다 명하지 아니 함이 없는지라 그러나 형용이 있는 듯하되 형상하기 어려우며 들리는 듯하되 보기가 어려운 것이니 이 또한 혼원한 한 기운이요. 「금지」라 함은 이에 도에 들어서 지기에 접함을 안다는 것이요. 「원위」라 함은 청하여 비는 뜻이요. 「대강」이라 함은 기화를 원하는 것이요.[24]

> 曰至者는 極焉之爲至요 氣者는 虛靈蒼蒼하여 無事不涉하고 無事不命이나 然而如形而難狀이요 如聞而難見이니 是亦渾元之一氣也요 今至者는 於斯入道하여 知其氣接者也요 願爲者는 請祝之意也요 大降者는 氣化之願也니라 「지」라는 것은 지극한 것이요. 「기」라는 것은 허령이 창창하여 일에 간섭하지 아니함이 없고 일에 명령하지 아니함이 없으나, 그러나 모양이 있는 것 같으나 형상하기 어렵고 들리는 듯하나 보기는 어려우니, 이것 또한 혼원한

---

24  1956년도판 『동경대전』 중 「논학문」.

한 기운이요. 「금지」라는 것은 도에 들어 처음으로 지기에 접함을 안다는 것이요. 「원위」라는 것은 청하여 비는 뜻이요. 「대강」이라는 것은 기화를 원하는 것이니라.[25]

위에 인용된 두 번역본을 보면, 1956년에 처음 현대어로 번역된 이후 『동경대전』은 70년이라는 시간이 지났으면서도 그 교의를 쉽게 전달하게 할 수 있는 진전을 보이지 못하고 있다. 그런가 하면 동학·천도교의 교리의 내적 의미에 구체적으로 도달하지도 못하고 있다. 이는 곧 경전 해석의 현대화에 힘을 기울이지 못하고 있다는 단적인 증거이다. 포스트모던 시대에 맞는 경전의 해석 및 교리의 진작이 무엇보다 필요하다.

이와 함께 논의되어야 할 또 다른 문제는 포스트모던 시대에 맞는 종교 의례의 확립이다. 일찍이 동학·천도교는 그 정신과 종교사상을 기반으로 한 특유의 종교 의례를 마련해 왔다. 해월 선생의 '청수일기(淸水一器)의 제사법', '향아설위'(向我設位) 등이 바로 이것이다. 이들 의례는 동학·천도교의 정신이 담겨진 의례이며 동시에 현대에 적합한 새로운 종교 의례를 마련하는 매우 중요한 요소가 될 것으로 생각된다. 청수일기, 향아설위는 "신과 질서와 가치가 마치 미래에 있는 것으로 착각하게 하는 동서고금의 향벽설위(向壁設位)의 허구를 깨뜨리고, 지금 여기 제사를 드리고 있는 상제, 즉 사람, 나, 우리 속에 살아 있는 신, 우리 속에 살아 있는 우주생명, 우리 속에 지금 여기서 마치 작은 씨앗처럼, 비록 낮은 차원 제한된 범위에서나마 현실적으로 실현되어야 할 무궁한 우주생명, 이것에 대한 확신이며, 이는 메밥의 위치를 벽에서부터 제사지내는 상제 앞으로 돌려놓음으로써

---

25  2001년도판 『동경대전』 중 「논학문」.

인류문명사 전체를 개벽시키는, 상상적으로 개벽시키는 일대 전환점을 만드는 것"[26]이 되는 것이다. 다시 말해, 청수일기나 향아설위를 근거로 하는 천도교의 종교의례는 상호주체성이 강조되는 포스트모던 시대에 가장 적합한 의례가 될 것으로 생각된다. 따라서 오늘의 천도교는 바로 청수일기와 향아설위를 바탕으로 종교적 의례를 확립하고 또 정착시킴은 물론 이를 적극 홍보해 나갈 필요가 있다고 본다.

이런 맥락에서 오관 중 주문, 청수 등에 대한 적극적인 해석과 의미부여, 실행이 요구된다. 주문은 천도교의 정신과 교리의 핵심이다. 이에 대한 적극적인 해석은 곧 천도교 정신과 교리에 대한 새로운 해석의 길을 여는 작업이 된다. 또한 주문은 '지극히 한울님을 위하는 글'[27]로 한울님 마음을 회복하는 수련의 핵심이다. 그러므로 수련 중 주문을 묵송과 현송으로 번갈아가며 외우며 염념불망 한울님을 마음으로 생각한다.

이와 같은 주문에 대한 적극적인 해석과 적용을 통해 포스트모던 시대에 절실하게 요구되는, 새로운 '영성시대'(靈性時代)를 열어갈 수 있는 수도법, 수련 문화를 마련하고 정착시킬 수 있을 것으로 생각된다. 이러한 수련의 문화는 곧 현대인이 잃어버리고 있는 '한울님 마음'을 다시 회복하므로, 생명에의 새로운 자각과 함께 생명, 생태, 환경의 새로운 시대를 열어가는 '생명운동, 생태환경운동' 등에 적극 나설 수 있는 계기를 마련해야 할 것으로 생각된다. 이러한 적극적인 사회 참여가 곧 천도교의 종교적 소임을 다하는 길이며, 동시에 포스트모던 시대를 맞아 천도교의 새로운 위상을 찾는 길이 될 것이다.

---

26  김지하, 『김지하 전집』 2, 실천문학사, 2002, 42-43쪽 참조.
27  『동경대전』「논학문」, '至爲天主之字'

# 제13장 현대시에 나타난 동학의 두 얼굴

## 1. 들어가는 말

동학·천도교는 일반에게 잘 알려지지 않은 종교이다. 많은 사람들은 천도교가 아직도 있느냐고 반문하기도 한다. 이와 같은 현상은 곧 많은 사람들이 생각 속에서 천도교를 지난 역사 속에 묻어버리고 있다는 한 증거이기도 하다. 또한 천도교라고 하면 잘 모르다가 동학이라고 하면 학교 다닐 때에 동학란(東學亂)이니, 동학농민혁명이니 하는 말을 들은 바 있다는 정도가 그 대답이다. 이와 같은 일반의 관심은 동학·천도교를 역사적 유물로 생각하고 종교로서보다는 갑오동학혁명 등의 운동을 통해서 기억해 내는 것이 대부분이다.

무릇 상상력이란 인간이 경험하고 또 발 딛고 있는 현실의 바탕 위에서 기인한다. 그러므로 동학 또는 천도교라고 하면 종교로서의 위상에 기반한 상상을 하기보다, 역사의 지평 위에 펼쳐졌던 사건을 중심으로 하는 상상이 더욱 많이 작용하고 있다. 따라서 동학·천도교를 소재로 하는 문학 작품의 상당 부분이 갑오동학혁명에 집중되어 있다. 그중에서도 갑오동학혁명의 주역으로 간주되는 동학 접주 전봉준을 중심으로 하는 장편소설이 주를 이루고, 시에서도 전봉준이나 갑오동학혁명을 다룬 장편 서사시가 그 주를 이루고 있다.

또한 이들 대부분 문학작품은 동학혁명 등의 역사적 사실과 동학·천도교의 시천주의 평등사상과 이에 대한 민중의 각성 등을 중요한 요소로 다루고 있다. 그러므로 봉건사회에서 겪게 되는 양반과 상민 사이의 불평등, 억압적 권력과 피압박 하의 민중의 삶의 부조화 속에서 겪게 되는 고난, 분노, 투쟁 등이 주된 내용을 이루고 있다.

이 중 신동엽(1930-1969)의 작품은 동학혁명이 다만 소재의 차원에 머물지 않고 있다. 즉 동학·천도교의 시천주의 평등사상과 민중의 각성 등이 동학의 역사적 사건의 중요한 동력이 되었음을 보여주고 있다. 다시 말해서 동학·천도교 사상을 동학의 운동, 혁명 등과 접목하여 지평을 확대시키고 있다.

신동엽은 일찍이 「금강(錦江)」을 발표하여 주목을 받은 바 있다. 장편 서사시 「금강」은 우리의 역사 속에서 지배와 압박이라는 폭력을 민중은 어떻게 견디고 또 이겨냈는가를 노래한다. 또 이 압박과 폭력을 근본적으로 벗겨내고자 한 동학의 시천주 정신이 얼마나 고귀한 것인가를 드러내고 있다. 또 우리의 역사상의 외세의 침략과 지배계층의 압제를 이겨내고자 일어났던 많은 민란과 혁명의 계보 속에서 갑오동학혁명의 의미를 노래한다. 즉 진주민란, 이필제의 난, 그리고 근대 이후의 3·1독립만세운동, 4·19 의거 등, 민중 혁명의 역사적 계보 속에서 갑오동학혁명을 자리매김하고 있다.

신동엽이 「금강」을 통해 동학·천도교의 역사성에 기반을 두고, 그 속에 깃든 시천주의 평등사상과 민중의 각성 등을 문학적으로 조명하였다면, 김지하(1941-2022)는 동학의 진정한 가치가 동학의 사상성에 있다는 사실을 보여주고 있다. 즉 지금까지 동학을 지난 19세기 중엽, 조선조 사회의 봉건성과 서세동점(西勢東漸)이라는 침략에 대한 투쟁 등으로만 보던 시각을 뛰어넘어, 동학·천도교 사상을 깊이 있게 탐구하고 그 의의를 새롭게 부각시키고 있다. 즉 김지하는 동학을 지나간 역사 속에서 끄집어내, 20세기라는 현대에 왜 동학·천도교가 중요하고 또 필요한가를 제기함으로써 동학을 철학적으로 확대하고, 현재화하는 데에 일정한 공헌을 했다고 하겠다.

이와 같은 김지하의 동학에 관한 견해는 생명사상으로 대표된다. 이는 생명이란 하나의 개체로 끝나는 것이 아니라 우주에 그 근원을 두고 있는 것이며, 어제에서 오늘로 또 내일로 무궁히 이어진다는 동학의 근본 사상에 김지하 스스로 동의하고 있기 때문으로 생각된다. 이러한 사상적 기반 위에서 김지하는 생명으로, 또 우주로 확충시킨 동학의 교의를 담시(譚詩)로, 또는 서정시로 승화시키고 있다. 김지하는 동학이 추구하는 근원적인 문제를 동학적인 원리에 의하여 해석하고 확대하여 폭넓은 종교 세계를 시라는 양식에 담아내고 있다. 이 글은 동학에 관한 서로 다른 시각을 지닌 현대 시인 신동엽과 김지하의 작품을 통해, 동학은 어떻게 현대시로 형상화되는가를 구명하는 데에 그 목적을 둔다.


## 2. 신동엽의 「금강」

신동엽은 일제가 전시체제로의 전환(1931)을 앞두고 식민 수탈과 억압을 강화하기 시작한 1930년 부여에서 태어나 성장하였다. 1948년 전주 사범학교를 졸업한 후 국민학교(초등학교)에서 교편을 잡았다가, 단국대 사학과에 입학하였다. 그러나 신동엽이 우리의 역사, 특히 동학에 지대한 관심을 지니게 된 것은 이후 대전연합대학으로 적을 옮기고 나서이다. 이곳에서 구상회라는 친구를 만나 충남 일대의 역사 유적지, 특히 우금치, 곰나루 등 동학농민운동 전적지들을 답사한다. 이러한 답사 활동을 통해 참된 우리 정신이 무엇인가 깊이 있게 생각하고, 또 오늘의 우리는 무엇인가에 몰두했던 것이다.

이후 신동엽은 서울로 올라와 교육평론사에 취직하여 일하던 중 4·19혁명을 목격하고 우리가 직면한 현실을 새롭게 자각한다. 즉 부패한 시대상에 대한 좌절감에 빠져 있던 중에 젊은 학생들에 의해 이승만 정권이 무너졌다는 사실을 직면하면서 현실에 대한 새로운 관심을 증폭시키게 되었다. 4·19혁명을 접한 충격과 감동을 신동엽은 「아사녀(阿斯女)」라는 작품으로 형상화했다.[1] 이후 신동엽은 역사의식을 더욱 깊이 천착하는 「껍데기는 가라」 등을 발표하면서 문단의 주목을 받게 되었고, 이어서 팬클럽 작가 기금을 받아 4,800행에 달하는 장편 서사시 「금강(錦江)」을 발표하여 시인으로서 자리를 확고히 하는 계기를 마련한다.

1965년 발표 후 문단의 주목을 받은 작품 「껍데기는 가라」는 모든 비본질적인 것, 비순수한 것 등을 상징하는 '껍데기'와 본질 또는 순수를 의미하는 '알맹이'를 '4월' 즉 4·19혁명의 지평위에서 대비시키며 역사의식을 바탕으로 강력한 시적 메시지를 전달하고 있다. 특히 '가라'라는 명령조 어투의 반복이 지닌 강렬함으로, 이러한 메시지는 더욱 강하게 다가온다.

> 껍데기는 가라 / 사월(四月)도 알맹이만 남고 / 껍데기는 가라 (「껍데기는 가라」 1연)

---

1   김창완, 『신동엽 시 연구』, (시와 시학사, 1995.) 40쪽.

2연에서는 4월로부터 곧장 동학혁명으로 거슬러 올라감으로써, 혁명의 정신적 근원을 만 마디 말보다 더 적실하게 묘파한다.

> 껍데기는 가라 / 동학년(東學年) 곰나루의, 그 아우성만 살고 / 껍데기는 가라 (「껍데기는 가라」 2연)

'동학년(東學年) 곰나루의, 그 아우성'은 1894년 일어났던 갑오동학혁명이다. '곰나루'는 '웅진'(熊津)으로 오늘의 공주(公州)의 옛 이름이다. 이곳 공주에 있었던 우금치(牛禁峙) 전투는 동학군이 우수한 무기를 앞세운 일본군과 관군의 연합군에게 패하여 후퇴한 곳이다. 외세를 끌어들인 당시 조선 조정의 관군과 동학군을 토벌함으로써 조선을 정복하려는 일본군과의 대회전인 공주 우금치에서의 전투 패배는 많은 것을 시사한다. 19세기 후반 무력한 조선 조정과 외세의 침략 앞에 국권을 잃게 되는 그 단초를 바로 공주 우금치 전투 패배에서 읽을 수 있기 때문이다. 그러니 '동학년(東學年) 곰나루의, 그 아우성'은 다름 아닌 무능한 봉건세력과 무도한 외세의 침탈에 맞서 싸우는 우리 민중, 우리 민족을 상징한다.

3연에서는 '껍데기'에 대비되는 '알맹이'의 실상을 보여준다.

> 그리하여, 다시 / 껍데기는 가라. / 이곳에선, 두 가슴과 그곳까지 내논 / 아사달 아사녀가 / 중립(中立)의 초례청 앞에 서서 / 부끄럼 빛내며 / 맞절할지니 (「껍데기는 가라」 3연)

알맹이를 상징하는 '아사달 아사녀가 / 중립(中立)의 초례청 앞에 서서 / 부끄럼 빛내며 / 맞절'하는 그 모습은 광복 이후 남북으로 갈라져 있는 현실 속에서 '양극적인 외세를 배격하고 균형과 절제를 찾으려는'[2] 우리의 모습이 아닐 수 없다. 그리하여 제4연에 신동엽은 남북으로 갈라져 대치하는 우리 상황을 '쇠붙이'로 묘파한다.

껍데기는 가라. / 한라(漢拏)에서 백두(白頭)까지 / 향그러운 흙가슴만 남고 / 그, 모오든 쇠붙이는 가라 (「껍데기는 가라」 4연)

결국 '동학년 곰나루의 아우성'은 결국 오늘 우리가 겪고 있는 현실에도 그대로 적용이 되는 아우성임을 시인은 노래하고 있다.

일찍이 동학에 많은 관심을 지니고 있던 신동엽은 이미 1956년경부터 동학의 경전인 『동경대전』, 『동학과 동학란』에 대한 기록, 동학혁명과 전봉준에 관한 역사적 사실을 역사소설로 쓴 윤백남의 『회천기(回天記)』, 최인욱의 『초적(草賊)』 등의 자료를 수집하고 학습하였다. 그런가 하면, 호남지역과 호서지역의 동학혁명 전적지 등을 답사하는 계획을 세워 실행해나갔다.[3] 이미 「금강」이 발표되기 10여 년 전부터 신동엽은 이러한 작업을 통해 동학에 대한 대 서사시를 준비해 왔던 것이다.

특히 신동엽이 관심을 가졌던 자료들을 일별하면, 그는 동학의 교의를 담은 동학의 경전과 교리서도 깊은 관심을 갖고 탐독하였다.[4]

---

2   권혁웅, 「신동엽 시의 환유와 제유」, 『신동엽, 사랑과 혁명의 시인』, 글누림, 2011, 76쪽.
3   신동엽 동학혁명 자료조사 메모 참조(김응교 글, 인병선 유물 보존 공개 고증, 『시인 신동엽』, 현암사, 2005.
4   최근, 신동엽이 천도교 이론가인 백세명의 『동학사상과 천도교』(1956)를 탐독하면서 동학·천도교의 사상적인 면에 깊은 혜안을 연마하였다는 사실이 밝혀졌다. 이러한 사실은 그 부인 인병선 여사가 신동엽학회 김응교 회장에게 그의 친필 사인이 든 『동학사상과 천도교』를 제공함으로써 2020년 이후에 새롭게 밝혀졌다. 2024년 현재 신

이러한 공부의 토대 위에서, 지배와 억압, 침략을 하는 자의 횡포와 폭력에 대한 고발과 피지배와 고통을 받는 자의 아픔을 신동엽은 「금강」에서 노래하고 있다.

일병, 왕병 수백 명이 / 포위하고 기관포 난사하여 / 마을은 불바다가 됐다. // 남자들은 없었고, 아닌 밤중 천지 뒤집는 / 총소리에, 부녀자, 노인, 어린 애들은 / 방에서 부엌, 부엌에서 변소로 뛰다가 죽었다. / 요행이 살아남은 20여 명의 아낙들이 / 불붙은 옷을 찢어 던지며 뛰다가 일·왕병에 / 잡히어 윤간 당하고 살해되었다. // 옹기장수 부인 하나는, 일본군의 국부를 뽑아 죽이고 / 자기도 혀 깨물어 자결했다.(「금강」 제21장 일부)

이와 같이 침략과 지배의 고통에 신음하는 민중에 대한 '연민'과 침략, 참탈자에 대한 '분노'가 바로 이 작품의 기본 정서가 된다. 그중에서도 「금강」은 '연민의 아픔'에 그 무게가 실려 있다. 특히 작품의 마지막 구절에서 이를 확인할 수가 있다.

겨울 속에서 / 봄이 싹트듯 / 우리 마음속에서 / 연정이 잉태되듯 / 조국의 가슴마다에서 / 혁명, 분수 뿜을 날은 / 오리라 // 그럼 / 안녕 / 안녕 (「금강」 '후화 2' 일부)

동엽학회 회원들은 이 『동학사상과 천도교』를 강독하면서, 「금강」을 새롭게 읽고 조명하려는 작업에 착수하였다. 이에 따르면 앞으로 「금강」의 이해에는 새롭고 획기적인 분석이 뒤따를 것으로 기대된다.

아픔과 서러움으로 점철된 민중의 삶을 노래하는 이 장면은 장편 서사시의 일부이면서도, 서정시로서의 면모를 보여주고 있다.

그런가 하면, 신동엽은 작품 속에 동학의 중요한 스승인 수운 최제우, 해월 최시형, 그리고 동학혁명 당시 지도자인 전봉준, 김개남, 손화중 등의 생각을 묘사함으로써 동학의 이념과 세계관이 갑오동학혁명에 어떻게 작용했는가를 이야기하고 있다. 즉 수운 선생과 해월 선생의 사상을 통해 세상 사람은 누구나 평등하고 또 그런 삶을 누려야 함을 강조하고 있으며, 전봉준, 김개남, 손화중, 이필제 등을 통해서는 억압과 탄압의 삶 속에서 이를 어떻게 저항하고 또 헤쳐 나갔는가를 드러낸다.

동학·천도교 '세상 모든 존재는 한울님을 모셨다.'는 '시천주'(侍天主)의 가르침에 따라 근본적인 평등주의를 기본 사상으로 삼고 있다. 시천주를 깨닫고 한울님 삶을 지상에 실현하는 '후천개벽'의 변혁적 지향에 종교적인 목적을 두고 있다.

먼저 수운 선생은 신분의 고하, 계급의 귀천을 막론하고 사람은 누구나 무궁한 한울님을 제 몸에 모시고 있다는 시천주 인간관을 설파하여 본원적인 평등사상을 편다. 신동엽도 이러한 동학의 사상적 원리를 노래하여 인간 모두는 평등한 삶을 누려야 함을 강조한다.

> 사람은 한울님이니라 / 노비도 농사꾼도 천민도 / 사람은 한울님이니라 // 우리는 마음속에 한울님을 모시고 사니라 //(중략)// 모든 중생들이여, 한울님 섬기듯 이웃사람을 섬길지니라. // 수운(水雲)은 / 집에 있는 노비 두 사람을 / 해방시키어 / 하나는 며느리 / 하나는 양딸… (「금강」 제4장 일부)

위에 인용한 부분은 수운 선생이 시천주의 가르침을 펴며, 자신의 여종

둘을 해방시켜 한 사람은 양딸로, 한 사람은 며느리로 삼았다는 실화에 근거한 것이다. 이러한 동학의 이념과 실화를 통해 세상의 모든 사람들은 본원적으로 평등한 존재라는 점을 설파하며, 또 현실 세계에서도 평등하게 살아갈 수 있도록 해야 한다는 것을 강조하고 있다.

동학 2세 교주 해월 선생은 스승인 수운 선생이 조선조 조정에 체포되어 참형 당한 이후, 35년간 산간 오지 마을을 전전하며 동학의 이념과 실천을 삶 속에서 펼친 인물이다. 이와 같은 해월 선생의 삶을 노래하므로, 신동엽은 동학적 삶의 실천이 얼마나 고귀하며, 또 필요한 것인가를 강조한다.

어느 여름 / 동학교도 서 노인 집에서 / 저녁상을 받았다. // 수저를 들으려니 / 안방에서 들려오는 / 베 짜는 소리 // "저건 / 무슨 소립니까?" // "제 며느리가 / 베 짜는가봅니다." / "서선생 / 며느리가 아닙니다. // 그분이 바로 / 한울님이십니다. // 어서 모셔다가 / 이 밥상에서 / 우리 함께 다순 저녁 / 들도록 하세요." (「금강」 제12장 일부)

위 인용한 부분은 해월 선생이 청주 근처의 서택순이라는 동학교도의 집에 방문했다가 제자인 서택순에게 했다는 이야기, 이른바 '천주직포설'(天主織布說)을 형상화한 부분이다. 해월 선생이 반상의 구분만큼이나 엄격했던 시아버지와 며느리라는 봉건적 가족제도 하의 차별, 나아가 남녀 간의 차별을 타파한, 시천주의 사유와 삶을 실천적으로 보인 예화를 인용하며 시로 형상화하여 동학사상의 평등주의를 보여주고 있다.

동학·천도교의 이와 같은 가르침이 민중들 사이에 퍼져나가던 19세기는 신분 계급에 의한 '불평등의 삶', 억압과 착취로 인한 '불균형의 삶', 나아가 외세의 침략에 의한 '부조화의 삶'이 사회 전반에 팽배되어 있던 때였다.

따라서 이러한 삶을 청산하고 '평등과 균형과 조화'를 이룰 수 있는 새로운 차원으로의 후천개벽이 무엇보다도 절실한 때였다. 그러므로 동학 접주 전봉준, 김개남, 손화중 등은 동학혁명을 기도하고 또 감행한 것이다.

> 대구 팔공산에선 / 이름 모를 새들이 나타나 / 한 달 동안 / 하늘을 가리고 / 싸웠다 // 이상한 울음 우는 / 칼새가 나타나 / 양쪽 새 다 죽이고 판가름냈다. / 땅에 떨어지는 / 새의 시체가 / 소나기 같았다. //(중략)// 유월 초열흘 날 밤에 / 불비가 오리라, / 그 불비를 피할 수 있는 사람은 / 흙에 발붙인 사람과 / 손에 흙 묻힌 사람이리라, / 무주 구천동에서 / 오백 명의 신출귀몰 하는 / 군사가 훈련 중이다. //(중략)// 가는 곳마다 / 정자나무 밑 모여앉아 / 농민들은 긴 한숨 쉬었다, / 에이 쌍, / 하늘과 땅 / 맷돌질이나 해라! (「금강」 제15장 일부)

불균형과 부조화의 삶을 신동엽은 "새들이 하늘을 가리고 싸웠다"느니, 또는 "오대산 속에선 소나무가 꽃을 피었다"느니, 심지어는 "평안도 용강 우물 속에서는 용대가리 같은 깜정 꽃줄기가 두 개, 관리나 양반이 가면 종적도 없어지고, 수덕사에서는 겨울인데 복숭아꽃이 만발" 했다는 등, 세상의 곳곳에서 속출하는 괴변으로 비유하여 노래하고 있다.

이는 민심이 곧 천심이므로, 이 민심이 하늘에 반영이 되어 하늘의 조화에 의하여 이와 같은 괴변이 나타나게 되었다는 의미이다. 그러므로 이와 같은 하늘의 뜻에 따라서 "천팔백구십삼년 십일월 / 전주 익산(益山) 등지에서, / 또 / 농민반란군이 일어났다 // 고부(古阜)에서도 일어났다."(제15장 일부)라고 노래하고 있다. 마침내 전봉준, 손화중, 김개남 등 접주들은 '불평등의 삶', '불균형의 삶', '부조화의 삶'이 팽배한 세상을 제폭구민(除暴救

民)하고 척양척왜(斥洋斥倭)하여 인내천(人乃天) 세상으로 개벽하는 혁명을 일으킨다.

> "물리치자 학정 / 구제하자 백성" // "몰아내자 왜놈 / 몰아내자 뙤놈 / 몰아
> 내자 외세" // "백성은 한울님이다." (「금강」 제17장 일부)

즉 신동엽의 「금강」은 동학·천도교의 시천주 사상을 통해 인간이란 본래 평등한 존재이며, 그러므로 평등의 기반 위에 균형과 조화를 이루어야 함을 노래하고 있다. 그런가 하면, 수운 선생이나 해월 선생의 시천주 가르침이 민중을 자각시키고, 민중으로 하여금 역사의 주체로 나서게 하였으며, 부조화와 불균형의 삶을 혁파하기 위하여 후천개벽의 운동을 전개했음을 노래하고 있다. 이와 같은 후천개벽운동인 동학혁명은 민중의 역사 속에 면면히 이어져 일제의 지배에 항거한 1919년 3·1독립운동으로, 독재의 억압과 부당함에 저항한 1960년의 4·19혁명으로 이어지고 있음을 「금강」은 웅변하고 있다. 즉 맥맥히 반도의 가슴을 적시며 흘러가는 유장한 '금강'과도 같이 동학·천도교의 가르침과 정신이 오늘에 이어지고 있음을 「금강」은 노래한다.

「금강」은 다만 이제 과거 역사가 된 3·1독립운동이나 4·19혁명만을 노래하는 것은 아니다. 「금강」은 살아 움직이는 역사의 사실을 소재로 하면서, 현재에 대한 이해를 심화시키고 있다.[5] 그러므로 동학·천도교의 역사적 활동을 조명하는 데에 그치지 않고, 시천주, 후천개벽 등의 교의를 실감 있게, 살아 있는 정신으로 독자들에게 전달하고 있다. 신동엽은 민중의 역

---

5   김우창, 「신동엽의 금강에 대하여」, (『민족시인 신동엽』, 소명출판, 1999.) 222쪽 참조.

사와 삶 속에 용해된 시천주의 의의와 후천개벽 정신을 「금강」이라는 장편 서사시에 훌륭하게 되살려 내고 있는 것이다.


## 3. 김지하 시와 동학

김지하는 시인이며 사상가이다.[6] 특히 김지하가 민족민주의 운동가로부터 한 사람의 사상가로 자리매김하게 된 것은 그가 스스로도 밝히고 있듯이, 1970년대 민청학련 사건 등으로 투옥되어 생사를 오가는 벼랑 끝의 한계상황에 놓여 있을 때로 얘기된다. 억압과 고통 속에 그는 사방의 벽이 다가오는 벽면증(壁面症)으로 시달리는 가운데 쇠창살 틈으로 날아온 '민들레 꽃씨'와 빗발에 패인 작은 홈에 쌓인 흙먼지에 핀 '개가죽나무라는 풀'을 발견하고 생명의 강인함, 또 고귀함을 새삼 발견하게 된다. 이때의 감회를 김지하는 다음과 같이 술회하고 있다.

그때가 마침 봄이었는데, 어느 날 쇠창살 틈으로 하얀 민들레 꽃씨가 감방 안에 날아 들어와 반짝거리며 허공중에 하늘하늘 날아다녔습니다. 참 아름다웠지요. 그리고 쇠창살과 시멘트 받침 사이의 틈, 빗발에 패인 작은 홈에 흙먼지가 날아와 쌓이고 또 거기 풀씨가 날아와 앉아서 빗물을 빨아들이

---

6   김지하 스스로는 자신이 철학자도 사상가도 아니라고 말하고 있다. "분명히 말하건대 나는 철학자가 아니다. 어떤 경우 (철학적-필자 주) 개념을 사용했다 하더라도 근본적으로 나는 시인이며 시적 상상력의 숨은 운동을 타고 그에 친연성을 지닌 몇 가지 담론을 전개했을 뿐, 스스로 사상가를 자처한 적도 없다."(『사이버 시대와 시의 운명』, 북하우스, 2003.) 그러나 이와 같은 스스로의 고백에도 불구하고 김지하가 그간 보여준 많은 사상적 담론들은 그를 사상가로 보기에 충분한 것들이다.

며 햇빛을 받아 봄날에 싹이 터서 파랗게 자라 오르는 것. 바로 그것을 보았습니다. 개가죽나무라는 풀이었어요. 새삼스럽게 그것을 발견한 날, 웅크린 채 소리 죽여 얼마나 울었던지! 뚜렷한 이유가 없었어요. 그저 '생명'이라는 말 한마디가 그렇게 신선하게, 그렇게 눈부시게 내 마음을 파고들었습니다. 한없는 감동과 이상한 희열 속으로 나를 몰아넣었던 것입니다. …(중략)… 이 생명의 끈질긴 소생력과 광대한 파급력, 그 무소부재함을 깨우쳐 그것으로 내 몸과 마음에서 체득할 수만 있다면 내게 더 이상 벽도 감옥도 없는 것입니다.[7]

생명의 경이로움의 발견이 곧 김지하를 새로운 경지로 이끌었다. 생명의 본질인 끈질긴 소생력, 광대한 파급력, 무소부재함 등에 대한 발견은 육체와 감각이라는 가시적 세계 너머에 있는 '영성'(靈性)에의 새로움에 눈뜨게 했다. 이때 김지하는 자신에게 문제가 되는 것은 '감옥 속의 몸이 아니라 몸속의 감옥'[8]이라는 사실을 깊이 체득하게 된다. 그러므로 김지하는 생명의 근원, 나아가 우주의 근원이 되는 영성에 의지하여 몸속의 감옥을 부수고자 노력하고, 이를 통해 생명이 결코 몸속에 단절된 것이 아니라, 우주의 근원에서부터 비롯된 것이며 우주의 전 생명과 연계되어 있음을 비로소 깨닫게 된다.

나아가 동학 교조 수운 선생의 시천주(侍天主), 불연기연(不然其然)의 논리, 또 동학 2세 교주인 해월 선생의 양천주(養天主), 이천식천(以天食天) 등의 가르침을 깊이 탐독하면서 자신이 바라본 생명의 경이로움이 동학의

7    김지하, 『생명과 자치』, 솔출판사, 1996, 31쪽.
8    이재복, 『몸』, 하늘연못, 2002, 170쪽 참조.

사상에 잘 담겨 있음을 알게 된다. 김지하는 이렇듯 절체절명의 위기 속에서 생명의 경이로움을 발견하고 또 동학을 만나게 된 것이다. 따라서 동학에 대한 깊은 탐구를 통하여 김지하는 동학은 민중의 삶 속에 살아 있는 생명 활동이며,[9] 온갖 형태의 죽임에 맞서 모든 생명을 살리고자 일어난 조직적 생명운동[10]이라고 천명하게 된다.

이와 같은 관점에서 김지하는 동학의 진정한 가치가 그 운동성보다는 사상성에 있다는 사실을 제기하게 된다. 즉 지금까지 동학을 반봉건, 반외세 투쟁의 역사로 보던 학계 일반의 관점을 뛰어넘어, 동학의 사상적인 면을 깊이 있게 탐구하여 두 가지 측면을 새롭게 부각시키고 있다. 우선 김지하는 동학사상을 우주적 차원에서 해석하고자 했다. 나아가 동학이 현대에 왜 필요한가를 제기하였다. 즉 김지하는 동학의 의의를 철학적으로 확장시키는 한편 현재화하는 데에 이바지하였다.

이와 같은 김지하의 견해는 동학의 핵심인 생명사상과 연결되는 것으로, 생명이란 우주 본체에 그 근원을 두는 것이며, 이 우주와 더불어 무궁하다는 동학의 근본 사상[11]에 이어진다. 특히 김지하는 이와 같은 동학의 생명사상을 수운 선생이 천명한 '시천주'(侍天主)에서 찾고 있다. 시천주는 말 그대로 한울님을 모셨다는 '모심의 철학'이다. 김지하는 수운 선생의 '시'(侍)에 대한 해의, 즉 "안에 신령이 있고 밖으로는 기화가 있어 온 세상의 사람이 각기 깨달아 옮기지 않는 것"[12]이라는 언술을 적극적으로 해석하여, '시'(侍)의 모심이란 인간 생명의 주체인 영(靈)의 유기적인 표현이며,

---

9    김지하, 『김지하 전집 1』, 실천문학사, 2002, 61쪽.
10   김지하, 『김지하 전집 1』, 실천문학사, 2002, 374쪽.
11   『용담유사』「흥비가」, "무궁한 이 울 속에 무궁한 내 아닌가."
12   『동경대전』「논학문」 "侍者 內有神靈 外有氣化 一世之人 各知不移者也."

나아가 인간과 우주의 자연적인 통일, 인간과 인간의 사회적인 통일, 인간
과 사회의 혁명적인 통일이 모두 이 '시'(侍) 한 글자 안에 들어 있다고 말하
고 있다.[13]

또한 김지하는 해월 선생의 「이천식천」(以天食天), 「향아설위」(向我設位)
법설 등을 적극적으로 해석하고 있다. 이를 통해 동학의 사유는 불의한 세
상을 향한 투쟁만이 아니라, 생명의 공생과 순환질서의 회복 문제,[14] 나아
가 한울님이라는 우상을 일시에 타파해 버리는 개벽[15]이라고 말한다.

즉 김지하는 동학의 시천주, 이천식천, 향아설위 등의 가르침을 통해 자
신이 펼치고 있는 생명사상의 중요한 사상적 틀을 확보하고 있는 것이다.
따라서 김지하가 시로써 노래하는 동학은 다만 서사성에 머물지 않고 동
학의 교의를 서정시로 승화시키는 데에 성공을 거두고 있다. 이는 곧 김지
하가 동학의 이념과 이상을 동학적인 원리, 즉 사상과 철학과 교의에 의하
여 노래하려고 했기 때문으로 해석된다.


## 4. 김지하가 꿈꾸는 동학적 세계, 우주적 조화

많은 논자들이 이야기하고 있는 바와 같이 김지하의 시는 80년대를 기
점으로 그 이전과는 다른 면모를 보이게 된다. 이와 같은 전환은 구체적으
로 시집 『애린』과 『별밭을 우러르며』에서 두드러지기 시작한다. 1970년대

---

13  김지하, 『김지하 전집 1』, 실천문학사, 2002, 65쪽.
14  김지하, 『김지하 전집 1』, 실천문학사, 2002, 158쪽.
15  김지하, 『김지하 전집 1』, 실천문학사, 2002, 163쪽.

에 발간한 『황토』 이후의 「오적」 등의 시 세계가 폭력적인 현실을 비판, 고발, 풍자, 질책하는 내용이었다면 1980년대 이후에 발간한 시집들은 이른바 '서정시집'이라고 특별히 불릴 만큼 그 세계가 부드러워졌고 또한 그 정신세계가 종교적이라고 부를 만큼 심원한 경지로 고양되고 있다.[16]

김지하의 이러한 시적 변모에 관하여 일부에서는 김지하의 사회적·역사적 의식이 약화되었으며, 신비주의나 정신주의 등, 관념적이고 추상적인 세계로 추락했다는 비판을 가하기도 했다. 그러나 성민엽 등은 이와 같은 김지하의 변모에 대해, 김지하의 70년대와 80년대의 시적 전환을 단절로 볼 것이 아니라 연속성 속에서 파악해야 함을 역설한다. 이는 곧 김지하의 문학 세계를 70년대와 80년대로 구분하고, 이를 이원적인 단절과 변절의 과정으로 비판하던 당시의 논의를 내재적 방법론으로 극복한 것이라고 하겠다. 즉 80년대의 김지하의 변모는 연속성 속의 변모이며, 연속성 속의 심화·확대[17]라고 파악하게 된다는 것이다.

이와 같은 김지하의 시적 변모의 핵심에는 동학적 생명사상이 자리하고 있다. 물론 김지하는 이미 70년대 초부터 동학을 기반으로 하는 생명사상의 싹을 틔우고 있었지만, 이것이 문학적으로 구체화되고, 또 시로 표현되기 시작한 것은 80년대 이후이다. 김지하의 70년대 시작품은 비판적이고 대립적이며, 불의한 현실 고발 등이 주를 이룬다. 이는 곧 부당한 억압, 나아가 죽임에 대한 강렬한 부정의 정신이며 동시에 저항의 표현이다. 그러나 80년 이후 김지하의 시는 죽임에 대한 부정과 저항을 뛰어넘어 생명의

---

16　정효구,「개벽사상과 생명공동체: 김지하」,『우주공동체와 문학의 길』, 시와 시학사, 1994, 185쪽.

17　성민엽,「김지하의 문학과 사상」, (『작가세계』, 1989년 가을호.) 92쪽.

본성에 대한 탐구로 나아간다. 그러므로 억압과 죽임을 뛰어넘는 조화와 화해에서 피어나는 새로운 삶의 세계를 노래한다. 이 새로운 삶의 세계란 다름 아닌 고귀하고 경이로운 생명이 꽃피는 세계를 의미한다. 특히 김지하는 '생명 본성에 대한 탐구'를 '애린'과의 만남으로 표현하고 있다.

> 햇빛 없는 날 / 오늘에 너를 묶은 나라는 사람 / 바람 없는 곳 / 추억에 너를 가두는 사람 / 그 마음의 가옥 / 애린 / 끊어라 애린 / 탈출하라 바람 부는 저 벌판으로 / 내 사랑하는 애린 / 한 떨기 들꽃으로 시뻘건 흙으로 / 살아나라 / 다시 다시 살아나라 (「살림」에서)

'끊고' 또 '탈출'해야 하는 마음의 감옥을 인지하는 것은 '영성(靈性)에 눈뜸'에 의한 것이다. 그러므로 마음의 감옥으로부터 탈출하여 "한 떨기 들꽃", "시뻘건 흙", 즉 새로운 생명으로 꽃피어나기를 기원하고 있는 것이다. 이와 같은 기원은 때로는 "빛"(「백빙 6」)을 찾아서, 때로는 "삶이 들끓는 바다, 바다 너머", "생명의 고향"인 "화엄의 바다"(「바다」)를 찾아 떠나는 것으로 표현된다. 그러므로 "칼을 뽑아 서로 죽이고 죽이는 싸움은 서로를 살리는 연꽃이 되고", "주검 곁에서 돌미륵은 웃음으로 새로운 삶을 일깨우는 것"(「바램 1」)이 되기도 한다. 김지하는 이렇듯 죽임을 살림으로 되돌리는 "커다란 품, 아 아 아 커다란 품"을 자신의 시를 통해 꿈꾸고 있다. 김지하가 꿈꾸는 '커다란 품'은 다름 아닌 생명이 꽃피는 세계, 생명의 근원이 되는 우주이다.

동학에서 생명의 근원이 되는 우주(한울님)와 사람과의 관계를 나타낸 말이 곧 '시천주'이다. 수운 선생이 천명한 '사람이 한울님을 모셨다'는 시천주(侍天主)는 해월 선생의 '사람이 곧 한울님'이라는 '인즉천'(人卽天), '인

시천'(人是天), 의암 선생의 '인내천'(人乃天)으로 나타난다. 즉 유한한 존재인 사람이지만 무한한 존재인 한울님을 모시고 있으므로 사람 역시 한울님과 더불어 무궁하다는 말이다. 이렇듯 인간을 무궁한 존재로 본 것이 바로 동학의 독특한 인간관이자 생명관이다.

여기서 사람이 모시고 있다는 우주생명으로서의 한울님, 그러므로 사람역시 무궁한 존재가 될 수 있는 근거가 되는 동학의 한울님은 인격적인 측면의 이름이며, 동시에 탈 인격적인 우주 그 자체인 지기(至氣)이다. 그러나 동학에서는 인격적인 '한울님'과 우주의 본체로서의 '지기'(至氣)를 별개의 것으로 보지 않는다. 한울님에 관한 담론은 동학의 신관(神觀)이 되고, 지기에 관한 담론은 동학의 우주관(宇宙觀)으로 발전한다.[18]

김지하가 만나는 동학은 '한울님'으로서가 아니라 '지기'(至氣)로서의 우주, 그 본체에 관한 인식 체계이다. 그러므로 경배하고 또 섬겨야 할 대상으로서의 한울님에 대한 인식에 기반한 시가 아니라, 모든 생명의 근원이며 더불어 살아 움직이는 우주, 이 우주의 본체에 기반한 시 작품이 주류를 이루게 된다. 이러한 배경에서 김지하는 새로운 탄생 그 자체가 바로 우주로의 부활이라고 말하고 있다.

> (전략) // 내가 타죽은 / 나무가 내 속에 자란다 / 나는 죽어서 / 나무 위에 / 조각달로 뜬다 // 사랑이여 / 탄생의 미묘한 때를 / 알려다오 // 껍질 깨고 나가리 / 박차고 나가 / 우주가 되리 / 부활하리. (「줄탁」 부분)

시인은 저녁에 떠오른 '별'을 보며, 그것이 자신의 환생임을 노래한다.

---

18    졸고, 「천도교 용어에 관한 일고찰」, (『종교연구』, 한국종교학회, 2003.)

탄생이 곧 새로운 우주로의 부활임을, 그러므로 그 탄생의 미묘한 때를, 그 비밀을 시인은 회구하고 있다. 이렇듯 탄생의 그 비밀을 알고 싶다는 것은 다름 아닌 새로운 우주적 차원으로 거듭나고 싶음의 또 다른 표현이기도 하다.

　'우주적 차원의 거듭 남'이란 동학적 표현에 의하면 곧 '시천주'이다. 수운 선생은 시천주의 '시'(侍)를 "내유신령(內有神靈) 외유기화(外有氣化)"라고 해의하고 있다. 또 이 해의에 관하여 해월 선생은 "안으로 신령이 있다는 것[內有神靈]은 처음 태어난 어린아이의 마음[落地初 赤子之心]"이고, "밖에 기화가 있다는 것[外有氣化]은 포태할 때에 이치에 의한 기운이 바탕에 응하여 몸을 이루는 것[胞胎時 理氣應質而成體]"[19]이라고 다시 설명하고 있다. 이러한 해의에 의하면 시천주의 '시'(侍)란 궁극적으로 한울님 본체의 생명을 받아 어머니 배속에서 포태가 되는, 곧 무형의 생명이 유형의 생명으로 바뀌는 그 순간을 말하는 것이다. 그러므로 사람은 태어날 때 이미 한울님이라는 무궁한 존재를 모시고 있다는 것이다. 그러나 사람들이 자기 몸을 받는 그 순간부터 모시고 있는 한울님, 곧 자신의 본성을 망각하여 가는 삶을 살게 된다. 그러나 수련을 통해 본래의 마음을 회복하여 내 몸에 모셔져 있는 한울님을 깨닫는, 즉 한울님이 나와 둘이 아님을 깨닫는 '시천주'의 경지에 도달하게 되는 것이다.

　이와 같은 면에서 '시'(侍)는 곧 김지하의 "사랑이여 / 탄생의 미묘한 때를 / 알려다오 // 껍질 깨고 나가리 / 박차고 나가 / 우주가 되리 / 부활하리"의 그 '우주가 되는' 그 고귀한 생명의 탄생의 순간이기도 하다. 그러므로

---

19　『해월신사법설』「영부 주문」, '內有神靈者 落地初 赤子之心也 外有氣化者 胞胎時 理氣應質而成體也'

탄생이란 궁극적으로 우주와 더불어 사는 무궁함으로의 부활이며, 나아가 우주가 되는 것이기도 하다. 이 때문에 김지하는 「새봄8」에서 자신의 나이가 이 무궁한 우주와 더불어 같이 살아온 "무궁살"이라고 말하고 있다; "내 나이 / 몇인가 헤아려보니 // 지구에 생명 생긴 뒤 삼십오억살 / 우주가 폭발한 뒤 백오십억살 / 그전 그후 꿰뚫어 무궁살 // 아 무궁 // 나는 끝없이 죽으며 / 죽지 않는 삶 // 두려움 없어라 // 오늘 / 풀 한 포기 사랑하리라 / 나를 사랑하리."

"지구에 생명 생긴 뒤 삼십오억 살 / 우주가 폭발한 뒤 백오십억 살 / 그전 그 후 꿰뚫어 무궁살 / 아 무궁"이라는, 우주적 본체로서의 깨달음을 시로 노래하고 있다. 그러므로 "나는 끝없이 죽으며 / 죽지 않는 삶"이 되는 것이다.

내가 바로 우주이듯이 만유 모두 역시 우주이다. 만유 역시 한울님을 모시고 있기 때문이다. 그러므로 김지하에게 있어서는 하찮은 풀 한 포기 사랑하는 것 역시 나를 사랑하는 것이 된다. 길거리의 풀과 나는 그 소중함이, 사랑받을 수 있음이 같은 것이요, 풀과 나와 우주 역시 같은 것이 된다. 다음과 같이 김지하는 동학적 삶과 만유와 우주에의 인식을 바탕으로 한 절창을 부르고 있다.

> 나 한때 / 잎새였다 // 지금도 / 가끔은 잎새 // 해 스치는 세포마다 / 말들 태어나 / 온 우주가 노래 노래부르고 // 잎새는 새들 속에 / 또 물방울 속에 / 가없는 시간의 무늬 그리며 / 나 태어난다고 // 끊임없이 노래부르고 노래부르고 (「나 한때」 부분)

여기서 김지하는 '나'와 '잎새'의 물아일체(物我一體), '잎새'와 '우주'의 개

전일체(個全一體)를 노래하며 시천주(侍天主)의 경지에 몰입한다. 그의 노래는 우주의 시간, 무궁한 삶으로 이어지며 계속된다. 그러면서도 여전히 현실(잎새)를 떠나지 않는다.

> 지금도 / 신실하고 웅숫스런 / 무궁한 나의 삶 // 내 귓속에 / 내 핏줄 속에 울리는 / 우주의 시간 // 나 한때 / 잎새였다 // 지금도 / 가끔은 잎새 (「나 한때」 부분)

그러므로 현실 속에서, 그는 우주의 시간을 망각하지 않으려, 성찰하는 삶을 살기를 다짐하며, 감격한다.

> 잊었는가 / 잎새가 나를 먹이고 / 물방울이 나를 키우고 / 새들이 나를 기르는 것 // 잊었는가 / 나 / 오늘도 / 잎새 속에서 / 뚫어져라 뚫어져라 / 나를 / 쳐다보는 것 (「나 한때」 부분)

이와 같이 김지하는 동학의 시천주 사상을 적극적으로 해석하며 시로 형상화하여 나와 우주가 둘이 아니라는 것, 나아가 만유 역시 우주와 하나라는 동학적 우주관, 즉 우주적 조화와 균형의 세계를 노래하고 있다.

지금까지 지구상에 나타난 인류의 모든 사상이나 종교는 궁극적으로 '신과 자연 그리고 인간'과의 관계 양상을 깨달은 것이라고 할 수 있다. 종교적 지혜 전통에 따라서 그 관계를 '신-사람-자연' 신 중심의 위계질서로 제시기도 하고, 근대에 이르러서, '사람-신-자연'이라는 인간 중심의 질서 체계로 제시하기도 하였다. 다시 말해서 우주의 삼대 요소인 사람, 자연, 신을 인간의 관념에 의하여 차별화하고 또 서열화하고 있다.

동학 역시 이러한 한울님(신)과 사람, 그리고 자연[萬有]의 관계에 대한 새로운 자각, 즉 깨달음으로부터 그 출발을 한다. 그러나 동학은 기존의 인위적인 위계질서 체제를 뛰어넘어 사람과 신(한울님)과 만유가 유기적인 관계 속에서 서로 조화를 이루고 균형의 관계를 유지한다는 세계관을 제시하고 있다.

즉 동학은 인간 중심 혹은 신 중심이라는 이원론적 인식을 넘어 이들 모두를 '한 생명'으로 인식한다. 나아가 인간, 한울님(신), 자연[萬有] 모두가 서로 유기적인 관계 위에서 균형과 조화를 통해 우주공동체를 이룩해야 한다는 의식의 대전환이 곧 동학에서 말하는 후천개벽이다.

오늘 인류는 커다란 위기에 봉착해 있다. 인간의 이기주의, 즉 인간중심주의에 의하여 인간과 인간, 인간과 자연의 조화와 균형이 심각하게 훼손되고 있다. 이로 인하여 야기된 전 지구적 위기의 주체는 말할 것도 없이 인간이다. 근대 이후 과학주의의 사고와 인간 중심주의에 의하여 우주적인 질서와 조화는 깨져 버리고, 그로 말미암아 인간-신-자연의 조화가 파탄에 이르러 인간 역시 마침내는 공멸하고 말 것이라는 위기의식을, 오늘 인류는 서서히 느껴 가고 있다.

이러한 모습은 일찍이 수운 선생이 "각자위심(各自爲心)의 극대화로 인하여 사람들이 그 살아갈 바의 방향을 모르는 세태"[20]라고 표현한 그대로이다. 수운 선생은 이것이 곧 선천(先天)의 마지막 모습이라고 천명하고 따라서 필연적으로 새로운 후천(後天) 세상이 도래함을 강조하고 있다. 다시 말해서 인류사가 종말로 끝나는 것이 아니라, 후천개벽이라는 거대한 차원 변화를 통하여 악질(惡疾)과 같은 사회적 도덕적 파괴적인 질병이 치유되

---

20  『동경대전』「포덕문」, '一世之人 各自爲心 不順天理 不顧天命 心常悚然 莫知所向矣'

고 우주의 참다운 생명의 비밀이 드러나는 새로운 질서의 세상이 전개될 것이라는 것이 수운 선생의 생각이다. 이것이 곧 동학적인 운수관에 따른 우주 진화의 모습이기도 하다.

그러나 이러한 우주 진화의 질서는 최종적으로 인간의 참여를 필요로 한다는 것이 곧 수운 선생의 생각이기도 하다. 즉 "사람들이 기운을 바르게 하고 마음을 옳게 먹어 이 우주와 더불어 그 덕(德)이 합치되는 삶"[21]을 영위함으로써 우주 진화의 질서에 긍정적으로 참여할 수 있어야, 비로소 이 세상이 성운(盛運)의 시대인 후천개벽을 맞이하게 된다는 것이다. 따라서 수운 선생의 생각은 인류의 미래에 대하여 희망적이며 긍정적이면서도 인간의 능동적인 역할과 참여를 간과하지 않는다.

수운 선생이 강조하는 '우주적 질서와 더불어 그 덕이 합치되는 인간의 삶[與天地合其德]이란 다름 아니라, 이 우주의 만유와 더불어 균형과 조화를 이루는 삶을 말하는 것이다. 이와 같이 동학의 가르침은 물질과 정신, 전체와 개체, 인간과 자연, 신과 인간을 비롯한 모든 이원적인 대립과 모순을 극복하여, 조화와 균형을 이루려는 데에 그 핵심이 있다. 나아가 이와 같은 우주적 조화와 균형이 곧 생명의 본질임을 말하고 있다. 김지하 역시 이와 같은 동학적 세계를 적극적으로 자신의 시에 표현하고 있다.

겨우내 / 외로웠지요 / 새봄이 와 / 풀과 말하고 / 새순과 애기하며 / 외로움이란 없다고 / 그래 / 흙도 물도 공기도 바람도 / 모두 다 형제라고 / 형제보다 더 높은 / 어른이라고 / 그리 생각하게 되었지요 (후략) (「새봄3」 부분)

---

21 『동경대전』「論學文」, '大人之德 氣有正而心有定 故與天地合其德'

'외로웠던 겨울' 그러므로 더욱 새봄이 기다려진다. 그러므로 이 새봄에 맞는 만물이 더욱 새롭고 반갑다. "풀과 말하고, 새순과 얘기하며", "흙도 물도 공기도 바람도 / 모두 다 형제"라는 친밀감은 더할 수 없는 삶의 축복이고 생명의 축복이 된다. 이러한 상태를 시인은 '마음 편하다'고 표현한다. 또 "시인은 살아 있음을 고마워하고, 하루 세 끼의 밥을 먹을 수 있음을 고맙다"고 토로한다. 그리하여 "마음 차분해 / 우주를 껴안고 // 나무 밑에 서면 / 어디선가 / 생명 부서지는 소리"(「새봄 4」)를 듣게 된다. 그러므로 모든 새 생명이 돋아나는 봄날 "빈 가지 / 꽃눈 뜨고 …(중략)… 우주 안에 / 우주 만나"(「빈 가지」)는, 그 만남을 위한 떠남을 늘 시인은 시도하고 있는 것이다. 새로운 생명, 우주, 그 우주적 화해와 균형, 그리고 마침내 이룩되는 조화의 세계를 김지하는 꿈꾸고 있는 것이다.


## 5. 나가는 말

동학·천도교는 165년이라는 일천한 역사를 지니고 있다. 더욱이 그 역사의 대부분의 시간이 험난한 한국 근대사와 맥을 같이 해 왔다. 그 속에서 동학·천도교는 수많은 민족운동·사회운동을 전개해 왔다. 때로는 보국안민(輔國安民)의 기치를 세웠는가 하면, 때로는 외세 침략과 봉건의 질곡을 향해 죽창을 들기도 하였다. 그런가 하면, 일제의 강압적인 식민통치에 대하여 피나는 독립운동을 펼치기도 하였다.

이와 같이 동학·천도교는 한국근대사의 큰 줄기를 감당해 왔지만, 그 반면에, 그로 말미암아 차분하게 그 교의를 밝히고 또 시대를 따라가며 일신(日新)하고, 내적인 심화를 해나가는 데에는 많은 지장이야기되었다. 특히 동학·천도교를 신앙이나 종교로서보다는 사회운동·민족운동 단체로 바라보게 하는 결과를 초래하기도 하였다. 따라서 동학·천도교를 주제나 제재로 삼은 문학작품들은 동학·천도교의 운동사에 초점을 맞추는 것이 일반적이었다. 특히 동학 역사에서 가장 두드러진 사건인 1894년 갑오동학혁명에 그 초점이 맞추어진 작품이 많이 창작되었다.

본문에서는 그런 가운데서도 동학·천도교의 본질적인 면을 놓치지 않은 두 사람의 시인을 따라가며, 그들이 어떤 점에서 그러한 태도를 문학적으로 형상화하였는지를 살펴보았다. 신동엽은 동학이라는 테마가 문단의 본격적인 관심을 끌기 훨씬 이전에 동학의 역사와 정신의 중요성을 간파하고, 자료를 모으고 또 공부를 거듭하여 대하서사시 「금강」이라는 대작을 창작하였다. 우선 「금강」은 동학혁명의 혁명성을 그려낸다. 갑오년 전후로 부조화와 불균형의 삶에 동학 민중은 어떻게 대처하고 또 싸웠는가를 매우 사실적으로 그려내고 있다. 그런가 하면, 이와 같은 우리의 역사가 오늘의 우리와 어떻게 만나고 있는가의 문제에 깊이 천착하고 있다.

그러나 신동엽은 동학·천도교 역사에서 저항과 투쟁의 측면만이 아니라, 동학·천도교의 스승들과 역사적 지도자들이 어떠한 사상적 기반을 가졌는지를 보여주고, 또 그들의 사상과 투쟁이 오늘 어떠한 의미를 갖는지를 형상화하고 있다. 김지하는 동학·천도교의 역사적 활동을 거쳐서 동학·천도교의 사상적 의의에 접근하기보다는 처음부터 직접적으로 동학·천도교의 사상성에 깊이 천착하였다. 특히 김지하는 동학의 핵심적 사상인 '시천주'(侍天主) 사상에 의거하여, 생명, 탄생의 고귀함에 대한 깨달음을 시로 승화시키고 있다. 나아가 현대 사회가 안고 있는 부조화, 불균형의 문제를 여하히 조화와 균형으로 승화하여, 새로운 세계로 이끌 수 있는가 하는 열망을 시로 노래하고 있다.

신동엽은 '금강'이라는 도도히 흐르는 역사의 강물 위에 비친 사람들에게 동학·천도교의 정신은 어떻게 반영되고, 그리하여 어떠한 투쟁으로 전개되어 갔는지, 그리고 이것은 오늘 우리 시대에 어떠한 의의를 지니고 있는지를 노래했다면, 김지하는 동학·천도교 사상의 생명사상으로서의 의의를 특히 깊이 천착하고, 그것이 오늘 우리에게 어떠한 의미로 다가오는지를 시로 승화시켰다고 하겠다.

동학·천도교는 한국의 근·현대사를 관통하며 민족운동의 보루로서의 역할을 감당해 왔다. 많은 사람들이 그 점에 주목을 하였다. 그러나 근년에 이르러 동학·천도교는 현대사회가 안고 있는 문제와 함께 야기되고 있는 부조화와 불균형의 사회상을 극복하면서 새로운 차원의 대안적인 삶의 철학을 제공해 주는 것으로 주목을 받고 있다. 이 양자는 어느 의미에서 서로 같은 것이다. 전자는 역사성이 좀 더 강조된 것이라면, 후자는 현재성이 강조된 것이라고 하겠다. 동학·천도교는 이 동질적이면서도 서로 다른 두 얼굴을 지니고 있는 그 무엇이다.

한국을 대표할 수 있는 두 사람의 민족시인인 신동엽과 김지하가 동학·천도교의 두 얼굴을, 근 2-30년의 시간을 상거하고 독창적이고 탁월하게 시로 승화시켰다는 것은 결코 우연이 아니라고 생각된다. 동학·천도교에 관하여 많은 지식인들과 시민들이 보여주는 관심이 두 사람의 시적 경향에 그대로 투영되었다고 하겠다.

동학·천도교에서, 한국의 근대사와 함께 걸어온 역사는 참으로 중요하고 또 그 의미가 깊다. 그러나 이에 못지않게 중요한 것은 그 역사성의 기반이 되었던 동학·천도교의 사상이다. 따라서 이 양자에 대하여 모두 올바른 평가를 할 수 있을 때 동학·천도교의 진정한 가치가 온전히 드러날 수 있을 것으로 사료된다.

# 제14장 현대사 100년과 천도교, 그 현황과 전망

## 1. 들어가는 말

종교와 문화와 사회는 불가분의 관계를 이룬다. 인류 역사를 돌아보면, 종교가 문화 형성에 미친 영향이 얼마나 대단했는가는 쉽게 알 수 있다. 그런가 하면, 사회 또한 종교와의 유기적인 관계 속에서, 서로 지대한 영향을 주고받았음을 알 수 있다.

이와 같은 종교와 문화와 사회와의 유기적 관계에 관한 일반론적인 입장을 차치하고라도, 천도교와 한국 근대사와의 관계는 너무나도 밀접한 것이다. 이 글에서 다루고자 하는 한국 현대사 100년과 천도교사에 대한 범위 설정은 '제약과 한계'를 가질 수밖에 없다. 이 글은 이와 같은 '제약과 한계' 속에서 '천도교단사'(天道敎團史)의 범주 설정에 유의하며 논지를 전개해 나가고자 한다.

이 글의 일차적인 목적은 천도교단이 1905년 12월 1일 '천도교'라는 이름으로 교단의 명칭을 세상에 천명한 이후 오늘까지 100년 동안 어떠한 길을 걸어왔는가에 대한 고찰이다. 한마디로 말하면 천도교단은 한국현대사와 영욕(榮辱)을 함께해 왔다. 한때는 몇백만이 넘는 교세를 자랑하며, 가장 영향력 있는 종단으로 한국 사회의 과제를 앞장서서 감당하였다. 그러나 오늘 천도교단은 쇠퇴한 교세와 함께 한국의 주요 종교 중 가장 힘겹게 그 면모를 유지하고 있는 종단의 하나이다.

이와 같은 개괄적인 고찰을 바탕으로, 그렇다면 천도교단은 어떠한 노력으로 몇백만의 교세를 자랑하는 교단이 되었으며, 또 어떠한 원인에 의하여 오늘과 같은 힘겨운 교단으로 전락하게 되었는가를 찾아 보고자 한다. 그런 점에서 이 글은 지난 100년간의 천도교단 역사에 대한 고찰뿐만 아니라, 천도교가 내일로 가는 새로운 길을 모색하는 작업이기도 하다. 따라서 이 글의 이차적 목적은 천도교단 100년간의 역사를 분석하여 그 의미를 찾아내고, 이를 근거로 해서 성공적인 내일을 기약하는 길을 제시는 데에 있다.


## 2. 대고천하(大告天下)와 교단의 체제 확립

의암 선생이 1905년 12월 1일, 그때까지 동학이라는 이름으로 불리던 교단을 '천도교'라는 이름으로 세상에 선포한 것은 동학·천도교단이 결정적인 분기점을 이루는 사건이다. 우선 이전까지 반(反) 합법의 좌도(左道)로서 탄압받아야 했던 동학이 천도교로서 종교의 자유를 내세워 합법화하므로, 정당하고 자유롭게 신앙 활동을 할 수 있게 되었다는 사실이다.[1] 그러나 이보다 더욱 중요한 것은 '동학'이라는 학문적 틀을 통해 '천도'를 궁구

---

1    동학이 천도교라는 종교로 大告天下한 이후, 그 전까지는 조선조 조정으로부터 左道, 賊黨의 수괴로 지목받아, 變姓名하고 일본에 머물던 의암 선생이 1906년 1월 아무런 제재 없이 4만여 명의 천도교인들의 열렬한 환영 속에서 釜山으로 귀국을 했고 또 서울에서 8만 여명으로부터 還國歡迎을 받았다는 사실이 이를 실감나게 하는 사실 중의 하나이다.

하고 또 신앙하던 '토속적인 신앙집단'이 근대적인 교단, 곧 '천도교단'으로 새롭게 탈바꿈했다는 사실이다.

우리가 부르고 있는 '동학'이라는 이름은 종교의 의미보다는 '학문'으로서의 의미가 컸다. 수운 선생이 한울님으로부터 받은 무극대도는, 그 '도'(道)는 서학과 마찬가지로 '천도'이지만, 도를 궁구하는 '학'(學)은 동학이었다. 수운 선생이 펼친 것은 천도를 궁구하고 또 이에 이르는 학문인 '동학'이었으며, 나아가 동학을 통해 궁구한 천도(天道), 천리(天理)를 따라 사는 삶, 곧 한울님 삶의 사회적·역사적 실천이었다. 이와 같은 수운 선생의 '학'인 동학과 '도'인 천도를 아울러 '천도교'(天道教), 즉 '교'(教)로서 그 위상을 전환한 것이 곧 1905년 12월 1일의 '천도교 선포' 사건이다. 따라서 옛 이름이 '동학'이고 오늘의 이름이 '천도교'이지만, '천도교'라는 명칭은 곧 동학과 천도를 아우른 이름으로 해석함이 옳을 듯하다.

다음과 같은《만세보》(萬歲報)의 기사에서 이와 같은 면을 읽을 수 있다.

이때에 서양 천주교가 우리나라에 들어옴에 사람들이 (수운-필자 주) 선생이 어떤 가르침을 가르치는지 알지 못하고 서학이라고 의심하여 철종 14년 (1863)에 선생(수운-필자 주)이 무고(죄 없이 체포됨-필자 주)를 당하시니 선생이 분별하여 말하기를 "우리 도의 근원은 하늘[天]이라. 내가 동방에서 태어나 동학에서 학문을 하므로[生於東學於東]하니 도즉천도(道則天道)요 학즉동학(學則東學)이라" 하심은 우리 교가 서학이 아님을 밝게 분별하신 것인데, 사람들이 동학이라고 지목하는 것은 결코 우리 교의 바른 이름[吾教之正名]이 아니라. 지금 사람들이 말하기를 "동학이 그 이름[名目]을 고쳐서 천도교라고 칭한다" 하지만, 우리 교의 이름은 본래 천도교(天道教)이니, 천주교(天主

敎)와 예수교(耶蘇敎)를 서학(西學)이라 부르는 것과 동일하오⋯.[2]

즉 '동학을 개명하여 천도교라고 칭한 것'이 아니요, '본래의 이름이 천도교'였음을 강변하는 위의 주장은 도(道)로 말하면 천도(天道)요, 학(學)으로 말하면 동학(東學)이요, 교(敎)로 말하면 천도교(天道敎)가 된다는 의미로 해석된다. 따라서 천도교라는 이름의 의미는, 천도인 '도'와, '도'를 궁구하는 '학'을 포괄하며, 나아가 서양의 개념인 '종교'로서의 모습까지 갖추려는 데에 있다. 따라서 의암 선생은 1906년 1월 일본에서 환국한 후 서울에 천도교중앙총부를 설치하고, 근대적 종교 교단으로서의 면모를 갖추기 위한 체제 정비에 착수한다.

교단의 새로운 체제 정비를 위해 먼저 「천도교대헌」을 제정 반포하고, 이어서 서울에 중앙총부를 설치하고, 전국 각지에 지방교구를 설치하여 교화행정 조직을 갖추었다. 또 한편으로 수운 선생 시대 이래 교단의 정신 교화 기구인 연비제를 연원제(淵源制)로 정비하여 부구(部區: 총부과 교구)의 행정 체제와 연원의 정신 교화 체제의 이원적 조직 체계를 완비하게 된다.[3] 이어서 성미제(誠米制)를 마련하여 헌금제도를 정착시키는 한편, 신앙의 중심을 가족 단위[道家]로 하여, 밤 9시가 되면 맑은 물[淸水]을 모서 놓

---

2  《만세보》1906.11.23. '잡보-순독설교', "是時에 西洋 天主敎가 入我邦也에 人이 不知先生之敎爲何敎하고 疑之以西學하야 哲宗 십사년에 先生이 被誣어시날 先生이 卞之曰 吾道이 大原은 天이라 吾가 生於東學於東하니 道則天道요 學則東學이라 하심은 卞明吾敎之非西學이어날 人이 目之以東學이라 함은 決非吾敎之正名이라 今人이 又云 東學이 改其名目하야 天道敎라 稱한다 하나 吾敎의 名은 본래 天道敎니 天主敎와 耶蘇敎를 西學이라 稱함과 同一하오⋯."

3  해월 선생 시기에는 淵源制와 함께 행정기구라는 이원적인 조직이 아니었고, 다만 연원에 해당하는 '接' 조직만 있었다.

고 온 가족이 둘러앉아 심고(心告)를 한 후 주문 105회를 묵송(黙誦)하는 저녁 기도식[淸水]을 봉행하는 것을 중요한 교회 의례로 정하였다. 모든 도가(道家)에 신앙공동체를 이루고자 하였다. 또한 일요일을 시일(侍日)이라고 이름하고, 모든 교인이 깨끗한 옷차림으로 시일성화식(侍日聖化式)에 참석하여, 천덕송을 부르고, 경전을 봉독하며 공부하고, 설교를 듣는 등의 공동 교화 절차로 시일예식(侍日禮式)을 제정했다. 즉 천도교는 처음부터 신앙심을 고취시키고 또 결집시키는 방향에서 종교의례를 정했던 것이다. 이들 중요한 의례를 오관(五款: 다섯 가지 정성)으로 확립하고, 또한 1907년에는 『천덕송(天德頌)』을 제정하여 종교의식을 풍요롭게 하며 심화기화하는 방편으로 삼았다.

이와 같이 종교적인 의식을 정비하는 한편, 각종 기념일을 제정하여 교인들의 결속을 강화한다. 1909년 10월 23일에는 천일기념일(天日紀念日, 4월 5일, 수운 선생 득도일, 동학 창도일(1860)), 지일기념일(地日紀念日, 8월 14일, 해월 선생 승통일(1863)), 인일기념일(人日紀念日, 12월 24일, 의암 선생 승통일(1897)) 그리고 교일기념일(敎日紀念日, 12월 1일, 천도교 공포일(1905)) 등의 기념일, 그리고 3월 10일 수운 선생 순도일과 6월 2일 해월 선생 순도일 등 기도일(祈禱日)을 정하여 공포하였다.[4]

이와 같은 기념일 중 천일기념일인 4월 5일과 수운 선생 순도일인 3월 10일은 해월 선생 당시부터 행하던 기념일이다. 이 당시는 물론 제사(祭祀) 형태로 행해졌다. 특히 해월 선생은 득도일(4월 5일)이나 순도일(3월 10일) 등에 제사를 직접 주관하면서 교단을 다시 일으키는 전기로 삼았다.

천도교라는 이름을 선포한 후, 근대적 교단 체제를 마련하면서, 천일, 지

---

4　『천도교회사 초고』「도통」.

일, 인일, 교일 등의 이름으로 제정한 기념일은 '교인들의 유대 강화'와 '교세 진작'(敎勢 振作)이라는 면에서 커다란 효과를 가져왔다. 이들 기념일은 당시 천도교단의 축제일(祝祭日)이었다. 기념일이 있는 날에는 경향 각지에서 모여든 교인들과 이를 구경하려는 서울 사람들 때문에, 천도교당 인근에 장(場)이 서기도 하였고, 기념식이 끝난 뒤에는 동대문 밖 상춘원(常春園)에서 원유회(園遊會)라는 성대한 기념행사가 개최되기도 하였다.

이와 같은 기념일은 경향(京鄉)을 망라한 교인들 간의 유대를 강화시켜 준 것은 물론이고, 천도교인으로서의 자긍심을 한층 높이는 계기가 됐다. 한울님으로부터 무극대도(無極大道)를 받아 동학·천도교를 창도(唱道)하고, 위난의 시대를 스승님들의 슬기와 희생으로 지켜왔다는 천도교인으로서의 긍지를 다시 확인하는 날이 바로 기념일이었던 것이다.

또한 중앙총부는 순도기도일에 전국 교구에 공함을 보내 모든 교인들이 특별기도를 실시하도록 했다. 초기에는 특별기도 기간 중에 어육주초(魚肉酒草)를 금하는 것[5]으로 계율을 삼았다. 특별기도 기간이 되면 각 지방 두목들은 교인들의 집에 콩가루 등을 마련하게 하여, 어육(魚肉)을 반찬으로 올리지 못하게 하고, 주초(酒草)를 금(禁)하며 특별기도에 임하였다. 교인들은 이 기간 동안 스승님의 순도(殉道) 정신을 기리고 수도(修道) 연성(煉性)에 박차를 가하였다. 이러한 특별기도를 통해 심신을 단련하여 항상 새로운 인내천인(人乃天人)의 면모를 회복하고, 교인들끼리 신앙적으로 결속을 할 수 있는 계기를 마련하였다.

이와 같이 천도교는 교단의 제도와 신앙 체제를 구축하고 오관(五款) 등의 의식을 확립하여 종교적, 신앙적 면모를 체계화하는 한편 기념일, 기도

---

5    현행 천도교단에서는 기도 기간 중 酒草만을 禁하고 있다.

일 등을 정하여 유대와 결속, 나아가 긍지 고취 등을 통해 교인들의 신앙심을 새롭게 하는 계기를 마련했다. 그러므로 천도교는 1905년 대고천하 이후 비약적인 성장을 위한 기반을 닦아 나갔다.


## 3. 교리의 체계화와 대중적 확산

한편으로 종교적 체제와 의식을 정례화한 이후, 천도교단은 다른 한편으로는 그 시대에 맞는, 나아가 그 시대를 헤쳐 나갈 수 있는 교리 확립에 힘을 기울였다. 이는 두 방향에서 진행되었다. 첫 번째가 교리서의 발간이고 두 번째가 강습소의 운영이다. 먼저 김연국(金演局), 박인호(朴寅浩), 양한묵(梁漢黙), 오세창(吳世昌), 권동진(權東鎭) 등을 앞세워 교화와 계몽 활동을 전개했다. 이러한 교화, 계몽 활동을 상시적으로, 그리고 대중적으로 전개하는 방법으로 교리의 체계화를 위한 교리서(敎理書) 발간이 뒤따랐다.

1906년에 들어 교리 해설서로 『천도교전(天道敎典)』, 『천도교지(天道敎志)』, 『교우자성(交友自省)』, 『천도태원경(天道太元經)』 등을 발간한다. 이어 1907년에는 천도교의 중요한 경전인 『동경대전(東經大全)』과 이를 주해한 『동경연의(東經演義)』를 간행하여 그동안 목활자(木活字)나 목판(木版) 인쇄본과 필사(筆寫)로 전해오던 경전을 활자(活字) 인쇄본으로 보급하게 된다. 또한 교리를 철학적으로 해석하고자 한 『성훈연의(聖訓演義)』, 『삼수요지(三壽要旨)』, 『대종정의(大宗正義)』, 『관감록(觀感錄)』, 『천도교문(天道敎門)』, 『현기문답(玄機問答)』, 『천약종정(天約宗正)』 등을 잇달아 발간한다. 이어 1912년에는 『도경(道經)』, 『무체법경(无體法經)』, 『후경(後經)』 등을 발간하였다.

이들 교리서들은 수운 선생·해월 선생의 가르침을 근간으로 하여, 의암 선생 또는 의암 선생의 지시를 받은 당시 교단 내 지식인들이 이를 신앙의 측면, 또는 철학의 측면에서 해석하고 또 의미를 재해석하고 부연한 교리서들이다. 특히 1907년 발간된 『대종정의』는 오늘 천도교의 종지(宗旨) 인 '인내천'(人乃天)으로 자리매김하는 내용이 들어 있어 주목을 요한다.[6]

'인내천'은 수운 선생의 '시천주' 그리고 해월 선생의 '인시천'과 밀접한 연관을 맺고 등장한 용어이다. 따라서 일부 연구자들이 제기하고 있는 바와 같이 '천주'(天主)에서 '주'(主)를 배제하여 한울님의 의지적인 성격을 제거하려는 의도에서 비롯된 것은 아니다.

'천주'는 동학·천도교의 본래 용어가 아니다. 물론 '천주'라는 용어는 『동경대전』 중 「포덕문」과 「주문」에 등장한다. 그러나 수운 선생의 여타 기록이나 그 이후의 동학 문건들을 면밀하게 살펴보면, '하늘님', 또는 '한울님'이라는 표기만 있고, 『동경대전』과 같이 모두 한문으로 되어 한문으로 번역해서 표기해야 하는 상황이 아니면, 결코 '천주'라는 표기는 하지 않았다.[7] 더욱이 '천주'라는 용어는 동학이 서학인 천주교로 혐의를 받을 수 있는 어휘이기 때문에 해월 선생 당시 주문(呪文)에서마저 '천주'를 사용하지 않으려고 했다는 기록이 있다.[8] 즉 '천주'는 동학의 가장 중요한 주문에 동학의 요체를 담고 있는 '시천주'에 쓰이는 어휘이며, 동시에 이 용어로 말미암아 천주학이라는 혐의를 받아야 하는, 진퇴양난의 용어였다. 그러므로

---

6  『大宗正義』, '大神師는 吾教의 元祖라. 其思想이 博으로 從하여 約히 倫理的 要點에 臻하니 其要旨는 人乃天이라. 人乃天으로 教의 客體를 成하며 人乃天으로 認하는 心이 其主體의 位를 占하야…'

7  『동경대전』이나 『용담유사』 이외에 가장 오래된 동학은 奎章閣에 보관된 官沒文書인 「東學書」이다. 이 문건 중에 한글로 된 「내수도문」이 있는데, 이에도 역시 한자 표기인 '天主'라는 표기는 보이지 않고, '하늘님'의 표기만 보인다.

8  『천도교회사 초고』 「지통」.

해월 선생은 주문에서조차 '천주'를 빼려고 했을 뿐만 아니라, '천주'와 같은 의미로 '천지부모'(天地父母) 또는 그냥 '천'(天)만을 사용하기도 하였다.

또한 '천주', 또는 '한울님'에 해당되는 동학·천도교의 신관(神觀)은 기존의 신관으로 규정하기 어려운 면이 있다. 즉 동학의 신앙대상인 '한울님'은 외재적이면서 동시에 내재적이고, 또 인격적이면서 모든 존재의 근원으로서의 지기(至氣)라는 반대일치(反對一致)의 묘합(妙合)을 보이는 특성이 있기 때문이다.[9] 그러므로 한울님은 천지(天地), 귀신(鬼神), 음양(陰陽) 모두를 포괄하는가 하면, 천지도 한울님이요, 귀신도 한울님이요, 음양 역시 한울님이요, 마음 역시 한울님이 된다.[10]

따라서 동학·천도교의 한울님은 인격적인 의미의 '천주'이기도 하지만, 모든 존재의 근원이 되는 '지기'(至氣)요, '천'(天)이요, 나아가 '심'(心)이기도 한 것이다. 또 이런 점에서, '인내천'은 '한울님의 의지적 성격을 제거하려는 의도에서 비롯된 용어'가 아니라, 수운 선생의 '시천주'를 바탕으로 하여, 해월 선생의 '인시천'에 이어, 이를 좀 더 구체적이고 또 적극적으로 나타낸 용어라고 하겠다. 즉 수운 선생의 '시천주'에 의하여 '사람이 한울님을 모셨으니', '사람이 바로 한울님'[人是天]이라는 가르침을 거쳐, 또 '사람이 이에 한울님'이라는 '인내천'에 이르게 된다.

천도교는 1905년 이후 지속적으로 교리서를 출간하여 수운 선생과 해월 선생으로 이어져 온 교리를 체계화하여 대중에게 보급하고자 노력했다. 교리서 출간과 병행한 중요한 활동은 강습소(講習所) 설치 운영이다. 1908년

---

9  윤석산,『동학교조 수운 최제우』, 모시는사람들, 2004, 참조.
10  『동경대전』「논학문」, "知天地而無知鬼神 鬼神者吾也." 또는『용담유사』「도덕가」, "천지 역시 귀신이오 귀신 역시 음양인 줄 이같이 몰랐으니" 등에서 찾아볼 수 있다.

부터 각 교구나 전교실에 교리강습소를 설치하고 교인들에게 교리를 가르치고 익히게 하는 데 힘썼다.[11] 체계적인 교리 강습을 통하여 교인들의 역량을 교화하고, 나아가 교리 보급을 통한 포덕의 기회로 삼았으며, 사회적 활동의 창구로 삼은 것이다. 교리강습소는 1910년대 중반에 이르러 교세 신장과 함께 급속도로 확산되어, 700여 곳을 넘게 되었다. 이 시기에 이르러 천도교 교리강습소는 천도교 교리뿐만 아니라, 중등학교와 동일한 수준과 내용의 교육을 실시하여 국민 계몽에도 힘썼다. 이렇듯 천도교단은 1905년 대고천하 이후 그 외적으로는 교단의 체제를 정비하고, 내적으로는 교리서 발간, 교리강습소 설치 등을 통하여 교리를 확립하고, 교인과 일반에 확산시켜 나감으로써 교세 성장을 가속화시켜 나갔다. 이러한 성과에 힘입어 천도교단은 교단 기관지를 창간 발간하기에 이른다.

　천도교단은 대고천하 직후인 1906년 6월 17일 이미 일간신문인《만세보》(萬歲報)를 창간, 1907년 6월 29일까지 1년 남짓 기간 동안 발행한 바 있다. 그러나《만세보》는 종교적인 면보다는 문명 개화나 민족의식 고취에 더 많은 지면을 할애하고 있다. 이에 비하여 1910년 8월 25일 창간된 기관지『천도교회월보(天道敎會月報)』는 상당 부분 교리 강좌에 할애하고 있다. 또한 1911년 7월호부터는 한문을 모르는 교인 또는 아녀자들의 종교 계몽을 더욱 강화하기 위하여 순한글 기사를 수록하는「언문부」를 신설하였다.

　기관지의 발간으로 교리를 보다 원활하게 교인들에게 보급하는 한편 천도교 내의 각 지방 교구와 교구, 또 교구와 중앙총부와의 교류와 정보 교환이 더욱 활발해졌다. 당시의 한국 내 매체 수준으로 볼 때《만세보》나『천도교회월보』는 천도교인들에게 매우 중요한 지적(知的) 정보의 보고(寶庫)

---

11　이동초 편저,『宗令存案』「宗令」布德 四十九年 第十四號', 모시는사람들, 2005, 141쪽.

가 되었다. 그런가 하면, 이들 기관지는 천도교인들만 구독한 것이 아니기 때문에, 일반인에게 천도교를 알리고 천도교의 위상을 제고하는 기회가 되었다.

이와 같이 대고천하 전후의 초기 천도교단은 갑진개화운동 이후부터 교단의 기득권을 가지고 있던 송병준, 이용구 등의 친일(親日) 일진회(一進會, 훗날의 侍天敎) 일당을 축출하여, 교단 재정이 어려움에 처하였음에도 불구하고, 이를 극복하고 교단의 체제 확립과 함께 교리서 발간, 교리강습소 설치, 기관지 발간 등을 통하여 근대적 종교 교단으로서의 모습을 확립시켜 나갔다. 그러므로 당시 한국의 대표적인 종단으로서 우뚝 설 수 있었던 것이다.


## 4. 망국(亡國)과 천도교단의 변모

천도교는 창도 시대부터 '보국안민'(輔國安民)의 이념 아래 사회적, 정치적인 면에서 많은 활동을 해 왔다. 척양척왜(斥洋斥倭)의 민회(民會) 운동이 그렇고, 제폭구민(除暴救民)과 반봉건 반외세(半封建 反外勢)의 동학혁명이 그렇고, 또 개화 혁신(改化革新)의 갑진개화운동 등이 그 대표적인 사례이다. 그러므로 20세기에 들어서서 기울어 가는 국운(國運)을 회복하고자 노력하였으나 결국 맞이한 망국(亡國)의 아픔 속에서, 많은 뜻있는 인사들이 천도교를 찾게 되었다.

일제강점기 천도교의 중심인물 중의 한 사람인 최린(崔麟)이 의암 선생을 찾아와 천도교에 입교하게 된 동기도 바로 이와 같은 것이었다. "천도교가 조선의 피와 조선의 뼈와 조선의 혼으로 탄생한 조선산(朝鮮産)이며,

동시에 혁명 정신이 충족하다."[12]는 이유로 입교하게 되었다는 것이다. 즉 천도교의 정치적, 사회적 이념과 실제 역사가 입교를 한 동기라는 말이다.

일제의 강제 병합이 이루어진 1910년을 기점으로 천도교단은 급격한 교세의 증가를 보인다. 몇 년이 지나지 않아 그 교세는 100만을 훨씬 넘는 숫자로 발전하게 되었다. 이는 국망 이후 모든 정치단체는 해산이 되었지만, 천도교는 종교 단체였기 때문에 그 명맥을 유지할 수가 있었다. 따라서 정치적, 사회적 이념이 강했던 천도교에 민족의 장래를 기약하는 많은 인사들이 몰려드는 것은 자연스런 일이었다.

교인의 수가 증가됨에 따라 각 지방에서는 교구나 전교실 건축 붐이 일어났고,[13] 온 동네 사람들이 모두 천도교에 입교하여 천도교 마을 공동체, 즉 궁을촌을 이룬 경우도 생겨났다. 이와 같은 교세의 신장과 함께 천도교는 「천도교대헌」을 개정하였다. 새로운 「천도교대헌」에 의하여 중앙총부의 조직에 사법부의 기능을 지닌 감사원(監査院)과 입법부의 기능을 지닌 총인원(叢仁院)을 신설하여, 천도교단은 근대적 민주 국가와 동일한 행정·사법·입법의 3권 체제를 갖추게 되었다. 일제의 병합으로 국가가 없어졌으므로, 천도교가 비록 국가 기구는 아니지만, 이에 상응하는 조직을 갖춤으로 천도교인은 물론 전 민족을 결속시켜 자주 독립의 그날을 준비하겠다는 비장한 구상의 하나라고 할 수가 있을 것이다.[14] 이처럼 천도교단의 「대헌」 쇄신과 조직 체제 개편은 국권 상실의 위기 상황에서 중앙집권적

---

12  崔麟, 『如菴文集』「自敍傳」, 如菴先生文集編纂委員會, 1971, 175-176쪽.

13  《每日申報》1914년 6월 20일자.

14  특히 조선총독부의 기관지인 『每日申報』에서는 이와 같은 천도교의 체제에 관하여, "政府 형태를 모방한 遊民俱樂部"라고 힐난하고 있다.

인 교권 체제를 강화하기 위한 것이었다.[15]

천도교단은 이와 같은 조직의 개편과 함께 종교적인 정신 교화를 강화한다. 정신적 교화 전담 조직인 연원제를 재정비하여 강화하였다. 1909년 1월에 새로 정한 연원제에 의해 도훈(道訓) 1,500호, 교훈(敎訓) 300호, 봉훈(奉訓) 30호로 정했던 것을 다시 강화하여, 새롭게 도령(道領)의 직책을 두어 5,000호를 관장하게 하였다. 그런가 하면 1911년 3월에 우이동에 봉황각(鳳凰閣)을 건축하고, 4월 15일에는 각지의 두목 21인을 선발하여 제1회 연성(煉性)을 실시하였다.[16] 이후 1914년까지 모두 7회에 걸쳐 500명에 가까운 지도자들을 선발하여 신축한 봉황각과 도선사에서 49일의 연성을 시행하였다.[17] 그런가 하면 내적으로 교인들에게 이신환성(以身換性) 등의 훈화(訓話)와 함께 오관(五款)을 성실하게 수행하게 하는 한편, 수시로 105일의 특별기도를 전국적으로 실시하였다. 즉 외적으로는 체제를 강화하고, 내적으로는 수도 연성을 통하여 신앙심을 공고히 함으로써 명실공히 교단의 면모를 강화해 나가는 한편, 결정적인 시간을 예비해 나갔던 것이다.

이와 같은 조치는 곧 교단 체제의 확립과 함께 투철한 종교적 신념의 함양을 통해 민족 독립의 의지를 굳건히 하고, 또 이를 실천할 수 있는 정신적 바탕을 마련하기 위한 것이었다. 그러므로 한편으로 비밀리에 중앙대교당 신축 기금의 명목으로 자금을 마련하였고, 전국의 교인들에게 1919년 1월 5일부터 2월 22일까지 49일간 특별기도를 결행하게 하였다. 이 모

---

15  김정인, 「일제강점기 천도교단의 민족운동 연구」, 서울대학교대학원 박사학위논문, 2002, 61쪽.
16  다만, 제1회 연성을 실시할 당시에는 봉황각이 아직 건축 중이어서 봉황각 위쪽에 있는 도선사(道詵寺)에서 시행하였다. 2회부터는 봉황각에서 연성이 진행되었다.
17  『천도교회사 초고』 「도통」.

든 것은 거족적인 3·1독립운동을 주도하는 거대한 계획의 과정이었다.

3·1독립운동은 천도교라는 한 종단이 주축이 되었지만, 민족의 이름으로 교파와 종교를 초월하여 모두 한마음 한뜻으로 단결했던 인류 역사상 그 유래를 찾아볼 수 없는 운동이었다. 이와 같은 3·1독립운동은 궁극적으로 천도교단이 그간 추진해 왔던 민족운동과 종교적 신앙심 도야의 결실이며, 나아가 천도교가 새로운 차원에서 1920년대, 30년대의 민족운동을 이끌어가게 했던 중요한 계기가 되었다.

따라서 3·1독립운동 이후 천도교는 명실 공히 민족의 3대 종교로 부상하게 되었다. 특히 3·1독립운동의 열기가 모아져 만주, 상해, 러시아 등지에 7개 정도의 임시정부가 탄생하는데, 이와 같은 임시정부 중에서 의암 선생을 최고 지도자인 대통령(大統領), 또는 정도령(正都領) 등으로 추대한 곳이 네 곳이나 된다.[18] 이와 같이 천도교는 민족운동 진영의 '영도자'(領導者)의 위상을 확고히 하는 계기를 마련한다. 천도교단은 국망의 아픔 속에서 민족의 중심에 서서, 민족의 자주 독립을 위한 길을 교단 안팎으로 꾀하였다. 즉 체제 조직의 개편과 내실화를 통하여 민족 내에서의 위상을 확보하고, 굳건한 신앙심 고취를 통해서, 수운 선생 이후 천도교의 중요한 정신이 되었던 '보국안민'을 민족독립이라는 이름으로 실천해 나갔던 것이다.

---

18  의암 선생을 大統領, 또는 正都領 등의 최고 지도자로 추대한 임시정부는 ① 대한공화국 임시정부(대통령, 1919. 4. 만주), ② 대한공민의회(일명 노령임시정부, 대통령, 1919. 3. 21. 러시아), ③ 조선민국 임시정부(정도령, 1919. 4. 10. 서울), ④ 대한민간정부(대통령, 1919. 4. 1. 畿湖) 등이다(이연복, 「대한민국임시정부(1919-1948) 연구」, 경희대대학원박사학위논문, 1982; 이현희, 『3·1혁명 그 진실을 밝힌다』, 신인간사, 1999. 참고).

## 5. 3·1독립운동 이후의 천도교

3·1독립운동은 한민족 전체에 천도교단을 새롭게 인식시키고 또 민족운동의 중심으로 만든 계기가 되었다. 그러나 이와 같은 긍정적인 면과 함께 그 후폭풍은 교단으로서는 또 한 번의 멸문의 위기로 다가왔다. 천도교 대부분의 지도자들은 체포·투옥되었고, 지방 각처에서 교인들이 일제에 의하여 학살을 당하는가 하면, 교구와 전교실은 방화되거나 폐쇄되기도 하였다. 그런가 하면, 천도교단의 재산은 압수당하고, 회유와 압력에 의하여 교단은 분열의 질곡에 빠지기도 했다. 특히 일제는 천도교의 민족운동 정신과 역량의 중요성을 인식하고, 천도교를 분열시켜 전체 민족운동의 역량을 약화시키고자 하였다.[19] 이때 일제가 회유 대상으로 선택한 민족 진영의 유력한 인물은 최남선(崔南善), 이광수(李光洙) 그리고 천도교의 최린(崔麟)이었다.[20]

3·1독립운동으로 3년형을 선고받은 최린은 1921년 가출옥하였고, 이후 천도교청년당, 천도교내수단, 조선농민사 등을 통해 기반을 다지면서, 천도교의 새로운 실력자로 등장하게 되었다. 나아가 밖으로는 민족주의 우파 인사들과의 접촉을 통해 정치적 영향을 확장해 나갔다.

1922년 의암 선생이 환원한 이후 최린은 천도교단 내에서 상당 부분의 지분을 확보하게 되었다. 따라서 최린을 중심으로 하는 일군의 세력이 천도교단 내에 급부상하게 되었는데, 이를 훗날 '신파'(新派)라고 부른다. 이처럼 천도교단은 3·1독립운동 이후 의암 선생의 환원과 함께 많은 지도자

---

19  강동진, 『日帝의 韓國侵略政策史』, 한길사, 1980.
20  강동진, 위의 책.

들의 사망, 이에 따른 교단적인 손실, 나아가 일제의 교묘한 분열 획책 등으로 신구파(新舊派)의 교단적 분열을 초래하며 치명적인 내상을 입게 되었다. 신구파의 대립 양상은 대체로 세 가지 측면에서 검토될 수 있다. 즉 첫째, 교단 내적인 문제인 교권 다툼, 둘째, 일제의 통치 및 지배에 대한 대응 양상의 차이, 셋째, 1920년대라는 암흑의 시대를 헤쳐 나가던 지도 이념의 차이 등으로 나눠서 검토될 수 있다. 이 세 측면은 서로의 연관을 맺으며 신구의 분열과 갈등을 심화시키는 중요한 요인이 되었다.

신구 대립이 처음 태동한 것은 1922년 5월 19일 의암 선생의 환원 이후이다. 의암 선생 당시부터 제기되어 오던 이른바 혁신파의, 교단 운영의 공화제(共和制)로의 전환 주장과 교단 이탈, 3·1독립운동으로 인한 원로 지도인사들의 투옥으로 인한 교단 지도부의 공백 상태, 옥중에서 얻은 병으로 인한 의암 선생의 환원과 춘암 선생의 교주직 사퇴 등의 과정을 겪으며, 천도교단은 자연스럽게 지도 세력의 교체가 진행되었다.

권동진, 이종린, 최린, 정광조 등의 차세대 그룹 중 가장 교권에 적극적인 관심을 보였던 사람은 최린이었다.[21] 최린은 의암 선생의 사위로서 당시 천도교단의 실력자인 정광조와 천도교단의 최고 이론가인 이돈화 등을 포섭하여 중앙에서의 든든한 지지 기반을 확보하였고, 당시 가장 많은 교인이 분포하던 서북지역에서의 지지 등을 배경으로 천도교단의 실질적인 실력자로 등장하게 된다. 따라서 정통성을 주장하는 구파와 교권을 두고 갈등을 일으키기 시작했다.

교단 외적인 정치·사회적인 면에서도 최린을 중심으로 하는 신파와 이종린(李鍾麟)을 중심으로 하는 구파 간에 이견을 드러내며 갈등을 악화시

---

21  김정인, 앞의 논문, 112쪽.

키는 요인이 된다. 일제에 대하여 신파는 타협적인 노선을 견지하였고, 구파는 비타협 노선을 고수해 나갔다.[22] 또한 이들 신구파는 각각이 추구하는 사회운동 방법론 역시 방향을 달리하였다. 즉 신파 계열은 문화 계몽 운동 및 실력 양성 운동을 지속적으로 추진하였고, 구파 계열은 좌우 합작을 통한 유일당 운동과 비타협적 민족운동을 적극적으로 전개하였다. 신파는 천도교청년당을 통하여 문화 계몽 운동과 실력 양성 운동을 전개하였고, 구파는 민족유일당인 신간회(新幹會) 운동과, 6·10 만세운동 등을 통해 일제에 항거하는 민족운동을 전개해 나갔다.

1920년대와 30년대라는 일제의 혹독한 통치와 그리고 분열 획책이라는 가혹한 시대를 지나오며, 천도교단은 일제의 뜻대로 신구(新舊)로 분열이 되었고, 합동과 분열을 거듭하며 내상은 갈수록 깊어졌다. 그런 가운데서도 신구 두 계파는 각자의 역량을 최대한 발휘하며 문화계몽운동과 민족운동을 펼치며, 때로는 민족의 이름으로 때로는 친일(親日)의 오명(汚名)을 뒤집어쓰면서, 그 험난하고 어두운 시대를 힘겹게 헤쳐 나갔던 것이다.

이와 같은 일련의 과정은 천도교단으로 하여금 종교적인 신앙의 문제보다는 사회적 이념의 문제에 더 많은 노력과 시간을 투자하는 결과를 초래하였다. 따라서 종교적인 신앙을 중심으로 하는 종단이기보다는 이념성이 강한 교단으로 우리 사회에서 각인되어 갔다. 즉 뼈아픈 시련의 시대를 지나오며, 천도교단은 사회적 이념성과 운동성이 강화되었고, 신앙을 중심으로 하는 종교 교단으로서의 이미지나 모습은 희석되었던 것으로 평가된다.

---

22  이창용, 『1920년대 천도교의 분규와 민족주의운동』, (중앙대학교 대학원, 1993. 11), 65쪽.

## 6. 해방 이후의 천도교단

일제의 패망과 함께 해방을 맞아, 1944년 4월 15일 일제로부터 군수품 저장장(貯藏場)으로 징발 당한 중앙대교당(中央大敎堂)을 회수하고, 해방 후 첫 번째 일요일인 8월 19일 감격적인 해방 기념 시일식(侍日式)을 봉행한다. 또한 9월 4일에는 교령 이종린 이하 전 직원이 권동진, 오세창 두 장로(長老)를 모시고 우이동 의암 선생 묘소에서 독립 봉고제를 올렸다.

1945년 10월 25일에서 29일에 걸쳐 천도교 임시총회를 3일간 개최하고, 해방 정국이라는 비상시국임을 감안하여, 중앙총부의 체제를 종전의 교령제 대신 교화원(敎化院), 교무원(敎務院), 경리원(經理院) 그리고 감사관(監査觀)의 삼원일관제(三院一觀制)로 개편하는 교회 규약을 통과시킨다. 그러나 이 대회에서 최린의 출교 문제가 대두되어 춘암 선생 환원(1940.4.3.) 이후 합동하였던 신구 양파가 다시 분열하였다.[23] 이와 같은 분열로 인하여 전위단체 역시 신파에서는 청우당(靑友黨)을, 구파에서는 천도교보국당(天道敎輔國黨)을 조직하여 각기 활동했다.

그러나 이들 전위단체가 내세웠던 강령은 공히 '민족자주(民族自主)의 국가 건설과 동귀일체(同歸一體)의 삶을 이룩하고자 하는 데'에 있었다. 즉 8·15해방을 맞아 천도교단은 신앙의 문제보다는, '자주국가 건설과 새로운 삶을 이룩'한다는 정치적, 사회적인 문제에 더 많은 관심을 쏟고 있었던 것이다. 따라서 '민족통일기관 결성을 촉진'하는가 하면, 신탁통치 반대 운동 등을 벌리기도 했다. 그런가 하면 단독정부 수립을 반대하는 '단정수립

---

23  신구 양파는 1948년 4월 4일, 천일기념일을 앞두고 합동하였다. 이후 천도교단은 공식적으로는 신구파 분열 없이 오늘에 이르고 있다.

반대운동'을 전개하여 남북 통일정부 수립을 촉구하는 등 사회, 정치적인 면에서의 운동을 활발히 전개해 나갔다. 그러므로 해방 정국 속에서 일제 강점기 내내 시대 상황에 응전하느라 분주히 오갔던 자신을 돌아보고 또 종교 교단으로서 새로운 시대에 차분히 대처할 신앙적인 기반을 마련하는 데에는 소홀할 수밖에 없었다.

　해방 정국의 혼란과 6·25동란을 겪고 난 이후, 1955년에 들어와 천도교 단은 해방 후에 채택한 과도기적인 삼원일관제(三院一觀制)의 교회제도를 폐지하고, 현재와 같은 교령제(敎領制)로 개정하였다. 이에 따라 1955년 1월 17일 새로운 교령 공진항(孔鎭恒)을 선출하였다. 새 교령을 맞이한 천도 교단은 단기 교리강습소를 열어 신앙 역량을 결집하고 제고하는가 하면, 1957년에는 우이동 봉황각을 천도교의창수도원(天道敎義彰修道院)으로 명 명하여 청년교역자들을 모아 연성교육을 시켜 후일을 도모하기에 이른다. 또한 포덕백년기념준비위원회(布德百年紀念準備委員會)를 결성하여 사업을 추진하면서 교인들을 결집해 나간다. 이러한 움직임 속에서 핵심 부문단 체인 천도교청년회의 활동을 강화하고, 천도교부인회(현 천도교여성회), 천 도교학생회 등을 재결성하여 활동 폭을 넓힐 수 있게 되었다.[24]

　또한 교령을 비롯한 총부 임직원이 주축이 되어 전국 100여 시·군을 돌 며 계몽과 교양 강의, 실태 파악 등을 병행하며 순회를 한다.[25] 그런가 하 면, 학계의 저명한 학자들과의 연계를 통해 동학을 학문적으로 연구할 수 있는 한국사상연구회를 조직하여 논문집 『한국사상』을 발간하였다. 이처 럼 천도교단은 내적으로는 순회 등을 통해 중앙집권적인 조직을 강화하

---

24　김완수, 『동학·천도교약사』, (홍문당, 2003.), 308-350쪽.
25　『신인간』 216호, 신인간사, 포덕 99년 10월호.

고, 나아가 교리 교육을 심화시켜 나갔으며, 외적으로 영향력 있는 학자들과의 연계를 통해 천도교 민족운동을 학문적으로 정리하고, 또 동학사상을 현대적으로 해석하면서, 교단의 역량을 제고해 나갔던 것이다.

이와 같이 천도교단이 다시 활동을 전개해 나가고 있을 때, 1960년 4·19 의거와 함께 자유당 정권이 물러나게 되자, 당시 자유당의 중요한 보직을 맡고 있던 공진항 교령의 사임이 교단 내에서 논의되고, 5월 16일 교령이 사임하였다. 이후 새로운 교령으로 신용구(申鏞九)가 선출되었다.

신용구 교령 시기에는 수운 선생 순도지인 대구의 달성공원에 수운 선생 동상이 건립되어 역사적인 신원과 복권이 이루어지는 상징으로 여겨졌다. 이 시기에 천도교 기관지인 『신인간』 등에 포덕(布德)에 관한 기사가 심심치 않게 실려 관심을 끈다. 전라북도 옥구에서 두 여성이 40여 호를 포덕하여 교구 설립을 추진하는가 하면, 각 지방 교구의 교인들이 포덕을 많이 하여 표창을 받기도 한다. 특히 신태인의 이정령(李鉦寧)은 무려 60인을 포덕하여 포상을 받았다.[26] 포덕과 순회교화 등을 통해 지방 교구가 새로이 설립되고, 천도교는 교세 진작에 자신감을 가지면서 한층 더 노력을 하게 되었다.

임기 중에 신용구 교령이 환원하자, 1967년 최덕신(崔德新)을 신임 교령으로 선출하였다. 최덕신은 국군 장성과 외무부 장관, 서독 대사를 지낸 인물로, 정치적으로나 사회적으로 많은 영향력을 지닌 인물이었다. 최덕신 교령 당시 천도교단이 지향하는 방향은 ① 연원강화, ② 신앙부활, ③ 오관생활화, ④ 교의현실화, ⑤ 자립경제수립, ⑥ 포덕배가운동, ⑦ 교화쇄신통

---

26 『새인간』, (새인간사, 1967년 5호).

일, ⑧ 교역자양성, ⑨ 교세확장, ⑩ 새국민새생활운동 등이었다.[27] 즉 신앙
조직을 강화하기 위하여 '연원을 강화'하고, 신앙을 돈독히 하기 위하여 '신
앙부활'이나 '오관의 생활화'가 불가분 필요하게 된 것이다. 그런가 하면 현
대적인 교리를 펼치기 위하여 '교의(教義)의 현실화'를 추진하고, 교세의 진
작을 위하여 '자립경제', '포덕배가운동', '교화쇄신', '교역자 양성' 등이 요
구되었던 것이다. 또한 당시 시대적 현실에 맞추어 사회운동을 펴기 위해
서는 '새국민 새생활 운동'을 펼치고자 한 것이다.

이와 같은 전방위적인 과제 설정이 의미하는 것은 한편으로 당시 천도
교단이 이 모든 부분에서 매우 취약하고 어려웠다는 증거가 된다.

1968년 9월에는 대교당 앞마당에 자리하고 있는 총부 본관을 우이동 봉
황각 경내로 이전하고(현 총부 별관), 그 자리에 새로운 총부 본관으로 수운
회관을 건립하였다. 약 3억 원의 예산과 2년여의 건설 과정을 거쳐, 당시로
서는 현대적이며 매우 웅장한 건물이 천도교중앙대교당 마당에 들어서게
된 것이다. 이와 같은 대형 건물이 천도교단 소유로 세워지게 된 데에는 교
인들의 정성과 더불어 최덕신 교령의 정치적, 사회적인 역량이 크게 작용
한 것으로 평가된다.

당시 「사업경과보고」를 보면, 대형 건물을 비롯하여 대교당 일대를 성
역화(聖域化)하고, 수운회관 안에는 천도교의 삼대혁명(三大革命)을 비롯한
역사적 자료, 벽화, 유품들을 전시하는 전시관을 마련하는 등[28] 종교적 의
미를 지닌 빌딩으로 자리매김할 계획을 가지고 출발을'하였다.[29]

---

27  김명진, 「약진하려는 교회의 전망과 계획」, (『새인간』, 새인간사, 16호) 12-13쪽.

28  김명진, 「사업경과보고」, (『새인간』, 새인간사, 1968. 9 · 10) 123-124쪽.

29  그러나 건설 과정에서 지게 된 빚을 갚아 나가기 위해 건물 대대분을 외부 기업체에
    임대하게 되면서, 수운회관은 오랫동안 무늬만 천도교중앙총부 본관으로 남아 있었

또한 당시 『신인간』 등의 교단 기관지에는 교구 설립이나 신축 교당 설립에 관한 기사가 심심치 않게 눈에 띈다. 춘천교구 교당을 신축하는가 하면,[30] 부산 영도교구 건립을 위한 성금자 명단이 보이고 있다.[31] 또 공주교구가 새로 설립되어 낙성식을 하고,[32] 부산 대연전교실을 새로 구입하여 재단에 귀속시켰다.[33] 또한 속초교구가 1969년 9월 착공되었다는 기사도 보인다.[34] 이어 영등포교구 교당 건축을 위한 특성자 명단이 대대적으로 소개된다.[35] 이외에도 경북 월성(月城) 안강(安康)에 교구가 신축되는 등 교구 신설, 교당 신축이나 개축 등의 기사는 이후 지속적으로 소개되고 있다. 이렇듯 경향 각처에서 신설 교구가 생기고 또 교구 교당이 신축되는 붐을 일으켰던 것은 당시 6·25전쟁 이후 남하(南下)한 이북의 교인들이 남쪽에 나름대로 정착을 하게 되었고, 이북 교인들 연원을 중심으로 교구 건립이 추진되었고, 이에 따른 교구 설립과 교당 신축 등이 이어졌기 때문인 것으로 보인다.

　1974년 11월 12일, 수운 선생이 득도하여 동학·천도교를 일으킨 경주 구미산(龜尾山) 일원이 국립공원으로 지정되었다. 이에 힘입어 1975년 용담

---

다. 특히 수운회관은 천도교중앙총부 본관(현 '별관')을 이전하고 그 자리에 건축된 것으로 당초 '천도교중앙총부 (新)본관'으로 건립된 것이다. 그러나 거의 전적으로 외부 기업에 임대되면서, '천도교중앙총부 본관'이라는 이름이 퇴색되어 교인들에게서도 잊혀졌다. 이제라도 그 이름을 살리고 당초 목적(천도교 기념관과 전시관, 문화공연장 등)대로 사용할 수 있도록 노력해야 할 것이다.

30 『신인간』 259호, 포덕 109년 11월호 기사.
31 『신인간』 260호, 포덕 109년 12월호 기사.
32 『신인간』 266호, 포덕 110년 7월호 기사.
33 『신인간』 268호, 포덕 110년 9 · 10월호 기사.
34 『신인간』 270호, 포덕 110년 11 · 12월호 기사.
35 『신인간』 270호, 포덕 110년 11 · 12월호 기사.

정, 용담수도원, 용담교, 성화문, 포덕문 등을 중건하거나 신축하여 용담 일대를 성역화(聖域化)한다. 이후 1978년 수도원의 규모를 넓혀서 지으므로 명실공히 천도교 제일의 성지(聖地)요 수도원으로서 자리매김한다. 그러나 이 무렵 교단 분규로 인하여 최덕신 교령이 물러나고, 중앙총부가 새로운 진영으로 바뀌는 진통을 겪는다.

1980년대에 들어서서 천도교중앙총부의 교령과 교역자들은 지방 각처를 순회하며 대대적인 포덕대회를 개최하였다. 해방 이후 1950년대 60년대까지 비교적 왕성하였던 교세는 최덕신 교령을 둘러싼 분규 이래로 나날이 위축되어 갔으므로 대규모 포덕대회를 기획하여 교세 진작을 도모했던 것이다. 1980년 7월부터 9월까지 중앙총부는 '교세 배가 운동'을 추진하기 위하여 부산 동천고등학교를 필두로 부산시교구, 춘천교구, 진양교구, 강릉교구, 대전교구, 선구교구, 강진교구, 옥구교구, 서울교구, 영등포교구, 인천교구, 대구교구 등이 주최하는 포덕대회를 잇달아 개최한다. 그 결과 서울 지역에서만 연인원 5,000명이 참가하고, 600여 명이 입교하였다.[36]

그런가 하면 이 시기에 용담수도원을 비롯하여 화악산수도원, 가리산수도원 등이 개원되면서 교인들의 수도 열풍이 진작되었다. 동하계 수련이 정례화되고, 대학생들의 49일 기도도 동계, 하계 방학을 이용하여 잇달아 개최되었고, 일반, 청년, 학생, 여성 등의 계층별, 성별 합동수련회가 끊임없이 개최되었다.

그러나 1960년대, 70년대, 80년대를 지나오며 '종교로서의 정체성'을 확보하려는 한때의 성공에도 불구하고 지속적인 실효를 거두지는 못하였다. 특히 교단 내적인 면에서 현대적인 교리 해석 및 체계화, 또한 오늘 우리

---

36 『천도교월보』, 포덕 121년(1980) 9월 18일자.

사회가 지닌 문제에 구체적, 직접적으로 대응할 수 있는 교화 방안을 체계적으로 마련하지 못했으므로, 포덕 또는 교화사업 등은 안정적인 확장의 기반을 마련하지 못하였던 것이다.

특히 천도교는 교리의 면에서 '시천주'(侍天主), '동귀일체'(同歸一體), '사인여천'(事人如天), '불연기연'(不然其然), '이천식천'(以天食天), '삼경'(三敬) 등 독자적이며, 또 현대 사회가 지닌 문제점들을 극복하는 대안이 될 수 있는 사상성이 풍부하다. 그럼에도 불구하고 이와 같은 교리를 체계화하고 또 현대 사회에 부응하는 교화 방안으로 적용하지 못했다. 즉 1960년대, 70년대, 80년대를 지나오며 천도교단은 해월 선생의 가르침인 도(道)에의 용시용활(用時用活)을 십분 발휘하지 못했던 것이다. 이러한 경향성의 결과, 1994년의 동학혁명 100주년이나 2000년대 이후 사회적으로 동학에 대한 관심이 고조되는 것도 외부 인사들의 활동을 통해서 전개되는 경우가 많았다. 또한 때때로 동학 열풍이 부는 것에 반비례하여 천도교에 대한 관심은 상대적으로 위축되고 또 오히려 천도교단을 도외시하는 사태로까지 비화하게 되는 연원이 되었다.

그런가 하면, 대사회 활동의 측면에서도 충분한 영향력을 발휘하지 못했다. 즉 천도교단이 전통적으로 추진해 왔던 교정쌍전(敎政雙全)에 의한 사회적인 활동이 해방 이후 많이 위축되었고, 또 사회적 상황에 부합하는 이슈를 교단의 차원에서 제기하지 못했기 때문이다. 더욱이 최덕신 교령이 의욕적으로 추구하던 신인간 운동은 개인적인 문제로 말미암은 교단 분규로 파탄에 이르렀고, 교령의 월북으로 말미암아 오히려 사회적으로 큰 타격을 입는 것으로 귀결되었다. 또한 1950년대 이후 영향력 있는 교령들이 친정부적(親政府的)인 인사들이었기 때문에, 부정선거를 통해 장기집권을 꿈꾸던 이승만 정권이나, 이후 등장한 군사정권에 대하여 적절한 교단으로서의 대안을 내놓지 못했던 것도 사실이다. 이와 같은 해방과 6.25 이후의 교단 상황으로 말미암아 교단의 사회 대응 방안은 큰 성과를 거두지 못하였고, 민중(시민)들의 인식으로부터도 서서히 멀어져 갔던 것이다.[37]


## 7. 나가는 말


1905년 12월 1일 천도교를 대고천하한 이후 천도교단은 의암 선생의 지도 아래 적극적이고 또 주도면밀하게 체제를 정비하고 교단의 발전을 도모하였다. 전통적인 속인제의 전통을 연원제로 정비하고, 근대 서구의 종교 교단 체제를 수용하여 중앙총부-지방교구의 교화 행정조직을 구축하여 정신적인 교화와 행정 기능을 유기적으로 수행할 수 있는 이원체제(二元體制)를 이룩하게 되었다.

이를 토대로 기본적인 종교 의례인 오관(五款)을 제정하는 한편, 각종 기

---

37 2000년대 이후, 남북 교류 협력이 폭발적으로 전개되는 국면에서 남북한 천도교의 교류 역량에 따른 사회적 인식이 한때 제고되었고, 또 '동학농민혁명 명예회복' 국면에서 천도교단의 역할에 대한 사회적 기대가 높아졌던 때도 있었다. 그런가 하면, 종교 간 평화협력 차원에서 3 · 1운동을 영도했던 천도교의 역할이 빛을 발하던 때도 있었다. 또한 환경 생태문제가 사회적으로 최대 이슈로 부각한 시기에는 천도교의 생명사상을 기반으로 한 종교계 환경운동에서 천도교가 나름의 위상을 확보하기도 하였다. 그러나 이러한 모든 활동이 교단 내의 제 역량(인적, 물적, 재정적)의 부족으로 말미암아 지속성과 확장성을 갖지 못한 채, 뒤끝을 흐리고 마는 경우가 많았다. 2020년대 이후 사회 각 분야에서 천도교에 대한 기대가 높아지는 분위기가 전개되고 있는바, 이에 대하여 현재의 교단 역량을 어떻게 배분하여 교단 중흥의 계기로 삼을지가 중요한 관건이라고 할 수 있다.

념일과 도일 등을 정하여, 한편으로 스승님들의 가르침을 기리고, 한편으로는 교인들의 결속을 다지면서 천도교인으로서의 긍지를 고취시켜 나갔다. 이후 천도교단은 의암 선생의 지시를 거부하는 일진회(一進會, 侍天敎)를 축출하면서 인적, 재정적 어려움을 겪으면서도 이를 극복하고 교리서 발간, 교리강습소 설치, 기관지 발간 등을 통하여 교리를 체계화하고, 대중적 영향력을 강화하면서 대 포덕을 일으켰다.

국망의 시기에 즈음하여 천도교단의 운동 역사와 향후 비전에 기대를 건 많은 인사들이 천도교를 찾아오면서 교단의 위상과 역량은 비약적으로 제고되어 갔다. 이와 같이 확립된 종교적 기반과 교세 위에서 천도교는 민족 독립을 위하여 3·1독립운동을 주도하고 민족종단으로서 위상을 확고히 다지게 되었다.

그러나 3·1독립운동 이후 옥고로 인한 의암 선생의 환원, 지도자의 투옥과 옥사 등으로 말미암아 교단은 막대한 손실을 초래한다. 또 일제의 교묘한 분열 획책에 의한 신구(新舊)의 갈등은 천도교단의 내적인 역량에 심대한 타격을 가하였다. 신구 두 파가 펼쳤던 민족운동 및 사회·문화운동은 독립 정신을 면면히 이어간다는 성과 이면에 천도교단에 대한 안팎의 인식을 사회적, 정치적인 방향으로 고착화하는 요인이 되었다.

이러한 틈새에서 일제의 어용학자들과 그 후학자들은 천도교가 '시천주'(侍天主), '동귀일체'(同歸一體), '사인여천'(事人如天), '불연기연'(不然其然), '이천식천'(以天食天), '삼경'(三敬) 등의 전무후무한 독자적인 사상을 지닌 교단임에도 불구하고, 유불선(儒·佛·仙) 삼교 합일의 종교, 심지어는 무속, 기독교 모두를 포함하는 혼합주의(混合主義) 교단에 불과하다는,[38] 매우 의도적

---

38  吉川太文郎, 『朝鮮諸宗教』, (朝鮮光文會, 京城, 1922.).

인 비판을 이어가기도 했다. 이와 같은 악의적인 비판은 일제강점기뿐 아니라 해방 이후 대한민국에서도 오랫동안 천도교가 독자적인 사상을 지닌 종교로서 공감을 얻는 데에 많은 지장을 초래했다.

해방 정국에서는 남북의 분단과 좌우 대립 등 당시 팽배했던 사회적, 정치적 갈등으로 인하여, 천도교단은 적극적으로 사회적, 정치적인 문제에 개입하게 된다. 그러나 6·25전쟁 이후 한때 왕성하게 재건되는 듯하던 천도교단은 교인의 감소와 함께 지속적인 쇠퇴의 길을 가게 된다. 즉 1960년대, 70년대, 80년대라는 변혁의 시대를 지나오면서, 천도교단은 변화하는 현대 사회에 부응할 수 있는 교리의 재해석 및 교화 방안을 내놓지 못했기 때문이다. 그런가 하면, 약화된 정치력과 함께 천도교단이 전통적으로 추진해 왔던 교정쌍전의 사회적인 활동 역시 위축된다. 특히 1950년대 이후 한국 사회의 커다란 문제로 떠올랐던 독재 정권이나 군사 정권에 대하여 교단으로서의 적절한 대응을 하지 못하면서 민중(시민)들의 관심으로부터 멀어지게 되었다.

쇠퇴하는 교세, 그리고 대중으로부터 잊혀 가는 상황 속에서도 천도교단은 지난 역사, 곧 교조신원운동(敎祖伸寃運動)이나 동학혁명, 3·1독립운동 등의 의의를 부각시킴으로써 교단 중흥의 전기로 삼고자 하였다. 민족 종교로서의 천도교의 정체성을 확립하여 사회적 위상을 다시 세우기 위한 방략(方略)으로 해석될 수 있다. 그러나 교리의 현대적 적용이라는 종교적 기반 없이, 역사적 위업(偉業)만을 들어 위상을 제고하고자 했던 천도교단의 노력은 급변하는 현대 사회에 대응하고 또 시대적 과제를 헤쳐 나가기에는 충분치 않은 방향 설정이었다.

근대 이후 100여 년의 천도교단의 지난한 역사를 되돌아볼 때, 천도교단이 민족의 아픔을 헤쳐 나갈 수 있었던 힘은 '신앙과 종교적 결속'에서 나온 것이었음을 알 수 있다. 천도교로 대고천하(大告天下)한 이후 교단의 합리적인 체제를 확립하고, 이어서 종교적 의례를 정립하고, 교리를 체계화하며 다양한 경로로 교인들과 일반 민중에게 교리를 전달함으로써 천도교 신앙의 기반을 공고히 했던 것이 곧 국망과 식민 치하의 어둠의 시간을 헤쳐 나갈 수 있었던 힘의 궁극적인 원천이 되었다.

이런 점에서 오늘의 천도교단에 가장 절실하게 요구되는 것은 세상 사람들이 공감할 수 있는 현대적이고 독자적 교리 체계의 재구축, 즉 교리의 대중화, 현대화를 통해 종교적 기반을 공고히 하는 것이라고 하겠다. 이를 통해 현대 사회가 가장 긴박하게 요구하고 있는 지구 생태계 문제 등에 천착하여, 교리와 사회적 문제를 연계할 수 있는 방안을 마련하고, 이를 근간으로, 오늘 이 사회에 긍정적으로 작용할 수 있는 운동을 전개해 나갈 때, 천도교단은 지난날의 모습을 다시 찾을 수 있을 것으로 기대된다.

오늘날 거세게 일고 있는 동학·천도교에 대한 관심과 열풍이 말해주듯이 동학·천도교는 오늘날과 같은 전 지구적 위기 상황, 인간의 정체성과 생존의 지속가능성이 위협받으며 대전환을 촉구하는 시대일수록 그 잠재적인 가능성이 크게 주목받고, 기대를 모을 수 있는 종교이다. 언제나 새로운 시대와 세계를 추구하는 다시개벽의 종교이기 때문이다. 나아가 그 사상적인 면에서 가히 세계적인 면모를 지니고 있음을 많은 학자들이 인정하고 있다.[39] 다시 말해 천도교의 종교사상은 근·현대적인 이념이기보다는 오히려 탈근대적인, 그러므로 내일이라는 미래를 지향하는 데 적합한 교리 및 사상적 원천을 지니고 있다. 따라서 이와 같은 교리를 바르게 재해

---

39  이와 같은 견해를 피력한 대표적인 학자로는 '오강남,『세계 종교 둘러보기』, (현암사, 2003.)을 들 수가 있다.

석하고 또 오늘의 위기에 응답하는 지혜로 다듬을 수 있는 여러 방안이 교단 차원에서 제기되고 교단 안팎의 지혜로운 지식인들과 함께 논의해 나감으로써 다각도로 실천된다면, 천도교의 위상은 오늘과는 전혀 달라질 것으로 생각된다. 이와 같은 노력은 궁극적으로 새로운 시운(時運)을 맞이하는 길이며, 나아가 후천(後天)이라는 새로운 차원의 삶을 이 지상에서 열어 가는 길이 될 것이다.

## 참고문헌

### 1. 경전 및 원전

『새로 발견된 목판본 東經大全』

『東經大全 癸未仲春板』

『東經大全 癸未仲夏板』

『東經大全 戊子季春板』

『東經大全 壬辰板』

『東經大全』附『용담유사』, (發行人 朴寅浩, 昭和十一年 八月二十七日 發行)

『天道教經典』, (천도교중앙총부, 布德102년 발간)

『東經大全』, (천도교중앙총부, 1956년 발간)

『天道教經典』, (천도교중앙총부, 2001년 발간)

『論語』

『三國史記』

『日省錄』

『盧溪集』

『近菴集』

『道源記書』

『海月先生文集』

『東學道宗繹史』

『東學亂記錄』

『大宗正義』

『東學書』

金庠基 校閱, 『水雲行錄』, (『아세아연구』, 통권 13호, 1964. 3. 고려대 아세아문제연구소.)

東學宗團協議會, 『海月先生法說註解』, (布德 119년 十一月)

윤석산 주해, 『註解 東學經典』, (동학사, 2009.)

윤석산 역주, 『道源記書』, (모시는사람들, 2012.)

### 2. 자료 및 잡지

吳相俊, 『本教歷史』, (『천도교회월보』 창간호, 1910년-53호, 1914.)

朴晶東, 『侍天教宗繹史』, (1915.)

『天道教書』, (普書館 大正十년 四月一日)

『侍天教歷史』, (1920.)

『天道教會史 草稿』, (1933.)

李敦化,『天道敎創建史』, (1933.)

吳知永,『東學史』, (1938.)

『萬歲報』, (1906. 11. 23.)

『每日申報』 1914년 6월 20일자

『天道敎會月報』, 1911년 5월호-1912년 12월호

『侍天敎祖遺蹟圖志』, (1915.)

『東學農民戰爭史料叢書』, (경인문화사, 1996.)

『신인간』, (포덕 109년 11월호) 기사

『신인간』, (포덕 109년 12월호) 기사

『신인간』, 통권 266호 기사

『신인간』, 통권 268호(포덕 110년 9・10월호) 기사

『신인간』, 통권 270호(포덕 110년 11・12월호) 기사

『신인간』, 통권 270호(포덕 110년 11・12월호) 기사

『천도교월보』, 포덕 121년(1980년) 9월 18일자

『신인간』, (신인간사, 포덕 99년 10월호)

『새인간』, (새인간사, 1967년 5호)

신인간편집실,『신인간』 통권 제55호, 1978. 3.)

최승희 편,『한국사상사자료선집』, (아세아문화사, 1986.)

최기영・박맹수 편『韓末 天道敎 資料集』, (국학자료원, 1997.)


3. 논저

강동진,『日帝의 韓國侵略政策史』, (한길사, 1980.)

강철근,『한류 이야기』, (이채, 2006.)

권혁웅,「신동엽 시의 환유와 제유」, (『신동엽, 사랑과 혁명의 시인』, 글누림, 2011.)

김경재,「최수운의 신관」, (『한국사상총서 Ⅳ』, 한국사상연구회, 1980.)

金光日,「崔水雲의 宗敎體驗」, (『韓國思想』 12집, 1974.)

김기전,「성지로부터 성지로, 용담정에서」, (『신인간』, 1942년 11월호)

김명진,「약진하려는 교회의 전망과 계획」, (『새인간』, 새인간사, 16호)

김명진,「사업경과보고」, (『새인간』, 새인간사, 1968. 9・10)

김병준,「C. G. Jung의 분석적 입장에서 본 종교체험 이해」, (감리교신학대학교 대학원 석
　　　사논문, 1995.)

김상일,『수운과 화이트 헤드』, (지식산업사, 2001.)

김완수,『동학・천도교약사』, (홍문당, 2003.)

김용환,「단군 사상과 한류」, (『한류와 한사상』, 모시는사람들, 2009.)

김용휘,「崔濟愚의 侍天主에 나타난 天觀」, (『韓國思想史學』 20집, 한국사상사학회, 2003. 6.)

김용휘,「侍天主 思想의 變遷을 통해 본 東學 연구」, (고려대학교 대학원 박사학위논문,

　　　　2004. 12.)

김우창, 「신동엽의 금강에 대하여」, (『민족시인 신동엽』, 소명출판, 1999.)

김욱동, 『한국의 녹색문화』, (문예출판사, 2000.)

김웅교 글 , 인병선 유물 보존 공개 고증, (『시인 신동엽』, 현암사, 2005.)

김정인, 「일제강점기 천도교단의 민족운동 연구」, (서울대학교대학원 박사학위논문,
　　　　2002.)

김지하, 『밥』, (분도출판사, 1984.)

김지하, 『김지하 전집 1, 2』, (실천문학사, 2002.)

김지하, 『사이버 시대와 시의 운명』, (북하우스, 2003.)

김지하, 『생명과 자치』, (솔, 1996.)

김창완, 『신동엽 시 연구』, (시와 시학사, 1995.)

金哲, 「법설 합본 간행에 즈음하여」, (『신인간』, 1986년 2월호, 신인간사.)

김춘성, 「동학의 자연과 생태적 삶」, (『동학학보』 창간호, 2000.)

김춘성, 「동학 천도교 수련과 생명사상 연구」, (한양대 대학원 박사학위논문, 2009.)

睦貞均, 「東學運動의 求心力과 遠心作用」, (『한국사상』 13집, 1975.)

문명숙, 「동학·생명·인간」, (『동학학보』 1집, 2000.)

박맹수, 「崔時亨 硏究」, (한국학 대학원 박사학위 논문, 1995.)

박명규, 「동학사상의 종교적 전승과 사회운동」, (『한국의 종교와 사회변동』, 문학과 지성
　　　　사, 1987.)

朴沆植, 「湖南秘訣考究」, (『원광대논문집』 제11집, 1977.)

白仁玉, 「人乃天解」, (『천도교회월보』 제2권 제6호, 1911.)

삼암, 「교조신원운동」, (『한국사상』 제24집, 한국사상연구회, 1998.)

성민엽, 「김지하의 문학과 사상」, (『작가세계』, 1989년 가을호.)

소춘, 「대신사 생각」, (『신인간』 162호, 1924년 3월호.)

小春, 「大神師 收養女인 八十老人과의 問答」, (『新人間』, 1927. 9.)

신복룡, 『東學思想과 甲午農民革命』, (평민사, 1985.)

신복룡, 『동학사상과 한국민족주의』, (평민사, 1978.)

愼鏞廈, 「東學 第二代教主 崔時亨의 '理氣大全'」, (『韓國學報』, 1980. 겨울, Vol. 6, No. 4)

신용하, 『고조선 국가형성의 사회사』, (지식산업사, 2010.)

申一澈, 「崔水雲 先生의 歷史意識」, (『韓國思想叢書』 IV, 泰光文化社, 1980.)

申一澈, 「鄭鑑錄 해제」, (『韓國의 民俗·宗教思想』, 삼성출판사, 1985.)

신일철, 「최해월의 범천주의 세계관」, (『한국사상』 24집, 한국사상연구회, 1998.)

신일철, 「동학과 전통사상」, (『동학학보』 5집, 2003. 6.)

申禛菴, 「鄭鑑錄의 思想的 影響」, (『韓國思想叢書』 III, 1974, 태광문화사.)

오강남, 『세계 종교 둘러보기』, (현암사, 2003.)

오문환, 「해월 최시형의 생활정치 사상 연구」, (연세대학교 대학원 박사학위논문, 1995.)

오문환,『사람이 하늘이다』(솔, 1996.)

오문환,「수운 최제우의 인간관」, (『동학연구』4집, 1999.)

오문환,「해월의 사물 이해」, (『동학의 정치철학』, 모시는사람들, 2003.)

오문환,『다시개벽의 심학』, (모시는사람들, 2006.)

유철인,「일상생활사로 본 시간 인식의 변화」, (『한국문화인류학대회 자료집』, 2002.)

윤석산,『동학 교조 수운 최제우』, (모시는사람들, 2004.)

윤석산,「용담유사에 나타난 수운의 인간관」, (『한국학논집』5집, 한양대한국학연구소, 1981.)

윤석산,「용담유사 연구」, (한양대 대학원 박사학위 논문, 1986. 12.)

윤석산,「용담유사에 나타난 낙원사상 연구」, (『한국학논집』8집, 한양대 한국학연구소, 1987.)

윤석산,「불연기연 연구 서설」, (『동학학보』1집, 동학학회, 2000.)

윤석산,「천도교 용어에 관한 일고찰」, (『종교연구』, 한국종교학회, 2003.)

윤석산,「용담검무의 역사성과 현재성」, (『동학연구』17집, 한국동학학회, 2004.)

윤석산,「천도교 정신사적 맥락에서 본 갑진개화운동」, (『동학연구』18집, 한국동학학회, 2005.)

윤석산,『용담유사 연구』, (모시는사람들, 2006.)

윤석산,「해월의 행적에 관한 일고찰」, (『동학연구』20집, 한국동학학회, 2006.)

윤석산,「모심 · 섬김 · 살림」, (『동학연구』22집, 한국동학학회, 2007.)

윤이흠,「한국민족종교 개벽관의 종교사적 의의」, (『민족종교의 개벽사상과 한국의 미래』, 한국민족종교협의회, 2004.)

의암손병희선생기념사업회,『의암손병희선생전기』, (기념사업회, 1967.)

이기상,『이 땅에서 우리말로 철학하기』, (살림, 2003.)

이도흠,「탈현대 사상으로서의 동양 철학의 가능성과 한계」, (『동학학보』제9권 2호, 동학학회, 2005. 12.)

이돈화,『신인철학』, (천도교중앙종리원, 1924.)

李敦化,『水雲心法講義』, (천도교중앙종리원, 1926.)

이동초 편저,『宗令存案』, (모시는사람들, 2005.)

李符永,「民間信仰과 集團的 無意識」, (『韓國人의 生活意識과 民衆藝術』, 成大 大東文化研究所, 1982. 12)

이병도,「단군신화의 해석과 아사달의 문제」, (『서울대논문집』제2집, 1955.)

李炳憲,「新幹會運動」, (『신동아』, 1969년 8월호.)

이연복,「대한민국임시정부(1919-1948) 연구」, (경희대대학원 박사학위논문, 1982.)

이영노,『천도교사 교정판』(하편), (천법출판사.)

이재복,『몸』, (하늘연못, 2002.)

이창용,「1920년대 천도교의 분규와 민족주의운동」, (중앙대학교 대학원, 1993. 11.)

이현희, 『의암 손병희』, (동아일보사, 1995.)

이현희, 『3·1혁명 그 진실을 밝힌다』, (신인간사, 1999.)

이현희, 「갑진개화운동의 역사적 의의」, (『해월 최시형의 사상과 갑진개화운동』, 모시는사
　　람들, 2003.)

임태홍, 동아시아 종교의 근대성과 변혁사상, (『동학학보』, 제9권 2호, 2005.)

임태홍, 「19세기 동아시아 신종교의 탄생과 변용」, (『한국철학논집』, 제16집.)

임태홍, 「홍수전의 종교적 성공과 그 사상적 배경」, (『한국신종교연구』, 한국신종교학회,
　　2006.)

장영민, 『동학의 정치사회 운동』, (경인문화사, 2004.)

정근석, 「한국의 근대시간 체제의 형성과 일상생활의 변화 1; 대한제국기를 중심으로」, (
　　『사회와 역사』 58, 한국사회사학회, 2000.)

정창렬, 「갑오농민전쟁연구」, (연세대학교 대학원 박사학위논문, 1991. 6.)

정효구, 「개벽사상과 생명공동체: 김지하」, (『우주공동체와 문학의 길』, 시와 시학사,
　　1994.)

趙基周 編著, 『天道敎 宗令集』, (천도교중앙총부, 1983.)

조규태, 『천도교의 민족운동 연구』, (선인, 2006.)

崔 麟, 『如菴文集』, (如菴先生文集編纂委員會, 1971.)

崔承熙, 「書院(儒林) 세력의 東學排斥運動 小考」, (『한우근박사정년기념사학논총』, 지식산
　　업사, 1981.)

최정간, 『해월 최시형 家의 사람들』, (웅진출판, 1994.)

최진규, 「상제회의 창립과 상제교의 변화」, (『역사학보』, 144호.)

최창조, 「정감록의 힘과 꿈, 그 과학적 해부」, (『마당』, 1983, 1)

崔昌祚, 『韓國의 風水思想』, (民音社, 1984.)

표영삼, 「와룡암과 용담서사 이야기」, (『신인간』, 2003년 11월호.)

한자경, 「동학의 종교성」, (『제11회 이화여자대학교 인문과학대학 교수학술제 발표집』, 이
　　화여자대학교 인문학연구원, 2003.)

吉川文太郎, 『朝鮮諸宗敎』, (朝鮮光文會(京城), 1922.)

조나던 스펜서, 『신의 아들』, (양휘웅 역, 이산, 2006.)

윌리암 제임스, 『종교적 경험의 다양성』, (김재영 역, 한길사, 2000.)

고지마 신지, 『유토피아를 꿈꾼 태평천국 지도자 홍수전』, (최진규 역, 고려원, 1995.)

데오도르 햄버거, 『홍수전』, (노태구 역, 새밭, 1979.)

岸本英夫, 『宗敎學』, (박인재 역, 김영사, 1986.)

W. E. Griffis, Corea: The Hermit Nation, Charles Scribner's Son, (New York, 1907.)

# 동학 천도교의 통시적 고찰[개정판]

등록 1994.7.1 제1-1071
1쇄 발행 2024년 12월 24일

지은이  윤석산
펴낸이  박길수
편집장  소경희
편집·디자인  조영준
관 리  위현정
펴낸곳  도서출판 모시는사람들
　　　　03147 서울시 종로구 삼일대로 457(경운동 수운회관) 1306호
전 화  02-735-7173 / 팩스 02-730-7173

인 쇄  피오디북(031-955-8100)
배 본  문화유통북스(031-937-6100)
홈페이지  http://www.mosinsaram.com/

값은 뒤표지에 있습니다.
ISBN　　　979-11-6629-211-8　　　93250